[美] 加里·克莱顿
（Gary Clayton） 著

苏凇　译

认识经济

UNDERSTANDING ECONOMICS

中信出版集团 | 北京

图书在版编目（CIP）数据

认识经济 /（美）加里·克莱顿著；苏淞译 . -- 北
京：中信出版社，2021.5
书名原文：Understanding Economics
ISBN 978-7-5217-2414-1

Ⅰ . ①认… Ⅱ . ①加…②苏… Ⅲ . ①经济学—青少
年读物 Ⅳ . ① F0-49

中国版本图书馆 CIP 数据核字 (2021) 第 042518 号

认识经济

著　　者：[美]加里·克莱顿
译　　者：苏淞
出版发行：中信出版集团股份有限公司
　　　　　（北京市朝阳区惠新东街甲 4 号富盛大厦 2 座　邮编　100029）
承 印 者：北京启航东方印刷有限公司

开　　本：787mm×1092mm　1/16　　　印　张：40　　字　数：810 千字
版　　次：2021 年 5 月第 1 版　　　　　印　次：2021 年 5 月第 1 次印刷
京权图字：01-2020-5495
书　　号：ISBN 978-7-5217-2414-1
定　　价：168.00 元

要重视对青少年的金融教育

现在人们越来越重视对青少年学生课堂外知识的教育培训和素质养成。尽管对这一现象的看法不尽一致，但总体而言，大家对增强青少年的通识教育是赞成的。当然，随着社会和经济的发展，我们也可以发现，现在对孩子们的培训教育（这里主要说的是课外的培训教育）基本还是围绕如何开发和提升学生们的"智商""情商"等方面来开展的，似乎缺少了一块关于"财商"的内容。

财商是指一个人在财务方面的智力和能力，通俗地说也就是一个人正确认识金钱、财产及其相关规律的能力。青少年时期是财商的重要培育期，现在国际上很多发达国家都已从国家战略层面着手青少年财商教育的普及。英国、澳大利亚等国将财商教育纳入了国家基础教育体系，美国、日本、加拿大等国成立了专门的机构负责推动财经素养教育。2012年开始，世界经济合作与发展组织（OECD）在国际学生评估项目（PISA）的测评中将"财商"作为评价学生素质的重要一项。

在我国，青少年财商教育也越来越受到国家及社会各界的关注。

自2013年起，国务院办公厅、教育部、人力资源社会保障部、银监会（2018年与保监会合并为银保监会）、证监会等先后出台了多项文件和政策措施，要求"将投资者教育逐步纳入国民教育体系"，提出建立金融知识普及长效机制，切实提高国民金融素养，推动大中小学积极开设金融基础知识相关课程，"积极开展常态化、丰富多彩的消费观、金融理财知识及法律法规常识教育"。2019年3月，证监会、教育部还联合印发了《关于加强证券期货知识普及教育的合作备忘录》，推动证券期货知识有机融入课程教材体系，提升教师队伍金融素养，创新证券期货知识的学习、应用方式，鼓励、引导社会各界加大相关资源投入力度。可以预见，从国家层面，将财商教育纳入国民教育体系已成为未来重要的发展趋势。

目前国内教育部门已开始发力，据悉北京师范大学成立了北师大财经素养教育研究中心，推出了中国K12（从幼儿园到高中）财经素养教育项目，联合清华大学、北京大学、中央财经大学等国内高校的师资力量，在北京中关村一小、海淀实验二小、世纪阳光幼儿园、广州市桥中心小学等全国10余所学校和幼儿园进行了试点授课，得到了老师和学生的好评。

随着国内个人投资理财市场的发展，一些银行、保险、证券、基金等机构在进行投资者教育的过程中，根据客户的需求，开始将教育对象的年龄进一步下沉。特别是近年来随着私人财富管理业务快速发展，人口年龄结构变化，财富传承逐渐提上财富客户的议事日程。一些金融机构、第三方财富管理机构和家族办公室等，为满足客户的差异化服务需求，均不同程度、不同范围开展了针对二代的财商培训、亲子教育活动。与此同时，随着我国普通居民投资热情的增长，金融机构正在通过与一些教育培训机构、医疗服务机构、社区等的合作，扩大投资者教育的范围。近年来，地产物业公司、律师事务所、会计师事务所、留学服务中介机构等也开始注重为客户提供财商学习服务。

除了传统的线下活动，近年来线上教育正在成为新的方向。利用移动互联网、大数据、人工智能等，不少机构通过手机应用和网站开设专门的板块，设立专门的入口，为投资者提供资讯、工具、金融知识科普服务，为大众提供丰富的金融、理财知识的学习资源。

近年来，在一些地方还出现了专门从事财商教育的培训企业。这些企业多由曾在金融机构从业的理财师和专业讲师发起成立，开发课程，为金融机构的投资者教育提供服务，或与K12的培训机构联合，纳入孩子们的素质教育项目。

部分财经媒体联合专家学者、学研组织，举办各种形式的论坛、研讨会，推动经济金融知识在大众中尤其是青少年中的普及。

社会上也出现了一些公益性的组织，与中小学校合作，开展面向更多普通家庭青少年的财商教育活动。

一些文化出版机构对于大众的文化消费需求反应也十分敏锐。国内图书市场的金融类图书产品已经从起初面向专业机构的从业者到面向大众读者，从国外的优秀读物引进到本土原创作品开发，层次逐步多样化，品种日渐丰富。近年来，还出现了专门面向青少年的金融知识普及读物。这些无疑都很好地推动了国内财商教育的发展。

我认为今天之所以有条件专门来研究和讨论青少年财商教育这个话题，离不开改革开放40多年来的社会进步和经济发展，离不开这些年一直强调的"教育是国之大计"。

近几年，我国关于财商教育的认知在不断深化。财商教育的目标不是财富，而是幸福。财商教育的根基不是理财知识，而是价值体系。财商教育的场所不仅仅在课堂，更是在家庭、在社会。

勤劳致富是中华民族的传统美德。如何随时代发展，树立正确的劳动价值观，创造美好生活，是中国人的精神追求。财商教育要立足于此，不仅帮助人们更好地认识财富、创造财富，还要进一步提高大家科学、合理地运用经济金融知识实现财富的保值增值和有序传承的能力。从小的方面讲，让财富为幸福生活服务，从大的方面说，让财富为国家和社会的和谐与进步服务。

当然，不可否认，目前国内青少年金融教育的发展还相对滞后，亟需提高的方面还有不少。

首先，公众尤其是父母，对青少年财经素养教育的认识和重视程度不足。中国的学生普遍课业压力大，虽然已经有一部分父母认识到财经素养教育的重要性，但还有很多父母更多是关注孩子的校内课业成绩。即使是明白财经素养教育重要性的父母，可能也因为自身对经济金融不够了解，而无法更好地引导孩子学习经济金融知识、提升财经素养。对青少年进行财经素养教育，第一步是要让家长乃至是整个社会有意识、有能力去引导和培养孩子的财经素养。在这方面还有一些认识需要澄清。要搞清楚对青少年加强财商教育，并不是要把孩子们都培养成金融从业者，也不是要让孩子们从小就整天琢磨如何投资、如何理财、如何赚钱，而是要让青少年了解金融在社会发展、经济运行中的基本作用；懂得财富应该通过劳动（包括体力劳动和脑力劳动）而获得，期盼不劳而获、希望一夜就能暴富是不行的；要让青少年们知道财产是可以投资的，投资是可能带来财富的保值、增值的，同时也是可能带来风险和损失的。对增值保值获益的预期要合理，对风险的掌控要在自己心理和财力承受范围内。要让青少年们了解在社会生活和经济生产中是可以借钱（负债）的，但借钱是要还的，讲信用是一件十分重要的事情。负债不能过度，欠债不能耍赖。

目前，国内还缺少权威、系统又全面的青少年财经素养教育知识体系，尤其是适合中国国情的知识体系。国外，不乏许多普及经济、金融、个人理财的通识读本，但鉴于国情不同、经济社会文化背景不同，国外这方面的知识体系，我们不能全盘接收，要进行鉴别判断，选取适合我们自己的知识内容。

此外，国内的相关师资力量还有待完善和提高，不少财商教育项目的内容质量不高、教学手段相对单一。在科技发展日新月异的今天，教育的形式已得到极大扩展。尤其是5G时代的来临，视频、直播等方式，让教育随时、随地。这对于财经素养教育这一与人们日常生产生活关系十分密切的领域来说，无疑是提供了新的条件，不仅仅是青少年，家长、教师、学校都应该善于利用新技术。

相对于传统的学科教育，青少年财经素养教育更是一种素质教育、能力教育，既具有一定的基础性，又具有很强的专业性。因此，它的发展与普及，不仅仅是教育部门的事情，更需要文化部门、金融部门、科研部门等社会多方跨界协作。

中信出版社与有关方面合作，准备推出"青少年财经素养培优"项目，这是一件很有意义的事情。希望这个项目能以优质的内容，搭建起一个图书、教材教具、理财游戏、模拟体验、线上音视频课程、线下论坛、冬/夏令营、财商训练营、师资培训、机构内容服务等多元化的产品与服务体系，摸索出一条具有我国特色的青少年财商教育培训的路子。在这个过程中，要充分发挥出版社的优势，按照读者年龄段进行细分，为不同的群体量体裁衣，进行不同金融基础知识的内容出版及产品匹配。其中，书系不仅要包括国外经典图书，更要有更多的国内一批专家总结凝练出的适合我们自己的财经素养教育图书。希望这个项目能为中国青少年的财经素养教育做出应有的贡献。

杨凯生

在从事财经素养教育的这些年，不断有学校、学生和培训机构要我推荐一些适合没有经济金融专业背景的人看的书，每次我都颇为踌躇。一方面，财经素养是一种综合素质，涉及的面比较多，包括经济、金融、财务、会计、管理、心理等，而目前的专业书多是按照学科分类出版，如果要比较全面地介绍财经素养可能涉及的知识，将是一个长长的书单。另一方面，各学科的专业书相对比较学术，侧重"是什么"和"为什么"，初学者看懂一本书可能需要较长时间。而财经素养强调的是收集信息和根据信息做决策的能力，侧重"是什么"和"怎么办"，多数情况下不需要掌握太多专业理论和术语。

总之，我希望推荐的书应该是既涵盖了财经素养所涉及的基础知识，又相对浅显易懂、生动活泼，让没有经济金融专业背景的人能够快速入门。机缘巧合，中信出版社推荐让我翻译的系列书恰恰满足了我的要求。这些书以个人和家庭进行财经决策时需要了解的经济知识出发，以问题为导向，以案例为切入点，有针对性地选取相关基础知识，深入浅出。虽然采用的案例和分析的市场都是美国的，可能不完全适用于中国读者，但作为入门工具书，个人觉得是非常好的选择。

这本《认识经济》重点从市场、国家经济和全球经济三个层面，介绍了个人需了解的经济现象和经济规律，同时简要涉及货币、银行、金融市场、货币和财政政策，最后谈到了个人的财经素养。涉猎面广但又重点突出。

第一篇，开门见山解答什么是经济学，人们用什么方法来解决资源稀缺问题。

第二和第三篇，解释了市场和市场主体（企业）是如何运作的，包括需求、供给和价格的决定，不同的市场结构和企业组织形式，以及劳动力和工资等。侧重于从市场的视角介绍经济学的基础内容。

第四篇，简要介绍了金融的基础知识，包括货币和银行的历史及个人可以选择的金融资产（储蓄和投资）。该篇侧重于描述货币在经济中的作用，介绍金融体系的构成，加深读者对货币如何促进经济增长的理解。

  第五和第六篇，梳理了如何评估一个国家的整体经济情况并分析了政府在经济中的作用。包括衡量国家经济表现的指标和方法，经济不稳定的原因和结果，政府如何通过税收等获得收入及如何使用，政府如何通过货币和财政政策来促进价格稳定、充分就业和经济增长。

  第七篇，简要分析了全球贸易和全球经济发展，包括国际贸易如何使所有参与国家收益，为什么单个国家的经济健康会影响全球经济。并且谈及个人财经素养，如何理解个人和金融机构的关系，重点介绍了如何管好自己的资金及金融机构如何帮助管理和增加自己的资金。

  从以上的结构可以看出，整本书的脉络是从经济到金融，从微观到宏观，从国家到个人。虽然从内容结构上看，涉及个人部分的内容篇幅并不多，但要做好个人的财经决策，离不开对经济的理解，离不开对宏观面的认识，以及对经济、金融、贸易和个人财务的融会贯通。尽管中国的财经决策情境与美国有很大不同，但用于决策分析的基本逻辑和理论是一样的。所以，这是一本很有益的个人财经素养提升入门书。在阅读该书的同时，结合我们所处的决策情境进行思考和分析，会有更大的收获。

  这本《认识经济》的翻译工作，主要由我和北京师范大学经济与工商管理学院的硕士生李琳、郭雪俐、邵梦影、田珍珍共同完成。此外，特别感谢田俊丽博士在本书翻译过程中对相关专业领域的学术支持和把关。

  最后，非常期待大家对这本书的反馈和意见，待再版时会进行修订和完善。

苏　淞

北京师范大学经济与工商管理学院教授、博士生导师

北京师范大学财经素养教育研究中心主任

目录

经济视野

辩论

案例研究

全球经济&你

人物传记

职业

第1篇

像经济学家一样思考

这很重要

因为······

经济学影响着地球上每个人的生活。当你挣钱并且决定花钱买你需要或想要的东西时，经济学会影响你的生活。你可能会买衣服、食物、电子产品、运动装备，或者其他东西。你可能没有意识到，但是决定买什么和花多少钱的过程会应用经济学里的一些知识。像经济学家一样思考，将有助于你做出更好的经济决策。

第1章 什么是经济学

核心问题

• 人们用什么方法解决稀缺性问题?

第1节 稀缺性与经济学

第2节 我们的经济选择

第3节 使用经济模型

为你的生活做预算

预算的5个基本要素

预算可以帮助人们追踪自己的收入以及自己是如何随着时间的推移花掉这些钱的。预算可以通过使用纸笔或专门的软件完成。无论选择哪种方式，通过预算来管理你的资金都有助于防止债务和未付账单的堆积。定期检查自己的财务状况有助于实现人生目标，因为你在这个过程中会考虑这些目标。

1 **收入：** 这是所有家庭支出的来源。请确保你使用净收入（税后收入）来精确计算你实际上能负担多少开支。总收入是除去所有税款之前所挣的钱。

2 **固定费用：** 例如房租、水电费、保险费、学费、车费。
这些是通常每月或每年发生的必需费用。如果不支付这些费用，你可能会被逐出住处、被终止服务，或你的财物被收回。

3 **计划费用：** 例如度假费用，大宗购物费用如汽车费用、房屋费用，教育费用。
这些费用在你的长期计划中。

4 **可变费用：** 例如食品杂货、服装、汽油、交通、宠物相关的费用。
这些费用必须定期支付，但数额难以预测。

5 **金融支出：** 例如支付信用卡账单，偿还贷款，偿还信用额度借款。
每月支付这些款项，以避免因高利率或滞纳金而支付更多费用。

预算示例

每月净额（美元）　收入金额（美元）　花费金额（美元）

（美元）

月薪
1 547

为了赚取更多收入，
你在周末做数学家教
+120

月薪削减
773

实际收入损失

汽车修理
−300

医疗账单真的减少了你的存款！
赚更多钱或者花得更少些！

假日礼物
−250

意外受伤
−5 180

年底净额
9 089

1月　2月　3月　4月　5月　6月　7月　8月　9月　10月　11月　12月

（月份）

10种明智地做预算的方法

1 了解你财务的各个方面。

2 削减可自由支配的开支。

3 提高你的信用评分，从而降低你的信用成本。

4 审视你自己！定期留出时间来计划和管理自己的财务。

5 在互联网上购物超所值的商品。

6 如果你打算使用信用卡，请使用能够在购买时返还现金的卡。

7 避免ATM机（自助提款机）费用：使用属于你的银行的ATM机。

8 捆绑账单（如互联网、有线电视和电话）以获得折扣。

9 选择费用更低的投资产品。

10 节省你的资金，将其用于储蓄或投资！

想一想

理解 仔细而准确的预算如何帮助你满足自己的基本需求？

阅读帮手

术语表

- 稀缺性
- 经济学
- 需要
- 想要
- 商品
- 耐用品
- 非耐用品
- 消费品
- 资本品
- 服务
- 价值
- 价值悖论
- 效用
- 财富
- 国内生产总值

做笔记

使用下图，列举解决每一类别下稀缺或潜在稀缺的商品。

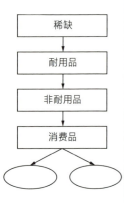

第1节 稀缺性与经济学

核心问题

人们用什么方法解决稀缺性问题？

一场风暴破坏了通往你所在地区的主要高速公路，因此没有必需品或者非必需品能被配送到社区商店。有些人已经用尽他们需要或想要的某些东西了。其他人失去了电力，还有些人没有自来水。下面列出了你的邻居们正在寻找而你恰好有的东西。给出至少一种你认为最好的（并且可能是最公平的）在邻居之间分配这些物品的方式，并做解释。

- 一条面包
- 一辆自行车
- 一个装有各种各样的维修工具的工具箱
- 一瓶阿司匹林
- 半瓶消毒水和十个棉球
- 两瓶矿泉水
- 一部智能手机
- 三条毯子
- 十条毛巾
- 一个 MP3 播放器

稀缺性——基本经济问题

引导性问题 为什么所有的社会都面临稀缺性问题？

你可能想知道学习经济学是否值得你花时间和精力。其实，经济学能在很多方面帮助我们，特别是当我们作为个人、社区成员和全球公民时。经济学不仅有用，还可以很有趣。当你发现你花在这个话题上的时间很值得时，不用特别惊讶。

为什么存在稀缺情况

你是否注意到很少有人对他们拥有的东西感到满意？例如，没有房子的人可能想要一所小房子；有小房子的人可能想要更大的房子；有大房子的人可能想要一座豪宅。无论富有还是贫穷，大多数人似乎都想要比他们所拥有的更多的东西。事实上，如果我们每个人都列出所有想要的东西，那么很可能会比我们国家希望生产的东西还要多。

这就是存在稀缺情况的原因，这也是稀缺性是所有社会都会面临的基本经济问题的原因。 <mark>稀缺性</mark>（scarcity）是社会没有足够的资源来生产人们想要的所有东西而导致的情况。如图 1.1 所示，稀缺性几乎影响着我们做出的每一个决策。这就是经济学的用武之地。 <mark>经济学</mark>（economics）是研究人们如何通过谨慎使用相对稀缺的资源来满足看

> <mark>稀缺性</mark> 由资源稀缺和人们几乎无限的需要和想要所造成的，所有社会面临的基本经济问题。
>
> <mark>经济学</mark> 研究人们如何通过谨慎使用稀缺资源来满足看似无限和相互竞争的需要和想要的社会科学。

图1.1

稀缺性

稀缺性引导选择

生产什么　　如何生产　　为谁生产

灾害会影响资源的可得性。2012年10月30日，飓风桑迪（Hurricane Sandy）过后，新泽西州卑尔根县的居民排队加油。

▲ 批判性思考
这张照片如何说明了稀缺性？

需要 生存的基本要求，包括食物、衣服和住所等。

想要 一些我们希望拥有但并不是生存所必需的东西。

商品 有用的，可转让给其他人的，并且是用来满足想要和需要的有形的经济产品。

耐用品 经常使用，至少可持续使用 3 年的商品。

非耐用品 经常使用，不到 3 年就会磨损、用完或无法持续使用的商品。

消费品 最终由消费者而不是企业使用的商品。

资本品 用于生产其他商品和服务的工具、设备或其他制成品，是一种生产要素。

服务 为某人工作或劳动，包括理发、家居维修和各种形式的娱乐等在内的经济产品。

价值 由市场决定的商品或服务的货币价值。

价值悖论 非必要项目的高价值与必要项目的低价值之间的明显矛盾。

效用 商品或服务能起作用，并有使某人满意的能力。

财富 稀缺的、有效用的、可转让的有形经济商品的总和；不包括服务。

我们的需要和想要

经济学家经常谈论人们的需要和想要。**需要**（need）是生存的基本要求，例如食物、衣服和住所。**想要**（want）是我们希望拥有但不是生存所必需的东西。例如，食物是生存所必需的，但是因为很多食物都能满足营养需求，所以想要所代表的事物的范围远远大于需要所代表的范围。

我们的需要和想要通常以术语"经济产品"——有用、相对稀缺、可转让给其他人的商品和服务来表达。这些经济产品通常被分为两组。一组是**商品**（good）——有用的、有形的、可用于满足需要或想要的事物，如书籍、汽车或 MP3 播放器。根据使用情况，商品可被分为几类，而某些商品（如汽车）可同时属于两类。

- **耐用品**（durable good） 经常使用，可持续使用 3 年或更长时间的商品。耐用品包括机器人焊工和拖拉机等工具，以及汽车等消费品。
- **非耐用品**（nondurable good） 经常使用，可持续使用不超过 3 年的商品。食品、书写纸和大多数衣物都是非耐用品。
- **消费品**（consumer good） 最终由个人使用的商品，例如鞋子、衬衫或汽车。
- **资本品**（capital good） 一种工具或商品，例如企业用来生产其他产品的机器或设备。

另一组是**服务**（service）或为某人提供的工作。服务包括理发、家居维修以及音乐会等娱乐形式。服务还包括医生、律师和教师的工作。商品和服务之间的区别在于商品是有形的，或者是可以触摸的，而服务则不是。

大多数商品和服务都有被称为**价值**（value）的东西，也就是可以用金钱表示的价值。但为什么有些东西有价值？为什么有些东西比其他东西更有价值呢？要回答这些问题，回顾苏格兰社会哲学家亚当·斯密（Adam Smith）在 1776 年所面临的问题会有所帮助。

价值悖论

数百年来，哲学家一直在讨论价值，但他们仍无法对这一概念给出令人满意的解释。他们对一些必需品（如水）具有非常低的货币价值这一事实感到困惑。而一些非必需品，如钻石，具有很高的价值。这种矛盾被称为**价值悖论**（paradox of value）。"经济学之父"亚当·斯密最早在其 1776 年出版的著作《国富论》（*The Wealth of Nations*）中对价值本质进行了解释。

经济学家们知道，事物要有价值，稀缺性是必要的。但是，稀缺性本身并不能完全解释价值是如何被决定的。事实证明，事物要有价值，它必须具有**效用**（utility），或者说起作用且能提供满足感的能力。效用不是固定的，甚至也不像重量或高度一样可测量。相反，商品或服务的效用可能因人而异。一个人可能会从家用电脑中获得很大的满足感；另一个人却可能几乎什么感觉也没有。一个人可能会享受摇滚音乐会；另一个人却可能不会。

亚当·斯密认为，对于具有价值的东西，可以用货币这个术语来表达，它必须是稀缺的，并具有效用。这是价值悖论的答案。钻石稀缺并且具有效用，因此它们具有可以用货币表示的价值。水具有效用，但在大多数地方并不足够稀缺，从而无法给它带来很多价值。因此，水比钻石便宜，或者说水的货币价值低于钻石。强调货币价值对经济学家来说很重要。与其他社会科学的主题——道德或社会价值不同，以金钱来衡量某事物的价值是每个人都能轻易理解的概念。

财富

财富是另一个重要的概念。从经济意义上讲，**财富**（wealth）是有形的、稀缺的、具有效用的，可以从一个人转让到另一个人的产品的积累。一个国家的财富包括所有可以交换的有形物品，包括自然资源、工厂、商店、房屋、汽车旅馆、剧院、家具、服装、书籍、高速公路、电子游戏，甚至篮球。

虽然商品被视为财富，但服务不算，因为它们是无形的。然而，这并不意味着服务没有用或没有价值。事实上，亚当·斯密在《国富论》中特别指出，一个国家的人民的能力和技能是其财富的来源。对于斯密来说，如果一个国家的物质财富被夺走，其人民通过他们的努

亚当·斯密
经济学家（1723—1790）

亚当·斯密被称为"经济学之父"，毕业于牛津大学，并在格拉斯哥大学任教。斯密在家乡苏格兰写了他最有影响力的著作《国富论》（1776年）。斯密用历史和例证来批判经济理论。他富有洞察力的分析将经济学提升到了科学的地位。斯密的思想是依靠自由市场原则。他相信市场的"看不见的手"：理想的经济体系（economic system）是由经济参与者的相互作用塑造的，不应受政府控制。每个人都以自己的"理性的自利"（rational self-interest）行事，改善了经济和普遍福利。斯密认为，市场在社会制度中发挥最大作用，而这些社会制度可以控制市场扭曲力量，如垄断。因此，他批判了残酷的资本主义。

▲ 批判性思考

1. **找到中心思想** 基于斯密的《国富论》，你认为他关于使市场运行最优的核心思想是什么？

2. **评估** 为何斯密对垄断持负面看法，认为垄断破坏了自由市场？你认为斯密会如何看待今天的跨国公司？

力和技能，可以恢复这些财富。然而，如果一个国家的人民被带走，其财富就会消失。

"世上没有免费的午餐"（TINSTAAFL）

稀缺问题有另一个重要后果。由于资源有限，我们所做的一切都有成本——即使看起来好像我们正在"免费"获得一些东西。例如，当你使用"买一送一"优惠券时，你真的得到了一顿免费餐吗？发放优惠券的企业仍然需要支付餐费，因此企业通常会通过从其他产品那里收取更多费用来收回这些费用。最后，你可能是实际支付"免费"午餐的人！实际上，生活中的大多数事物都不是免费的，因为必须有人先支付生产费用。经济学家使用"TINSTAAFL"来描述这个概念。TINSTAAFL 的意思是"世上没有免费的午餐"。

✅ **阅读进展检查**

对比 需要和想要有什么不同？

所有社会都要面临的问题

引导性问题　所有社会都面临的基本选择是什么？

因为我们生活在资源相对稀缺的世界，我们必须谨慎选择使用这些资源的方式。除了图 1.1 中显示的稀缺性的原因之外，该图还提出了我们做出这些选择时需要回答的 3 个基本问题。

生产什么

第一个问题是生产什么。例如，社会是否应将其大部分资源用于生产军事装备或其他物品，如食品、衣服或住房？假设社会的决定是生产住房。应将有限的资源用于建设低收入、中等收入还是高收入人士所需的住房？一个社会不能生产人们想要的一切，所以它必须决定生产什么。

在一些国家，生产什么是由政府决定的。例如，在朝鲜，政府几乎完全决定生产什么。然而，在美国，消费者的消费决策很大程度上决定了生产什么。

如何生产

第二个问题是如何生产。工厂所有者应该使用需要更多机器和更少工人的自动化生产方法，还是应该使用更少机器和更多工人的生产方法？如果一个社区有很多失业人员，雇用更多的工人可能会更好。但是，在机械被普遍应用的国家，自动化往往可以降低生产成本。较低的成本能降低产品的价格，因此就有更多的人可以使用这些产品。

日本和墨西哥就是很好的例子。在日本，超过一半的人年龄在45岁以上。由于工作的年轻人相对较少，所以日本拥有高度自动化的工厂，需要的工人也较少。然而，在墨西哥，人口要年轻得多，因此生产较少依赖自动化程度更高的机器人，而是使用人工。

为谁生产

第三个问题是为谁生产。一个社会决定了生产什么和如何生产之后，它必须决定谁将接受生产出来的产品。例如，如果一个社会决定生产住房，那么这些住房应该是给低收入人士、中等收入人士还是高收入人士？

为谁生产

考虑开发新产品的企业家可能会为目标受众建立焦点小组，以便全面了解他们的需要和想要。

▼ **批判性思考**

经济分析 焦点小组如何回答生产什么的问题？

如果没有足够的房屋供每个人居住，那么社会就必须对谁将得到现有的供应做出选择。对任何社会而言，回答这些关于生产什么、如何生产以及为谁生产的问题都不容易。然而，只要没有足够的资源来满足人们看似无限的需要和想要，这些问题就必须得到解答。

☑️ 阅读进展检查

分析　为什么社会会面对这 3 个基本问题：生产什么，如何生产以及为谁生产？

经济学的范围

引导性问题　我们为什么要学习经济学？

经济学是一门研究人类如何努力通过谨慎使用相对稀缺的资源来满足看似无限且相互竞争的欲望的学科。经济学也是一门社会科学，因为它研究人们处理这个基本问题时的行为。经济学研究的四个关键要素是描述、分析、解释和预测。

描述

国内生产总值　一年内在一国境内生产的所有最终产品和服务的货币价值。

经济学的一部分是描述经济活动。例如，我们经常听到**国内生产总值**（Gross Domestic Product，GDP），即一年内在一国境内生产的所有最终商品和服务的货币价值。GDP 是衡量一个国家总产出最全面的指标，也是衡量一个国家经济健康状况的关键指标。经济学还描述就业、物价、贸易、税收和政府支出。这些描述使我们知道世界是什么样的。然而，描述只是一部分，因为它留下了许多重要的"为什么"和"如何"的问题没有回答。

分析

经济学分析它所描述的经济活动。例如，为什么有些商品的价格要高于其他商品？为什么有些人的收入比其他人高？税收如何影响人们工作和储蓄的欲望？在分析一手资料或二手资料时，要考虑作者可能存在的偏见。在考虑了资料作者的个人观点之后，你更有可能针对证据进行准确分析。

解释

经济学的要素也包括解释。在经济学家分析一个问题并理解其原因和原理之后，他们需要与其他人交流这些知识。像所有的科学家一样，这种解释应该建立在严谨研究的基础上，这种研究能够将思想恰当地归因于原始材料，以便其他经济学家能够准确地评估和复制工作。如果我们对经济运行方式有一个共同的理解，一些经济问题将更容易在未来得到解决。当谈到 GDP 时，你就会发现，经济学家们花了大量时间来解释这项指标为何会以预期的方式发挥作用，或者没有发挥作用。

预测

最后，经济学关注的是预测。例如，我们可能想知道在不久的将来，我们的收入是会增加还是减少。因为经济学既研究正在发生的事情，也研究可能会发生的事情，所以它可以帮助预测未来可能发生的事情，包括不同行动最有可能产生的影响。学习经济学会帮助我们成为更明智的公民和更好的决策制定者。

因此，重要的是要认识到良好的经济选择是所有公民在自由民主社会中的责任。

总而言之，经济学研究所有这些问题，有时甚至更多。 经济学

这幅漫画展示了一个不清楚"世上没有免费的午餐"原则的人。

◀ 批判性思考

区分事实和意见 解释为什么这个男人的午餐可能不是真正的"免费"，即使他今天不必交出任何钱。

也是一门充满活力的科学，它研究的对象——像我们这样的个体和经济总体——总是在变化。幸运的是，方法和工具——经济的图表和模型——非常适合这项任务。在解释或描述事件时，它们给了经济学家一定的信心，我们希望它们也能给你带来信心。

☑ 阅读进展检查

解释 为什么经济学被认为是一门社会科学？

第1节 回顾

词汇回顾

1. **描述** 需要的商品和想要的商品之间有什么区别？各提供一个例子进行解释。

使用你的笔记

2. **解释** 普通民众使用的哪类商品受稀缺性影响最大？使用其中两个类别中的例子，解释这些商品的稀缺性是如何产生的以及这种稀缺性如何影响大多数人。

回答引导性问题

3. **分析/综合/评估** 为什么所有社会都会面临稀缺性问题？
4. **知识/比较/应用** 所有社会都面临的基本选择是什么？
5. **分析/综合/评估** 我们为什么要学习经济学？

经济学写作

6. **论据** 你是否认为社会可以采取一些政策或措施，至少在满足其人口的所有需求方面避免稀缺？写一篇支持或反对社会可以预防稀缺这一观点的议论文。如果你认为这是可能的，请描述实现这一目标可以采取的措施。 如果你认为这是不可能的，请解释是什么使得这是不可能的。

干旱与稀缺性

　　2012年，美国遭遇了半个世纪以来最严重的干旱。中西部地区受到的打击尤其严重，大量重要农作物被毁。因为一半以上的玉米作物死于干旱，所以当年的玉米产量达到1995年以来的最低水平。大豆、小麦和其他农产品的生产也受到影响，但影响程度较低。

　　整个生长季节都没有下雨。6月中旬，大约16%的农场和20%的农田受到干旱的严重影响。到8月中旬，43%的农场和57%的农田受到了影响。

　　农产品供应的急剧减少对价格产生了预期的影响。每蒲式耳玉米的价格上涨了约1美元。由于玉米也被用于生产许多其他产品，因此其他消费品价格也有所上涨。

　　乙醇，一种由玉米制成的酒精，被添加到汽油中以减少汽车尾气的污染。随着2012年旱情加剧，人们开始质疑将一种至关重要的粮食作为燃料是否明智。美国生产的大部分玉米被用作人类食用的动物的饲料。在干旱期间，将玉米从粮食中转移出来用作燃料会导致粮食价格进一步上涨。

　　干旱常常带来高温。2012年8月是从美国有记录以来截止到当时最热的一个月。伴随干旱而来的高温严重破坏了一些受影响地区的基础设施：铁轨因高温而扭曲变形，公路沥青融化，无法通行。基础设施的破坏限制了商品运输，从而降低了国家的经济产出。2013年，许多与干旱有关的食品价格上涨。消费者经历了牛肉价格上涨约5%，乳制品价格上涨4.5%，鸡蛋价格上涨6.9%。

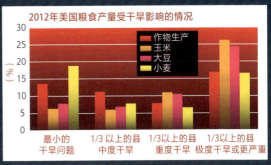

2012年美国粮食产量受干旱影响的情况

图例：作物生产、玉米、大豆、小麦

横轴：最小的干旱问题 / 1/3以上的县中度干旱 / 1/3以上的县重度干旱 / 1/3以上的县极度干旱或更严重

纵轴：（%）

案例研究回顾

1. **解释** 为什么农业地区的自然灾害（干旱、洪水）几乎总是导致日用品和消费品价格上涨？

2. **联系** 一个国家基础设施的其他哪些领域可能容易受到如干旱或洪水等极端天气的影响？基础设施受损如何影响整体经济？

3. **分析** 2012年干旱期间和之后，乙醇的使用如何影响消费者可用玉米的短缺？你认为一个经济部门的商品应该被用在另一个经济部门吗？需要和想要的概念会如何影响你对这个问题的分析？

阅读帮手

术语表

- 生产要素
- 土地
- 资本
- 劳动力
- 企业家
- 生产可能性曲线
- 机会成本
- 权衡
- 消费主义

做笔记

使用下图来确定为了处理稀缺问题可以做出的选择。

我们的经济选择

生产者的选择	产品可能性	消费者的选择

第2节 我们的经济选择

核心问题

人们用什么方法解决稀缺性问题？

下周就要开学了，你和你弟弟需要新笔记本电脑上学。你们都研究了新款笔记本电脑的型号，并且决定买同一款。你们去一家电子产品商店购买，因为这家商店给你们想买的这个品牌和型号的笔记本电脑做了打折广告。当你到商店的时候，店员告诉你这款型号的笔记本电脑已经卖完了。他向你和你弟弟展示了一款新型号的电脑，它的功能比你想要的多，但价格贵75美元。你们会怎么选择？并解释你的选择。

- 以高出75美元的价格购买新型号的电脑。
- 询问与打折的那款电脑的价格接近的另一型号的电脑。
- 决定不在这家商店而去网上购买笔记本电脑。
- 决定去另一家电子产品商店。
- 询问这家商店在售的最便宜的笔记本电脑。

生产者的选择

引导性问题 为什么生产者必须做出生产选择？

把我们的经济看作由两大群体——生产者和消费者组成，这是有帮助的。当然也有政府，稍后会详细介绍；让我们先把注意力转向生产者。

生产者包括各种各样的企业和个人，从在艺术展上出售自己作品的艺术家到年收入数十亿美元的大公司。所有这些生产者都有一个共同点：他们都使用经济学家所说的"生产要素"。

==生产要素==（factors of production），或生产我们希望拥有的东西所需的资源，包括土地、资本、劳动力和企业家。如图1.2所示，生产商品和服务需要全部4个要素。

土地

在经济学中，==土地==（land）指的是"自然的馈赠"，或者不是由人类创造的自然资源。土地包括沙漠、肥沃的土地、森林、矿藏、牲畜、阳光和种植农作物所需的气候。由于自然资源在任何时候都是有限的，经济学家倾向于认为土地是固定的，或者其供给是有限的。不断变化的国际事件和市场投机很容易影响石油和金属等有限的自然资源的价格。

有时新的生产方法可以被用来从地下开采更多的资源。例如，相对较新的"水力压裂"技术被用于开采蕴藏在地下页岩层中的天然气，但在新的开采方法被开发出来之前，天然气就已经存在了。

==生产要素== 生产商品和服务所需要的资源，4个要素是土地、资本、劳动力和企业家。

==土地== 不是由人类创造的自然资源，或"自然的馈赠"，是4个生产要素之一。

图1.2

生产要素

土地

劳动力

资本

企业家

生产商品和服务需要4个生产要素。

▲ 批判性思考

经济分析 为消费者生产服装必需的4个生产要素是什么？

资本

第二个生产要素是**资本**（capital），有时也被称为资本品，包括用于生产商品和服务的工具、设备、机械和工厂。资本是独一无二的，因为它是生产的结果。例如，推土机是建筑中使用的资本。当它在工厂中被制造出来时，它是用其他资本进行生产的结果。学校用于提供教育服务的计算机也是资本。

劳动力

第三个生产要素是**劳动力**（labor）——人和其所有努力、能力和技能。这一类别包括，除了企业家这一独特群体以外的所有人，将企业家单独列出，因为他们在经济中扮演着特殊的角色。从历史上看，出生率、移民、饥荒、战争和疾病等因素对劳动力的数量和质量产生了巨大的影响。

企业家

第四个生产要素是对我们经济的变化和进步负有很大责任的人。这些人就是**企业家**（entrepreneurs），他们是寻求利润的冒险者，他们利用现有资源做一些新的事情。企业家通常被认为是经济发展的驱动力，因为他们是那些开创新业务或将新产品推向市场的人。

亨利·福特（Henry Ford）就是企业家的一个例子。1913 年，他引进了移动装配线，彻底改变了汽车的生产方式。史蒂夫·乔布斯（Steve Jobs）是另一个例子，他转变或者说极大地改变了个人电脑、手机和音乐分销行业的性质。

☑ 阅读进展检查

解释 如果缺少一个生产要素会发生什么？

生产可能性

引导性问题 生产可能性曲线如何说明社会在经济中的潜在产出选择？

我们所做的一切都需要以上 4 个生产要素。个体艺术家需要来自自然的材料，如颜料（土地）；使用画笔和画架（资本）；花很多时间创作（劳动力）；努力推广成品（企业家）。大型企业也是这样做的，只不过规模要大得多。

　　甚至被称为教育的服务也使用了所有 4 个生产要素。学校里使用的课桌和实验室设备都是资本。教师和其他员工提供劳动力。土地包括学校所在地的地产，以及用于建造建筑的铁矿石和木材。最后，教育出版商是企业家，他们创造的材料可以帮助老师呈现主题。

确定可能的替代方案

　　经济学家使用 <mark>生产可能性曲线</mark>（production possibilities curve，又称生产可能性边界）来说明所有可能的产出组合。生产可能性曲线表示当一个经济体的所有资源都得到有效利用时，能够生产的各种商品和服务的组合。在图 1.3 中，一个名为阿尔法（Alpha）的虚构国家生产两种商品——汽车和服装。

　　尽管阿尔法只生产两种商品，但这个国家有许多可供选择的方案，这就是为什么这幅图被称为生产可能性边界。例如，阿尔法可以选择使用所有的资源来生产 70 个单位的汽车和 300 个单位的服装，如图 1.3 中的 a 点所示。或者它可以将部分资源从汽车生产转移到服装生产，从而将产量组合转移到 b 点。阿尔法甚至可以选择在 c 点生产，即全部生产服装，不生产汽车，或者在边界内的 e 点生产。选择边界内的产量组合会导致低于最大产量的产量，并且不能充分利用资源。虽然阿尔法有很多选择，但最终它只能处在曲线上或曲线内的任何其他点，因为它的资源是有限的。

充分利用资源

　　位于曲线上的所有点，如 a、b 和 c，都代表了在充分利用所有资源的情况下可能出现的最大产量组合。为了说明，假设阿尔法在 a 点生产，人们想要移动到 d 点，即相同数量的汽车，但更多的服装。只要在 a 点时所有资源都被充分利用，就没有

生产可能性曲线　表示一个经济体在充分利用所有生产资源时所能生产的商品和服务的所有可能组合的图表。

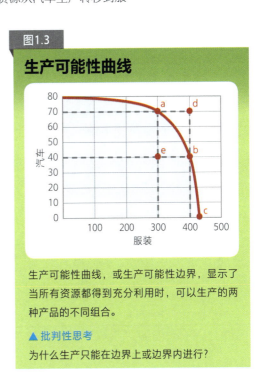

图1.3

生产可能性曲线

生产可能性曲线，或生产可能性边界，显示了当所有资源都得到充分利用时，可以生产的两种产品的不同组合。

▲ **批判性思考**
为什么生产只能在边界上或边界内进行？

多余的资源生产额外的服装。因此，不可能到达 d 点，或曲线外的任何点。

机会成本

人们经常用金钱来衡量成本。然而，对经济学家来说，成本不仅仅是商品或服务的价格。经济学家在 <mark>机会成本</mark>（opportunity cost），也就是被放弃的次优选择的价值方面进行了广泛的思考。例如，假设阿尔法在 a 点生产并且想要移动到 b 点，这显然是可能的，因为 b 点没有超出生产可能性边界。然而，阿尔法将不得不放弃一些东西。如图 1.4 所示，额外生产 100 个单位服装的机会成本是放弃 30 个单位汽车。

正如你所看到的，机会成本几乎适用于所有的活动，它并不总是用金钱来衡量。例如，你需要平衡你花在做作业和跟朋友在一起的时间。如果你决定在家庭作业上多花些时间，那么这种行为的机会成本就是你不能和朋友在一起的时间。当你做决定的时候，你通常会做权衡，你所做的选择的机会成本就是你放弃的次优选择的价值。

机会成本 当做出一个选择而不是另一个选择时，被放弃的次优选择使用金钱、时间或资源的成本。

图1.4

机会成本

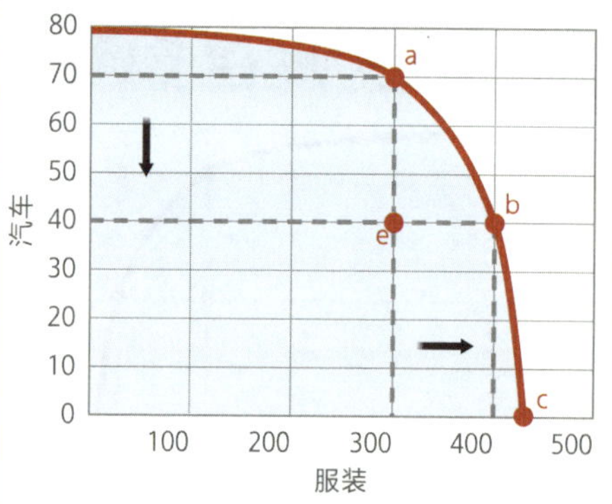

当一项产品的产量增加时，其他产品的产量就会减少。

▲ 批判性思考
如果阿尔法现在生产300个单位的服装如a点所示，它决定接下来生产的服装数量如c点所示，那么生产汽车的机会成本是多少？

闲置资源的机会成本

如果一些资源没有得到充分利用，阿尔法就不可能达到其最大的潜在产量。假设当服装行业工人罢工时，阿尔法的生产如 b 点所示。

服装产量可能会下降，使总产量变化到 e 点。失业资源的机会成本将是损失的 100 个单位的服装产量。

e 点的生产结果也可能由其他闲置资源造成，例如可用但未使用的工厂或土地。只要有一些资源闲置，国家就无法在其生产可能性边界上生产，也就是说，无法充分发挥其生产潜力。

综合 如何利用生产可能性边界来说明经济增长?

消费者的选择

引导性问题 为什么在做选择时权衡和评估机会成本很重要?

在一个"没有免费的午餐"的世界里,我们所做的一切事情都有备选方案和成本。选择可以由整个社会做出,也可以由社会中的个人做出。无论哪种方式,备选方案及其机会成本都很重要,因此仔细研究这些概念是值得的。

权衡

做出正确的决定,或者至少是从有限的一组备选方案中做出最佳决策,并不是一件容易的事。这是因为我们做出的每一个决定都会**权衡**(trade-offs),或者是为了我们选择的方案而放弃某个备选方案。正因为如此,制订一个一致的战略或计划来做出最佳的决策是有必要的。例如,假设你已经决定花掉你去年夏天赚的一些钱,但是你还没

权衡 当做出一个选择而不是另一个选择时必须放弃的备选方案。

图1.5

决策网格

备选方案 / 标准	不需要进一步支出	可能会持续很长时间	会给你的朋友留下深刻印象	不需要家长批准	可多次使用
买一辆二手摩托车					
在春天去参加舞会					
春假期间和朋友一起去华盛顿旅行					
买一台新电脑					

使用决策网格来评估在给定4个备选方案时,你将做出哪些选择?

▲ 批判性思考

使用这种方法做选择有哪些好处?

想象一下，你是一个企业家，通过销售产品A赚取了巨额利润。

然而，即使产品A仍然卖得很好，你也有生产另一种产品B的想法。

产品A的销量为300个单位，对资源的需求非常少，并且获得了可观的利润。

产品B看起来不错，但你的市场调查显示你可能只能卖出100个单位。

为了评估将你的资源投入到产品B中是否值得，创建一个假设的生产可能性曲线，并写一篇文章来解释只生产产品A或同时生产两种产品，是否是一个好的决定。将你的文章和图表与其他人的进行比较，分析他们是如何创建出他们的生产可能性曲线的。

有决定如何花它。

帮助做出决策的一种方法是构建一个模型，如图 1.5 中的网格，第一列列出了备选方案，第一行列出了标准。

如果所有备选方案的成本都相同，那么剩下要做的就是评估每个方案，如果满足标准，则写"+"，否则写"–"。评估标准可能因人而异，但在图 1.5 中，最好的选择是买一台新电脑，因为它比任何其他选择都能满足更多的标准。

决策网格是分析经济问题的一种好方法，因为它会迫使你考虑许多备选方案以及用于评估备选方案的标准。最后，它将使你能够根据你选择的标准评估每个备选方案。

消费者的机会成本

生产者并不是唯一要面对机会成本的人，消费者也会遇到这些成本。决策网格还显示了购买新电脑的决策的机会成本。这是因为相同时间或金钱条件下的最佳备选方案是买一辆二手摩托车。不得不提的是，做某件事的机会成本并不都是用金钱来衡量的。经济学家们认为，被放弃的次优方案是买一辆二手摩托车，因为它是满足所有标准的第二个最佳选择。与机会成本相比，也就是次优方案，权衡是从所有备选方案中做选择。

即使是时间也有机会成本，但你可能无法用金钱来衡量它。例如，读这本经济学书的机会成本是你不能同时做历史或数学作业。

消费者经常面对商品短缺的问题，尤其是当一种新的电子产品首次上市时。电子商店门前会排很长的队，人们甚至会在商店前露营过夜，以确保当新产品开始销售时，他们可以率先买到。这是一个应对电子产品短缺的好方法吗？请给出你的答案和理由。

消费者权利

在一个大公司的世界里，个人消费者似乎是经常被忽视的"小家伙"。当然，总体来说，消费者作为一个群体，有助于决定生产者应该生产什么，从而决定一个国家将在生产可能性边界的哪个位置上进行生产。例如，如果阿尔法的消费者想要更多的衣服和更少的汽车，他们将推动经济从图 1.3 中生产可能性曲线上的 a 点移动到 b 点。

1962 年，美国时任总统约翰·肯尼迪向国会发了一封邮件，概述了下面列出的前 4 项消费者权利，使消费者得到了一些保护。后来，尼克松总统又补充了第五项消费者权利。

- 安全权：免受危及生命和健康的商品伤害。
- 知情权：收到可用于合理选择和防止欺诈的信息。
- 选择权：在可能不总是存在竞争的市场中受保护。
- 听证权：保证在制定法律时考虑消费者利益。
- 获得补偿的权利：如果消费者因产品受到伤害，他们有权利从生产商那里获得足够的补偿。

这些消费者权利是美国 20 世纪 60 年代开始的一场名为**消费主义**（consumerism）运动的一部分。这场运动的目的是教育消费者如何进行购买，以及要求生产商提供更好、更安全的产品。

消费主义　旨在提高消费者利益的社会运动。

消费者责任

上面列出的消费者权利是一些保护消费者的法律的基础。同时，人们认识到消费者既有权利也有责任。

图 1.6 中列出了消费者的责任，它要求消费者在与生产者和其他商家打交道时遵守道德规范。例如，一个有道德的消费者在寻找搜索产品时需要提前做功课。这包括在购买前搜索价格最低的商店并阅读有关产品的完整信息，包括操作说明和其他披露信息。

在线购物使得这些步骤中的许多更加容易。例如，搜索价格最低的卖家变得容易，许多网站甚至会列出已购买该产品的消费

图1.6

消费者的责任是什么？

消费者的责任
提供重要的细节和收据、担保、合同等文件的副本，以支持您的案件。
立即报告问题。不要试图自己修理产品，因为这样做可能会导致保修单失效。
如果您需要以书面形式与制造商联系，请打印您的信件或直接发送电子邮件，并保留一份副本。
保持冷静。帮助您解决问题的人可能不应该对问题的发生负责。
准确记录您为解决问题而做出的努力，包括与你交谈或通信过的人的姓名以及你与对方交涉的日期。

▲ **批判性思考**

消费者的行为方式与商业活动有什么关系？

者的评论。此外，有许多网站会进行比较测试，有些网站甚至会推荐首选卖品，以使购买更容易。

☑ **阅读进展检查**

识别因果关系 如果公民不学习经济学，你认为我们的社会会有什么不同？

第2节 回顾

词汇回顾

1. **解释** 解释"劳动"一词的含义。

使用你的笔记

2. **描述** 使用你的笔记来描述4个生产要素是如何相互关联的。

回答引导性问题

3. **检验** 为什么生产者必须做出生产选择？

4. **描述** 生产可能性曲线如何说明社会在经济中的潜在产出选择？

5. **考虑优势和劣势** 为什么在做选择时权衡和评估机会成本很重要？

经济学写作

6. **资料/阐述** 思考稀缺性如何影响你的学校。写一篇文章，阐述你关于学校应该如何处理这种稀缺性的一些想法。

阅读帮手

术语表

- 经济增长
- 生产力
- 人力资本
- 劳动分工
- 专业化
- 经济相互依赖
- 市场
- 要素市场
- 产品市场
- 经济模型
- 成本效益分析
- 自由企业经济
- 生活水平

做笔记

使用下图，识别影响经济增长的6个特征。

经济增长 随着时间的推移，一个国家的商品和服务总产量的增加。

第3节 使用经济模型

核心问题

人们用什么方法解决稀缺性问题？

想想那些你想要或需要，但因为太贵不能拥有的东西。然后解释你对这两个问题的回答。

- 企业能采取哪些措施来降低生产成本，从而使顾客更容易负担得起想要或需要的东西？
- 作为消费者，你可以做些什么来负担商品的价格？

经济增长

引导性问题　为什么经济增长很重要？

当一个国家的商品和服务的总产量随着时间的推移而增加时，就会出现**经济增长**（economic growth）。经济增长很重要，原因有两个。首先，由于资源稀缺，每个人都想比现在拥有更多的商品和服务。其次，如果人口增长，会有更多的人想要商品和服务，以满足他们未来的想要和需要。

经济增长有风险和牺牲

投资新的有形资本或人力资源可以提高未来的生产力和资本，但这样的投资也需要我们限制当前的消费。这是每个人面临的两难处境。为了明天还有能力消费，而限制今天的消费，并不是没有风险的。比如说，企业今天做出正确的投资决定是为了满足未来的消费者需求吗？你在大学里选择的专业是合适的吗，还是说等到你毕业的时候，你大学学习的专业已经没用了？

没有人知道这些问题的确切答案，这就是存在风险的原因。然而，我们确实知道如果今天什么也不做，将会发生什么事——几乎没有任何增长或进步。你可能已经知道有人因为只关注眼前的生活，却不为明天投资，所以浪费了一些年。你有很多机会可以不像他们一样生活。

描述经济增长的方式

经济学家描述经济增长的方式有很多种，其中最容易的方法是使用生产可能性曲线。生产可能性曲线显示了在充分利用所有生产要素时可以生产的各种商品和服务的组合。然而，随着时间的推移，社会、经济条件的变化可能会导致生产可能性边界扩大。人口可能增长，资本存量可能扩大，技术可能会改善，生产力可能会增加。如果这些变化中的任何一种发生，那么前文中神秘的国家阿尔法将能够在未来生产更多的东西。

经济增长的影响如图 1.7 所示。通过拥有更多资源或提高生产力来实现经济增长，将使生产的可能性边界向外扩展。经济增长最终将允许阿尔法在 d 点生产，而这在早些时候是无法实现的。

提高生产力

当有效利用稀缺资源时，社会中的每个人都会受益。资源的利用

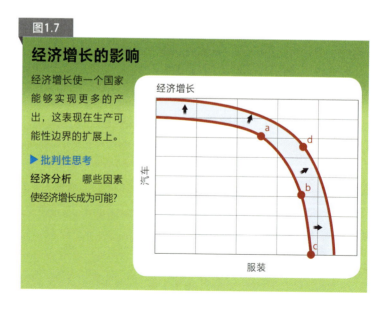

图1.7

经济增长的影响

经济增长使一个国家能够实现更多的产出，这表现在生产可能性边界的扩展上。

▶ 批判性思考

经济分析 哪些因素使经济增长成为可能?

图1.8

美国教育支出

2014年失业率（%）	学位	2014年周收入中位数（美元）
2.1	博士学位	1 591
1.9	专业学位	1 639
2.8	硕士学位	1 326
3.5	学士学位	1 101
4.5	副学士学位	792
6.0	没有学位的大学	741
6.0	高中	668
9.0	高中以下	488
所有劳动者：5%		所有劳动者：839美元

资料来源：美国劳工统计局（BLS），现有人口调查。

教育是人力资本投资的一种形式。

▲ 批判性思考

为什么教育投资会带来更高的工资？

情况可通过术语"**生产力**"（productivity）来描述，生产力是对特定时间段内使用给定数量的资源生产的商品和服务的量度。

只要能够使用相同数量的资源生产更多产品，生产力就会提高。例如，如果一家公司在1小时内生产了5 000支铅笔，然后在接下来的1小时内生产了5 100支铅笔，并且使用的土地、劳动力和资本相同，那么在第二个小时，其生产力就提高了。生产力通常与劳动力联系在一起，但它适用于所有生产要素。

生产力 衡量在特定时期内用给定数量的资源生产的产出量；通常指劳动力，但适用于所有生产要素。

人力资本的重要性

对生产力的一个主要贡献来自对**人力资本**（human capital）的投资。人力资本是人的技能、能力、健康、知识和动力的总和。个人可以通过读高中、上技术学校或上大学来投资自己的教育。

企业可以投资员工培训和其他提高员工技能的计划。政府可以通过为教育和医疗保健提供财政援助来投资人力资本。

如图1.8所示，教育投资可以带来可观的收益。高中以上学历的

人力资本 人的技能、能力、健康、知识和动力的总和。

人的收入远高于高中以下学历的人，大学以上学历的人的收入远高于大学以下学历的人。此外，较高的教育水平通常会带来较低的失业率。教育投资要求我们今天做出牺牲，这样才能在未来过上更好的生活，很少有其他投资能带来更高的回报。

劳动分工和专业化

劳动分工 将工作分为由不同工人执行的若干独立任务。

劳动分工和专业化也可以提高生产力。**劳动分工**（division of labor）是一种组织工作的方式，它可以使每个工人或工作组完成整个任务的某个独立部分。每天多次执行某些特定任务的工作人员可能比在同一时期执行多项不同任务的工作人员更熟练。

专业化 将任务分配给能够最有效地执行这些任务的工人、工厂、地区或国家。

劳动分工具有另一个优势：它使专业化成为可能。当生产要素仅在其能比其他事物发挥更大效用的任务中起作用时，**专业化**（specialization）就会产生。例如，产品的组装可以被分解为由不同的工人执行的许多独立任务（劳动分工）。当每个工作人员被指派执行他或她最擅长的特定任务时，结果就是专业化。劳动分工和专业化带来优势的一个例子是1913年亨利·福特在汽车制造中使用的移动装配线。让每个工人在车上添加一个零件，而不是几个工人组装整辆车，把汽车装配时间从一天半压缩到了一个半小时，并将新车的价格降低了50%以上。

经济相互依赖

经济相互依赖 一个人、一家公司、某个地区或某个国家的经济活动与另一个人、公司、地区或国家的经济活动相互依赖。

劳动分工和专业化不仅提高了生产力，还引起了另一个后果：**经济相互依赖**（economic interdependence）程度很高。这意味着我们依赖其他人，而其他人也依靠我们，来提供我们消费的大部分商品和服务。因此，世界某一地区的事件往往会在其他地方产生巨大影响。这并不意味着相互依赖一定是一件坏事。专业化带来的生产力和收入增长几乎总能抵消失去自给自足能力的代价。

此外，经济学家意识到经济相互依赖能使世界更加安全。例如，世界上存在战争或其他敌对行动可能性的大多数国家的经济合作较少。同样，尽管存在巨大的文化差异，但经济合作较多、相互依赖程度较高的国家之间拥有较强的政治关系。

✅ **阅读进展检查**

分析 专业化在经济生产力中扮演什么角色？

经济活动的循环流动

引导性问题 企业和个人如何参与一个经济体中的产品市场和要素市场？

另一种流行的模型是循环流向图，它表现的是市场如何连接经济中的个人和企业。这个循环过程的一个关键特征是 <mark>市场</mark>（market），一个允许买方和卖方交换特定产品的地点或机制。市场可能是地方的、区域的、国家的或全球的，甚至可能存在于网络空间中。

一个大的经济体中会有许多市场，当然其中最重要的是构成金融体系的市场。它们非常重要，并且它们会被放在单独的章节中讨论，所以它们没有被呈现在图 1.9 的简单循环流向图中。相反，图 1.9 有助于我们将金融市场视为资本主义经济引擎中的"润滑剂"，就像汽车发动机提供润滑剂使其各种组件能够顺利地协同工作。

<mark>市场</mark> 经济产品的买卖双方聚集在一起的地点或机制；可能是地方的、区域的、国家的或全球的。

图1.9

经济活动的循环流动

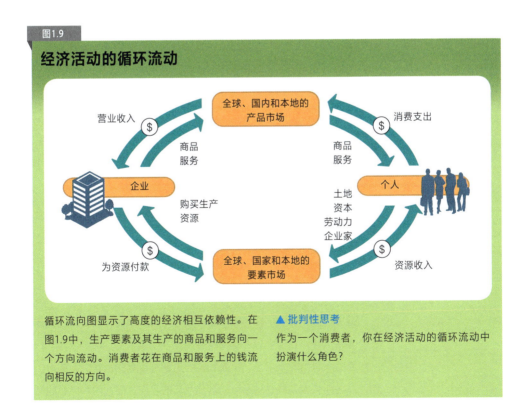

循环流向图显示了高度的经济相互依赖性。在图1.9中，生产要素及其生产的商品和服务向一个方向流动。消费者花在商品和服务上的钱流向相反的方向。

▲ 批判性思考

作为一个消费者，你在经济活动的循环流动中扮演什么角色？

要素市场 购买和出售生产要素的市场。

产品市场 买卖商品和服务的市场。

要素市场

如图 1.9 所示，个人在==要素市场==（factor markets）中赚取收入。要素市场是购买和出售所有生产要素的市场。这就是企业家雇用劳动力并支付其工资，获得土地并换取租金，以及借钱来经营他们的企业的地方。要素市场的概念是现实世界简化的版本。例如，当你向雇主出售劳动力以换取雇主支付给你的工资时，你就参与了要素市场。

产品市场

当个人从他们在要素市场销售的资源中获得收入后，他们会将其用于==产品市场==（product market）。这是生产者销售商品和服务的市场。因此，个人在要素市场中获得的工资和其他收入将返回产品市场中的企业。然后，企业用这些钱生产更多的商品和服务，经济活动的循环周而复始。

产品几乎被销往你所能看到的任何地方。例如，当你把钱投入一台汽水售卖机时，你就在参与产品市场：钱投进去，汽水出来。当然，这些钱不会被立即返还给生产商，直到经销商对机器进行维修或给机器装货。当你的货币回到生产商手中时，它将被用来购买更多的生产要素，再次为汽水售卖机生产饮料。

许多市场变得越来越电子化。一些城市的停车计时器接受信用卡付款，更不用说加油站和汽水售卖机了。对于卖家来说，电子转账更快捷、更高效，卖家可以立即获得资金，不会出现盗窃或其他损失。有的停车收费系统还提供了"手机支付"的功能，可以帮你找到一个未使用的停车计时器，甚至可以远距离付费。

市场的作用

循环流向图的独特之处在于它没有起点或终点。你可以从工作的个人开始，也可以从把其最终产品带到产品市场去销售的企业开始。

事实上，你可以从任何你想要的地方开始，因为循环流向图就像一个圆圈一样，它没有起点也没有终点。

需要认识到的一点是，个人和企业是通过市场联系在一起的。例如，你可能从未参观过制造运动鞋或汽车的工厂，而这两种产品的制造商也从未见过你。即便如此，你和生产商还是通过市场联系在了一起。

解释 要素市场和产品市场在经济中扮演什么角色？

像经济学家一样思考

引导性问题 简单的模型如何帮助我们理解复杂的经济？

经济学家研究人们如何通过谨慎使用稀缺资源来满足看似无限和相互竞争的需求。因此，经济学家关心的是能帮助人们做出正确选择的策略。

经济模型

第一种策略是建立一个 ==经济模型==（economic model）、一个简化的方程、图或表，以显示某些东西是如何运作的。这可能意味着，为了清楚表达，统计信息将以书面或可视的形式传递，从而将复杂情况简化为其最基本的元素。本章中的生产可能性曲线和循环流向图是简单模型如何解释复杂经济活动的示例。

当然，在现实中，任何以简单生产可能性曲线为代表的经济体都能够生产两种以上的商品或服务，但只考虑两种产品，更容易说明权衡和机会成本的概念。因此，这样的简单模型是经济学家分析或描述实际情况时都可能需要的。

请记住，可以随时修改模型以使其更好。如果一个经济模型帮助我们做出了一个正确的预测，那么这个模型就可以再次使用。如果根据该模型做出的预测是错误的，则可能需要修改模型，以便下次做出更好的预测。

同样重要的是，要认识到模型是基于假设的，或者说是基于我们认为是正确的东西。一般来说，模型的质量并不比它所基于的假设好，但是具有一些合理假设的模型通常更容易理解。用生产可能性曲线进行分析时，我们假设只能生产两种产品，这使得模型更容易说明情况，并且仍然允许我们讨论权衡和机会成本的概念。

经济模型 以图、表、方程或示意图的形式表示的复杂概念或行为的简化版本。

成本效益分析

第二种策略是使用**成本效益分析**（cost-benefit analysis），这是一种将行动的预期收益与预期成本进行比较的方法。成本效益分析可用于评估单个行动方案或在两个备选方案之间做选择。

例如，你试图分析一个单一的行动过程，比如是否要去看篮球比赛，你只需将所有的预期收益与预期成本进行比较。预期收益包括享受与朋友相聚的时光以及为你最喜欢的球队加油。成本可能包括牺牲的学习时间、入场费、停车费以及睡眠不足。如果收益超过了成本，你就会去看比赛。如果没有，你就会选择做别的事情。

或者假设你必须在 A 和 B 这两个你同样喜欢的电子游戏之间做选择。如果 B 的成本更低，那将是更好的选择，因为每花费 1 美元你会得到更多的满足感。但是，如果 A 和 B 的收益不同，你仍然可以将收益除以成本，然后选择那个具有更高比率的方案。

"小步走"战略

渐进主义是第三种也是最后一种可以帮助你做出正确选择的策略，也称"小步走"战略。渐进意味着朝着最终目标采取小而谨慎的步伐。如果你不确定自己究竟有多想体验某个活动，这一策略将尤其有用。

你可能在不知不觉中已经这样做了。对于热饮料，你会先喝一小口，确保它不太热。对于一种新的食物，先咬一小口是最好的方式，这样你可以看看你是否想吃。如果这些小步骤中的任何一个成功了，那么你就可以再做一次。最终，会有一个步骤的成本大于收益，此时你应该停止喝饮料或吃食物。

✅ **阅读进展检查**

解释 成本效益分析如何帮你做经济决策？

前方的路

引导性问题 经济学的研究如何帮你做出更好的选择？

经济学不仅解释了人们如何处理稀缺问题，还研究东西是如何被制造、购买、出售和使用的。它提供了有关如何获得和支出收入，如何创造就业机会以及经济日常如何运作的见解。对经济学的研究也能

职业 | 零售业务经理

这个职业适合你吗?

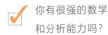
你有很强的数学和分析能力吗?

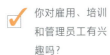
你对雇用、培训和管理员工有兴趣吗?

你有兴趣与客户和同事一起在产品市场上销售东西吗?

招聘
零售业务经理

"负责订购、降价等工作,并且不断地评估员工,与我管理的人会面,确保他们按照我需要的方式取得进展。"

—— 罗伯·科比特(Rob Corbett),
美国采购商Scheels All Sports经理

薪资
年薪105 260美元
时薪50.60美元

职业发展前景
一般

工作内容
零售业务经理对企业财务和运营的各个方面负有广泛的责任。他们必须能够有效地评估产品和人员,以便做出可靠的、基于市场的决策,这些决策将影响业务的方向和在产品市场上取得的成绩。

让我们更好地了解**自由企业经济**(free enterprise economy)的运作方式,即消费者和私营企业,而不是政府,决定着生产什么、如何生产和为谁生产。

自由企业经济 私营企业在政府干预有限的情况下,可以自由经营以获取利润的市场经济。

主题和问题

经济学研究将为你提供经济激励、供求规律、价格体系、经济制度和使经济发挥作用的产权等方面的知识。在此过程中,你将对失业、商业周期、通货膨胀和经济增长等主题有所了解。你还将研究商业、劳动和政府在一个国家经济中的作用,以及一个国家的经济与国际社会之间的关系。

所有这些话题都与我们的**生活水平**(standard of living)有关,我们的生活质量是建立在拥有使生活更轻松的必需品和奢侈品的基础上的。当你学习经济学时,你将学习如何衡量我们的生产价值,以及生产力如何影响我们的生活水平。

生活水平 以拥有使生活更轻松的必需品和奢侈品为基础的生活质量。

公民经济学

经济学的研究有助于我们在个人生活中成为更好的决策者。经济问题经常在政治竞选中被讨论，所以在决定支持哪位候选人之前，人们需要了解这些问题。

今天的大多数政治问题都会产生重要的经济后果。例如，平衡联邦预算是否重要？怎样才能最好地控制通货膨胀？可以用什么方法来加快经济发展？经济学的研究不会为你提供这些问题的准确答案，但它会让你更好地理解它们涉及的问题。

了解我们的世界

经济学的研究有助于我们了解复杂的世界。这是特别有用的，因为世界并不像我们的经济学教科书那样有序。我们的书被整齐地分为

全球经济 & 你

向服务型经济体转变

世界上大多数发达经济体正经历着从以商品生产为基础的经济向以服务为基础的经济的重要转变。在发展中经济体，大多数就业集中在制造业、建筑业、农业和采矿业。随着这些经济体的增长和人民收入的增加，基本需求得到了满足，人们需要更多的服务，如医疗、教育、娱乐和银行业。在巴西、墨西哥和印度等发展中经济体，快速增长意味着收入增加，强大的服务业正在发展。在美国、日本等发达经济体，服务业已占主导地位。在美国，2012—2022年，服务业预计将创造90%以上的新工作岗位。随着更多经济体的增长，全球向服务型经济体的转变将继续加速。

按部门划分的就业

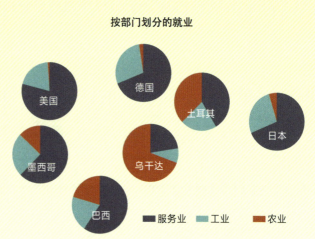

服务业 ■ 工业 ■ 农业

资料来源：世界银行：2007年世界发展指标，经济活动就业.
http://data.worldbank.org/sites/default/files/wdi07fulltext.pdf。

▲ **批判性思考**

做出预测 你认为这种向服务型经济体转变的趋势会继续下去吗？为什么？

几个部分，这些部分提供的信息相对固定。相比之下，社会是动态的，技术和其他创新总会带来变化。

经济学提供了一个分析框架，一个有助于解释事物组织方式的结构。因为这个框架描述了影响行为的激励机制，它能帮助我们理解世界为什么和如何变化。

在实践中，经济学的世界是复杂的，前方的道路是崎岖不平的。然而，当我们学习经济学时，我们将更好地理解我们如何影响世界以及世界如何影响我们。

阅读进展检查

识别因果关系 你认为经济学的研究如何使你的生活变得更好？

第3节 回顾

词汇回顾

1. **定义** 解释生产力与市场增长的关系。

使用你的笔记

2. **总结** 使用你的笔记来确定经济增长的关键组成部分，并解释它们在经济中的作用。

回答引导性问题

3. **解释** 为什么经济增长很重要？

4. **检验** 企业和个人如何参与一个经济体中的产品市场和要素市场？

5. **分析** 简单的模型如何帮助我们理解复杂的经济？

6. **解释** 经济学的研究如何帮你做出更好的选择？

经济学写作

7. **资料/阐述** 作为一个学校服务组织的成员，你听到了一些关于如何更好地支持社区食品银行的建议。所有的建议都是有价值的，但是你的组织能为项目提供的资金和志愿者有限。为了做出最佳决策，你会建议你的组织如何行动？写一两段文字解释你的方法以及它能为决策过程提供的帮助。

在一个自由企业经济体中，消费者和私营企业，而不是政府，对生产什么商品和服务，以及以什么价格生产，做出大多数决定。即使企业彼此毗邻，它们也是独立的。一个音乐商店老板的经济决策对他附近的比萨饼店的生意影响很小。

▲ **批判性思考**

识别 你想在家附近开一家小商店。市政府做什么能帮助你，以及做什么会阻碍你？

即使水力压裂法使用了我们的水资源，也应该继续进行吗？

水力压裂是从地下页岩中开采天然气的一种方法。在高压下，水、化学品和沙子被泵入地下深处。压力导致页岩破裂，并释放出内部的天然气。

目前的压裂工艺自1999年开始在美国使用，取得了良好的效果。2011年，美国使用压裂法满足了95%的天然气需求。

从经济上讲，从本国开采天然气减少了美国对外国政府的依赖。它还降低了能源成本，在美国能源行业增加了数千个就业岗位。

许多人认为水力压裂法是解决美国面临的天然气和石油短缺问题的一种创造性解决方案，可以满足其日益增长的能源需求，主要是电力需求。另一些人指出，水力压裂使用了大量农民灌溉农田所需的水资源，以及用于在水坝系统产生能源的水资源。

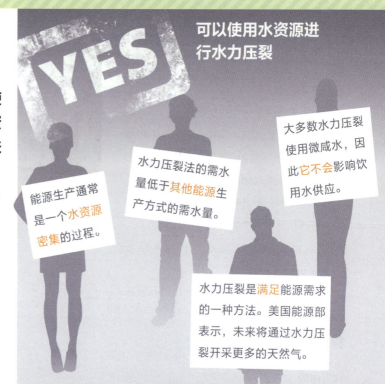

可以使用水资源进行水力压裂

YES

能源生产通常是一个水资源密集的过程。

水力压裂法的需水量低于其他能源生产方式的需水量。

大多数水力压裂使用微咸水，因此它不会影响饮用水供应。

水力压裂是满足能源需求的一种方法。美国能源部表示，未来将通过水力压裂开采更多的天然气。

> 比起发电和灌溉占全国用水量的70%以上，水力压裂的用水量微不足道。例如，当奔腾的科罗拉多河到达墨西哥时，上游所有的水坝和灌溉渠道的流量都可以看作涓涓细流。

资料来源："Why the Grass Should Not Always Be Greener," by Rusty Todd, *Wall Street Journal*, June 2013。

天然气的来源

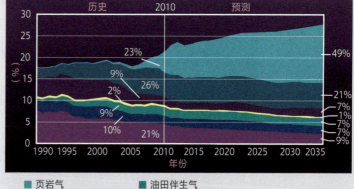

资料来源：美国能源信息署（EIA），2012年。

不可以使用水资源进行水力压裂

水力压裂会污染它使用的水，而且大部分水无法返回水源。

水力压裂法是用于美国对供水有大量需求的地区的。

水力压裂是水资源的主要消耗。

总体来说，对水力压裂的依赖越来越大，意味着美国的供水需求越来越大。

> 需要更多和更好的数据来说明水力压裂所需的水量以及决定这些水的体积的主要因素，例如井深和地质构造的性质。需要对抽取水资源对当地水资源的可获取性的累积影响进行额外分析，尤其是当水力压裂用水可能是消耗性用水时。最后，需要进行更多的研究来确定和应对大规模的取水对当地水质的影响。

资料来源：Pacific Institute, www.pacinst.org, "Hydraulic Fracturing and Water Resources: Separating the Frack from the Fiction" by Heather Cooley and Kristina Donnelly。

分析问题

1. 解释 水力压裂法和水资源的问题是如何联系起来的？

2. 识别观点 两种观点有什么不同？

3. 得出结论 在关于水力压裂法及其使用的水资源的争论中，你同意哪一方？给出你的意见，并给出理由。

关于水力压裂法和水资源的访谈结果

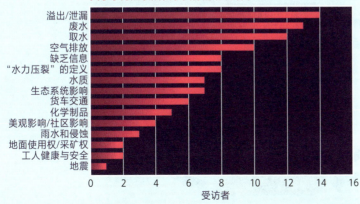

受访者

学习指南

第1节

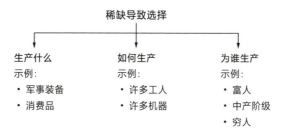

稀缺导致选择

生产什么
示例：
- 军事装备
- 消费品

如何生产
示例：
- 许多工人
- 许多机器

为谁生产
示例：
- 富人
- 中产阶级
- 穷人

第2节

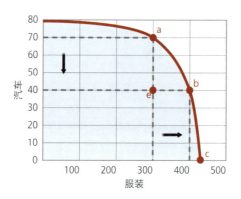

第3节

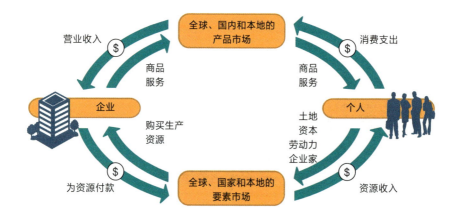

第1章 评估

说明：在一张单独的纸上回答以下问题。请务必仔细阅读并回答所有问题。

内容回顾

第1节

① **区分** 为什么扩大国家的通信网络会被认为是财富的增加，而改善人民的教育不会被认为是财富的增加？

② **解释** 一个基本的经济问题是为谁生产产品。在我们的社会里，对于一个普通的消费品，比如手机，这个问题该如何回答？请做出解释。

第2节

③ **回顾** 亚当·斯密如何将工人描述为自由企业体系的一部分？

④ **识别** 为生产铅笔所需的4个生产要素各举一个例子。

⑤ **建立联系** 有一名大学生，他在付完学费和房租后，还剩下100美元。这名学生病了，可以去就医。去诊所的费用是40美元，另外他还得花60美元买药。或者，他可以把钱花在食物上，希望他能自己痊愈。他应该如何选择？分析决策的机会成本。

第3节

⑥ **分析** 为什么规划经济增长、稳定、充分就业和效率都有风险和牺牲？

⑦ **解释** 生产力与经济增长的关系如何？

⑧ **分析** 如何通过经济活动的循环流向图解释资源所有者和企业的作用？

批判性思考

⑨ **分析** 分析并解释与这两种产品相关的价值悖论：具有低货币价值的面包、具有高货币价值的流行乐队的演唱会门票。

⑩ **构建论据** 在现实世界中，企业家是否有可能经营一家所有生产要素始终得到充分利用的企业？为什么？

⑪ **建立联系** 评估消费者权利和消费者责任表中所述的规则。用一两个段落解释这些指导方针如何使企业和消费者受益。

⑫ **解释** 解释为什么没有一个用来分析经济概念或问题的经济模型可以说是完全可靠的。

图表分析

使用下图回答以下问题。

生产可能性曲线

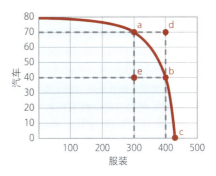

⑬ **解读** 通过描述在e点发生的情况来解读此生产可能性曲线。

⑭ **应用** 假设一场自然灾害摧毁了许多房屋。人们失去了很多财产，包括衣服，所以突然间增加了500单位衣服的需求。阿尔法愿意放弃汽车以生产更多的衣服。这种额外的服装生产是否可行？根据生产可能性曲线解释你的答案。

⑮ **图表阅读** 如果阿尔法最多生产80个单位的汽车，那它能生产多少单位的衣服？解释你的答案。

第1章 评估

说明：在一张单独的纸上回答以下问题。请务必仔细阅读并回答所有问题。

回顾每节开始时你对核心问题的回答。根据你在本章中学到的内容再次回答这些问题。你的答案改变了吗？

16 **总结** 人们用什么方式处理稀缺性问题？

21世纪技能

17 **解决问题** 假设你有50美元可以支出，并考虑将其用于以下项目之一：

a. 与朋友共进晚餐——50美元。

b. 演唱会门票——30美元。

c. 新衬衫——50美元。

创建一个经济模型来评估不同选择之间的权衡。绘制一个决策网格，并在第一列中列出备选方案以及用于比较第一行中的选择的条件。完成图表并做出选择，解释你为什么选择这个备选方案。

18 **确定因果关系** 做一项研究，找出一家利用技术提高生产力的公司。写一篇文章，分析提高生产力与公司发展的关系。一定要注明你引用的资料来源。

19 **创建和使用图表** 企业家在经济中的作用可以通过小企业对经济的贡献来有效衡量。做一个互联网研究，了解在过去几十年中，小企业是如何影响我们的就业和GDP或金融市场的。将你的发现记录在图表或曲线图中，并用简短的段落总结你的结果。

培养财经素养

20 **解释** 为了在你的社区里开一家新公司，你筹集了一大笔资金。

a. 4种生产要素将如何影响你决定开展什么样的业务以及将在何处开展它？

b. 你的新企业将如何影响你的社区以及社区成员的选择？

分析基础资料

阅读并回答以下问题。

❝ 全球粮食价格的连续飙升导致了2008年的暴乱，并导致了2011年北非和中东地区的暴力行为。罪魁祸首是争论相当频繁且激烈的问题，而最常被人们提起的问题包括市场投机者、全球变暖和激进的政府可再生燃料强制性要求。❞

资料来源：William Pentland，"The Coming Food Crisis: Blame Ethanol," *Forbes*, July 28, 2012.

以上文章接着描述了新英格兰复杂系统研究所（New England Complex Systems Institute）的分析师们如何理论化地认为，美国中西部干旱导致的粮食短缺可能会引起一场比目前任何情况都严重的全球危机。分析人士得出的结论是，干旱可能会增加市场投机和影响有关玉米向乙醇转化的政策，对全球粮食状况造成毁灭性影响。食品价格的上涨可能意味着全世界许多人将遭受营养不良和死亡。

21 **识别因果关系** 分析美国干旱对其贸易伙伴的影响。

22 **考虑优势和劣势** 解释"激进的政府可再生燃料强制性要求"的机会成本。

第2篇

理解市场

这很重要
因为……

你是否知道，每次你花钱买东西时，你都会投一票？这些"票"决定了你在商店货架上会看到什么产品，甚至能够决定这些产品的价格。无论你何时购买或出售某种东西，无论是一个菠萝还是一张机票，你都在参与市场。买卖双方之间的所有交易都在市场中进行，即使市场有许多不同的形式和规模，它们也都具有相似的特征。了解市场结构、运作方式以及影响买家和卖家选择的因素将帮助你通过"投票"做出更好的决策。

第2章　需求

核心问题

- 需求如何帮助社会决定生产什么,如何生产以及为谁生产?
- 需求变化的原因是什么?

第1节　什么是需求

第2节　影响需求的因素

第3节　需求弹性

需求规律

初始

当一种新产品推出时，购买者的数量可能很少。随着正面评价的累积，买家的数量和需求可能会增加。设定一个负担得起的价格也能吸引新的买家。

峰值

如果一种产品先于其他产品进入市场并赢得消费者的依赖，它就能带来显著的销售量和可观的利润。特别是在需求增长和竞争最小化的情况下，产品需求可能会达到最高水平。

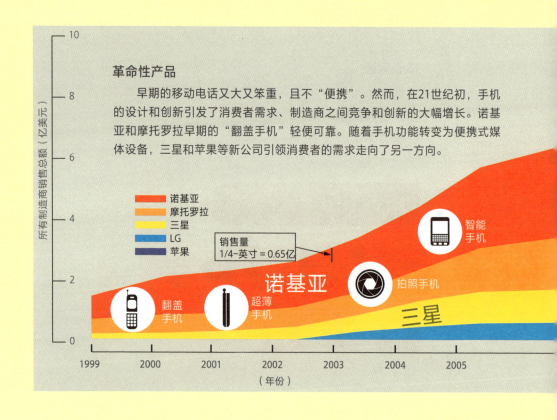

革命性产品

早期的移动电话又大又笨重，且不"便携"。然而，在21世纪初，手机的设计和创新引发了消费者需求、制造商之间竞争和创新的大幅增长。诺基亚和摩托罗拉早期的"翻盖手机"轻便可靠。随着手机功能转变为便携式媒体设备，三星和苹果等新公司引领消费者的需求走向了另一方向。

所有制造商销售总额（亿美元）

- 诺基亚
- 摩托罗拉
- 三星
- LG
- 苹果

销售量
1/4-英寸 = 0.65亿

智能手机

诺基亚

拍照手机

翻盖手机

超薄手机

三星

1999　2000　2001　2002　2003　2004　2005

（年份）

需求规律表明，当价格下降时，产品的需求量会上升；当价格上涨时，产品的需求量会下降。因此，如果其他所有因素相同，产品的价格和需求量之间是负相关关系。澄清这点非常重要，因为市场上的产品竞争受到其他因素的极大影响。例如，手机不能脱离消费者、经济体或其他手机选择进行竞争。

下降

一种产品并不一定总有很高的需求。消费者口味会改变，那产品则无法满足市场需求。当其他制造商提供自己的产品时，新的消费者可能会用竞争对手的产品来替代最初的产品。

复苏

销售量的下降并不意味着产品历史的终结。制造商可以通过增加新功能或新设计来改进他们的产品，以阻止销售量下降。因此重新吸引消费者的兴趣将开启产品销售历史的一个新阶段。

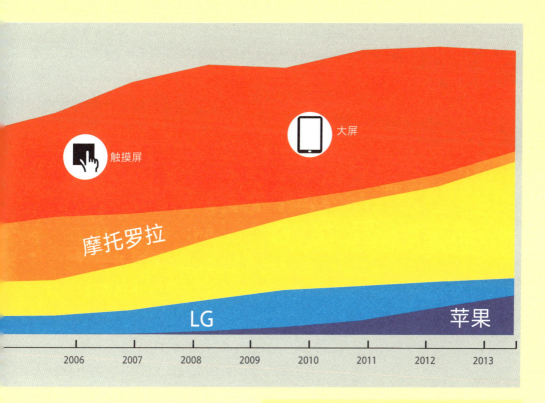

触摸屏

大屏

摩托罗拉

LG

苹果

2006　2007　2008　2009　2010　2011　2012　2013

想一想
识别　手机市场中哪些非价格决定因素影响产品的需求？

术语表

- 需求
- 微观经济学
- 需求计划
- 激励
- 需求曲线
- 需求规律
- 市场需求曲线
- 边际效用
- 边际效用递减

做笔记

使用下图，确定价格和需求之间的关系。

价格和需求之间的关系

价格	需求
上升 →	
下降 →	

需求 在给定时间点消费者愿意并且能够在一定的价格区间内购买产品数量的组合。

微观经济学 经济理论的一个分支，研究个人和企业等小型单位的行为和决策。

第1节　什么是需求

核心问题

需求如何帮助社会决定生产什么，如何生产以及为谁生产？

需求（demand）描述了消费者愿意并且能够在某时间点，一定的价格范围内一次性购买某产品的不同数量。**微观经济学**（microeconomics）是经济理论的一部分，研究人和企业等个体的行为和决策。企业通常试图以多种方式影响需求。要了解如何实现这一点，需要分析产品的广告。

卖家在广告中使用了哪些策略来为产品创造需求？关注卖家使产品更具吸引力的方式。

需求导论

引导性问题　产品的价格与需求量之间的关系是什么？

在市场经济中，个人和企业为自身利益最大化行事，以回答生产什么，如何生产以及为谁生产的基本问题。需求是这一过程的核心，因此，如果我们要了解经济的运作方式，就必须理解需求的概念。

需求说明

幸运的是，计算需求归根结底只涉及两个变量——产品的价格和特定时间点产品的数量。例如，我们想知道，如果门票价格为 5 美元，有多少人会选择在某个下午去看电影；我们还想知道，如果门票价格是 10 美元，又有多少人会选择看电影。为了简单起见，经济学家采用了一种简单的假设，称为其他条件不变，或称其他因素不变。因此，如果价格从 5 美元改为 10 美元或其他价格，我们认为其他条件没有变化。通过假设其他条件不变，我们可以排除其他因素上的变化，例如其他电影的播放数，购买门票的难易程度，以及是否是假期和周末。

个人的需求计划

要了解经济学家如何分析个人需求，请参见图2.1A。它显示了消费者麦克（Mike）愿意并且能够以 1 美元到 10 美元的价格区间购买墨西哥卷饼的数量。A 组信息被称为**需求计划**（demand schedule）。

需求计划显示了产品在给定时间内以市场上可能受欢迎的价格出售时的需求量。

如图 2.1 所示，麦克不会以 9 或 10 美元购买墨西哥卷饼；但如果价格降至 6 美元，他会买 1 个；如果价格是 4 美元，他会买 2 个，以此类推。就像我们一样，他愿意以更低的价格购买更多的产品。当然，这些数字可能不完全与现实相同，但旨在使示例简单化。对于麦克来说，价格是一种**激励**（incentive），是一种促使他采取行动的因素。当价格上涨时，他买的少；而当价格下跌时，他买的多。他的收

需求计划 列出产品在给定时间内市场上所有可能受欢迎的价格所对应的需求量。

激励 给予动力的东西。

图2.1

墨西哥卷饼的价格

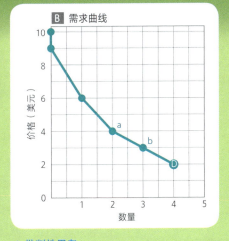

A 需求计划

价格（美元）	需求量
10	0
9	0
6	1
4	2
3	3
2	4

B 需求曲线

需求计划和需求曲线都显示了消费者在每一个可能的价格下需要墨西哥卷饼的数量。

▲ 批判性思考
价格如何影响需求量？

入、饥饿程度和许多其他因素会影响他的欲望、意愿和购买力。但如果所有这些因素都保持不变，那么价格变化会是影响他买多少的唯一激励。

个人需求曲线

图 2.1A 的需求计划也能够以图 2.1B 中向下倾斜的线来表示。如果我们将需求计划中的每个价格对应需求量数值转移到图中，我们就可以将这些点连接起来，形成曲线。经济学家将此称为**需求曲线**（demand curve），它显示市场中产品受欢迎的每种价格对应的需求量。

例如，图 2.1B 中的 a 点显示，麦克将在单价为 4 美元时购买 2 个墨西哥卷饼，而 b 点显示他将在单价为 3 美元时购买 3 个墨西哥卷饼。需求计划和需求曲线显示相同的信息。

需求曲线 显示在特定时间市场上产品受欢迎的每种价格对应需求量的图表。

☑️ **阅读进展检查**

解读 人们如何应对某一物品价格的变化？这如何说明需求的概念？

需求规律

引导性问题 为什么经济学家将需求视为"规律"？

图 2.1 中的价格和数量指出了需求的一个重要特征：对于我们可能购买的任意商品或服务，较高的价格对应较小的需求量；相反，较低的价格对应较大的需求量。这被称为**需求规律**（Law of Demand），该规律表明了产品的需求量与其价格成相反趋势。当某产品的价格上升时，需求量减少；同样，当价格下降时，买家有动力购买更多，因此需求量增加。

需求规律 陈述价格与需求量成反比关系的规律。

为什么我们称之为"规律"

经济学是一门社会科学——研究我们在周围事物发生变化时的行为方式。在所有的科学中，当一个理论经过反复试验证明为真，并且它符合我们对这个领域更广泛的理解时，我们称其为"规律"。价格与需求量的反比关系出现在一项又一项的研究中，人们总说，如果一件商品的价格下降，他们会购买更多；如果价格上涨，他们会购买更少。

其次，常识和简单的观察与需求规律相符。这就是人们在日常生活中的行为——冰激凌价格较低时，人们会购买比价格高时更多的冰激凌；这就是杂货店商品打折的主要原因。

市场需求曲线

市场需求曲线（market demand curve）显示了每个有兴趣购买该产品的人所需要的数量，例如示例中的电影票。图 2.2 显示了麦克和他的朋友茱莉亚（Julia）的市场需求曲线，为了简单起见，我们假设市场上只有这两个人愿意并且有能力购买墨西哥卷饼。

为了得到市场需求曲线，我们要做的就是把麦克和茱莉亚在任何可能的价格会购买的墨西哥卷饼的数量加起来。然后，我们简单地把价格和数量画在单独的图表上。为了说明这一点，图 2.2 中的 a 点表示价格为 4 美元时麦克会购买 2 个墨西哥卷饼，加上茱莉亚在相同价格时会购买的 1 个。同样地，b 点表示两个人在价格为 3 美元时购买墨西哥卷饼的总数量。

当然，实际的市场需求曲线代表的即使没有数百万人，也会有数

市场需求曲线 需求曲线显示每个人在某一时刻愿意并且能够以所有可能的价格购买产品的需求量。

图2.2

个人需求曲线和市场需求曲线

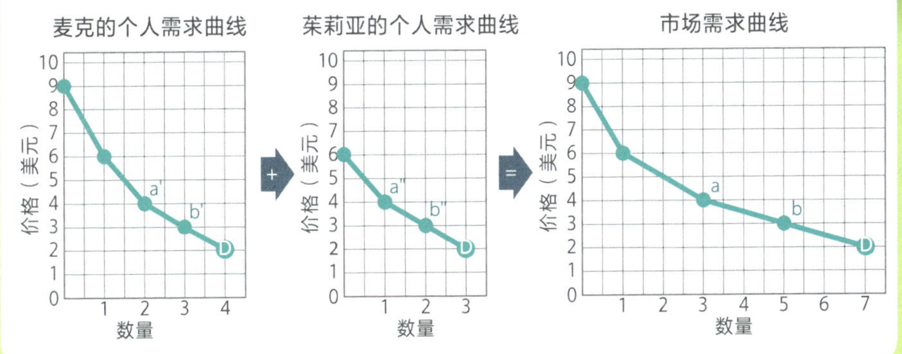

市场需求曲线显示了市场上每个有兴趣购买产品（如墨西哥卷饼）的人在特定时间点的需求量。

▲ 批判性思考
市场需求曲线与个人需求曲线有何不同？

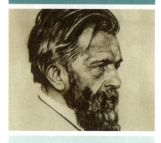

卡尔·门格尔

经济学家（1840—1921）

卡尔·门格尔（Carl Menger）出生于波兰的一个富裕家庭。1867年，他在克拉科夫的亚吉隆尼亚大学（Jagiellonian University of Kraków）获得博士学位后不久，就在奥地利的维也纳大学（University of Vienna）担任经济学教授，任教至1903年。

门格尔提出了边际效用的概念，他认为商品的价值，也就是价格，取决于它能满足消费者需要的程度。他的思想挑战了当时价值源于生产产品所需的劳动力成本这一传统观念。评论家嘲笑门格尔和他的学生，称他们为"奥地利学派"，以强调他们脱离了主流。如今，奥地利学派是经济学中一个被广泛接受的主要学派，门格尔则被视为其创始人。

▲ 批判性思考

识别 门格尔对经济理论有什么新的见解？

边际效用 从获得或消费多一单位产品中得到的额外满足感或使用性。

边际效用递减 随着额外获得的产品单位的增加，额外满足感或使用性降低。

千人，而且价格区间必须足够大，才能涵盖所有人。除此之外，个人需求曲线和市场需求曲线之间没有显著差异。两者都是向下倾斜的，都表示在特定的时间和地点，在所有其他因素不变的情况下购买的产品数量。

☑ 阅读进展检查

解释 市场需求曲线如何反映需求规律？

需求与边际效用

引导性问题 边际效用递减原理如何解释人们愿意购买额外一单位的商品或服务的价格？

如前文所述，经济学家使用效用这个术语来描述人们从产品中获得的使用性或满足感。**边际效用**（marginal utility）——一个人从获得或使用多一单位产品的过程中得到的额外使用性或满足感——是这个概念的一个重要延伸，因为它解释了很多关于需求的问题。

我们买东西，首先是因为我们觉得产品是有用的，会给我们带来效用或满足感。然而，当我们对某一产品的使用越来越多时，我们通常会遇到**边际效用递减**（diminishing marginal utility）。这意味着我们从使用额外数量的产品中获得的额外满足感开始下降。

由于我们的满足感递减——边际效用递减——我们每多消费一个产品，就不愿意为第二、三、四个支付和第一个一样多的钱，以此类推。这就是为什么我们的需求曲线是向下倾斜的，这也是为什么麦克和茱莉亚不会为第二个墨西哥卷饼支付与第一个一样多的钱。

我们所有人的满足感都会降低。例如，如果你非常渴，你可能愿意花高价买一瓶水。一旦你喝完并且不那么口渴了，第二瓶水给你的满足感会变少，所以你可能不愿意支付与第一瓶相同的价格。

☑ 阅读进展检查

描述 边际效用递减的原理如何解释我们以同样的价格购买额外一单位商品或服务时的感觉？

消费者需求受到如广告等难以测量因素的影响。

第1节　回顾

词汇回顾

1. 边际效用如何影响需求？

使用你的笔记

2. 使用你的笔记来解释价格如何影响需求。

回答引导性问题

3. **识别**　产品的价格和需求量之间有什么关系？

4. **解释**　为什么经济学家将需求视为"规律"？

5. **建立联系**　边际效用的原理如何解释我们愿意购买额外一单位商品或服务的价格？

经济学写作

6. **资料性/解释性**　研究某产品市场需求下降如何影响其价格的案例。需求为什么下降？产品是否变得不必要或过时？生产商或其竞争对手是否提供了更新或更好的版本？卖家是如何尝试增加该产品的需求的？

假日需求

　　每年都差不多。假日季的"热门"玩具——孩子们必须拥有的那种——在全国各地的商店里热销。消费者从一个商店跑到另一个商店，狂热地在互联网搜索，面对的却是同样灾难性的消息："你想要的商品缺货。"导致假期前后的这种"需求狂热"的原因是什么？有些人责怪秀兰·邓波儿（Shirley Temple），1934年，当这位童星只有6岁的时候，理想玩具公司（Ideal Toy Company）拍摄了她的写真，用在了世界上第一个名人玩偶上。她的电影《明亮的眼睛》（Bright Eyes）在圣诞节前上映后一炮走红，使人们对娃娃的需求飙升。最终销售额达到4 500万美元。

　　另一个可能的"罪魁祸首"是一家经营玩具的家族企业。该公司于1952年开始销售粘在土豆上的小型塑料制品。土豆头先生是出现在电视上的玩具，当美国儿童看到广告时，很多人会说："我能买那个吗？""我想要那个！"

　　1975年，一位企业家将岩石作为"宠物"出售的想法成为热门的假日玩具。他给各大媒体都发了一份新闻稿。到节日来临的时候，消费者每天购买超过10万块宠物岩石。这股热潮仅持续了6个月，但卖出了500多万个岩石。

　　1977年第一部《星球大战》（Star Wars）电影上映后，一家玩具制造商生产的《星球大战》人物玩偶供不应求。在一场营销活动中，抢购的家长们收到的却是一张"早起的人"证书。在假期里，孩子们打开包裹，里面没有玩具，而是关于他们几周后将收到的玩具的信息。

　　你会被今年的狂热所吸引吗？当孩子坚持认为这一季的新玩具是他们唯一想要的玩具时，父母们发现很难拒绝。

案例研究回顾

1. **归纳总结**　这四种产品成为"热门"玩具的共同因素是什么？请解释原因。
2. **预测**　你认为季节性需求会对商品价格产生什么影响？请解释原因。

1952 土豆头先生
初始售价仅为98美分。

1977 星球大战
1978年，大约售出了4 000万个动作玩偶！

1996 搔痒娃娃
初始售价28.99美元，但转售就达数百美元！

1983 椰菜娃娃
1983年几乎卖出了200万个娃娃！

2009 仓鼠球
初始售价9美元，但因市场供应不足，产品的售价超过了60美元！

2006 任天堂游戏机
首发价为249.99美元。2013年停产时，定价为99.99美元。

阅读帮手

术语表

- 需求量变化
- 收入效应
- 替代效应
- 需求变化
- 替代品
- 互补品

做笔记

许多因素影响需求。使用如下所示的以"需求"为中心的思维导图，说明影响需求的各种因素。

需求量变化　点在需求曲线上的运动，表明随着价格的变化，购买数量有所不同。

第2节　影响需求的因素

核心问题

需求变化的原因是什么?

　　许多商品和服务的需求都在不断变化中。为了满足市场需求，消费者想要什么，什么时候想要，这些都取决于企业。

　　生活中的哪些因素会影响你购买某种特定产品的兴趣? 列一个清单，并和朋友的清单进行比较。你们的因素有何不同? 如果你是一家关注这些因素的企业，你会如何调整生产?

需求量变化

引导性问题　价格变化对需求量有什么影响?

　　假设一种产品的价格发生了变化，其他所有因素保持不变。在这种情况下，需求曲线不会移动，但需求量会变化。但有时，整个需求曲线会因为价格以外的因素而移动，比如广告活动或消费者收入的变化。请看图2.3，观察只有价格变化而其他一切保持不变时会发生什么。需求曲线上的 a 点显示，定价为 5 美元时，24 个墨西哥卷饼被售出; 当价格降至 3 美元时，墨西哥卷饼的销量上升到 40 个。另一方面，当价格上涨时，对墨西哥卷饼的需求就会减少。从 a 点到 b 点或从 b 点到 a 点的移动是**需求量变化**(change in quantity demanded)。这个结果是经济学中一个公认的原则。

只有价格会改变需求量

　　需求量变化只能由一个因素引起——价格的变化。虽然其他很多因素都可以影响需求曲线，但是价格是唯一可以使各点在需求曲线上移动的因素，如图 2.3 所示。

图2.3

需求量变化

只有价格的变化才能引起需求量变化。当价格下降时，需求量增加；当价格上涨时，需求量减少。这两种变化都表现为需求曲线上点的移动。

▶ **批判性思考**

为什么价格和需求量呈反向变化？

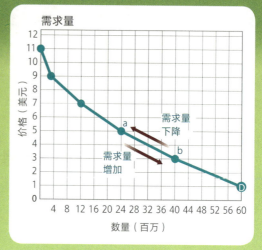

收入效应

当产品价格下降时，消费者支付的更少，因此他们有一些额外的收入可以使用。例如，从图 2.3 中我们可以看到，当每一个墨西哥卷饼的价格为 5 美元时，消费者花了 120 美元购买了 24 个墨西哥卷饼。如果价格降至 3 美元，他们在同样数量的产品上只会花 72 美元，因为价格更低，他们会因此"多拥有"48 美元。他们甚至可能把部分额外收入花在购买更多的墨西哥卷饼上。因此，需求量从 24 增加到 40 的部分，也就是需求曲线上显示出的从 a 点到 b 点的移动，是因为消费者感觉更富有了。

如果价格上涨，消费者会觉得自己更穷，买的墨西哥卷饼也会更少。这说明了 **收入效应**（income effect）——价格的变化引起了需求量变化，从而改变了消费者的收入。

收入效应 当产品价格变化时，由消费者收入变化引起的需求量变化的部分。

替代效应

当墨西哥卷饼的价格从 5 美元降至 3 美元时，与其他商品和服务相比，墨西哥卷饼变得比以前便宜了。因此，消费者倾向于用更多更便宜的墨西哥卷饼取代更贵的商品，例如比萨。**替代效应**（substitution effect）是相对价格变化引起的需求量变化。总之，收入效应和替代效应都解释了为什么当价格从 5 美元降至 3 美元时，消费

替代效应 由于商品相对价格变化而引起的需求量变化的部分。

者会将墨西哥卷饼的消费量从 24 个增加到 40 个。

无论何时，当价格变化引起需求量变化时，我们都会看到需求曲线上点的移动，如图 2.3 曲线图说明所示。无论需求量增加还是减少，需求曲线本身都不会移动。

描述 需求量变化如何在需求曲线上表示?

需求变化

引导性问题 除价格外，还有哪些因素影响需求?

有时，在价格不变的情况下，其他因素会发生变化。当这种情况发生时，人们可能会决定以相同的价格购买不同数量的产品。这就是所谓的**需求变化**（change in demand）。因此，整个需求曲线向右移动表示需求增加，或向左移动表示需求减少。这与需求量变化不同，需求量变化是由价格变化引起的各点在需求曲线上的运动。

需求可能会由于各种因素的变化而变化，这些因素包括消费者收入、消费者偏好、对产品未来预期、消费者数量以及替代品或互补品等相关商品的价格。

需求变化 每种价格下对产品的需求量不同，导致需求曲线向左或向右移动。

消费者收入

考虑最低工资的增加可能会如何影响图 2.4 中的市场需求计划和市场需求曲线。当人们赚得更多时，他们通常愿意以任何可能的价格购买不同数量的产品。现在，我们可以在图 2.4A 中添加第三列来显示这些增长。例如，当价格为 9 美元时，消费者现在愿意购买 16 个墨西哥卷饼，而不是 3 个;当价格为 7 美元时，消费者现在愿意购买 28 个墨西哥卷饼，而不是 12 个，从 a 点到 a' 点的移动显示了这一变化。当计划中的其余数据转移到图 2.4B 的图形中时，需求将会增加，或者说曲线向右整体移动。

消费者收入的减少会有相反的影响。他们不会在单价为 9 美元时买 3 个墨西哥卷饼，而是买 2 个。类似地，他们不会在单价为 7 美元时买 12 个墨西哥卷饼，而是买 9 个，以此类推。一旦将这些新的图绘制出来，需求曲线就会向左移动，从而显示出需求的减少。

探索核心问题

每个影响需求的因素的如何变化会导致需求曲线向左还是向右平移?

消费者偏好

消费者经常会改变他们对购买产品的看法。广告、时尚趋势、同辈群体的压力，甚至季节的变化都会影响消费者的选择。例如，当一个产品成功地做了广告，其受欢迎程度就会提高，人们倾向于以任何可能的价格购买更多的产品。因此，需求曲线向右移动。

另一方面，如果人们厌倦了某种产品，或者有理由担心它是否是一个好的选择，他们就会购买更少的产品。当有关产品的谣言或负面报道出现时，就会发生这种情况。当在所有可能的价格下都有更少的人购买产品时，需求曲线就会向左移动，这表示需求下降。

替代品

相关产品价格的变化会引起需求的变化。有些产品被称为 <mark>替代品</mark>（substitutes），因为它们可以代替同类产品。例如，如果人们把黄油

> <mark>替代品</mark> 可以相互替代的竞争性产品；一种产品的价格上涨会增加对另一种产品的需求。

需求变化

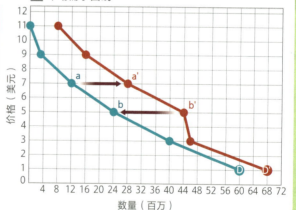

A

P（美元）	D	D'
11	0	8
9	3	16
7	12	28
5	24	44
3	40	46
1	60	68

B 市场需求曲线

当人们决定以相同的价格购买不同数量的产品时，需求就会发生变化。当我们绘制需求计划中的数字时，我们得到两条独立的需求曲线，如图中D和D'所示。需求增加表现为需求曲线向右移动（D→D'）；需求下降表现为需求曲线向左移动（D'→D）。

▲ **批判性思考**

解释一下为什么你认为有几种因素可以同时改变需求曲线。

和人造黄油看作互为替代品，黄油价格的上涨将导致人们对人造黄油需求的增加。同样，人造黄油价格的上涨也会导致人们对黄油需求的增加，使黄油的需求曲线向右移动。

一般来说，如果某产品的替代品的价格上涨，对该产品的需求就会增加。如果该产品的替代品的价格下降，对该产品的需求就会下降。

互补品

其他相关的产品被称为**互补品**（complements），因为一种产品的使用增加了另一种产品的使用。个人电脑和软件是互补品。当电脑价格下降时，消费者会购买更多的电脑和软件。如果电脑价格呈螺旋式上升，消费者会购买更少的电脑和软件。

一般来说，商品价格的上涨通常会导致其互补品需求的减少。商品价格的下降往往会增加其互补品的需求。

互补品 一种产品的使用可以增加其他产品的使用，一种产品的价格上涨会降低对这两种产品的需求。

全球经济 &你

商品需求

如果一家跨国公司不理解并且不适应各个地区的文化差异，其产品需求可能会下降。沃尔玛在阿根廷开设第一家门店时，并没有改变其一贯的经营策略。这家新商店提供的肉类、化妆品和衣服更适合美国市场。甚至连商店的设计都基于美国人的购物习惯，过道又长又窄。然而，阿根廷消费者喜欢不同的肉类、更适合欧洲人的化妆品，以及更小更紧的衣服。因为阿根廷消费者不同于美国消费者往往每周购物一次，他们通常每天购物，这使得狭长的通道比美国的更拥挤。这里的销售曾是一场灾难。因此沃尔玛在开设下一家门店前改变了策略，其需求显著增加。

全球优惠券使用情况

在大多数旅行中使用优惠券 █ 在部分旅行中使用优惠券 █ 几乎不使用优惠券 █

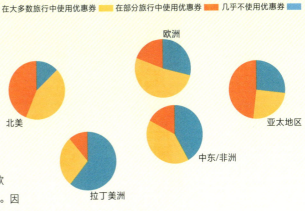

▲ **批判性思考**

预测 如果你负责在另一个国家开一家新店，在开业之前你会怎么做？你会考虑哪些因素？

预期

　　人们对未来的思考方式也会影响需求。例如，假设一家公司宣布在电视机成本和质量方面取得了技术突破。即使这些新产品可能一年内都不会上市，一些消费者可能会因为他们对该产品的预期而推迟购买电视。新的预期将导致任意价格的电视机购买数量减少，需求曲线将向左移动。

　　当然，预期也有相反的影响。想象一下，如果天气预报说今年农作物歉收。在这些粮食变得稀缺之前，人们可以现在储备一些粮食。由于预期未来会出现粮食短缺，今天人们愿意购买更多，这将导致当前需求的增长，表现为需求曲线向右移动。

　　尽管我们可以预测由商品替代品或互补品价格变化引起的需求变化，但如果没有更多的细节，我们无法预测预期变化的影响。

职业 | 零售采购者

这个职业适合你吗？

 你有很强的决策能力吗？

 你善于谈判吗？

 你对某一特定产品的购买趋势有很好的直觉吗？

 你了解影响不同市场需求的因素吗？

采访一位时尚买手

"样式的选择必须符合计划的分类要求，单位和尺寸分类要求，以及质量和完整性。时尚买手必须了解市场，并在财务、款式和分销方面对整体购买策略做出贡献。时尚买手必须是富有想象力、创造力、洞察力和客观的人。"

—— 吉尔·海勒（Jill Heller），时尚买手

薪资

每年58 360美元
每小时28.06美元

职业发展前景

低于平均水平

工作内容

批发和零售采购者先购买商品，然后转售给消费者。为大公司工作的采购者通常专门经营一到两条销售渠道。那些购买产品并将产品出售给客户的采购者在很大程度上决定了他们公司将提供哪些产品。因此采购者必须预测哪些产品最能吸引顾客。如果他们错了，他们公司的利润和声誉可能会受损。

消费者数量

　　收入、偏好、预期和相关产品价格的变化会影响个人需求计划和需求曲线，从而影响市场需求曲线。如果消费者数量发生变化，市场需求曲线也会发生变化。

　　一般来说，当更多的消费者进入市场，市场需求增加，曲线向右移动。假设销售墨西哥卷饼的商店附近的一栋大楼需要维修。一大群工人来到附近。很多人买墨西哥卷饼作为午餐。我们会把他们以所有可能的价格购买的墨西哥卷饼的数量加到商店过去的销售量上。当工程完工，建筑工人离开，市场需求可能会下降，市场需求曲线向左移动。

看我的新手机！玛丽4.0版（MARY 4.0）。你也应该买一部。

COMING SOON! MARY 5.0

嗯……我想我再等等。

这幅漫画显示了对产品的未来预期可能会影响消费者需求。

▲ 批判性思考

对比　解释哪些消费者对产品的未来预期在影响需求以及如何影响。

 阅读进展检查

解释　消费者收入和偏好的变化如何影响需求曲线的移动？

第2节　回顾

词汇回顾

1. 解释收入效应。

2. 互补品如何影响需求？

使用你的笔记

3. 还有其他因素影响需求变化或需求量变化吗？

回答引导性问题

4. 价格变化对需求量有什么影响？

5. 除价格外，还有哪些因素影响需求？

经济学写作

6. 确定下列因素中哪一个因素会导致整个需求曲线的移动，以及哪一个因素会导致各点在需求曲线上移动。

　　a. 消费者收入。

　　b. 价格。

　　c. 消费者偏好。

　　d. 消费者数量。

阅读帮手

术语表

- 弹性
- 需求弹性
- 有弹性的
- 无弹性的
- 单位弹性的

做笔记

使用下表来描述有弹性的、无弹性的和单位弹性的需求的特征。

弹性类型

需求类型	描述
有弹性的需求	
无弹性的需求	
单位弹性的需求	

弹性 对反应程度的一种度量，它告诉我们因变量（如需求量或供给量）如何随自变量（如价格）的变化而变化。

需求弹性 价格变化引起需求量变化的程度，需求弹性有 3 种结果：有弹性的、无弹性的或单位弹性的。

需求变化的原因是什么？

价格一直在变动，但有时结果可能令人惊讶。如果你有一个商店，想要增加利润，你是想提高还是降低商品价格呢？信不信由你，在这两种情况下，你的利润都可能下降！让我们研究一下价格和需求量变化之间的关系，看一下原因。

因为需求量取决于价格，经济学家使用了一个概念——弹性。**弹性**（elasticity）是对反应程度的一种度量，它描述了因变量变化对自变量变化的反应程度。

在经济学中，价格几乎总是自变量，或者说导致需求量变化的变量。

挑一款你的 5 个朋友都在使用的产品。分别选择这个产品的 3 种价格：一个是合理的，另外两个价格分别比合理的价格高 1/3 和低 1/3。现在，问问你的朋友，他们会在每个价格上花多少钱。如果你出售这个产品，你会使用哪个价格？为什么？

需求弹性的3种情况

引导性问题　我们如何衡量需求弹性的3种情况？

我们已经知道，消费者通过改变需求量来应对价格变化。例如，在图 2.3 中，当我们将墨西哥卷饼的价格从 5 美元降到 3 美元时，消费者的需求量从 24 增加到了 40。这种反应被称为**需求弹性**（demand elasticity），即价格变化引起需求量变化的程度。需求弹性有 3 种结果。

- **有弹性的需求**　当价格变化引起需求量变化相对较大时，需求是**有弹性的**（elastic）。如图 2.5A 所示。从 a 点到 b 点，我们看到价格下跌 1/3，即从 3 美元跌至 2 美元。

与此同时，需求量翻了一番，从 2 个单位增加到 4 个单位。3 美元和 2 美元之间的需求是有弹性的，因为需求量变化的百分比相对大于价格变化的百分比。对绿豆、玉米或其他蔬菜的需求往往也是有弹性的，因为消费者有选择，并不是迫切地需要任何一种蔬菜。如果价格上涨，消费者可以买其他蔬菜。但如果价格下降，他们可能减少购买其他蔬菜。

- **无弹性的需求**　当给定的价格变化导致相对较小的需求量变化时，需求是无弹性的（inelastic）。如图 2.5B 所示，虽然价格从 a' 点到 b' 点下降了 1/3，但需求量仅增加了 25%，或者从 2 个单位增加到 2.5 个单位。例如，如果病人没有其他选择，癌症药物的价格上涨可能不会带来需求量的大幅变化。即使价格减半，如果病人不需要更高的剂量，需求量也不会增加。

- **单位弹性的需求**　当给定的价格变化引起需求量成比例的变化时，需求是有**单位弹性的**（unit elastic）。例如，如图 2.5C 所示，价格从 a″ 下降到 b″ 会导致需求量增加相同的比例。单位弹性的例子很难找到，因为大多数产品的需求要么是有弹性的，要么是无弹性的。单位弹性更像是一个中间值，它将需求的价格弹性分为另外两类：有弹性的和无弹性的。

总而言之，要衡量需求弹性，可以将需求量的因变量变化百分比与价格的自变量变化百分比进行比较。需求量的相对较小的变化表明需求是无弹性的；需求量相对较大的变化表明需求是具有弹性的；需求量与价格变化成比例是有单位弹性的。

☑ **阅读进展检查**

比较　有弹性的需求和无弹性的需求的区别是什么？

总支出测试

引导性问题　总支出测试如何帮助确定需求弹性？

要评估弹性，可以将价格变化的方向与总收入或总支出变化的方

有弹性的　自变量（通常是价格）的变化导致因变量（通常是需求量或供给量）的大幅变化。

无弹性的　自变量（通常是价格）的变化导致因变量（通常是需求量或供给量）较小比例的变化。

单位弹性的　自变量（通常是价格）的变化导致因变量（通常是需求量或供给量）成相同比例的变化。

向进行比较。有时这被称为总收入或总支出测试。有几个例子可以说明这一点。

确定总支出

我们通过将曲线上任意一点的产品价格乘以对应的需求量得到总支出（或总收入）。消费者的支出就是卖方的收入，所以总支出和总收入这两个术语本质上是一回事。为了说明这一点，图 2.5A 中 a 点买方的总支出是 6 美元，b 点的总支出为 8 美元，即 4 个单位，每单位 2 美元。

评估弹性

价格变化与总支出变化之间的关系，如图 2.5 所示的最后一组。

例如，在图 2.5A 中，价格下降的变化量足以使总支出从 6 美元增加到 8 美元，这是有弹性的需求的一个例子，因为价格和总支出的

需求弹性和总支出测试

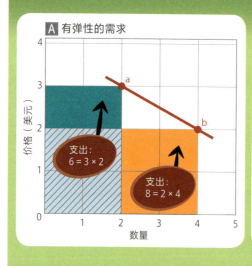

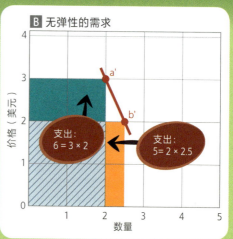

变化方向相反。

在图 2.5B 中，同样的价格下降导致总支出的减少，从 6 美元减少到 5 美元，这是一个无弹性的需求的例子。

在图 2.5C 中，价格下降既没有增加也没有减少总支出，维持 6 美元不变。这是因为在 a" 点，总支出为 6 美元时，需要以 3 美元的价格购买 2 个单位，而在 b" 点，总支出为 6 美元时，需要以 2 美元的价格购买 3 个单位。当总支出不变时，即使价格变化，也是单位弹性的例子。

注意，如果价格向另一个方向移动，那么价格变化和总支出变化之间的关系也是一样的。如图 2.5A 中价格从 2 美元上升到 3 美元，那么总支出就会下降，所以价格变化和总支出变化的方向相反。而在 2.5B 中，如果价格上升，总支出也会上升。

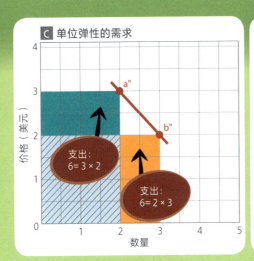

C 单位弹性的需求

价格变化	总支出变化	价格和总支出如何移动	弹性类型
⇩	⇧	相反方向	有弹性的
⇩	总支出无变化	总支出无变化	单位弹性的
⇩	⇩	相同方向	无弹性的

需求弹性可以通过比较价格变化与总支出变化的方向是否一致来确定。

产品价格的变化会影响其需求量，但影响的相对大小取决于产品需求弹性。图2.5A、B和C分别显示了具有弹性、无弹性和单位弹性需求的产品的需求量随价格的变化。最后用表总结了这些变化。

▲ **批判性思考**

经济分析 为什么对企业来说了解弹性很重要？

我们可以总结这些关系之间的变化如下。

- 有弹性的需求——价格变化和总支出变化的方向相反。
- 单位弹性的需求——无论价格如何变化，总支出都没有变化。
- 无弹性的需求——价格变化和总支出变化的方向相同。

企业销售

虽然关于弹性的讨论可能看起来具有技术性，但是需求弹性的知识对大多数企业来说极其重要。假设你经营自己的企业，想做一些可以提高收入的事情。你可以试着延长营业时间或者打广告来增加销售量。

然而，你也可以试图提高产品的价格，以此增加销售的总收入。

实际上，这个涨价的办法可能只在医疗服务中起作用，因为该产品的需求通常是无弹性的（价格上涨与收入的增加相关）。然而，如果你销售的产品具有弹性需求，比如汉堡，会发生什么呢？如果你提高价格，你的总收入，也就是消费者的总支出，将下降而不是上升。那恰恰是你不想要的！

许多企业向市场推出新产品时，都会尝试不同的价格。了解新产品的需求弹性有助于企业设定一个合理的价格，以实现总收入的最大化。

✅ **阅读进展检查**

解释　当价格上涨时，有弹性需求的产品的总支出会发生什么变化？

需求弹性的决定因素

引导性问题　什么因素决定了产品的需求弹性？

什么使特定商品具有弹性呢？为了找到答案，思考以下 3 个问题，它们的答案会给你一些思路。

购买可以推迟吗

有时消费者不能推迟购买产品的时间。这往往使需求缺乏弹性，这意味着所需要的产品数量不会因为价格变化而轻易变化。

图2.6

需求弹性的决定因素

产品与其需求弹性

需求弹性的决定因素	新鲜的西红柿、玉米或青豆	特定加油站的汽油	一般汽油	医生服务	胰岛素	黄油
购买可以推迟吗？	是	是	否	否	否	是
是否有足够的替代品？	是	是	否	否	否	是
购买是否会花费大部分收入？	否	是	是	是	否	否
需求弹性类型	有弹性的	有弹性的	无弹性的	无弹性的	无弹性的	有弹性的

通常可以通过思考3个关键问题来确定需求弹性。为了确定需求弹性，这3个问题并不一定相同，在某些情况下，一个问题的答案非常重要，以至于可以忽略其他两个问题的答案。

▲ 批判性思考

经济分析 如果你把这3个问题应用到奢侈品上，这个产品的需求弹性是多少？

例如，需要定期服药的人会支付更高的价格，而不是推迟购买和使用该产品。烟草制品的需求也趋于无弹性，因为烟草制品容易上瘾。因此，价格的大幅上涨会降低消费者的购买量，但不会降低太多。当这些产品的价格下降而不是上升时，需求量的变化也可能相对较小。

但是，如果某个加油站的咖啡、薯条或汽油价格上涨，消费者可能会推迟购买这些商品，因为不会带来很大不便。

图2.6总结了其中一些观察结果。"购买可以推迟吗？"如果答案是肯定的，那么该产品的需求很可能是有弹性的。如果答案是否定的，那么需求很可能是无弹性的。

是否有足够的替代品

如果有足够的替代品，消费者可以在产品和替代品之间来回切换，以获得最优的价格。如果牛肉价格上涨，购买者可以转向鸡肉。

有了足够的替代品，即使是产品价格的微小变化也会引起人们在商品之间的转换，使产品需求具有弹性。然而，可获得的替代品越少，需求就越缺乏弹性。

有时只需要一种足够的替代品就能使需求具有弹性。例如，过去人们通过邮局寄信，邮政服务几乎没有替代品。今天，大多数人可以在手机上发送电子邮件或即时消息。由于所有这些替代品的存在，邮政服务难以通过提高邮票的价格来增加总收入。

注意，市场规模也很重要。例如，某个加油站对汽油或烟草产品的需求往往是有弹性的，因为消费者可以在另一个地方购买汽油或烟草。然而，从广义上来讲，如果我们询问的是对汽油或烟草的总体需求，那么需求就会变得无弹性，因为两者都没有足够的替代品。

购买是否会花费大部分收入

如果花费金额很大，那么需求往往是有弹性的。如果花费金额较少，需求往往缺乏弹性。

最后，你可能已经注意到，对于图 2.6 中所示的每个产品，我们 3 个问题的答案并不总是"是"或"否"。有些产品很容易分类，因此每个答案都是"是"或"否"。然而，我们必须对其他产品做出判断。例如，医生服务的需求往往是无弹性的，尽管它们往往需要花费人们的大部分收入。这是因为大多数人宁愿直接从一个特定的医院或诊所那里接受医疗护理，也不愿意花时间寻找足够的替代品。

探索核心问题

还记得你在本节开始时做的调查吗？看看你的调查结果，并回答以下问题：

如果你出售的产品是西红柿或其他种类的食物，结果会有什么不同？如果你的产品是一辆汽车或一些非常昂贵的东西，结果会有什么不同？如果你想增加销售收入，你会提高价格还是降低价格？

✓ 阅读进展检查

确定 你可以想到其他无弹性需求的商品吗？为什么这些商品的需求缺乏弹性？

第3节 回顾

词汇回顾

1. **定义** 给出你认为有弹性需求和无弹性需求商品的例子。

使用你的笔记

2. **比较和对比** 使用你的笔记来解释为什么有些商品有弹性需求，有些商品无弹性需求。

回答引导性问题

3. **解释** 我们如何衡量需求弹性的3种情况？

4. **评估** 总支出测试如何帮助确定需求弹性？

5. **描述** 什么因素决定了产品的需求弹性？

经济学写作

6. **有说服力的/可解释的** 列出你或你家人在过去一周购买的3件物品。运用你对需求弹性的了解，为每件物品写一段话，说明你对所购买物品的需求是有弹性的还是无弹性的。

在自然灾害或其他紧急情况下，提高生存所需基本物品的价格是否合法？

想象一下，新闻正在预警自然灾害即将来临，如飓风或暴风雪。你需要食物或水，发电机需要汽油，婴儿需要尿布。你走到最近的商店，却发现价格翻了一番。店主们哄抬物价。许多州禁止在特殊情况下提高食品、水、煤气、电池、发电机和手电筒等必需品的价格。法律对于任何提价超过正常价格10%~25%的企业都有严厉的惩罚。

如果你在重大事件之前或之后发现价格很高，你会不会因为老板试图赚取额外费用而生气？在评估这些言论时，要小心那些代表主要信息源头的人或机构，他们是否有可能存在偏见。他们是否有其他动机影响了他们的观点，而这些观点改变了他们信息的有效性？

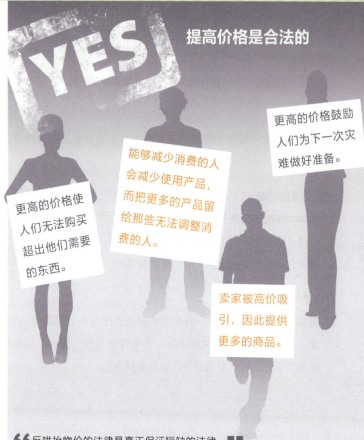

提高价格是合法的

> 更高的价格使人们无法购买超出他们需要的东西。

> 能够减少消费的人会减少使用产品，而把更多的产品留给那些无法调整消费的人。

> 更高的价格鼓励人们为下一次灾难做好准备。

> 卖家被高价吸引，因此提供更多的商品。

> **"反哄抬物价的法律是真正保证短缺的法律。"**
>
> ——马克·佩里（Mark Perry），密歇根大学经济学教授

企业主在紧急情况下也会受到高需求的影响。如果送货中断，他们需要维持利润才能继续营业。

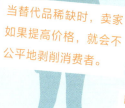 提高价格是不合法的

消费品对社区
的健康和安全
至关重要。

当替代品稀缺时，卖家
如果提高价格，就会不
公平地剥削消费者。

灾民需要的物
资依靠企业。

哄抬物价使那些
没有钱的人处于
不利地位。

分析问题

1. 分析　自然灾害后商品
   需求如何变化？

2. 评估　反哄抬物价法对
   经济体系有什么影响？

3. 争论　你觉得哪个论点
   最有说服力？给出你的
   答案及理由。

" 在紧急情况下，新泽西人应该互相照顾，而不是试图剥削对方。国家
消费者事务部将密切关注所有涉及价格欺诈的投诉。任何违反法律的
人都将面临严重惩罚。"

——克里斯·克里斯蒂（Chris Christle），美国新泽西州前州长

在紧急情况下，紧缺的补给品可能会很少。消费者不应与哄抬物价做
斗争。

学习指南

第1节

价格上升，需求量减少

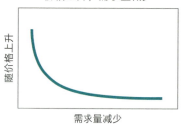

随价格上升

需求量减少

第2节

市场需求曲线

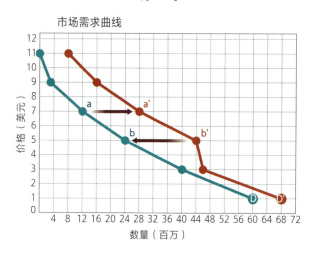

价格（美元）

数量（百万）

第3节

完全无弹性的需求　　完全有弹性的需求

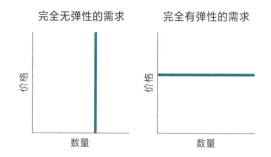

价格　　　　数量　　　　价格　　　　数量

第2章 评估

说明：在一张单独的纸上回答以下问题。请务必仔细阅读并回答所有问题。

内容回顾

第1节

❶ **原因和结果** 确定需求定律，并给出一个实际应用的例子。

❷ **得出结论** 解释边际效用规律及其在现实生活中的作用。

第2节

❸ **评估** 收入的变化如何改变人们对商品的需求？

❹ **原因和结果** 当消费者听到使他们担心产品安全的报告时，可能会发生什么？解释这可能对需求和价格产生的影响。

第3节

❺ **描述** 如果一种产品的需求是无弹性的，你预测一下当它的价格上涨时，需求会发生什么变化？

❻ **联系** 解释为什么一种全新数码设备的需求可能具有弹性，也可能无弹性。一旦设备不再是全新的，弹性会随着时间发生怎样的变化？

图表分析

使用下图和表来回答以下问题。

❼ **分析** 当消费者有更多的钱可以消费时，墨西哥卷饼的需求是如何变化的？绘制如下所示的图表。将你的图表与其他人的图表进行比较，并分析两张供求图表中的差异。

❽ **阅读图表** 如果你以7美元的价格出售墨西哥卷饼，并且你的顾客有更高的收入，你可以多赚多少钱？

❾ **应用** 在拥有高收入的玉米煎饼买家的情况下，你认为什么价格的玉米煎饼你会赚钱最多？

批判性思考

❿ **确定中心问题** 需求包括购买产品的欲望、能力和意愿。用一段话解释为什么每一个因素都必须存在，才能创造需求。

⓫ **推测** 市场上的消费者数量如何影响需求？消费者数量如何影响价格？

⓬ **解释** 为什么说"总收入"等于"总支出"是合理的。

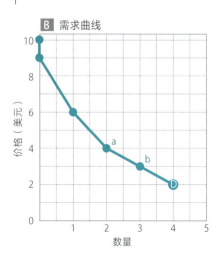

A 需求计划

价格（美元）	需求量
10	0
9	0
6	1
4	2
3	3
2	4

B 需求曲线

第2章　评估

说明：在一张单独的纸上回答以下问题。请务必仔细阅读并回答所有问题。

复习每节开始时你对核心问题的答案。然后根据你在本章所学的内容回答这些问题。你的答案改变了吗？

13 **了解关系** 需求如何帮助社会决定生产什么，如何生产以及为谁生产？需求变化的原因是什么？

21世纪技能

14 **创造并分析论点，然后得出结论** 想想你和你的家人每周买的东西。选择10个物品，分析市场对每个物品的需求是有弹性的还是无弹性的。把这些物品按最具有弹性到最无弹性的顺序排列。然后写一段话解释你的分析。

15 **公民身份** 有些企业在决定销售什么产品时会考虑良好的公民。例如，一个企业可能销售有机食品或可回收地毯，即使这些产品可能比那些对环境危害大的产品贵。利用需求定律来解释为什么这些卖家可能会成功。

16 **研究技能** 你知道卖家可以在消费者收入更高的地区收取更高的价格。通过拜访或致电富裕地区的商店和其他不太富裕地区的商店，比较一下你所买商品的价格。需求的差异说明了什么？

培养财经素养

17 **认识行为** 对于企业所有者来说，了解商品需求如何随消费者偏好的变化而变化是成功的关键。从卖方的角度回答以下问题。

　a. 根据季节不同，哪些产品可能会卖得更多或更少？

　b. 什么类型的广告可以改变你所销售产品的需求，或你的竞争对手所销售产品的需求？

分析基础资料

阅读基础资料并回答以下问题。

❝ 在贸易的早期阶段，当节约的个体逐渐意识到经济效益可以通过利用现有的交换机会来获得时，在符合所有文化起源简单性的同时，他们的注意力仅仅针对最明显的那些机会。

当考虑到其将在贸易中获得的商品时，每个人只考虑那些商品对于自己的使用价值。因此，实际进行的交易自然只限于这样的情况下发生：即某人认为所拥有商品使用价值，比其他人对该商品的使用价值要低，因此他们的评价意见是相反的。比如A有一把剑，对A来说，剑的使用价值比B的犁的使用价值小，而对B来说，同样的犁对B的使用价值比A的剑的使用价值小——在人类贸易的初期，所有实际进行的交易都限于这种情况。❞

资料来源：Carl Menger, *Principles of Economics*。

18 **引用来源** 在这篇文章中，门格尔从哪里开始解释有关边际效用的观点？至少引用一句话。

19 **寻找答案** 门格尔描述了早期的交易情况。随着贸易变得更加复杂，可能会发生什么？

第3章　供给

核心问题

- 供需之间的基本差异是什么?
- 为什么生产函数对做出商业决策有用?
- 公司如何确定最有利可图的经营方式?

第1节　什么是供给

第2节　生产理论

第3节　成本、收入和利润最大化

供给规律

　　供给规律指出，生产者会随着商品价格的上涨提供更多的供给。这个规律说明了价格的变化如何影响市场上生产者的行为。供给也会受到竞争的影响。新产品模型可以导致价格、供给和产品需求的变化。

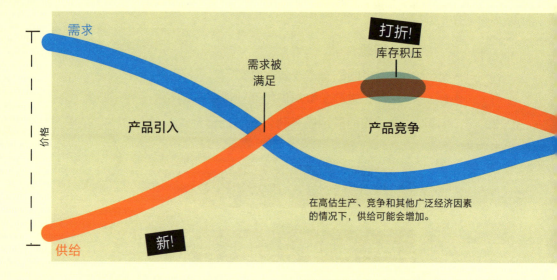

工资和工时：最高收入者工作时间更少？

　　供给规律有一个例外。经济学家认为，向后弯曲的劳动力供给曲线（y轴表示工资，x轴表示劳动力供给）与供给规律预测的动态不同。当工资上涨时，更多的人愿意工作更长时间。他们将达到一个平衡点，在这个点上，收入高到他们觉得自己的工作时间可以更少一点。于是，工作时间减少。

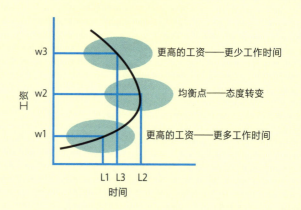

提供更好的附加功能：电视如何变得更轻、更薄、更便宜、更好

| 等离子电视 | LCD | LED | 智能电视 | 4K | OLED |

等离子电视是第一款新型电视，但销量下滑。到2013年，等离子电视仅占所有电视销量的5%。原因之一是液晶显示器（LCD）和无机发光二极管（LED）平板电视的出现。这些产品提供了更薄、更轻、更高效的电视机。不过，LED的销量在2012年也开始下滑，这促使制造商以更新颖的方式来区分其产品。结果是推出了可以传输网络内容的智能电视、高清4K电视，以及有机发光二极管（OLED）电视，这种电视可以实现非常薄、非常轻的设计。

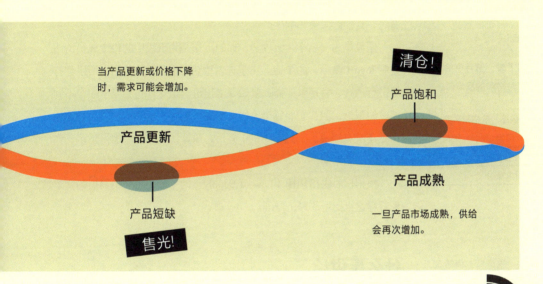

当产品更新或价格下降时，需求可能会增加。

产品更新

清仓!

产品饱和

产品短缺

售光!

产品成熟

一旦产品市场成熟，供给会再次增加。

网络电视：未来的波动?

越来越多的电视观众直接在他们的电视上播放网络内容。这一趋势促使电视广播公司将网络纳入其节目计划中。网络如今通过互联网直播提供社交网络互动。消费者对网络电视节目的需求引起了流量媒体企业间更大的竞争。

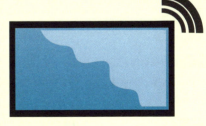

想一想
随着时间的推移，电视娱乐模式的变化如何影响电视的供给?

术语表

- 供给
- 供给规律
- 供给计划
- 供给曲线
- 市场供给曲线
- 供给量
- 供给量的变化
- 供给变化
- 补贴
- 供给弹性

做笔记

使用下表，解释供给和价格对需求的反应。

供给、价格和需求	
原因	影响
需求增加	
需求减少	

供给　生产者或销售者愿意在给定时间点以市场上的所有可能价格出售的产品数量。

供给规律　在更高而不是更低的价格下供给更多的原则。

供给计划　显示在特定时间点市场上每种可能的价格下生产或销售数量的表格。

> ### 第1节　什么是供给

核心问题

供需之间的基本差异是什么?

供给（supply）是指以市场上可能流行的所有价格生产、种植、收购和出售的产品数量。需求是购买者想要的物品或服务的数量。但有时，其他因素会影响生产。

假设作为一名学生会成员，你的工作是为班级中的每个成员购买定制 logo（徽标）的 T 恤。由于你希望获得最优惠的价格，所以你打算进行调查，发现供应商，最后寻求出价。虽然你也会要求 3 个不同价位的报价，但你想要每个价格下都提供相同质量的衬衫。而且你的任务还没有完成，你只有 1 000 美元的预算，因此你考虑得越多，你越可以预测结果。

根据你对**供给规律**（Law of Supply）的了解，写一篇简短的文章来解释这里出现的经济原理。

什么是供给

引导性问题　为什么供给曲线与需求曲线的方向相反?

所有生产者必须决定在各种价格下一件产品要卖多少钱，这一决定根据哪一价格对个人卖家来说是最好的而做出。什么是最好的取决于生产商品或服务的成本。这些结果可以以表或图的形式说明。

供给计划

供给计划（supply schedule）是生产者以市场上所有可能价格供应的特定产品的数量的表格。图 3.1A 假设了一个在特定价格下出售卷饼的供给计划。

图3.1

卷饼的供给

供给计划和单个供给曲线均显示在特定时间段内以每种可能价格供给的数量。请注意，供给数量的变化显示为在供给曲线上的移动。

▶ 批判性思考

检查 供给规律与需求规律有何不同？

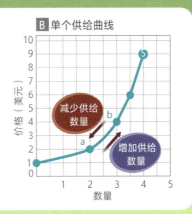

价格 （美元）	供给数量
9	4
6	3.5
4	3
2	2
1	0

A 供给计划

B 单个供给曲线

它显示了在所有其他条件相同的情况下，以不同价格供应的卷饼数量。如果将它与图 2.1A 中的需求计划进行比较，你将发现两者非常相似。

图 3.1 和图 2.1 之间的主要区别在于，对于供给而言，数量在价格上涨时增加，而不是和需求一样下降。这是因为高价格是生产者提供更多产品的动力，而低价格则是减少产量的因素。

单个供给曲线

供给计划中呈现的数据也可以图形方式说明，如图 3.1B 所示。为了绘制它，我们所做的只是将表中的每个价格和数量的观察值转移到图上，然后连接点以形成曲线。结果是 **供给曲线**（supply curve），它显示了在任何给定时间市场上可能存在的所有可能价格所对应的不同供给量。虽然图 3.1 中的价格和数量有点与实际不符，但选择这些数字使得图表更加简单。

要记住的是，当你从左到右阅读图表时，所有正常的供给曲线都有一个上升的正斜率。这表明如果价格上涨，供给量也会增加。

虽然图 3.1 中的供给计划和单个供给曲线代表了假定的单个卷饼生产者的自愿决定，但请记住，供给是一个非常普遍的概念。事实上，无论你是找工作还是提供销售服务，你都是一个供给者。你的经济产品就是你的劳动力，你想要提供更多的劳动力来获得更高的工

供给曲线 显示市场上每种可能价格下的供给量的图。

资，而不是低工资。

市场供给曲线

图 3.1 中的供给计划和曲线显示了单个生产者的信息。然而，我们通常更感兴趣的是 **市场供给曲线**（market supply curve），显示在特定市场中销售产品的所有生产商根据不同价格，提供的产品量。

为了获取市场供给曲线的数据，需要将所有单个企业生产的卷饼数加起来，然后将这些数字绘制在单独的图上。在图 3.2 中，市场供给曲线上的点 a" 代表 3 个卷饼——2 个由第一家公司提供，1 个由第二家公司提供——以 2 美元的价格出售。同样地，曲线上的点 b" 代表 5 个以 4 美元的价格出售的卷饼。

当然，2 个生产商不能代表市场中的所有生产者，但如果我们可以将所有生产者加在一起，我们可能会得到一个更具代表性的市场供给曲线，如图 3.2 最后一个图所示。这个图具有广泛的价格和供给量，因为它代表了市场上的所有生产者，而不仅仅是前两个图中的 2 个生产者。

供给量的变化

供给量（quantity supplied）是单个生产者或所有生产者以任何给定价格带进市场的产品数量。**供给量的变化**（change in quantity supplied）是响应价格变化的供给产品数量的变化。在图 3.2 中，供给曲线 S 显示当价格为 5 美元时供给 2 400 万个卷饼，当价格上涨到 7 美元时供给 3 600 万个卷饼。这些变化说明了供给量的变化，就像需求一样，显示为在供给曲线上的变动。

请注意，供给量的变化可以是增加或减少，主要取决于是否提供更多或更少的产品。例如，图 3.3 中从点 a 到点 b 的移动显示了增加，因为当价格上涨时，可出售产品的数量从 2 400 万增加到 3 600 万。如果在供给曲线的移动是从点 b 到点 a，则供给量会减少，因为可出售产品的数量会下降。

在市场经济中，生产者就是以这种方式对价格变化做出反应。以石油为例，如果石油价格下跌，生产商可能会出售较少的石油；如果石油价格下跌过低，生产商甚至可能完全退出市场。如果价格上涨，

市场供给曲线 显示在特定市场中销售相同产品的所有公司在不同价格下提供的数量。

供给量 以给定价格出售的特定数量，供给曲线上的点。

供给量的变化 因价格变动而变更出售数量，沿供给曲线移动。

生产商可能会出售更多的石油，在更好的价格中获利。

无论我们是在讨论单个供给曲线还是市场供给曲线，都没有区别。在任何一种情况下，只有在价格发生变化时才会发生供给变化。此外，供给量的变化不会使供给曲线向左或向右移动，只有原始供给曲线上的可出售产出量受价格变化的影响。

☑ **阅读进展检查**

综合 当价格下降时，自行车生产商如何调整供给量？

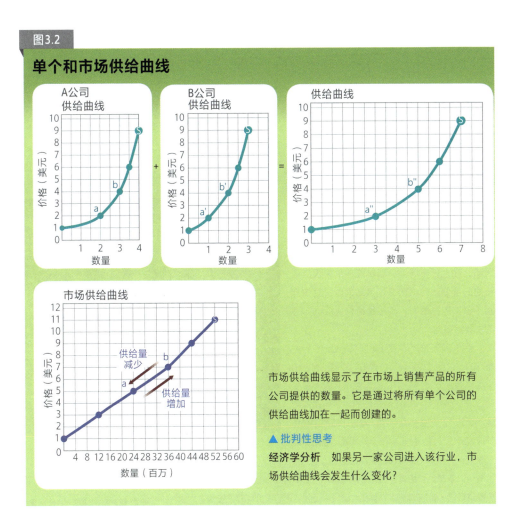

图3.2

单个和市场供给曲线

市场供给曲线显示了在市场上销售产品的所有公司提供的数量。它是通过将所有单个公司的供给曲线加在一起而创建的。

▲ **批判性思考**

经济学分析 如果另一家公司进入该行业，市场供给曲线会发生什么变化？

供给变化

引导性问题 发生什么会使生产者减少其产品的供给？

供给变化 在市场上以每种可能的价格出售产品的不同数量，供给曲线的移动。

有时，某些事情会导致**供给变化**（change in supply），供应商会以市场上所有可能的价格提供不同数量的产品。

供给量变化和供给变化的区别

图 3.3 显示了供给量变化与供给变化不同。这是因为只有在价格发生变化时才会发生供给量的变化。当发生供给变化时，我们看到的情况是即使价格保持不变，所有供给数量都发生变化。

例如，图 3.3 中的供给计划显示生产商现在愿意在每个价格下提供更多的卷饼。过去以 5 美元的价格提供 2 400 万卷饼，现在提供了 3 600 万卷饼。过去以 7 美元的价格提供了 3 600 万美元，现在提供

全球经济 & 你

全球经济和你杯子里的咖啡

你是否注意到你最喜欢咖啡店里的咖啡价格会发生变化？咖啡豆是全球市场的主要产品。在世界市场上，咖啡豆的价值仅次于石油的价值。哥伦比亚是第二大咖啡豆生产国（仅次于巴西），美国是哥伦比亚咖啡豆的主要进口国。

当地咖啡店的价格变化是以咖啡豆的供给为基础的，这反过来影响了世界咖啡豆的价格。由于咖啡豆是农产品，所以咖啡豆市场有很多变动。农产品易受农民控制之外的许多问题的影响。例如，在过去的几年中，哥伦比亚的咖啡豆种植者经历了许多挫折。如天气问题，暴雨影响了收成。另一个问题是咖啡豆作物生病。这两个问题都导致哥伦比亚咖啡豆供给减少。农产品供给减少通常意味着价格上涨。由于美国是哥伦比亚咖啡豆的主要进口国，美国咖啡店的消费者已经感受到了这些农业问题的影响。

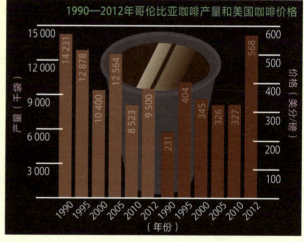

▲ 批判性思考

假设 天气影响咖啡豆作物，农民无法控制天气。你认为气候变化会对咖啡产量产生什么影响？

了 5 000 万卷饼，还有市场上可能流行的其他价格下提供的数量。

当提供的新旧数量都绘制在图表中，供给曲线看起来好像向右移动，显示出供给增加。当发生供给减少时，所有可能的价格下会出售更少的产品，因此供给曲线将向左移动。

引起供给变化的因素

供给变化，无论增加或减少，产生的原因如下。

- **资源成本** 土地、劳动力和资本等生产性投入成本的变化可能导致供给变化。由于劳动力或包装等投入成本的降低，供给可能会增加，使供应商能够在每种价格下生产更多产品，从而使供给曲线向右移动。

  投入成本的增加则产生相反的效果。较高的投入成本将迫使生产商在每种价格下生产较少的产品，使供给曲线向左移动。

图3.3

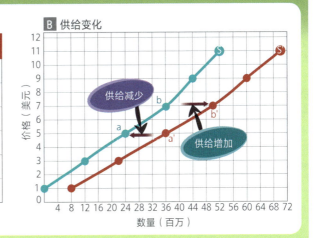

供给变化

A 供给计划

价格（美元）	S	S'
11	52	70
9	44	60
7	36	50
5	24	36
3	12	22
1	0	8

B 供给变化

供给减少
供给增加

供给变化意味着供应商将以相同的价格供给不同数量的产品。当我们绘制供给计划中的数字时，我们得到两条单独的供给曲线。供给增加表现为供给曲线向右移动，供给减少表现为供给曲线向左移动。

▲ **批判性思考**

供给量变化与需求量变化之间有何相同点和不同点？

- **生产率** 只要在投入量相同的情况下产生更多产品，生产率就会提高。当管理层对其员工进行培训或激励时，生产率通常会上升，因为相同的投入量会产生更多的产品，导致供给曲线向右移动。

   但是，如果员工在培训中表现不佳，变得没有动力或者不开心，那么生产率就会下降。可能每种价格下生产的产品数都更少，使供给曲线向左移动。

- **技术** 引入新机器或工业流程可以降低生产成本，从而提高生产率。例如，喷气式飞机燃料效率的提高降低了航空乘客服务的燃料成本。当生产成本下降时，企业可以以任何可能的价格生产更多产品，从而使供给曲线向右移动。

   当然，新技术在开始时并不总是起作用，因此首先供给曲线可能会短暂地向左移动。然而，企业盼望新技术到来是有益的，否则企业也不会第一时间就采用它们。

- **税收** 企业将税收视为生产成本，就像原材料和劳动力一样。这就是企业总是游说降低税收的一个原因。如果一家公司支付较少的税收，它可能在每种价格下生产更多产品，使供给曲线向右移动。

   但是，如果税收增加，其生产成本会上升，每个价格下的产量都会减少，从而使供给曲线向左移动。

补贴 政府提供资金以鼓励或保护某项经济活动。

- **补贴** **补贴**（subsidy）是指向个人、企业或其他团体提供资金以鼓励或保护某种类型的经济活动。如今，在美国，牛奶、棉花、玉米、小麦、糖和大豆行业的许多农民通过获得补贴以支持他们的收入，这会使他们产品的供给曲线向右移动。

   当补贴被取消后，生产成本会上升，企业要么彻底退出市场，要么在每种可能的价格下减少产量，这会使供给曲线向左移动。

- **政府监管** 如果政府决定减少对企业的监管，生产成本就会下降，企业能够以所有可能的价格生产更多产品，从而使单个供给曲线向右移动。

   然而，更常见的是，政府增加监管，这提高了典型企业的生产成本。例如，当政府要求新的汽车安全功能，如安全气囊，排放控制或更高的碰撞安全标准时，汽车的生产成本会更高。制造商通过在每种可能的价格下生产更少的汽车来适应更高的生产成本，使市场供给曲线向左移动。

- **销售者数量**　大多数市场相当活跃，一直有公司进进出出。在你居住的地方你经常会看到这种情况，特别是当一家商店关闭而另一家商店开业时。每当一个行业因为越来越多的公司进入市场而增长时，市场供给曲线就会向右移动。如果行业因为公司退出而萎缩，那么相同的价格下出售的产品就会减少，这会使市场供给曲线向左移动。销售者数量的变化与上面列出的其他因素不同，因为这是唯一一个影响市场供给曲线而不会影响任何单个公司供给曲线的因素。

- **预期**　预期会影响公司的决策。这些预期可能会影响从投入成本到公司产品需求的任何事情。然而，除非我们对这些预期有更多了解，否则不可能总结出它们影响公司供给曲线的方式。

如你所见，有许多因素可能导致供给变化，从而导致市场供给曲线向左或向右移动。但是，只有价格变化（这在前一部分讨论过）可以引起供给量的变化，这是在一个稳定的供给曲线上的移动。

☑ 阅读进展检查

解释　为什么导致单个供给曲线变化的因素也会导致市场供给曲线的变化？

供给弹性

引导性问题　产品的生产方式如何影响供给弹性？

正如需求具有弹性一样，供给也是如此。**供给弹性**（supply elasticity）是衡量供给量对价格变化的响应程度。

正如你可能想象的那样，供给弹性与需求弹性之间几乎没有差别。如果是指购买产品的数量，则是需求弹性的概念。如果是指生产和销售产品的数量，那么就是供给弹性的概念。

探索核心问题

政府监管如何影响供给和需求？用一段话解释增加自行车安全的政府监管会如何影响供需。新的政府监管要求自行车制造商在他们制造的自行车上设置防护链。这会影响自行车的供给吗？说明你的理由。

供给弹性　供给量对价格变化的响应性。

供给弹性的3种情况

供需各有 3 种弹性情况。如图 3.4 所示。在每种情况下，我们都会看到供给量（因变量）如何响应价格变化（自变量）。

- **有弹性的供给**　图 3.4A 的供给曲线是有弹性的，因为价格的变化会导致供给量相对更大的变化。将价格从 1 美元增加到 2 美元会使供给量从 2 增加到 6。再次说明，价格和数量是不符合实际的，只是为了使概念更容易理解。
- **无弹性的供给**　图 3.4B 显示了无弹性的供给曲线。在这种情况下，价格的变化会导致供给量相对较小的变化。当价格从 1 美元增加到 2 美元（增加 100%），供给量仅增加 50%，或从 2 增加到 3。
- **单位弹性的供给**　图 3.4C 显示了单位弹性供给曲线。在这里，价格翻倍的变化会导致供给量相同的变化。当价格从 1 美元增加到 2 美元时，供给量也增加了一倍。

图3.4

供给弹性

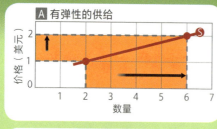

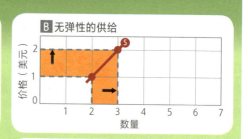

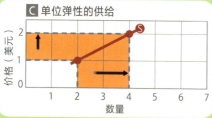

D 确定弹性	
弹性类型	价格变化与供给量变化
有弹性的	供给量变化>价格变化
单位弹性的	供给量变化=价格变化
无弹性的	供给量变化<价格变化

供给弹性是衡量供给量如何响应价格变化的指标。如果供给量的变化相对大于价格变化，则供给是有弹性的；如果供给量的变化相对小于价格变化，那么供给是无弹性的；如果供给量的变化与价格的变化是相同的，那么供给是单位弹性的。

▲ **批判性思考**

经济学分析　哪些因素决定了公司的供给曲线的弹性？

什么决定了供给弹性

一个生产者供给曲线的弹性取决于其生产的性质。如果一家公司可以迅速适应新价格，那么供给可能是有弹性的。如果生产的性质使得调整需要更长时间，那么供给更可能是无弹性的。

例如，核电的供给曲线在短期内是无弹性的。无论价格是多少，电力公司都会发现很难增加核电产量，因为要增加核电产量，需要大量的工程、资金和技术，更不用说大量的政府监管问题。

然而，对于许多玩具、糖果和其他可以在没有大量资金和熟练劳动力的情况下快速制造的产品而言，供给曲线可能是有弹性的。如果消费者愿意为这些产品中的任何一种支付更多费用，大多数生产商将能够快速为显著提高产量做好准备。

与需求弹性不同，只有生产决定供给弹性。如果一家公司能够对价格变化做出快速反应，那么供给可能是有弹性的。如果公司需要更长的时间来应对价格变化，那么供给可能是无弹性的。

☑ 阅读进展检查

比较 供给弹性和需求弹性有哪些异同点？

第1节 回顾

词汇回顾

1. **定义** 用自己的语言解释供给规律。

使用你的笔记

2. **总结** 使用你的笔记来确定生产产品的成本。

回答引导性问题

3. **解释** 为什么供给曲线和需求曲线方向相反？
4. **评估** 发生什么会使生产者减少其产品的供给？
5. **描述** 产品的生产方式如何影响供给弹性？

经济学写作

6. **信息化/解释** 研究过去5年内美国发生的一种供给减少和需求增加的产品的例子。供给减少的原因是什么？当需求增加时，产品的价格会发生什么变化？该产品的供需现状如何？就你的发现写一篇文章。

术语表

- 生产函数
- 短期
- 长期
- 总产量
- 边际产量
- 生产阶段
- 收益递减

做笔记

使用下表来描述生产函数。

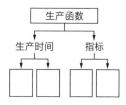

生产函数 描绘显示单个可变投入量的变化如何影响总产出的图。

短期 生产期很短，只能改变可变投入量（通常是劳动力）。

第2节　生产理论

核心问题

为什么生产函数对做出商业决策有用？

公司一直在改变它们的生产性投入的组合，你甚至可能在不知情的情况下参与其中。例如，你或你的朋友曾经在快餐行业工作过吗？有多少次你或你的朋友在业务繁忙时被叫去工作，或者在业务不忙时被放假？

用一两段话解释为什么劳动力通常被视为可变生产要素。生产的其他要素是否容易改变？为什么？

生产函数

引导性问题 为什么边际产量是企业所有者需要理解的重要概念？

生产通常用**生产函数**（production function）来说明，它是一个图表，显示当单个可变投入（通常是劳动力）的数量发生变化而其他所有投入量保持不变时，总产出如何变化。生产函数可以用一个计划表来说明，例如图 3.5A 的第一列和第二列，或者图 3.5B 的曲线图。

图 3.5A 和图 3.5B 都列出了当工人数量从 0 变为 12 时的假设的产出。根据图 3.5A 中的数字，如果没有使用工人，则没有产出。如果工人数量增加 1，总产出就会增加到 7。再加 1 个工人，总产出增加到 20。使用 3 个工人，总产出增加到 38，依此类推。接下来，我们使用此信息构建生产函数，显示为图 3.5B 中的曲线图，其中可变投入的数量显示在横轴上，总产出显示在竖轴上。

生产周期

当经济学家分析生产时，他们关注的是**短期**（short run），指生产周期很短暂，以致只有可变投入的数量可以变化。

图 3.5 中的生产函数反映的是短期，因为只有工人总数发生变化。所使用的机械、技术或土地数量不会发生变化。因此，任何产出的变化都一定是由工人数量的变化引起的。

其他变化发生在<mark>长期</mark>（long run）中，生产周期足以让公司调整其所有生产资源（包括资本）的数量。

例如，当今减少劳动力的公司以后可能不得不关闭一些工厂。这些工厂的关闭是长期的变化，是用于生产的资本数量变化缓慢导致的。

<mark>长期</mark> 生产期足够长，可以改变生产中使用的可变和固定投入的数量。

总产量

图 3.5A 中的第二列显示了<mark>总产量</mark>（total product），或公司产生的总产出。当你阅读该列时，你将看到 0 单位的总产出由 0 个工人生产，7 单位的总产出由 1 个工人生产，依此类推。

<mark>总产量</mark> 公司的总产出或产量。

图3.5

短期生产

A 生产计划

工人数量	总产量	边际产量	生产区域
0	0	0	第一阶段
1	7	7	
2	20	13	
3	38	18	
4	62	24	
5	90	28	
6	110	20	第二阶段
7	129	19	
8	138	9	
9	144	6	
10	148	4	
11	145	-3	第三阶段
12	135	-10	

* 所有的数字都表示每天的产量。

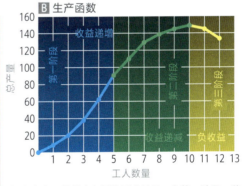

B 生产函数

短期生产可以表和图的形式显示。在第一阶段，随着每个工人的加入，总产出迅速增加，因为每个新工人的边际产量高于上一个工人。在第二阶段，产量仍在增加，但速度在下降。在第三阶段，产量下降。

在短期运营中，每家公司都面临着雇用多少员工的问题。

▲ 批判性思考
经济学分析 边际产量的变化如何帮助确定生产阶段？

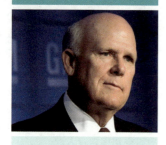
同样，这是一种短期关系，因为该表假设只有劳动力数量变化而其他资源的使用量保持不变。现在我们有了总产量，我们可以很容易地看到我们如何获得下一个衡量标准。

边际产量

图 3.5A 中第三栏显示的产出指标是经济学中的一个重要概念。该指标是**边际产量**（marginal product），即通过增加一单位可变投入量而导致的额外产出或总产量的变化。

如图 3.5 所示，增加第一个工人的边际产量或额外产量是 7。同样，增加第二个工人的边际产量是 13。这是因为第一个工人的生产产量是 7 个单位，而两个工人的产量是 20 个单位。因此，增加第二个工人的额外或边际产量是 13。如果往下看，你会发现每一个工人的边际产量都是不同的，有些甚至是负的。

最后，注意边际产量之和等于总产量。例如，第一个和第二个工人的边际产量之和是 20（7 加 13），与两个工人的总产量相同。同样，前三名工人的边际产量之和为 38（7 加 13 加 18）。

☑ 阅读进展检查

分析 为什么生产函数代表短期生产？

生产阶段

引导性问题 公司如何利用生产的不同阶段来确定最有利可图的雇用工人的数量？

从短期来看，每家公司都面临着雇用多少工人的问题。为了回答这个问题，让我们再看一下图 3.5，它显示了 3 个不同的**生产阶段**（stage of production）：第一阶段，称为收益递增阶段；第二阶段，称为收益递减阶段；第三阶段，称为负收益阶段。

每一个阶段的名字都来源于边际产量随着更多工人的增加而变化的方式。

第一阶段——边际收益递增

生产函数的第一阶段是每个额外工人的边际产量增加的阶段。这

我不明白……两个工人的产量是一个工人的两倍，但两千个工人没做成什么。

这幅漫画展示了一个夸大的负边际收益的例子。

◀ 批判性思考
建立联系 当厂主从雇用一个工人变为两个工人时，工厂正在经历生产的哪个阶段？你是如何判断的？

是因为随着更多的工人加入，他们可以相互合作，或专门从事某些操作，以更好地使用他们的设备。

如图 3.5 所示，第一个工人生产 7 个单位的产量。第二个更具生产力，边际产量为 13 个单位，使总产量达到 20 个单位。只要每个新工人对总产量的贡献比以前多，总产量就会以递增的速度增长。根据这个数据，前五名工人处于第一阶段，因为他们是使边际收益增加的工人。

当涉及雇用工人时，公司并不会故意地停留在第一阶段生产。当一家公司得知每个新工人比上一个工人增加的产量更多时，它会再雇用一个工人。结果，该公司很快发现自己进入了下一阶段，即第二个生产阶段。

第二阶段——边际收益递减

在第二阶段，总产量保持增长，但增长幅度越来越小。那么，每多一个工人对总产量的贡献都在减少，但仍然是正向的。

第二阶段说明了 收益递减（diminishing returns），即随着更多可变投入量的增加，产量以递减的速度增加，这个阶段也被称为收益递减阶段。在图 3.5 中，第二阶段从雇用第 6 名工人开始，因为该工人的 20 个单位边际产量小于第 5 名工人的 28 个单位边际产量。当第 10 个工人加入时，这个阶段就结束了，因为在这之后，工人的边际

边际产量 由于增加了一单位可变投入量而产生的额外产出。

生产阶段 由递增、递减和负收益阶段构成的生产阶段。

收益递减 当增加更多的可变投入量时，产量以递减的速度而增加的生产阶段。

产量不再是正向的。

第三阶段——负边际收益

如果公司雇用的工人太多，他们会互相妨碍或以其他方式干扰生产，导致总产量下降。结果，第三阶段是每个额外工人的边际产量为负的阶段。例如，第 11 个工人的边际产量为负 3，第 12 个工人的边际产量为负 10，导致产量下降。

探索核心问题

大多数公司在第二阶段运营，但这始终是最佳选择吗？通过增加额外员工而导致的收益递减将如何影响企业对每个商品或服务必须收取的费用？

如果大多数公司负边际收益加在一起负面影响了其总产量，那这些公司不会再雇用工人，工人数量只会保持在第二阶段。正如我们将在下一节中看到的，要雇用的工人的确切数量也取决于销售产品的收入。然而，现在我们可以说，图 3.5 所示生产函数的公司会雇用 6~10 名工人。

✅ **阅读进展检查**

分析 为什么一家公司会雇用比生产函数第一阶段更多的员工？

第2节 回顾

词汇回顾

1. **解释** 为什么经济学家在关注短期生产时不考虑技术变化的影响？
2. **计算** 边际产量在什么情况下等于总产量？

使用你的笔记

3. **总结** 解释为什么经理在做商业决策时需要同时了解总产量和边际产量。

回答引导性问题

4. **解释** 为什么边际产量是企业家需要理解的重要概念?

5. **分析** 公司如何利用生产的不同阶段来确定最有利可图的雇用工人的数量?

经济学写作

6. **信息化/解释** XYZ公司开发了一种新产品,销量很好。公司增加了几个工人,首席运营官问你是否应该雇用更多的工人。为这家公司创建一个假设的生产函数计划表或图,并写一篇文章解释这个计划表如何证明认识每个工人的边际产量的价值。

跨国公司是否有责任保持其在本国的业务基础？

　　跨国公司是指在多个国家开展业务的公司。它在国际上销售商品或服务，并且通常根据劳动力成本、税收优惠和其他指标，来选择在不同国家或地区设立办事处或工厂。

　　跨国公司从国际贸易的初期就已存在，如今已超过4万家。许多公司在其他国家开展业务的收入比当地公司的收入还要高。尽管跨国公司是全球经济中一个成熟的组成部分，但由于它们愿意将其经营基地设在本国以外的地方，并承担其在那个国家的一些税收、工作岗位，以及它们对本国的影响，而这个影响也会转移到另一个国家，因此跨国公司有时会成为争论的焦点。

YES 业务留在本国的跨国公司可以实现以下目标

为国内同胞创造更多的好的工作机会。

在本国投资本国货币。

增加国内竞争。

在他们已经开始运营的国家缴纳更多的税。

"你可以说，正如许多人所做的那样，将工作岗位输送到海外并不重要，因为高价值的工作和大部分利润仍留在美国，事实很可能也是如此。但是，如果社会仅由高薪人士和大量失业者组成，那我们的社会将变成什么样呢？"

——安迪·格罗夫（Andy Grove），英特尔前首席执行官

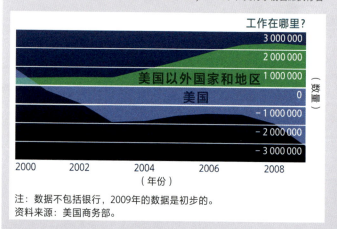

工作在哪里？

美国以外国家和地区

美国

3 000 000
2 000 000
1 000 000
0
- 1 000 000
- 2 000 000
- 3 000 000

（数量）

2000　2002　2004　2006　2008
（年份）

注：数据不包括银行，2009年的数据是初步的。
资料来源：美国商务部。

在国外发展业务的跨国公司可以做以下事情

使本国公司在全球范围内具有竞争力。

降低国内外商品和服务的价格。

增加全球财富和贸易，促进世界经济发展。

履行使股东利益最大化的责任。

分析问题

1. 分析图表　第1幅图如何支撑格罗夫的论点？

2. 评估　解释巴格瓦蒂的论点，即要求跨国公司在美国保持强大的业务基础，会降低它们在世界市场上的竞争力。从长远来看，这将如何影响美国消费者？

3. 论证　你认为最有说服力的论点是什么？说明你的原因。

> 如果我们希望美国跨国公司向美国'支付'它们从特许经营或其他方面获得的利益，最简单的方法是对它们的收入征税。事实上，我们是这样做的。如果迫使它们在国内生产，这会使得它们在世界市场上缺乏竞争力，这无疑是错误的做法，因为当今市场竞争非常地激烈。
>
> ——贾格迪什·巴格瓦蒂（Jagdish Bhagwati），哥伦比亚大学经济学和法学教授

1947—2013年非农业部门的生产率变化

1947—1973	1973—1979	1979—1990	1990—2000	2000—2007	2007—2013
2.8	1.2	1.5	2.2	2.6	1.6

（年份）

年平均变化（%）

资料来源：美国劳工统计局。

阅读帮手

术语表

- **固定成本**
- **间接费用**
- **可变成本**
- **总成本**
- **边际成本**
- **平均收入**
- **总收入**
- **边际收益**
- **利润最大化产量**
- **电子商务**

做笔记

使用下图来描述商务人士必须收集的信息，以便平衡成本和收入。

固定成本 产量变化时不变的生产成本。

间接费用 包括利息、租金、税收和高级管理人员薪酬在内的广泛的固定成本。

第3节 成本、收入和利润最大化

核心问题

公司如何确定最有利可图的经营方式？

所有企业，包括非营利组织，都面临着一个挑战：只有足够成功才能维持运营。更好的情况是，大多数公司希望以利润最大化的方式运营。为了实现这些目标，企业需要做出哪些决策？

- 房租费、水电费、设备购置和维修费以及其他日常经营费用是多少？
- 支付员工工资和福利的成本是多少？
- 生产每件商品或提供每项服务的成本是多少？

用一两段文字，解释为什么一家公司的经理需要回答这些问题，才能制订出一个能够使公司继续开展业务的商业计划书。

计算边际成本

引导性问题　固定成本和可变成本之间有什么区别？

由于企业想要有效地生产，他们需要考虑以下几种成本衡量标准。如果他们想要利润最大化，哪一个标准最有用？为了找出答案，我们将逐一检查它们。

固定成本

第一个衡量标准是**固定成本**（fixed cost）——一家公司即使没有活动也会产生的成本。当涉及衡量成本时，无论企业是否进行了生产，生产的多或少，都没有区别。总固定成本［有时被称为**间接费用**（overhead）］保持不变。

图3.6

生产、收入、成本和利润

生产计划				成本				收入		利润
生产区域	工人数量	总产量	边际产量	总固定成本（美元）	总可变成本（美元）	总成本（美元）	边际成本（美元）	总收入（美元）	边际收益（美元）	总利润（美元）
第一阶段	0	0	0	50	0	50	-	0	-	- 50
	1	7	7	50	90	140	12.86	105	15	- 35
	2	20	13	50	180	230	6.92	300	15	70
	3	38	18	50	270	320	5.00	570	15	250
	4	62	24	50	360	410	3.75	930	15	520
	5	90	28	50	450	500	3.21	1 350	15	850
第二阶段	6	110	20	50	540	590	4.50	1 650	15	1 060
	7	129	19	50	630	680	4.74	1 935	15	1 210
	8	138	9	50	720	770	10.00	2 070	15	1 300
	9	144	6	50	810	860	15.00	2 160	15	1 300
	10	148	4	50	900	950	22.50	2 220	15	1 270
第三阶段	11	145	- 3	50	990	1 040	-	2 175	15	1 135
	12	135	- 10	50	1 080	1 130	-	2 025	15	895

固定成本包括支付给管理人员的工资、债券利息、租赁财产租金以及州和地方财产税。固定成本还包括折旧，即资本货物因使用时间的推移而逐渐磨损的费用。例如，一台机器不可能永久使用，因为它的零件会慢慢磨损并最终坏掉。

假设用上一节图 3.5 所示假设的生产函数，该公司的固定成本为 50 美元。为了将所有的数字放在一起，图 3.6 在前三列中显示了上节的生产函数，以及第四列中的总固定成本。正如你所看到的，即使没有产出，每个阶段的总固定成本也是 50 美元。

可变成本

第二个衡量标准是可变成本（variable cost），即当企业的运营率或产出发生变化时所产生的成本。虽然固定成本通常与机器和其他资本有关，但可变成本通常与劳动力和原材料有关。例如，随着产出的变化，有工资收入的工人可能会被解雇，或被要求加班。其他可变成本的例子包括运行机器的电力和交付最终产品的运费。

对于大多数企业来说，最大的可变成本是劳动力。如果一个企业

当我们把成本和收入加在生产计划上时，我们就能计算公司的利润。注意，固定成本不变。在所有衡量标准中，边际成本和边际收益最为重要，因为它们用于确定产生最大利润水平的生产水平。

▲ 批判性思考

经济分析 你认为固定成本对企业主有多重要？

可变成本 随产量变化而变化的生产成本，包括劳动力、能源、原材料。

想雇用 1 名工人每天生产 7 个单位的产量，而工人每天的成本是 90 美元，那么总的可变成本是 90 美元。如果企业想雇用第 2 个工人来生产额外的单位产量，那么它的总可变成本是 180 美元，以此类推。这些是图中第 5 列所示的数字。

总成本

图 3.6 显示了总生产成本，即固定成本和可变成本之和。总成本考虑了企业在运营过程中面临的所有成本。如果企业决定使用 6 名工人，每名工人花费 90 美元来生产 110 个总产量单位，那么其**总成本**（total cost）将为 590 美元，即固定成本 50 美元加上可变成本 540 美元（90 美元的 6 倍）。

总成本 可变成本加固定成本之和，与生产相关的所有成本。

边际成本

可变成本、固定成本和总成本是计算**边际成本**（marginal cost，MC）这一最有用的衡量标准所必需的，边际成本是生产更多单位产品时产生的额外成本。

边际成本 生产一个额外单位的额外成本。

为了计算边际成本，我们必须用每增加一个工人的额外成本除以工人产生的额外产出。为了计算第一个工人的边际成本，我们用 90 美元的额外成本除以 7 个单位的额外产出，得到 12.86 美元。为了计算第二个工人的边际成本，我们用 90 美元的额外成本，除以 13 个单位的额外产出，得到 6.92 美元，依此类推。所有这些值如图 3.6 的第 7 列所示。接下来我们将了解：边际收益是最有用的收入衡量标准，因为它有助于我们实现利润最大化。

☑ 阅读进展检查

分析 如果一家公司的总产量增加，固定成本会增加吗？解释一下。

计算边际收益

引导性问题　为什么边际收益比平均收益更重要？

企业需要找到的第二个重要衡量标准是边际收益。然而，在我们开始之前，我们需要讨论另外两个收入衡量标准。

平均收入

平均收入（average revenue）是每单位产品销售的平均价格。例如，如果公司的成本和收入如图 3.6 所示，每单位产出的销售额为 15 美元，则其平均收入为 15 美元。

如果售出 10 个单位、100 个或 1 000 个单位，价格将保持在 15 美元不变。在所有的收入指标中，平均收入是最不实用的，尽管它可能是最容易理解的。因此，图 3.6 中的表没有平均收入这一列。

总收入

总收入（total revenue）是企业所获得的全部收入。对于如图 3.6 所示的公司，第 8 列所示的总收入等于售出的单位数量乘以每单位 15 美元的平均价格。因此，如果雇用一名工人，生产 7 个单位产品，每个单位以 15 美元的价格出售，那么总收入是 105 美元。如果雇用了 10 名工人，他们的 148 个单位的总产量以每单位 15 美元的价格出售，那么总收入是 2 220 美元。对于表中的任何产出阶段，计算公式都是相同的。总收入如图 3.6 的第 8 列所示。

边际收益

收入最重要的衡量标准是**边际收益**（marginal revenue，MR），即企业从生产和销售一个额外单位的产出中获得的额外收入。你可以在图 3.6 中找到边际收益，方法是用总收入的变化除以总产出的变化，或除以边际产量。

例如，当企业雇用 5 名工人时，它产生 90 个单位的产出，并产生 1 350 美元的总收入。如果增加第六名工人，产量增加 20 个单位，总收入增加到 1 650 美元。那么我们用总收入的变化（300 美元）除以边际产量（20 个单位），则边际收入为 15 美元。

只要每单位产出的售价为 15 美元，再多销售一个单位所获得的边际收益将始终为 15 美元。因此，图 3.6 中的每一个产出水平的边际收益似乎都保持在 15 美元不变。事实上，情况并非总是如此，因为企业经常发现边际收益是不同的，尤其是当它们以不同的价格出售部分商品时。

☑ 阅读进展检查

解释 "边际收益"一词中的"边际"是什么意思？

利润最大化与盈亏平衡

引导性问题 电子商务为企业提供了哪些成本优势？

开设商店的固定成本通常要低得多，因此边际成本也要低得多，利润也会更高。

利润最大化

假设图3.6中的公司想要试验找出利润最大化的产出水平。例如，企业雇用6个工人，额外的产出只需要4.50美元的成本，而产生15美元的新收入。这意味着每生产20个额外的单位将产生10.50美元的利润，将总利润从850美元增加到1 060美元。

在雇用第六个工人后获利，企业将出于同样的原因雇用第七个和第八个工人。因为雇用第九个工人既不增加也不减少总利润，那公司就没有雇用第十个工人的动机。如果雇用的话，它会发现利润将下降，所以会回到使用9个工人。

利润最大化的产量 边际成本等于边际收益的生产水平。

最后，**利润最大化的产量**（profit-maximizing quantity of output），即当边际成本和边际收益相等时的产量，如图3.6的最后一列所示。其他水平的产出可能产生相同的利润，但只有当边际成本等于边际收益时，才是最有利可图的经营方式。

图3.6中的公司使用试错法找到了这一产出水平，但通过查看产出水平，本可以节省一些时间，144个单位的产量需要使用9名工人，所对应的是第7栏中的边际成本与第9栏中的边际收入完全相同。这就是我们首先计算边际成本和收入指标的原因。

盈亏平衡分析

有时，一家公司可能无法立即出售足够的产品以实现利润最大化，因此它可能想知道为了足以支付成本，必须出售多少产品。这就是公司需要找到的盈亏平衡点，即某个生产水平下，它产生的收入刚好足以支付其总运营成本。

例如，如图3.6所示的公司如果雇用1名工人并生产7个单位产品，该公司则无法支付其所有费用。这是因为总成本为140美元，而总收入仅为105美元。然而，如果它雇用了2名工人，并能卖出20

职业 | 油漆承包商

这个职业适合你吗？

- ✓ 你有很强的数学能力来完成边际分析吗？
- ✓ 你有很强的领导能力吗？
- ✓ 你是个好的决策者吗？
- ✓ 你对材料、方法和工具感兴趣吗？

招聘

油漆承包商

> 如果你不明白这些数字——毛利润、劳动力百分比、间接费用等——那么经营成功的可能性近乎零。这听上去有些陈词滥调，但现金是王道，债务是刽子手，'数字'是斧头。

——乔·布林德尔（Joe Brindle），美国北卡罗来纳州胡桃木定制油漆公司总裁

薪资

年薪平均数83 860美元

时薪40.32美元

职业发展前景

一般

工作内容

大多数油漆承包商都有自己的业务，因此他们必须掌握"数字"。他们需要熟练完成定期的边际分析，以便知道他们的收入是否包括做生意的成本，同时让他们有利润。如果没有，承包商需要在招标时调整他们的报价，或找到一种方法，在保证服务质量的同时降低他们的成本。

个单位，公司将能够覆盖所有的成本。结果是必须雇用两个工人来实现盈亏平衡。或者，如果第一列中的工人以千为单位，则盈亏平衡点将大于 1 但小于 2。

然而，盈亏平衡点只告诉公司生产多少产品来支付成本。大多数企业都想做得更多，它们想最大限度地赚取利润，而不仅仅是为了支付成本。要做到这一点，它们必须计算边际成本和边际收益，以找到这二者相等时的产出水平。

成本与经营

商店越来越多地在网上销售商品，很大程度上是考虑了成本，这使得电子商务成为当今增长最快的业务领域之一。商店之所以这样做，是因为互联网上的管理费用或固定运营成本非常低。另一个原因

是公司不需要那么多的存货。如果一个企业能够降低其固定成本或可变成本，它就可以通过降低支付其总成本所需的销售额，来帮助公司更容易达到盈亏平衡点。

人们从事的**电子商务**（e-commerce）—— 一种通过互联网进行的电子化业务——不需要花费大量的钱租用办公楼和管理库存。而且，电子商务企业主只需用一家实体商店的一小部分成本，就可以购买 Web 访问以及一个电子商务软件包，该软件包提供从 Web 目录页上订购、计费和会计软件等所有内容。然后，电子商务商店的所有者将要销售的产品的图片和描述插入到软件中，并加载程序。

当顾客访问网上的"商店"时，他们会看到一系列出售的商品。在某些情况下，货主有库存商品；在其他情况下，商家只需将订单转发给负责运输的配送中心。无论哪种方式，运营的固定成本都明显低于一家实体零售店的固定成本，而且销售的盈亏平衡点要低得多。

✅ **阅读进展检查**

对比 电子商务商店和传统商店有什么区别？

第3节 回顾

词汇回顾

1. **解释** 边际收益和总收入有什么区别？

使用你的笔记

2. **总结** 解释成本和收入之间的关系。

回答引导性问题

3. **对比** 固定成本和可变成本有什么区别？

4. **对比** 为什么边际收益比平均收益更重要？

5. **对比** 电子商务为企业提供了哪些成本优势？

经济学写作

6. **资料/阐释** ABC公司一直处于收支平衡的水平。董事会聘请了一名新经理，并要求她负责实现利润最大化。这个经理采取哪些措施才能使公司赢利？

近乎速成的滑雪板：

2012年的美国

3D打印从20世纪80年代开始出现，价格和质量对于小企业和个人更为适用。这些打印机的工作原理与台式打印机很相似，只不过不是用墨水，而是用很薄的喷层喷出塑料、蜡、纸、钛、金或其他大量材料中的一种，形成三维物体。越来越多的企业正在使用3D打印进行设计和制造。

这个红色塑料部件的集合显示了3D打印机创造的部件的复杂性。使用这些打印机可以帮助公司更快地生产商品。

位于佛蒙特州伯灵顿市的伯顿（Burton）滑雪板采用3D打印技术设计新的滑雪板。这一变化极大地缩短了开发新滑雪板所需的时间，从两年缩短到一年。此外，这项技术还打印出了一个新版的样品，可以从各个角度进行分析检验。它甚至可以滑下雪坡，并检查性能特征。当滑雪板没有达到预期的效果时，设计师可以回到他们的电脑前，调整设计，并打印出一个修订版。在过去，公司首先设计了滑雪板，然后投入时间和资源来装配生产线以生产一个样品，然后他们才能开始测试滑雪板。

几年前，一个骑手想出了在滑雪板上加一个"翼"的主意。伯顿为这个想法设计了一个模型，打印了一个样品，然后在第二天交给滑手进行试滑。

这种设计和开发技术也在其他方面节省了成本。例如，摄影师现在可以使用3D模型，而不是等到制作出一块成品板用于营销和广告宣传。宣传册和其他促销材料甚至在生产线开始生产新的滑雪板之前就已经准备好了，从而实现更快的销售速度和更早的交货日期。

案例研究回顾

1. **分析**　3D打印技术如何使伯顿能够开发出比传统方法更好的滑雪板？

2. **推测**　想想3D打印的含义。随着这项技术得到越来越广泛的应用，它将如何更大程度上影响美国经济？

学习指南

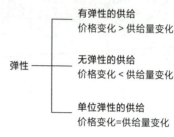

有弹性的供给
价格变化 > 供给量变化

弹性

无弹性的供给
价格变化 < 供给量变化

单位弹性的供给
价格变化 = 供给量变化

第 2 节

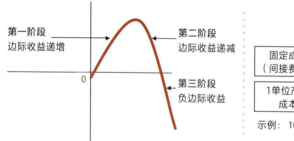

第一阶段
边际收益递增

第二阶段
边际收益递减

第三阶段
负边际收益

总成本和边际成本

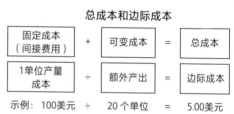

第 3 节

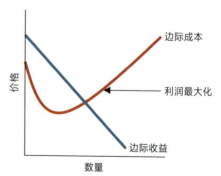

当边际收益等于边际成本时，企业实现最大的赢利能力。

第3章 评估

说明：在一张单独的纸上回答以下问题。请务必仔细阅读并回答所有问题。

内容回顾

第1节

❶ **解释** 为什么正常供给曲线在供给图上总是从左到右增加？

❷ **描述** 想象一下，你所在的地区已经开发了几个新的大型电力供应，使市场上的电力数量大幅度增加。描述电力供给曲线的情况。

第2节

❸ **解释** 管理者如何使用生产函数来决定是否增加投入以增加生产？

❹ **分析** 为什么大多数公司都是在3个生产阶段的第二阶段运作？

第3节

❺ **分析** 为什么有必要知道固定成本、可变成本和总成本来确定边际成本？

❻ **对比** 为什么经理知道边际收益比了解平均收益更重要？

❼ **解释** 一家商业制造商一直在生产自行车，直到边际成本达到200美元，边际收入也达到200美元。如果生产一辆额外的自行车会有什么影响？解释一下。

批判性思考

❽ **分析** 想象一下，一个朋友提供在婚礼上表演现场音乐的服务。如果她为表演收取的价格上涨，她会增加还是减少表演？为什么？

❾ **做决定** 假设你拥有一辆专门卖汉堡和热狗的食品卡车。今年夏天，当地的小联盟棒球场购买需求逐渐增多。公园里其他所有的卖家出售的价格都是你现在价格的两倍。供给弹性将如何影响你要收取的价格以及你可以提供的汉堡和热狗的数量？你会雇用多少人来帮助你？解释是什么原因使得你做出这样的决定。

❿ **分析** 企业家购买了生产和销售一项创新新产品的专利权。她在这项业务的启动资金有限。那她应该开一家电子商务商店还是传统商店？说明你的理由。

图表分析

使用供给计划和单个供给曲线来回答以下问题。

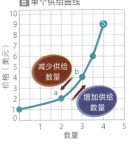

A 供给计划	
价格（美元）	供给数量
9	4
6	3.5
4	3
2	2
1	0

B 单个供给曲线

⓫ **分析** 生产商以1美元的价格能供应多少玉米煎饼？在你看来，供应这个数量的原因是什么？

⓬ **应用** 生产商想得到他们产品的最佳价格。是什么使他们拒绝收取最高的价格？

回答核心问题

回顾每节开始时你对核心问题的回答。根据你在本章中学到的内容再次回答这些问题。你的答案改变了吗？

⓭ **对比** 供需之间的基本差异是什么？

⓮ **解释** 为什么生产函数对做出商业决策有用？

⓯ **描述** 公司如何确定最有利可图的经营方式？

21世纪技能

⓰ **确定因果关系** 一位年轻的企业家正计划生产电子消费品。他以极具竞争力的价格确定了电子元件的来源。哪些因素可

说明：在一张单独的纸上回答以下问题。请务必仔细阅读并回答所有问题。

能导致这些组件的供应发生变化，从而危及公司的赢利能力？

17 **经济** 一个制造商有10名员工，他们生产100个单位的产品。管理层若再雇用1名员工，会使总产量增加8个单位；再雇用1名工人增加6个单位；再雇用1名工人，总产量就只能增加4个单位。如果这种趋势持续下去，在边际产量为负之前，公司可以增加多少员工？公司应雇用的最佳工人数量是多少？

18 **解决问题** 小企业主必须决定是否雇用额外的员工。假设业主可以以当前价格出售所有生产的产品，并且新工人的工资将与当前工人的工资相同，那么企业主需要什么信息来做决定？企业主如何获得所需信息？

培养财经素养

19 **分析** 你正在为俱乐部筹款活动组织一个柠檬水展销台。你招募了志愿者在展台工作。俱乐部将提供：桌子、桌布和两个大招牌。你付了150美元租了你的展位。你已经订购了1 000个柠檬，价格为200美元，足够生产1 000杯柠檬水，每杯售价为1.00美元。供应商可以根据你的需要提供更多产品，但你不能退回已接受的产品。你花100美元买了2 000个纸杯。额外的杂项费用为100美元。

a. 该企业的可变成本是多少？固定成本是多少？

b. 如果你不订购额外的柠檬，你的盈亏平衡点是多少？

c. 你什么时候才能达到利润最大化？

d. 本次募捐活动与营利性企业有何不同？

分析基础资料

阅读基础资料并回答以下问题。

2011年年初，粮食价格上涨，这引起了一些发展中国家政府的关注。美国价格保持稳定，但这一趋势正在发生变化。

基础资料

❝上涨的直接原因很明显：俄罗斯、中国和阿根廷的旱灾以及澳大利亚的洪水等导致收成不佳。但一个长期的原因可能是一个意外。农业经济学家说，美国24%的玉米作物现在被强制使用以制造乙醇，消耗了世界粮食市场的产量，并使价格冲击更有可能发生。❞

资料来源：Elizabeth Weise, "Ethanol pumping up food prices," *USA Today*, February 14, 2011.

2010年玉米产量低于预期，美国玉米储备为10年来最低。玉米价格超过每蒲式耳（计量单位，在美国，1蒲式耳相当于35.238升，1蒲式耳油料或谷类的重量各异）6美元。每年大约需要50亿蒲式耳的玉米来生产乙醇。

20 **确定因果关系** 什么因素导致可用于食品的玉米供应发生变化？这些因素会导致供给曲线向右或向左移动吗？

21 **分析** 根据这些信息，你认为玉米的供应是有弹性的、无弹性的还是单位弹性的？

22 **分析** 你认为这个基础资料的信息是一种宣传吗？说明你的理由。

第4章　价格

核心问题

- 价格如何帮助我们做决策？
- 价格的影响因素有哪些？

第1节　价格是如何运作的

第2节　价格的影响因素

第3节　社会目标、价格和市场效率

汽油价格的背后是什么

供给影响价格　汽油供给量越少，价格越高。

石油输出国组织（OPEC）的行动
由OPEC成员国制定的产量决策可以大幅减少或增加石油的供应，从而影响价格。

气候问题
极端天气和自然灾害会中断供应链，从而限制供应，使价格上升。

多个市场
将石油用于其他产品，如塑料或清洁产品，减少了石油对于汽油生产的可获供给。

开发新资源
新技术和新地点钻采有助于保持汽油成本合理。

冲突成本
石油生产国的政治不稳定会限制石油供应，导致汽油价格飙升。

价格上涨
价格下降

想一想
石油是一种不可再生资源，这意味着我们用得越多，未来可用的就越少。你预测未来汽油的价格会如何变化？

你是否对导致汽油价格不断改变的原因感到好奇？有时似乎一眨眼汽油价格就不同了。无论是汽油本身，还是用于生产汽油的原油，影响它们供需的强大因素在你加油时支付的汽油价格中扮演着重要角色。

需求影响价格 人们想要的越多，就要支付更高的价格。

经济衰退
经济下滑使得汽油的需求量减少，从而拉低油价。

不成比例的需求
美国使用的原油占全世界的20%（但生产的原油只占2%）。为了满足需求而进口石油提升了价格。

绿色趋向
替代能源的增长，例如太阳能、电能，以及天然气等驱动的交通工具，减少了对汽油的需求，降低了汽油价格。

汽油
价格

季节性变化
在周末、假日，以及更多人选择出行的夏季，汽油价格都会飙升。在冬季，人们更多待在室内，油价会下降。

更多，更多，更多！
全球对石油的需求持续增加，使得油价继续上涨。

想一想
我们知道需求会影响汽油价格，但不断上涨的油价会怎样影响需求呢？

做笔记

使用下图列举市场经济中价格体系的优势。

第1节　价格是如何运作的

核心问题

价格如何帮助我们做决策？

产品的价格如何影响你对稀缺资源（金钱和时间）的分配？列出去年你或你的家人购买的 3 件物品。对于每一件物品，请回答以下问题。

- 产品的价格是否清晰，易于识别？解释你的答案。
- 如果必须花更多的钱购买该产品，你会买吗？如果会，你愿意多花多少钱来购买该产品？
- 如果产品的价格更低，你会购买更多该产品吗？
- 竞争品牌或产品的价格是否影响你的购买决策？
- 如果价格更低，你会去另一家商店或网站购买该产品吗？

价格为什么重要

引导性问题　价格如何帮助我们做决策？

假设你走进最喜欢的咖啡店，墙上的价格显示额外加奶霜的冰咖啡会花你 4.50 美元。似乎有点贵，但你愿意买，因为毕竟你喜欢咖啡。但如果明天咖啡的价格是原来的两倍，你还愿意买吗？

价格（price）——产品的货币价值——其意义比简单地告诉你购买时要花多少钱要更丰富。总体来说，价格是一个帮助我们做出经济决策的信号系统。同时，价格有激励作用，可以影响个人、企业、市场甚至整个行业的行为。事实上，价格有很多你可能还没有考虑过的优势，我们会在下文进行讨论。

价格　产品的货币价值。

价格是一种信号

在生活中，有很多我们已经很熟悉的信号。例如，疼痛是告诉我们身体有问题的信号，路口的红绿灯是告诉我们什么时候停或走的信号。像疼痛或交通信号灯一样，价格是给卖方和买方的信号。高价告诉买方降低购买量，生产者增加生产量。反之，低价告诉买方增加购买量，生产者降低生产量。

我们从价格获得的信号同样也是一种激励，这种激励促使我们采取其他的行动。如果某件物品的价格持续上涨，我们可能会决定在不同地方购物，或者发现一个替代品。同样，公司可能会停止生产其他产品来释放人力、资金和需要的机器，以更多地生产能卖出更高价格的产品。

价格的优势

价格帮助生产者和消费者回答 3 个基本问题，即生产什么、如何生产、为谁生产。没有价格，经济将不能顺利运转，这些分配决策将必须以其他方式来进行。价格的这一作用得以发挥良好至少有 4 个原因。

- **中立性** 在一个竞争的市场经济体制中，价格既不帮助生产

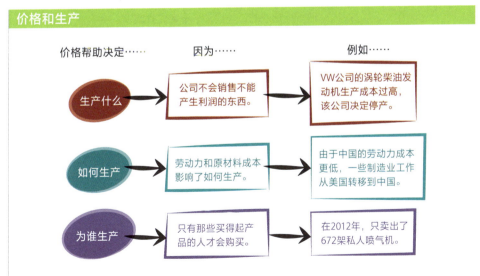

价格和生产

价格帮助决定……	因为……	例如……
生产什么	公司不会销售不能产生利润的东西。	VW公司的涡轮柴油发动机生产成本过高，该公司决定停产。
如何生产	劳动力和原材料成本影响了如何生产。	由于中国的劳动力成本更低，一些制造业工作从美国转移到中国。
为谁生产	只有那些买得起产品的人才会购买。	在2012年，只卖出了672架私人喷气机。

▲ **批判性思考**

分析 另一个价格帮助解决生产什么的例子是什么？

者也不帮助消费者，所以说价格是中立的。因为价格是卖家和买家之间竞争的结果，价格代表了双方都可以接受的妥协。

- **弹性**　在市场经济中价格可以提供弹性。一些意外事件，比如自然灾害和战争，会影响很多产品的价格。例如，2012 年 10 月飓风"桑迪"破坏了美国东北的许多地方，切萨皮克湾的牡蛎收割机很多天无法工作。这导致牡蛎的价格在远至佐治亚州的地方出现暂时飙升。紧接着，买卖双方达到新的价格水平，并相应地调整他们的消费和生产，帮助系统再次顺利运转。价格体系的这一吸收非预期"冲击"的能力是其在经济市场中的优势之一。

- **熟悉**　大部分人已经非常了解他们生活中的价格。因此，价格对于他们来说是很熟悉且容易理解的。在价格上，没有模糊，如果一件东西花费 1.99 美元，那么我们可以确切地知道得到它需要支付多少钱。这让人们可以用少的时间和努力来快速有效地做决定。

- **效率**　价格不需要管理费用。竞争的市场倾向于帮助产品在没有外界的帮助和干扰下找到自己的价格。这一过程无须雇用官员，无须组建委员，无须通过法律，也无须制定其他决策。甚至当价格从一个水平调整至另一个水平时，这一改变通常是渐进的，人们几乎不会注意到。

☑ **阅读进展检查**

总结　价格帮助消费者和生产者做什么决定？

如果没有价格会发生什么

引导性问题　价格是分配资源的最优方式吗？

你考虑过如果没有价格我们的经济会如何运转吗？不了解商品或服务的价格，我们将如何决定生产什么？不了解生产性投入的成本，我们将怎样回答如何生产这一问题？最后，我们将如何决定为谁生产？会由才能、好外貌，甚至是政治关联来决定分配吗？

> 想象你经营着一家生产和销售滑板的公司。如果滑板的价格开始上涨，你会选择制造更多的滑板还是更少的滑板？解释你的决定。

这些问题可能看起来牵强，但即使是指令性经济也需要标准来回答这些问题，例如，当巴尔的摩金莺队 1999 年在古巴进行棒球表演赛时，没有足够的体育场座位供所有想要参加的当地球迷。古巴当时的总理菲德尔·卡斯特罗（Fidel Castro）通过将席位分配给共产党成员来解决为谁去观看的问题，不管他们是不是棒球迷。

考虑开发新产品的企业家可能会为目标受众建立焦点小组，以便全面了解他们的需要和想要。

配给

没有价格，必须使用另一种制度来决定谁获得什么。一种方法是配给——由政府决定每个人"份额"。在这种制度下，人们收到一张配给券、一张票或一张收据，使持有者有权获得一定数量的某一产品。配给券可以直接发给人们，或者政府可以收取一定的费用。

配给（rationing）在二战期间被广泛使用，但在那之后就没有被广泛地使用，这是因为配给带来的问题比大多数人意识到的要多得多。

配给 不依靠价格的商品和服务分配系统。

配给的问题

20 世纪 70 年代中期，美国面临能源危机，油价上涨了 4 倍。1973 年，州政府实施了一种简单的配给方式来解决汽油短缺问题，车牌尾号为奇数的司机可在日期为奇数时购买汽油，而车牌尾号为偶数的司机可以在日期为偶数时购买汽油。1974 年，美国政府开始制定涉及配给券的进一步汽油配给计划，但该计划未得到实施，主要原因如下。

- **感知公平** 关于公平的辩论立即开始了。小城镇的人认为他们应该比大城市的人有更多配给券，因为大城市有更好的公共交通系统。使用旧车的人认为他们应该有更多的配给券，因为他们的车比新车更费油。然而，使用较新汽车的人认为，这是对他们购买了更昂贵、更省油的汽车的惩罚。有几辆车的夫妇认为他们应该有更多的配给券，因为他们有更多的车，但只有一辆车的夫妇认为这对他们不公平，因此制定出使每个人都认为公平的分配制度似乎是没有希望的。

- **管理费用**　管理成本是配给制度的另一个主要问题。必须有

当……会发生什么

2012年，飓风桑迪造成汽油短缺，纽约市居民排队领取配给的汽油。

配给在美国

1942—1945年的战时配给

二战期间，美国联邦政府对食品、汽油、甚至衣服采取配给制度。这样做是为了确保这些物品的原材料或成品能够用于军事目的。

1941年12月日本袭击珍珠港后，绝大多数美国人支持美国参加二战。因此，大多数美国人很乐意遵守政府实行的配给和限制，尽管它消除了市场驱动的供需力量。

今日配给

如今，配给在美国并不常见，通常是发生意外危机或短缺时的临时应对措施。

2012年年末，飓风桑迪使新英格兰地区居民难以获得足够的汽油，新英格兰地区实施了临时配给。2013年美国全国范围内的氦气短缺，氦气被保存下来用于基本医疗和制造行业。因此，派对用品商店只收到少量氦气可用于气球。

▲ 批判性思考

预测　你认为政府在危机或短缺时实行配给是一种很好的办法吗？如果经济依赖价格体系而不是配给，结果会如何？

人支付配给券的印刷和分发费用，其中包括工人的工资。每个社区还需要"审查委员会"，以便有人能够听取那些认为自己应该获得更多配给券的人的意见。1974 年，美国印刷了近50 亿张汽油配给券，以防政府决定继续推行配给计划。这些未被实施的计划是将配给券运送到全国每个城市或城镇的每家邮局，以便在"公平"问题得到解决后，人人都能获得这些配给券。

- **激励扭曲**　定量配给计划就是专门为取代供求而设计的。1974年制定的一项旨在为消费者降低汽油成本的措施，从 3 个不同方面扭曲市场激励措施：能源公司将不会生产更多汽油；汽车公司生产更节能汽车的动机将减弱；消费者减少不必要驾驶以节省汽油的动机将减少。这些激励措施都不能解决供给过少而需求过大的基本问题。

- **滥用和误用**　无论采取多少措施，一些配给券都会被盗、出售或被伪造。1974 年的汽油配给券有另一个特殊的问题。为了使它们难以伪造，像美元钞票一样，每一张汽油券上都印有华盛顿总统的高质量肖像。不幸的是，它们如此相似，以至于配给券可以在美元零钱兑换机中使用。这给了任何有配给券的人选用它来兑换价格约为 60 美分的一加仑汽油，或者在硬币兑换机中使用它可以获得 4 个 25 美分的硬币。

可以想象，配给问题极难解决。围绕 1974 年汽油配给券的许多问题是汽油配给券从未发行并随后被销毁的原因。

✅ **阅读进展检查**

对比　价格体系和配给之间有什么区别？

价格作为一个体系

引导性问题　价格如何在经济中连接市场？

尽管价格体系并不完美，但大多数经济学家认为这是一种最有效的资源分配方式。这是因为价格不仅仅帮助个人做决策，还有助于在市场内部和市场之间分配资源。

想想价格上涨影响市场的方式，及其引起的大大小小的变化。由于对汽油的需求基本没有弹性，高油价意味着人们不得不将更多收入用于购买汽油，这样他们用于其他消费的钱就更少。

如果有足够多的司机认为更高的汽油价格可能是永久性的，那么他们可能会购买更多省油的汽车，包括以电力和汽油为燃料的混合动力汽车。许多其他人可能会决定更多地依赖城市公共交通系统，或者完全不使用汽车。

随着时间的推移，汽油价格上涨的影响将蔓延到农业和消费食品行业。如果农民将更多的粮食出售给生产含有90%无铅汽油和10%谷物酒精的汽油的公司，他们将受益。但是，在燃料中使用更多的谷物，那用于制造面粉的谷物就会减少，这会提高面包的价格。其他公司可能会对**生物燃料**（biofuels）进行重大投资，希望开发出足够的汽油替代品，生物燃料的能源来自可再生的谷物和动物材料、植物油、市政和工业废弃物。

生物燃料 由生物质制造的燃料。

汽油价格上涨的最终影响是导致生产资源（如原材料和工人）从一些行业转移到其他行业：从生产用于面粉和面包的小麦转向用于生产汽油醇的小麦；从生产耗油量大的汽车转向生产燃油效率高的混合动力汽车；从其他行业转向可再生燃料行业。尽管这一调整的过程对许多个人和公司来说都是痛苦的，但对于市场经济来说，这是一种自然而必要的资源转移。

探索核心问题

举一种产品或技术的例子，它不再存在，或者不再像以前那样常见。然后回答以下问题。

• 为什么你认为这种产品或技术不再存在或不常见了？
• 以前生产该产品的资源现在可能被用于生产什么其他产品？
• 你认为在生产商停止生产之前，这种产品的价格发生了什么变化？

最终，价格不仅仅是向市场中的买卖双方传达信息，它还有助于在市场之间分配资源。这就是为什么经济学家认为价格是一个"体系"，连接经济中所有市场的信息网络的一部分。

第1节　回顾

词汇回顾

1. **定义**　用自己的语言解释配给和价格这两个术语之间是如何相关联的。

使用你的笔记

2. **总结**　使用你的笔记来解释为什么价格体系是经济资源的有效分配者。

回答引导性问题

3. **解释**　价格如何帮助我们做决策？

4. **评价**　价格是分配资源的最优方式吗？

5. **描述**　价格如何在经济中连接市场？

经济学写作

6. **信息性/解释性**　研究在美国或其他国家发生的配给的例子，配给是在什么情况下实施的？它是如何实施的？配给对经济有什么影响？在这种特殊情况下，配给是一种分配商品和服务的有效方式吗？写一篇文章来解释你的发现。

阅读帮手

术语表

- 经济模型
- 均衡价格
- 均衡数量
- 过剩
- 短缺

做笔记

使用下图来说明过剩和短缺产生的原因和影响。

核心问题

价格的影响因素有哪些？

你是一家杂货店老板，一位新员工刚刚在几个产品上贴好了价格标签，你正在检查他的工作。对于以下每一种产品，你是认为价格太高、太低，还是恰到好处？并做出解释。

- 一辆新自行车 7.99 美元。
- 一罐玉米 1 美元。
- 一个飞盘 44 美元。
- 一块卷饼 99 美元。
- 一块手表 35 美元。
- 一双袜子 2 美元。

价格如何调整

引导性问题 价格如何影响销售者生产产品的决策？

你是否有过买东西不得不讨价还价的经历？这笔交易可能是这样的：卖家一开始报的价格似乎高得离谱，你用卖家认为过低的报价进行反击，然后你们讨价还价，直到达成了一个你们双方都同意的价格。

当然，你不必就你买的每一种产品的价格都与卖家讨价还价。然而，在市场经济中，几乎所有商品和服务的价格都代表买卖双方为达成最终价格所做的妥协。

市场和价格

在市场经济中，买卖双方有着截然相反的目标，买方希望以较低

图4.1

市场平衡

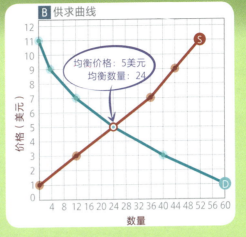

A 供求表

价格（美元）	需求量	供给量	过剩/短缺
11	0	52	52
9	4	44	40
7	12	36	24
5	24	24	0
3	40	12	−28
1	60	0	−60

B 供求曲线

均衡价格：5美元
均衡数量：24

图4.1A显示在每个价格下卷饼的供给量和需求量。如4.1B图所示，可以看到卷饼的均衡价格出现在两条线相交的地方——5美元。

▲ 批判性思考

评价 对一个卖家而言估计产品的均衡价格为什么是有优势的？

的价格达成交易，而卖方则希望获得较高的价格和较高的利润。两者都不能得到自己想要的东西，因此有必要进行一些调整以达成妥协。以这种方式，每个参与者都有权决定价格。

例如，我们如何知道手机的价格对生产者和消费者都是公平的？大多数经济学家会认为，只要这个过程是竞争的，交易是自愿的，那么价格就是合适的，否则交易就不会达成。因为市场经济中的交易是自愿的，解决买卖双方之间差异的妥协必须对双方都有利，否则手机就不会卖出。

供给与需求

所以，市场如何达成一个"刚刚好"的妥协价格？为了了解这个过程是如何工作的，我们将图2.3中的卷饼需求曲线和图3.3中的卷饼供给曲线一起放在图4.1中。图4.1是经济学家最常使用的工具，简称为"供求曲线"。图4.1也是一个可以用来分析行为和预测结果的**经济模型**（economic model）。

正如我们从前面的章节所了解的，图4.1中的数据显示了不同价

经济模型 用公式、图表或阐述来解释复杂行为的一种简化方式。

格下卷饼的市场需求和供给。图 4.1A 以表格的形式显示了这一信息，而图 4.1B 同时显示了表格中的市场需求曲线和供给曲线。这两条曲线可以合并到一个图表中，是因为在图 2.3 和图 3.3 中，垂直轴和水平轴是相同的。

注意到，供求曲线在一个特定点相交。与这一点相关的价格被称为**均衡价格**（equilibrium price），即供给量等于需求量时的价格。均衡价格也被称为"市场出清价格"，因为均衡价格下既不存在过剩，也不存在短缺。**均衡数量**（equilibrium quantity）也与均衡价格相关，因为均衡价格下的供给量等于购买量。

这一价格，即图 4.1A 和 B 中的 5 美元，帮助销售者决定必须分配多少生产和财务资源用于该产品的生产。

但市场如何达到这种平衡，为什么均衡价格定在 5 美元而不是其他价格？要回答这些问题，我们必须研究买卖双方对不同市场价格的反应。当我们这样做的时候，我们假设买方和卖方都不知道最终价格，所以我们必须使用试错的方法来找到它。

过剩——当价格太高时

在开始的第一天，卖家将卷饼的价格定为 9 美元。从图 4.1A 或 B 可以看到，该价格下卖家会提供 44 个卷饼，而在这一价格下买家只需要 4 个卷饼，剩余 40 个卷饼。

过剩（surplus）是指在给定价格下供给量大于需求量的情况。第一天结束时剩余 40 个卷饼，在图 4.1A 中表示为价格为 9 美元时供需数量之间的差额。它还在图 4.2A 中以显示为价格 9 美元下供求曲线之间的水平距离。

过剩表现为产品的未销售单位。由于供应商在一天结束时有 40 个未售出的卷饼，供应商知道价格定为 9 美元太高了。供应商也知道，如果他们想吸引更多的消费者，就必须降低价格。

因此，由于过剩，价格往往会下降。当然，这个模型不能告诉我们价格会下降多少。但是，我们可以合理地假设，如果过剩很小，价格只会稍稍下降，如果过剩较大，价格会下降得更多。

所有类型的市场都可能出现过剩。例如，百货公司的清仓部门满是过剩的产品。再如，当政府试图通过将农产品的价格设定高于均衡

均衡价格 当供给量等于需求量时的价格。

均衡数量 在均衡价格时供给量与需求量相等。

过剩 在给定价格下，供给量大于需求量的情况。

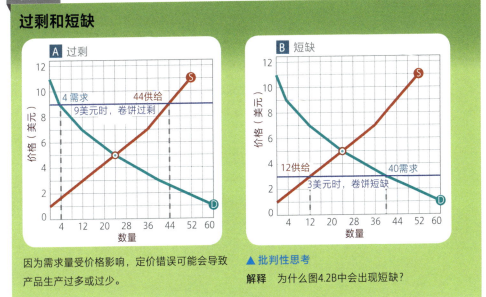

过剩和短缺

因为需求量受价格影响，定价错误可能会导致产品生产过多或过少。

▲ 批判性思考

解释　为什么图4.2B中会出现短缺？

价格来帮助农民时，农民的反应自然是生产多于该价格下消费者需求量的农产品，然后政府不得不决定如何处理过剩的农产品。

短缺——当价格过低时

卷饼卖家在第二天会更加谨慎，他们的预期价格低至 3 美元。在这个价格下，他们愿意供应 12 个卷饼，但是，如图 4.2B 所示，这个价格太低。市场价格为 3 美元时，只供应 12 个卷饼，然而需求量为 40 个，导致短缺 28 个卷饼。

短缺（shortage）是指在一定价格下需求量大于供给量的情况。当出现短缺时，卖家没有更多的卷饼可卖了，这天结束时他们希望自己已经收取了更高的价格。

短缺　在一定价格下，供给量少于需求量的情况。

作为短缺的结果，价格会上涨，虽然我们的模型不会显示价格会上涨多少，但我们可以假设下一个价格将低于 9 美元，因为我们已经知道 9 美元是过高的。

在任何市场上都可能发生短缺。例如，假设医院管理者决定降低护士的工资，在工资较低的情况下，进入或留在该行业的护士人数会减少，而且供给量可能会少于需求量，导致护士短缺。

想象你是一家墨西哥卷饼餐车的所有者和运营者。你会使用什么工具和策略来准确预测卷饼的价格以避免过剩或短缺？

均衡——当价格是恰好的

如果第三天的价格是 7 美元，结果将是剩余 24 个卷饼。这种过剩将导致价格再次下降，但可能不会低于已经证明过低的 3 美元。然而，如果价格降到 5 美元，市场就会找到其均衡价格。正如之前所知，均衡价格就是既不会过剩也不会短缺的市场出清价格。还应注意，图 4.1 和 4.2 中的 B 显示 24 为均衡价格（5 美元）下的均衡产出量。

尽管我们的市场经济模型不能确切显示达到均衡需要多长时间，或者是否会达到确切的均衡价格，但过剩和短缺导致的价格波动始终在把价格推向均衡。每当价格过高，过剩就会迫使价格下降；每当价格过低，短缺就会迫使价格上涨。因此，市场会趋于均衡。

卷饼的供给和需求会影响你所支付的价格，但在一个经济体中，许多不同的市场都是相互关联的。因此，在其他市场上发生的价格调

全球经济 & 你

全球价格差异

你有没有在网上购买一种产品时，注意到该产品在不同国家的价格是不同的？除了税收、补贴、进口费用和商业成本外，在许多情况下，价格是根据消费者愿意支付的金额来确定的。换句话说，如果消费者愿意支付更多的钱，价格就会更高。这种感知价值可能会导致不同国家之间存在巨大的价格差异。例如，苹果手机在日本的价格是在美国价格的两倍多。

全球苹果手机价格（美元）

▲ 批判性思考

假设 近年来，通过互联网从其他国家购买产品变得更容易，从长远来看，这会如何影响各国之间的价格差异？

整也会影响你所购买产品的价格。例如，黑豆价格的变化不仅影响到黑豆种植者和分销商的收入，而且也影响到在产品中使用黑豆的卷饼销售商的收入。如果黑豆的价格太高，卷饼卖家可能会提高卷饼价格以保持赢利，或者可能会选择在产品中使用另一种豆子，这反过来又会影响其供应商的收入。

想一想如果没有市场来帮助我们，达到均衡的价格和产量将有多么困难。价格中立，拥有灵活性，人人都可理解，没有管理费用，这些是竞争市场的优点。很难找到另一个同样有效的系统，来达到均衡价格（5 美元）和均衡数量（24 个单位）。当竞争市场达到平衡且没有其他变化时，因为不存在过剩或短缺，价格和数量就会稳定不变。

✓ 阅读进展检查

总结 过剩和短缺如何帮助建立均衡价格和产量？

为什么价格会变化

引导性问题 供求变化如何影响价格？

一旦市场找到了它的均衡价格和产量，事情仍然可能发生变化。这是因为市场供给曲线和市场需求曲线受到各种因素的影响，这些因素随时都可能发生变化。

经济学家利用市场供求模型来解释价格是如何决定的，以及价格变化的原因。价格的变化可以由供给的变化、需求的变化或两者共同的变化引起。在预测价格可能如何变化时，弹性也很重要。

供给的变化

从一年到下一年，农产品的价格经常会出现大幅波动，这是供应影响价格的一个很好的例子。一个农民或许可以跟上所有最新的发展，并有专家能够提供最好的建议，但永远不能确定对农作物价格的期望是多少。

例如，一位农民可能会种植 2 平方千米玉米，希望 1 蒲式耳玉米的价格为 5 美元。然而，农民也知道实际价格可能是 2 美元到 10 美元之间的任何价格。

气候是农产品价格变动的主要原因之一。如果播种后雨水太多，种子可能腐烂或被冲走，农民必须重新种植。如果雨水太少，种子可能就不会发芽。即使在生长季节天气很好，雨水仍然会影响收成。因此，天气往往会导致供给的变化。

如图4.3A所示，农产品的供给曲线可能发生变化，从而导致价格上涨或下降。例如，在季节初，农民可能期望供给如曲线 S 一般。如果是大丰收，供给可能更接近曲线 S^1，此时农民会大幅降低农产品价格。如果恶劣天气来袭，供给则接近曲线 S^2，此时农民会大幅提高农产品价格。无论在哪种情况下，玉米的价格都可能发生巨大的变化。

需求的变化

需求的变化，像供给的变化一样可以影响商品和服务的价格。所有影响个人需求的因素——收入、品味、相关产品的价格、期望和消费者数量的变化——也会影响市场对商品和服务的需求。以市场对黄金的需求为例。

在图4.3B中，需求的小幅增长，即从 D 向 D^1 的转变，导致了

图4.3

价格的变化

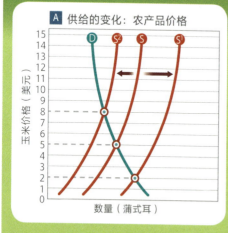

A 供给的变化：农产品价格

玉米价格（美元）

数量（蒲式耳）

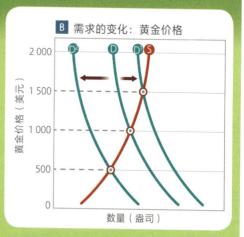

B 需求的变化：黄金价格

黄金价格（美元）

数量（盎司）

供给或需求的变化会引起产品价格的变化。A说明了由于天气而导致的供给变化如何引起玉米价格的巨大变化。B显示，如果需求发生变化，价格也会发生很大的变化。

▲ 批判性思考

识别 如果一个乐队变得广受欢迎，该乐队音乐会门票的均衡价格会发生什么变化？解释你的答案。

价格的大幅上涨。这正是 2012 年年底世界各地经济增长的不确定性和政治局势的不稳定鼓励人们购买黄金而发生的情况。需求的快速增长使得黄金的价格超过了 1 800 美元 / 盎司，而 10 年前黄金的价格为 300 美元 / 盎司（贵金属市场，1 盎司黄金约为 31.1 克）。

供求变化

在大多数情况下，价格同时受供求变化的影响。例如，飓风卡特里娜和飓风丽塔于 2005 年在墨西哥湾肆虐，摧毁了数百个石油钻井平台、炼油厂和石油储存设施。这导致石油供应减少（供给曲线向左移动），推动汽油价格上涨。

更糟糕的是，2006 年和 2007 年是经济增长相对强劲的年份，就在石油供给曲线向左移动之后，对石油和汽油的需求曲线向右移动。结果是油价几乎翻了一番，天然气价格也在 2008 年大幅上涨。

价格和竞争市场

经济学家喜欢看到竞争市场，因为当市场竞争时，价格体系更有效率。纯粹竞争的市场需要一系列很难达到的理想条件，但幸运的是，市场并不一定要完美才有用。只要价格被允许调整到新的水平以应对过剩和短缺所带来的压力，价格将发挥其作为消费者和生产者之间信号的作用。

努力实现竞争市场的理想模式是政府政策的基础。例如，有的法律通过限制公司变得过大来增加市场中竞争者的数量。有的法律要求公司披露信息，以帮助消费者决定是否购买产品。还有的法律防止公司利用其优势而让消费者受到不公平待遇。这一切都是为了让市场更具竞争性。

竞争市场的巨大优势在于有效地分配资源。由于卖家竞相满足消费者需求，他们被迫降低产品价格，这鼓励他们降低成本。与此同时，买家之间的竞争有助于防止价格下跌太多。这意味着消费者和生产者都在决定市场均衡价格方面发挥作用。

✓ 阅读进展检查

解释 产品的弹性如何影响其价格变化？

第2节 回顾

词汇回顾

1. **解释** 产品的均衡价格与均衡数量之间的关系，以及均衡价格是如何形成的？

使用你的笔记

2. **明确因果关系** 使用你的笔记描述过剩和短缺的例子，并说明可能导致过剩和短缺的原因。

回答引导性问题

3. **描述** 价格如何影响销售方生产产品的决策？

4. **总结** 供求变化如何影响价格？

经济学写作

5. **信息性/解释性** 选择一个出现在几家不同商店的广告中的产品。请注意各种价格，并指出这些价格中的哪些为打折价。根据这些信息判断你所选产品的均衡价格是多少，并解释你的答案。

供给，需求和超级碗：

广告的成本

在一年中的364天，30秒黄金时段电视广告位的平均成本略高于100 000美元。但是，某个频道在一年中的某一天的一个4小时的时间段里，价格猛涨到350万美元左右。那个时间段就是超级碗（Super Bowl）。

与市场经济中的大多数价格一样，电视广告的价格由供求决定。广告客户希望每个广告都能吸引最多的观看者，因此在很多人观看的节目时段，广告位的需求量很高。超级碗平均每年观众超过1亿，很少有节目的观看人数能超过超级碗。

由于超级碗期间广告的需求较高，供应商（播放比赛的电视台）可以收取比其他节目更高的广告价格。广告位的有限供应也起到了提高价格的作用。2013年，只有70个可供出售的广告位。

最后，比赛期间可用的所有广告位都被出售，因为电视台不会收取过高的价格以致广告商不愿意支付。电视台综合考虑可用广告位的供应和需求，收取使其利润最大化的价格。

案例研究回顾

1. **解释** 是什么让超级碗期间广告的均衡价格与正常电视广告的均衡价格不同？
2. **预测** 什么条件可能会导致超级碗广告的短缺？短缺会产生什么影响？
3. **辩论** 你认为超级碗广告的定价是否公平？说明理由。

2013年度超级碗广告

观众数量：

1.084 亿

美国家庭观看的百分比：	30s广告位的售卖数量：
46.3%	**70**

30s广告位的最高价格：

400万美元

比赛开始前	30s广告位的成本平均在
3个月广告位就卖完了	**350万美元**

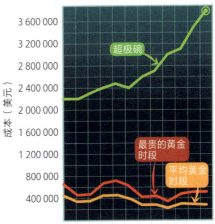

一个30s广告的成本

做笔记

使用下图来确定最高限价和最低限价的目标。

	目标
最高限价	
最低限价	

最高限价 某种产品可收取的最高法定价格。

最低限价 某种产品应支付的最低法定价格。

第3节　社会目标、价格和市场效率

核心问题

价格的影响因素有哪些？

想一个你认为价格太高或太低的产品。你是否认为政府应制定法律将产品价格改得更合理？解释你的答案。

价格管制

引导性问题 旨在创造公平和安全的经济政策的成本和收益是什么？

在纯粹竞争的自由企业体系中，价格将完全由买方和卖方的行为决定。然而，美国是一个改良的自由企业经济体。这意味着政府有时会干预市场，以实现社会期望的目标。政府这样做的一种方法是将某些商品和服务的价格设定为低于或高于均衡价格。

试图确定价格并不是一件新鲜事。早在一战和二战期间，美国政府就曾锁定某些食物的价格，以确保每个人都能买得起食物。20 世纪 70 年代初，尼克松总统试图通过为期 90 天的物价冻结来对抗通货膨胀，但他的努力基本上没有效果。如今，美国政府使用最高限价和最低限价的组合来确定许多产品的价格。

最高限价

当政府规定的价格低于其均衡价格时，它被称为**最高限价**（price ceiling），即产品可收取的最高合法价格。如图 4.4A 所示，最高限价为 10 美元，低于均衡价格。

图 4.4A 中最高限价的后果很明显。最高限价为 10 美元，需求量为 10 个单位，但只供给 4 个单位——短缺 6 个单位。

通常由此导致的 6 个单位短缺足以将价格推向 15 美元的均衡价

格，但在最高限价的情况下则不然。相反，只要最高限价低于均衡价格，短缺就会成为永久性的，并且会持续存在。需求或供给的转变可能导致短缺增加或减少，但只要最高限价仍然低于均衡价格，就会出现短缺。

最低限价

有些时候，立法者可能会认为均衡价格过低，因此他们采取措施通过立法来规定卖方应收取的法定**最低限价**（price floor），来提高均衡价格。

最低限价的情况如图 4.4B 所示。最低限价为 25 美元，需求量为 2 个单位，但是供给 11 个单位——产品过剩 9 个单位。

通常由此产生的过剩的 9 个单位足以将价格推向 15 美元的均衡价格，但有了最低限价则不然。相反，只要最低限价保持在市场均衡价格之上，过剩就会成为永久性的，并且会持续存在。需求或供给的转变可能导致过剩增加或减少，但只要最低限价仍高于均衡价格，过剩将始终存在。

✓ 阅读进展检查

分析 最高限价和最低限价的负面和正面影响分别是什么？

图4.4

最高限价和最低限价

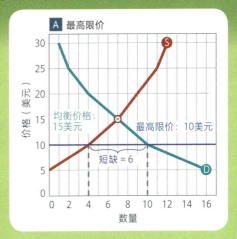

A 最高限价

均衡价格：15美元　最高限价：10美元
短缺 = 6

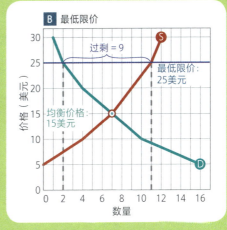

B 最低限价

过剩 = 9
最低限价：25美元
均衡价格：15美元

通常，短缺和过剩足以推动价格走向均衡。但是，只要最低限价仍然高于均衡价格，或者最高限价仍然低于均衡价格，就会存在过剩或短缺。

探索核心问题

询问你的朋友，如果政府对互联网服务实行最高限价，他们认为会发生什么。价格管制有哪些好处？又有什么代价？谁受益于最高限价，谁又在最高限价中受损？

限定价格政策的例子

引导性问题 谁在支持价格中获利，谁又在支持价格中受损？

政府实施价格管制不仅发生在战争时期，今天依旧有许多这样的情况。我们将在另一章中更全面地讨论的最低工资，以及农业补贴和租金管制，都是现如今价格管制的主要例子。

使用最低限价来支持糖价

从历史来看，几乎所有农产品的价格波动幅度都远远超过其他商品和服务的价格。这是因为农民经常面临繁荣或萧条的时期。在作物丰收的年份，额外的产量会降低价格。在连年干旱或遇到洪水时，较低的作物产量将推动农产品价格上涨。正因为如此，政府会采取措施稳定农产品价格，以便利用最低限价来帮助农民和农产品加工商。

制糖业就是美国政府实行最低限价来稳定农产品价格的一个例子。美国政府从1981年开始，并根据2008年《农业法》（Farm Act）重新授权，规定了蔗糖的目标价格。**目标价格**（target price）是政府认为对特定产品公平的最低限价。为确保农民获得产品的目标价格，政府建立了贷款制度。

例如，2013年美国政府以蔗糖价每磅18.75美分为依据发放贷款。蔗糖加工商可以按照这一利率从美国农业部（USDA）获得贷款，只要承诺将蔗糖作为其贷款的抵押品或担保品。蔗糖加工完成后，加工商有两种选择。

- 蔗糖可以在公开市场上以高于目标价格的价格出售，然后出售的收益可用于偿还美国农业部的贷款。
- 如果蔗糖的市场价格低于目标价格，加工商可以保留贷款而把蔗糖交给美国农业部。

由于贷款不是必须偿还，它被称为**无追索权贷款**（nonrecourse loan）——既不罚款也没有进一步偿还贷款的责任。无论哪种方式，加工商都能保证至少获得每磅加工糖18.75美分，这就是为什么它是一个有助于稳定农业收入的最低限价。

除了稳定农业收入外，糖的支持价格还帮助美国国内糖生产商与国外糖生产商竞争。支持价格也保留了糖生产行业的大量工作岗位。

不幸的是，糖的支持价格政策也提高了美国消费者购买糖的价格。自1981年引入此类政策的"第一个农业法案"以来，美国的糖价一直是世界糖价的两倍，这使美国消费者花费了数十亿美元。对于使用糖的其他产业来说，如糖果、甜食和饮料制造业，糖的成本较高也是一个问题。由于糖价高，这些行业失去了很多工作岗位。

农业支持价格只是一个国家以牺牲充分就业为代价而试图实现一个经济目标——经济安全——的例子。正如你所看到的，设定一个过高的法定价格以实现一个社会期望的目标有其相应的后果。

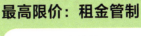

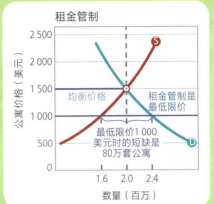

图4.5

最高限价：租金管制

租金管制

最低限价1 000美元的短缺是80万套公寓

均衡价格

租金管制是最低限价

租金最低限价每月1 000美元会导致80万人永久性地租不到房子。

▲ 批判性思考

预测　如果一个城市实行租金管制，哪些消费者将受益？

使用最高限价来控制租金

租金管制是最高限价的一个例子，因为它设定了某类住房的租金可收取的最高价格。在二战期间，美国使用租金管制来控制房价不受控制地上涨。如今，纽约市采用租金管制措施为许多中低收入人士提供更实惠的住房。图4.5显示了租金管制的基本原理。

让我们假设，如果没有租金管制，自由市场将以每月1 500美元的价格出租房屋，均衡数量为200万套公寓。如果政府想要让那些负担不起这些租金的人也能享受到住房以促进公平和安全的社会目标，政府可以任意设定每月1 000美元的最高限价。

毫无疑问，潜在的租房者会想要1 000美元的价格，并且需要240万套公寓，而房东只想以这个价格供给160万套公寓，这将短缺80万套公寓。只要最高限价仍低于均衡价格，这种短缺就会持续存在。

人们会变得更好吗？也许不会。很明显，那些无法获得公寓的

目标价格　政府为稳定农产品价格设定的农产品最低限价。

无追索权贷款　既不罚款也没有进一步偿还贷款的责任。

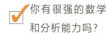

职业 | 成本估算师

这个职业适合你吗？

☑ 你有很强的数学和分析能力吗？

☑ 你对工程和技术感兴趣吗？

☑ 你喜欢合作型工作吗？

招聘

专业的成本估算师

"你可以估算或分析汽车、飞机、船舶、软件系统、桥梁、电子设备、卫星等的成本。你也可以分析为什么某些东西的成本比以前估计的要多。"

——乔·瓦格纳（Joe Wagner），美国成本估算和分析协会理事会成员

薪资
年薪55 000美元~
65 000美元
时薪27.82美元

工作内容
收集和分析有关项目所需成本的数据，包括人力、资源、资金和时间；也可以评估项目的赢利能力。

职业发展前景
比平均速度快得多

80万潜在租房者不满意。而且，房东也不满意，因为他们被迫接受较低的单位出租价格。因此，房东希望出租的单位少于自由市场条件下的单位。他们很可能将一些更好的公寓转换成高价公寓或办公室，只出租不太理想的公寓。他们还会削减对公寓的基本维修和保养，使得建筑恶化。

满意的仅仅是那160万能够以每月1 000美元的价格租到公寓的租房者。但是当他们发现他们的房东忽视对公寓的保养时，他们最终将变得不满意。与此同时，有很多人在等待能租到低成本的公寓。所有这些导致价格不再实现对住房资源的分配作用。此外，房东可能会通过使用长的等待名单或采用非价格标准来处理短缺问题，例如排除有孩子和宠物的租房者。

房东的行为不合理吗？如果你在一个有租金管制的城市出租公寓，你会怎么做？如果你无法增加租金来支付维修和城市建设税，你大概也会只提供最低限度的公寓保养来降低你的成本。你甚至可能拆掉一

些建筑物，为更有利可图的购物中心、工厂、停车场或高层办公楼让路。所有这些都有助于生产资源逐渐从租赁市场转移到其他活动中。这只是租金管制如何扭曲经济体生产资产配置的一个例子。

最终，政府试图实现的 7 个经济目标中的 2 个——经济公平和经济安全，将与另一个目标——经济效率相冲突。权衡取舍取决于选民对行动的成本和收益的评估，他们会在投票中表达他们的满意或失望。

政府和社会目标

美国的自由企业制度有 7 个被广泛认同的经济和社会目标：经济自由、经济效率、经济公平、经济安全、充分就业、价格稳定和经济增长。然而，我们也知道这些目标之间经常会有冲突。因此，实现其中任何一个目标的立法也总是与其他经济目标相冲突，这使得制定有效的政府政策很困难。

那么，政府如何决定该促进 7 个经济目标中的哪一个呢？政府如何评估特定政策的成本和收益，以决定支持哪个政策呢？

不幸的是，答案是没有。虽然法律要求美国国会预算办公室（CHO）为国会批准的几乎所有预算法案编制正式的成本估算，但各个立法者仅对政策可能带来的好处做出了自己的判断。因此，只有在极端情形下，所有政党和总统才会同意支持同一个目标。例如，最低工资是在大萧条时期确定的，当时几乎 1/4 的工人找不到工作。在此期间，由于农业收入达到历史最低水平，最低限价也被广泛用于农业。

那么，为什么当经济状况好于大萧条时期或战争时期，美国仍然有最高限价和最低限价呢？答案是， 且实施了又持价格，通常会有足够的政治力量来保持这些支持价格。或者，以糖的支持价格举例，很少有人知道这个支持价格，因此没有有效的反对。

☑ 阅读进展检查

总结 美国国内糖业的最低限价有何影响？

当市场说话

引导性问题 市场如何"说话"？

市场是非个人化的机制，它将买家和卖家联系在一起。尽管按照

我们的股票上涨了10个点，因为有传言称政府会给我们一份合约。

当市场说话 经济学家表示，当市场上的信号被集体发送给所有买卖双方时，市场会"说话"。这可能导致价格向不同方向转移。

▲ **批判性思考**

假设 为什么政府合约的传言会改变这家公司股价？

通常的意义，市场是不会说话的，但它确实会发出信号，这些信号集中代表买卖双方的交易行为。当价格因相关事件而显著上涨或下跌时，市场被称为"说话"。

黄金价格上涨

黄金的价格上涨通常不是经济发展的好兆头。这是因为黄金在历史上一直被认为是对可能发生的经济或社会危机的对冲或保护。黄金价格的大幅上涨将引起其他投资者的注意，甚至可能鼓动他们中的一些人购买黄金，从而进一步推动黄金的价格上涨。当经济形势良好时，黄金价格往往会缓慢回落，因此黄金价格的急剧上涨最受关注。

股价下跌

股价下跌通常反映出人们对商业环境或政府政策缺乏信心。假设美国政府宣布将提高投资税以偿还部分美国债务，如果投资者认为这项政策不起作用，或者其他政策可能更好，他们可能会出售一些股票，导致股价下跌。从某种意义上说，每当股价下跌时，市场已经通过表达其对新政策或其他一些事件的反对来"说话"了。然而，如果股价上涨，那将表明投资者对政策或事件持较乐观的态度。

油价上涨

投资者密切关注石油价格。这是因为它是全球使用的商品，它的供求曲线非常缺乏弹性。因此，即使石油供给或需求的微小变化也会对石油价格产生巨大影响。石油价格的大幅上涨可能表明供给量略有下降，市场预测这将是经济可能面临的困难时期。

这些市场价格变化中的每一个都可以被认为是市场集体努力"告诉"我们某些事情是错误的或即将发生的。由于世界经济相互关联，市场会对当地和全球事件做出反应。世界各地的国际政策、战争和其他重大事件都会影响美国产品的价格。同样地，美国的事件也可能对全世界的价格产生深远的影响。

☑ **阅读进展检查**

测验 你能想到其他市场"说话"的例子吗？请举例说明。

第3节　回顾

词汇回顾

1. **定义**　解释农作物的目标价格如何作为最低限价的例子。

使用你的笔记

2. **总结**　解释为什么政府在某特定市场上强加最低限价和最高限价。

回答引导性问题

3. **考虑优势和劣势**　旨在创造公平和安全的经济政策的成本和收益是什么？

4. **评估**　谁在支持价格中获利，谁又在支持价格中受损？

5. **解释**　市场如何"说话"？

经济学写作

6. **论证**　假设大学一年级学费的价格变得非常高，你想建议一个最高限价来解决这个问题。这样的政策对学生和学校的影响是什么？并论证你的理由。

提高最低工资是个好主意吗？

最低工资——一个最低限价，是应支付给工人的最低法定工资。随着通货膨胀和生活成本的增加，美国政府不时地重新评估并提高最低工资。然而，工资提高的频率和金额是一个备受争议的话题。那些赞成提高最低工资的人认为，这将有助于低收入者实现收支平衡，使更多的人摆脱贫困，增加他们的购买力。反对的人则说，提高劳动力成本会损害小企业，并使企业通过减少就业机会或减少工时来补偿增加的劳动力成本，从而减缓创造就业机会的速度。像所有的经济决策一样，在决定是否提高最低工资时，会有权衡。你认为提高最低工资是个好主意吗？

支持提高最低工资

提高穷困人群的购买力。

提高低收入家庭的生活标准。

减少社会福利机构的开支。

激励工人更努力工作。

" （提高最低工资）将提高数百万工人家庭的收入。这可能意味着，原来靠救济券领取食品的人能够自己购买生活用品，原来被逐出房子的人能够租住下去，原来被生活抛弃的人将扬眉吐气。对于美国的企业来说，这意味着拥有更多钱包满满的消费者。而对于穷困人群来说，可能更少依赖于政府的救济。 "

——奥巴马，美国前总统

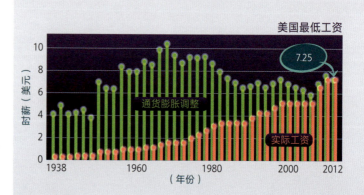

美国最低工资

通货膨胀调整

实际工资

7.25

时薪（美元）

年份

反对提高最低工资

强迫企业提高价格。

损害最大的是小企业。

导致更少的工人被雇用，增加了失业率。

不利于贫困工人获得工作机会和工作技能。

分析问题

1. 分析图表　最低工资的实际价值相对于实际最低工资有何变化？这对于工人的购买力有何影响？

2. 评估　当最低工资增加时，索尔布雷（Sauerbrey）说雇主面临的两种选择是什么？这些选择对经济有何影响？

3. 论证　你觉得哪些论证最令人信服？解释你的答案。

❝工资成本反映在向消费者提供的商品和服务的价格中。当劳动力成本上升时，雇主有两种选择：他们可以尝试将价格上涨转嫁给客户（也许可能失去客户），或找到降低成本的方法。❞

资料来源：Ellen Sauerbrey, chairman of Maryland Business for Responsive Government and former minority leader of the Maryland House of Delegates, "SAUERBREY: Raising minimum wage hurts those it claims to help," *The Washington Times*, March 18, 2013。

2002年1月至2010年5月美国青年失业率与最低工资增长

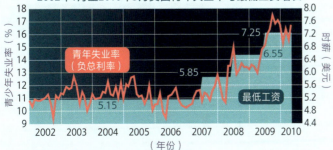

增加劳动力成本迫使雇主削减就业机会。

学习指南

有价格的生活

- 价格是买卖双方自愿妥协的结果。
- 价格有利于分配资源，并确定生产什么、如何生产和为谁生产。

价格是如何运作的
第1节

无价格的生活

- 必须使用另一种分配商品和服务的系统，如配给。
- 问题在于公平、管理成本，以及对人们工作的更少激励。

价格的影响因素
第2节

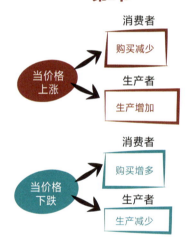

消费者
购买减少

当价格上涨

生产者
生产增加

消费者
购买增多

当价格下跌

生产者
生产减少

价格是如何决定的
第2节

均衡价格在供求曲线的交点处。

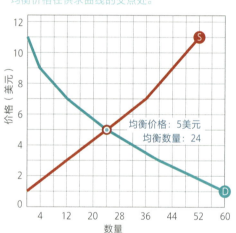

均衡价格：5美元
均衡数量：24

价格（美元）

数量

过剩和短缺
第2节

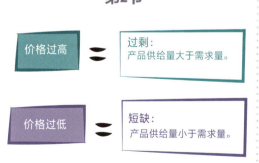

价格过高

过剩：
产品供给量大于需求量。

价格过低

短缺：
产品供给量小于需求量。

价格管制
第3节

最高限价：最高法定价格	最低限价：最低法定价格
例子：	例子：
租金管制	最低工资
油价管制	农业支持价格

说明：在一张单独的纸上回答以下问题。请务必仔细阅读并回答所有问题。

内容回顾

第1节

❶ **描述** 价格以何种方式帮助我们分配商品和服务？

❷ **详述** 价格体系有哪些替代方案？这种替代方案存在哪些挑战？

第2节

❸ **推断** 设定价格高于均衡价格的结果是什么？低于均衡价格呢？

❹ **识别** 价格变化如何影响供给量和需求量？举例说明如果价格下降，供求量可能会如何变化。

第3节

❺ **解释** 为什么最高限价低于均衡价格会导致短缺？

❻ **得出结论** 美国设定最低工资的目的是什么？谁从中受益？

批判性思考

❼ **识别中心问题** 解释非价格决定因素如何通过影响产品的供求来影响产品价格。

❽ **构建论据** 写一篇文章论证在经济中价格体系是否是分配商品和服务的最有效方式。

❾ **推测** 假设学校午餐的价格变得过高，你需要设定最高限价来解决问题。这种政策的后果是什么？

❿ **解释** 以最低限价或最高限价为例，说明试图实现一个经济或社会目标可能与另一个目标发生冲突。

图表分析

使用供求表和供求曲线来回答以下问题。

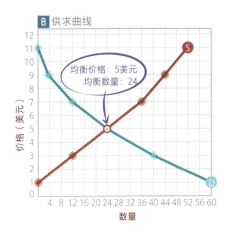

A 供求表

价格（美元）	需求量	供给量	过剩/短缺
11	0	52	52
9	4	44	40
7	12	36	24
5	24	24	0
3	40	12	-28
1	60	0	-60

B 供求曲线

均衡价格：5美元
均衡数量：24

⓫ **图表阅读** 你如何在供求表上识别均衡价格？你如何在供求曲线上识别均衡价格？

⓬ **图表识别** 商品价格在25美元时的短缺或过剩有多大？解释你的理由。

⓭ **预测** 如果今天的价格是5美元，明天的价格会是多少？为什么？

第4章 评估

说明：在一张单独的纸上回答以下问题。请务必仔细阅读并回答所有问题。

回顾每节开始时你对这些问题的回答。根据你在本章中学到的内容再次回答这些问题。你的答案改变了吗？

14 **总结** 价格如何帮助我们做决策？

15 **理解关系** 价格的影响因素有哪些？

21世纪技能

16 **辩论** 你认为政府在什么情况下通过价格管制干预市场是合适的？用例子支持你的观点。

17 **演讲技巧** 列出3种具有弹性需求的产品和3种缺乏需求弹性的产品。进行一项调查，询问20个人如何应对每种产品的价格上涨。并阐述消费者如何根据你的发现对价格变化做出响应。

18 **创建和使用图表** 研究产品的价格。使用你找到的价格作为均衡价格，创建一个假想的供求计划，显示产品的供给量和需求量如何随价格变化。然后绘制结果图。

培养财经素养

19 **决策** 了解如何评估价格将有助于你在选择如何分配稀缺资源——你的时间和金钱时做出更好的决策。

a. 你可以使用哪些策略来确保你获得产品的最优价格？列出一些"货比三家"的途径，以便以最优惠的价格购买汽车。

b. 确定一种你希望在明年某个时间购买的产品。描述如何将产品价格与预算进行比较以做出购买决策。

分析基础资料

阅读基础资料回答以下问题。

基础资料

" 威斯康星州卓越的蔓越莓生产商多年来一直致力于扩大其种植面积，来响应'海洋喷雾'公司和其他加工商的要求，这些加工商预计海外销售果汁和加糖蔓越莓干的销量将大幅增长。'然而，因为各国持续与经济大萧条及其后果斗争，增长速度低于预期'，威斯康星州蔓越莓种植者协会执行主任汤姆·洛克纳说。他还表示，海外的销量增长了2%~3%，美国的需求量持平，2013年秋天，加拿大的蔓越莓产量意外大幅增加，导致农民们囤积了大量的蔓越莓。"

资料来源：M.L. Johnson, "Cranberry farmers struggle as surplus drops prices," *Businessweek*, May 6, 2013.

美国农业部预测该作物的价值约为每100磅48美元，但它宣布将购买价值500万美元的蔓越莓产品用于食品援助计划。种植蔓越莓的农民知道，除了得到政府的帮助外，他们还必须提高销量。该行业的营销团队也在欧洲销售蔓越莓，取得了很大的成功。接下来，该团队计划在亚洲市场销售蔓越莓。

20 **识别因果关系** 为什么加拿大蔓越莓的增产会对美国种植的蔓越莓农民造成负面影响？

21 **考虑优势和劣势** 美国农业部决定购买价值500万美元蔓越莓的目的是什么？决策可能对生产者和消费者产生什么积极的和消极的影响？

22 **做出预测** 如果蔓越莓行业成功地使这种水果在新市场中畅销，那么蔓越莓的价格会怎样？解释你的答案。

第5章　市场结构

核心问题

- 不同的市场结构如何影响市场经济中的价格?
- 市场为什么会失灵?
- 政府如何试图纠正市场失灵?

第1节　竞争和市场结构

第2节　市场失灵

第3节　政府的作用

垄断和寡头垄断

美国国会通过了《谢尔曼法案》[The Sherman Act（1890）]，以防止市场中的反竞争行为。基于国会监管州际商业的能力，该法禁止成立信托公司，即将不同公司的股东股份合并为一个公司实体。

自然垄断

一个行业的性质不允许多个公司做生意。例如：污水行业竞争不现实，因为住宅/业主无法容纳多条污水管道。

地理垄断

某一特定地区的一家公司提供某种商品或服务。例如：小镇上的杂货店是唯一一个当地居民能买到鸡蛋和牛奶的地方。

技术垄断

一家公司拥有某一特定技术的唯一专利。例如：一家制药公司拥有治疗某种特定疾病的专利。

政府垄断

政府根据法律保留了特定的企业为自己的机构之一。例如：自来水由市政部门管理。

案例

铁路

到了19世纪末，几家铁路公司控制了美国的交通运输。铁路公司完全控制价格和竞争，使得国家容易受到过高价格的影响（因为每个人都依赖铁路运输或接收货物）。1887年，美国政府成立了州际商务委员会（Interstate Commerce Commission）来管理美国的商业。

有线电视

有线电视是一种自然垄断，因为进入市场的成本（如安装新的电缆线路）阻止有效的竞争对手进入市场。大多数社区由一家有线电视公司提供服务。美国电话电报公司（AT&T）和威瑞森电信（Verizon）也提供有线电视服务。卫星电视是另一种选择。尽管有可能改变游戏规则，但电信公司和卫星电视并没有降低消费者的成本。

电话

直到1984年，美国电话电报公司一直是美国电话服务（和大多数设备）的单一供应商，被称为贝尔系统（Bell System）。1974年，美国司法部根据《谢尔曼反托拉斯法》（the Sherman Antitrust Act）对美国电话电报公司提起反垄断诉讼。1984年，最终的解决方案将贝尔系统拆分为7家独立的区域性贝尔运营公司（Baby Bells），从而促进了电信行业的竞争和创新。

寡头垄断

A Co. B Co.

发生在两个或更多公司控制市场时。这些公司主要通过合作来控制市场，利用因为竞争非常有限所以消费者几乎没有选择的事实。

进入壁垒——阻止其他公司在寡头垄断市场中竞争的因素。壁垒可以是自然的（规模经济，一个公司拥有稀缺资源，高设置或研发成本）或人为的（掠夺性定价和掠夺性收购）。

利润更高——在寡头垄断中是典型的，因为竞争的公司较少。生产者有优势，因为消费者在市场上没有那么多的选择。

价格垄断——公司共同设定商品和服务的价格，而不是允许市场力量确定价格。

共谋——当两个或更多竞争对手一起合作以限制市场竞争来实现互利时。

竞争对手少——主导市场，它们的权力意味着它们的决定会对市场产生巨大影响。

规模经济——存在于公司与供应商协商降低成本时，因为其规模使其在特定行业的关系中具有重大影响力。

相互依赖——根据竞争对手的反应选择策略。一家公司的决策受到其他公司的决策的影响，反过来也会影响其他公司。

想一想
信托是否违背自由企业经济制度？为什么？如果垄断和寡头垄断不受监管，谁会遭受最大的损失？为什么？

阅读帮手

术语表

- **市场结构**
- **纯粹竞争**
- **行业**
- **完全竞争**
- **垄断竞争**
- **产品差异**
- **非价格竞争**
- **寡头垄断**
- **共谋**
- **价格垄断**
- **垄断**
- **自由放任**
- **自然垄断**
- **地理垄断**
- **技术垄断**
- **政府垄断**

做笔记

使用下表来比较不同市场结构的特征。

不同市场结构的特征

市场结构	特征

市场结构 根据公司数量和大小、产品类型及竞争类型的市场分类，描述同一行业内企业竞争的性质和程度。

第1节　竞争和市场结构

核心问题

不同的市场结构如何影响市场经济中的价格？

早在 1776 年亚当·斯密发表《国家财富的性质和原因调查》（*An Inquiry into the Nature and Causes of the Wealth of Nations*）时，工厂平均规模较小，企业竞争激烈。自由放任政策，法语术语，意为"允许他们这样做"，是一种主流哲学，它限制了政府在保护财产、执行合同、解决纠纷，以及保护企业免受外国竞争方面的作用。

你是否认为完全自由放任政策对我们当今复杂的市场会有效？为什么？

纯粹竞争

引导性问题 既然没有纯粹竞争的市场，我们为什么还要研究纯粹竞争？

市场结构（market structure）是一种描述同一行业企业之间竞争的性质和程度的分类。市场通常用企业数量竞争程度来描述。例如，**纯粹竞争**（pure competition）是一种理论上的市场结构，有 3 个必要条件。

- **大量的买家和卖家** 必须有大量的买家和卖家，且都不会强大到足以单独影响价格。
- **相同的产品** 买家和卖家交易相同的产品。产品没有差异，不需要品牌名称。由于产品之间没有差异，因此一个卖家的商品与另一个卖家的商品一样好，因此不需要做广告，这会使价格保持在较低水平。

- **自由进入和退出** 买家和卖家可以自由进入、活动或退出。这种自由使得任何<mark>行业</mark>（industry）的生产者（生产相同或类似产品的一组企业）难以保持自己的市场。生产者必须保持价格竞争力，否则新企业可能会剥夺其一些业务。

当第四和第五个条件——市场上所有买家卖家完全了解市场状况，以及资源的完全流动性——加上前三个条件时，我们就有了<mark>完全竞争</mark>（perfect competition）。正如该词的英文单词所显示的那样，完全竞争在各个方面都是"完美的"，没有任何复杂性。然而，这也是一个理论上的状况，因为当今世界上没有任何市场同时具备五种必要条件。

因为没有市场表现出所有这些条件，所以"纯粹"和"完全"通常可互换使用。毕竟，无论是纯粹竞争还是完全竞争的市场竞争都足以确保价格保持接近成本和质量的统一。

纯粹竞争 一种理论上的市场结构，有 3 个必要条件：大量的买家和卖家，相同的产品，自由进入和退出。

行业 生产相同或相似产品的一组企业。

完全竞争 理论上的市场结构，特点是：有大量相互了解市场状况的独立买家和卖家，交易相同的产品，自由进入和退出，资源具有完全流动性。

图5.1

纯粹竞争和利润最大化

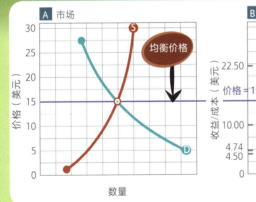
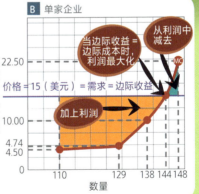

在完全竞争下，供需市场力量建立均衡价格。完全竞争的企业将这个价格视为其需求曲线，因为企业可以以这个价格出售其想要卖出的所有商品。这个需求曲线也是它的边际收益曲线，因为该企业每销售一单位将收到15美元。

▲ **批判性思考**

经济学分析 如果均衡价格上升到22.50美元会发生什么？

利润最大化

在纯粹竞争中，市场供需情况设定了产品的均衡价格。因为价格是在市场中确定的，并且因为每个企业本身都太小而不能影响市场价格，所以纯粹的竞争者通常被称为"价格接受者"。企业必须找到它能够生产的最大化利润的产出水平。

要了解这是如何完成的，可以参考图 5.1。实际上，图 5.1 中的企业与之前在图 3.6 中出现的企业相同。虽然图 5.1 中未显示工人数量，但其总产量、边际成本和边际收益在两个图中都相同。唯一的区别是图 3.6 以表格的形式显示数据，而图 5.1 以图的形式显示。

图 5.1A 显示供需设定均衡价格为每单位产量 15 美元。因为图 5.1B 中企业的销售第一个和每个额外的单位收到 15 美元，所以市场价格与企业的边际收益相同。

再次边际分析

在确定图 5.1 所示的利润最大化产量时，边际分析的逻辑与之前相同。例如，图 5.1B 告诉我们，企业将在第 110 个单位的产出获利，因为它的生产成本只有 4.5 美元，可以以 15 美元的价格出售。

只要多生产一单位产品的边际成本小于销售该产品的边际收益，企业就会继续扩大产量。

考虑到它的边际成本和边际收益条件，图 5.1 所示的企业会发现雇用足够的工人来扩大生产到产出为 144 个单位是有利可图的。当然，如果该公司将产量扩大到 144 以上，总产量将继续上升。然而，总利润将开始下降，因为生产的边际成本将越来越大，超过 15 美元的销售边际收益。

最后，当生产的边际成本等于销售的边际收益时，或当 MC=MR 时，就找到了利润最大化产量。这发生在产出为 144 个单位时。其他产出水平可能产生相同的利润，但不会产生更多的利润。这与之前查看图 3.6 时得到的结果完全相同，只是这次我们通过查阅图而不是表格得出了相同的结论。

不完全竞争

理解纯粹竞争很重要，因为经济学家用它来评估其他不完全竞争

伙计们，这把小刀肯定比其他的都好，因为它有螺丝刀、皮冲头和一把剪刀……

……但这不是全部！它还有一个闪光灯、一个磁罗盘、一款表、一个温度计和一个额外的紧急口哨！

30 - CALL NOW! 1-800-55

这幅漫画描述了一个广告的例子，这个广告试图通过区分这把小刀和市场上其他小刀来影响消费者。

◀批判性思考

评估 这里涉及哪种市场结构？你如何分辨？

市场结构所缺少的纯粹竞争要求的一个或更多条件。具体来说，这些结构是垄断竞争、寡头垄断和垄断。

如今美国的大多数企业和行业都属于这些类别之一。这些类别的企业面临的竞争更少，因此企业提供的产品数量更少，价格也更高。这就是为什么纯粹竞争市场在理论上是理想的情况，可以用来评估其他市场结构。

☑ **阅读进展检查**

描述 完全竞争要求哪些条件？

垄断竞争

引导性问题 广告在垄断竞争中有什么作用？

有时市场具有<mark>垄断竞争</mark>（monopolistic competition）的特征，这种市场结构具有除相同产品外的所有纯粹竞争条件。在垄断竞争下，产品一般是相似的，包括服装、化妆品、美食，甚至鞋子。垄断描述了卖方努力让消费者相信其产品足够独特，值得更高的价格。竞争提醒我们，如果卖家把价格提得太高，消费者就会忽略微小的差异，改变购买品牌。

由于垄断竞争者面临着来自其行业中大量企业的竞争，它必须以

<mark>垄断竞争</mark> 具有除相同产品外所有纯粹竞争条件的市场结构，是一种不完全竞争的形式。

某种方式使消费者相信它的产品比其他企业生产的产品更好。使用品牌名称是一种方法。如果垄断竞争对手能够使消费者相信其产品比其他企业的产品更安全、更可靠、更值得信赖，甚至更受欢迎，那么消费者可能愿意为其产品支付稍高的价格。

垄断竞争者如何竞争

产品差异 同一行业竞争产品之间的实际差异或感知差异。

垄断竞争的特征是**产品差异**（product differentiation）——同一行业竞争产品之间的实际差异或感知差异。现在生产的几乎所有产品都有这样或那样的区别。

非价格竞争 基于产品的外表、质量或设计而不是价格的竞争。

为了使它们的产品脱颖而出，垄断竞争对手试图让消费者意识到产品的差异。它们通常通过**非价格竞争**（nonprice competition）来做到这一点——利用广告、赠品或其他促销手段来说服买家，其产品在某种程度上是独一无二的，或者从根本上比竞争对手的产品更好。

在垄断竞争行业中，广告是很重要的。这解释了为什么服装的生产商在广告和促销上花费很多。如果一个卖家能够使一种产品在买家的心目中与众不同，企业就有可能把价格提高到高于竞争对手的水平。但是因为广告很昂贵，它增加了垄断竞争者的经营成本，因此也就提高了消费者支付的价格。

利润最大化

垄断竞争者的利润最大化行为与完全竞争者相同，当 MC = MR 时，垄断竞争者的边际收益曲线会有所不同，但仅此而已。因此，垄断竞争者会调整其生产，直到其边际成本等于其边际收益。如果企业能让消费者相信其产品更好，那么它就能收取更高的价格。如果没有，企业将收取更低的价格。然而，MC = MR 仍然决定利润最大化时的产量。

最后，企业进入垄断竞争行业很容易。因为每家新企业生产的产品与同行业的其他企业只有一点不同，结果是大量企业生产大量相似的产品。图 5.2 总结了所有这些特征。

✓ 阅读进展检查

比较 垄断竞争企业和纯粹竞争企业中的利润最大化有什么不同？

图5.2

市场结构的特征

	行业中企业的数量	对价格的影响	产品差异	广告	进入市场	案例
纯粹竞争	很多	没有	没有	没有	容易	完美：没有；接近：农业卡车
垄断竞争	很多	有限	大量	大量	容易	加油站，女士服装
寡头垄断	很少	一些	大量	一些	困难	汽车，铝
垄断	一家	广泛	没有	没有	几乎不可能	完美：没有；接近：水

市场结构是指从事同一行业的企业之间的竞争性质和程度。图5.2中左边列出的单个市场结构是由列出来的5个特征决定的。

▲ 批判性思考

经济学分析　在哪种市场结构中非价格竞争发挥作用？

寡头垄断

引导性问题　为什么寡头垄断市场导致消费者支付的价格高于完全竞争市场？

寡头垄断（oligopoly）是一种市场结构，在这种结构中，少数几个非常大的卖家主宰着这个行业。寡头垄断企业的产品可能具有鲜明的特征，正如汽车行业的许多制造商和车型；或者也可以像钢铁行业那样标准化。因此，寡头垄断（也总结在图5.2中）的竞争不如垄断竞争。

在美国，许多市场已经是寡头垄断的，而且越来越多的市场正变得寡头垄断。例如，3家公司主导快餐业，5家公司主导移动电话服务行业。一些大公司控制着其他行业，如美国航空和汽车行业。

寡头垄断　少数几个非常大的卖家主宰市场并且有能力影响行业中的价格的市场结构，是不完全竞争的形式。

相互依赖行为

由于寡头垄断企业通常规模较大，而且通常生产类似的产品，因此无论何时一家企业采取行动，行业中的其他企业都可能效仿，否则就冒着失去客户的风险。共同行动在一定程度上是由于这个行业的企业太少了。

寡头垄断企业合作的倾向常常表现在它们的定价行为中，比如模仿竞争对手的降价，以吸引新客户或不失去现有客户。例如，如果福特（Ford）或通用汽车（General Motors）宣布为每一辆新车提供零利率融资或返还数千美元，其竞争对手可能会立即推出与之相匹配的促销活动。

寡头垄断企业如何竞争

寡头垄断企业也利用非价格竞争来竞争，如使用新的或不同的功能。汽车公司每年推出新车型就是在这样做。如果一个寡头垄断企业找到了一种提升产品的方法，它的竞争对手就会在一段时间内处于微弱的劣势。毕竟，为一个产品匹配一个新的物理属性比匹配降价需要更长的时间。

共谋 生产者之间垄断价格、限制产出、分割市场或者同意减少竞争的非法协议。

相互依赖的行为有可能以共谋而非竞争的形式出现。**共谋**（collusion）是一种正式的协议，设定具体的价格或以合作的方式行事。共谋的一种形式是**价格垄断**（price-fixing），即同意对一种产品收取相同或相似的价格，而该产品的价格高于在竞争中确定的价格。这些企业也可能会同意分割市场，以保证每家公司都能卖出一定数量的产品。因为共谋通常会抑制贸易，所以在美国是违法的。

价格垄断 企业间对产品收取统一价格的非法协议。

利润最大化

寡头垄断企业和其他企业一样，当它发现 MC = MR 的产量时，寡头垄断企业将收取与此销售水平一致的价格，寡头垄断企业的利润就会最大化。

因为非价格竞争是昂贵的，且寡头垄断的竞争者很少，产品的最终价格很可能比垄断竞争下的价格高，而且比纯粹竞争下的价格高得多。与非价格竞争相关的费用会转移给消费者。

☑ 阅读进展检查

解释 为什么寡头垄断企业经常共同行动？

垄断

引导性问题 为什么一些类型的垄断被认为是可接受的而另一些不是？

垄断 以单一生产者为特征的市场结构，是不完全竞争的形式。

纯粹竞争的对立面是垄断。**垄断**（monopoly）是一种特定产品只有一个销售者的市场结构。这种情况，像纯粹竞争一样，是一个极端的例子。事实上，美国经济几乎没有完全垄断的案例。当人们如今谈论垄断时，他们通常指的是近似垄断，因为通常存在一些竞争。

在**自由放任**（laissez-faire）的经济中，垄断可能更为普遍，因为政府在控制垄断企业的发展上几乎不发挥作用。然而，现在美国很少有垄断企业，因为美国人传统上不喜欢并试图取缔它们。另外，新技术也经常引入与现有垄断企业竞争的产品。传真机的发展使得企业可以发送与美国邮政服务竞争的电子信件。后来，电子邮件和短信取代了传真。

自由放任 政府不应干涉商业活动的理念。

全球经济 & 你

从垄断到寡头垄断

跨国企业通常是雇用数千名员工，每年赚取数十亿美元的大企业。然而，尽管这些企业规模庞大、实力强大，但它们几乎总是寡头垄断，与类似的企业竞争。这些企业中有几家曾经是没有竞争的垄断企业，但由于种种原因失去了这种市场主导地位。

美国电话电报公司是最著名的垄断企业之一。根据1921年的《格雷厄姆—威利斯法案》（the Graham-Willis Act），它被认为是一家自然垄断企业，该法案允许该企业成为美国所有长途电话服务的唯一提供商。美国电话电报公司还在许多地方提供本地电话服务，并制造了几乎所有的美国电话设备。一个世纪以来，它在电话市场几乎是完全的主导地位。然而，经过与政府旷日持久的法律战，它的垄断地位于1984年终结。美国电话电报公司被拆分为7家提供区域服务的寡头垄断企业，而美国电话电报公司保留了其长途服务。

美国电话电报公司 → 美国科技 | 贝尔大西洋 | 太平洋电信 | 西南贝尔 | 贝尔南方 | 联邦西部电信 | 纽约电信

▲ 批判性思考

推论 为什么垄断企业有时很难保持对市场的主导地位？

另一家拥有垄断权力的企业是微软（Microsoft），它为大多数个人电脑的操作系统生产软件。20世纪90年代末，当政府调查微软对该行业的垄断时，美国法官托马斯·彭菲尔德·杰克逊（Thomas Penfield Jackson）宣布："微软在市场上享有如此大的权力……如果它希望行使这种权力……它可以为Windows系统设定远远高于竞争激烈市场的价格。"虽然政府密切关注微软的商业行为，但它从未到要拆分公司的地步。相反，市场一直在恢复竞争。微软继续控制着个人电脑市场，但移动设备正在接管数据通信业务中一个快速增长的部分，苹果公司（Apple）在该业务中占有很大份额。

垄断的类型

有时，商品和服务的性质决定了垄断对社会最有利。在其他时候，市场可能只够支持一家企业。因此，我们可以认识几种类型的垄断。

自然垄断 当所有的产出都由一家企业生产时，生产的一般成本是最低的市场结构。

- **自然垄断**（natural monopoly）是指一家企业生产产品的成本比其他任何竞争对手都要低。这包括水电公司，因为在整个城市重复铺设输送水、天然气和电力的管道和电线网络会很浪费。政府通常赋予水电公司在某一特定区域内不存在竞争的独家经营权。作为回报，这些公司接受一定的政府监管。

地理垄断 一家企业因为其地理位置或市场大小而拥有垄断的市场结构。

- **地理垄断**（geographic monopoly）是基于某一地理区域内没有其他销售者而形成的垄断。在规模太小而无法支持两个或更多同类企业的城镇上经营的一家药店，如果它提供其他企业无法提供的服务，它将成为地理垄断。同样，一个偏僻的州际公路出口匝道上唯一一家加油站的所有者也拥有某种地理垄断。

技术垄断 一家公司因其拥有或控制一种制造方式、过程或其他科学优势而拥有垄断的市场结构。

- **技术垄断**（technological monopoly）基于对制造方法、过程或其他科学方法的所有权或控制权。政府可以授予发明人专利，即在特定时期内制造、使用或销售任何有用的新发明的专有权利。发明专利一般为 20 年，在那之后，它们成为公共财产，为所有人的利益服务。艺术和文学作品受版权保护，版权是作者或艺术家终身再加 70 年内出版、出售或复制其作品的专有权利。

政府垄断 由政府创造和 / 或拥有的垄断。

- **政府垄断**（government monopoly）是政府拥有和经营的垄断。各级政府都存在政府垄断现象。在大多数情况下，它们涉及的商品和服务是私营企业无法充分供应的。许多城镇都有监督用水的垄断。美国一些州通过要求只在州商店出售酒精饮料来控制酒精饮料。美国政府控制用于军事和国家安全目的的武器级铀的加工。

利润最大化

垄断企业也像其他企业一样实现利润最大化：它们使 MC = MR，

以求得利润最大化的产量。即便如此，与寡头垄断、垄断竞争或纯粹竞争企业相比，垄断企业有可能收取更高的价格，产出更少，这也是有原因的。

首先，垄断企业通常比其他类型的企业大得多。这是因为只有一家企业——垄断企业——供应这种产品。其次，由于缺乏竞争，垄断企业不太可能控制自己的成本，这意味着它更有可能收取更高的价格。如果垄断企业成功地收取更高的价格，那么生产和供给市场的产品就会减少。更高的价格和更少的产量的结合是衡量垄断效率的一个指标。

☑ **阅读进展检查**

分析 为什么支持自然垄断可能是一个好主意？

探索核心问题

想象一下，你在一个偏僻的地方旅行，汽油用完了，在接下来的30公里内只有一个加油站。你想付多少钱买汽油？你认为这个价格合理吗？对于这种地理垄断，有什么切实可行的解决方案吗？

第1节 回顾

词汇回顾

1. **解释** 为什么寡头垄断企业有时试图进行共谋？

使用你的笔记

2. **对比** 纯粹竞争和以下每个之间的主要区别是什么：垄断竞争、寡头垄断、垄断？

回答引导性问题

3. **解释** 既然没有完全竞争的市场，我们为什么还要研究纯粹竞争？

4. **描述** 广告在垄断竞争中有什么作用？

5. **解释** 为什么寡头垄断市场导致消费者支付的价格高于完全竞争市场？

6. **解释** 为什么一些类型的垄断被认为是可以接受的而另一些不是？

经济学写作

7. **论据** XYZ公司在只有两个竞争者的寡头垄断市场中经营。由于不同的原因，这两个竞争对手离开了这个行业，使得XYZ处于垄断地位。XYZ立即将一种几乎必不可少的消费品的价格提高了一倍。政府是否应该进行干预以调节价格？为什么？

当前的版权法弊大于利吗？

你听说过《版权法》吗，它是什么，它重要吗？美国今天的《版权法》是根据1976年的《版权法》制定的，尽管《版权法》可以追溯到更早以前，根据美国《宪法》第1条第8款制定。其目的是保护知识产权。要得到保护，作品必须是原创的，并以固定或有形的形式出现。版权保护为作品的创作者提供了作者终身加70年的专有保护。

在数字时代，分享作品很容易。假设你买了一首热门单曲，并复制了一份与朋友分享。根据现行《版权法》，这就是盗版。从DVD复制电影或从互联网网站复制文章并将其包含在博客中也是盗版的例子。毫无疑问，人们一直在"窃取"或盗版有版权的材料。这一问题的确切程度尚不清楚，但人们普遍认为其范围很广。问题是：完全消除版权会不会更好，还是说版权仍然提供重要的法律保护？

版权法很重要，不应该被废除

版权密集型产业为美国提供了510万个就业岗位。

盗版电影每年给美国经济造成205亿美元的损失。

版权保护为创造新想法提供了动力。

现在的数字媒体使得版权法至关重要。

❝版权是一种独特的财产形式，因为与继承的财富不同，它源于艺术家自己的想象力、努力工作和天赋。在适当的条件下，不管创造者来自什么经济环境，其都可以利用版权的保护来开创事业。这一事实应该赋予版权比其他形式的财产更多的保护，而不是更少。❞

资料来源：Sandra Aistars, executive director of The Copyright Alliance, "On Empowering Artists," *The Huffington Post*, The Blog, February 28, 2013.

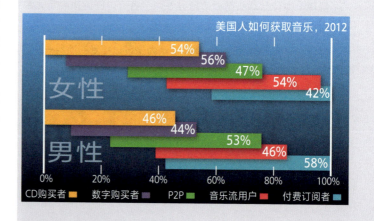

美国人如何获取音乐，2012

女性 54% 56% 47% 54% 42%

男性 46% 44% 53% 46% 58%

0% 20% 40% 60% 80% 100%

CD购买者 ▉ 数字购买者 ▉ P2P ▉ 音乐流用户 ▉ 付费订阅者 ▉

版权法作用不大，应该被废除

盗版并没有阻碍创新，电影还在制作，软件也在开发。

分享音乐文件或电子书就像把CD或书借给朋友一样。

文件共享让每个人都能获得信息，激发创造力。

经济没有受到影响，从音乐上省下来的钱可以花在其他地方。

> 这是一个产权问题，而现行的《版权法》把它反过来了，把普通的人，如学生、研究人员和小企业主，变成了罪犯。例如，《财富》500强电信制造商亚美亚（Avaya）就以起诉服务公司而闻名，指控它们仅因为使用密码登录手机系统而侵犯了版权。没错，输入密码被认为是'复制有版权的材料'。

资料来源：Kyle Wiens, co-founder and CEO, iFixit, "Forget the Cellphone Fight—We Should Be Allowed to Unlock *Everything We Own*," *Wired*, March 18, 2013。

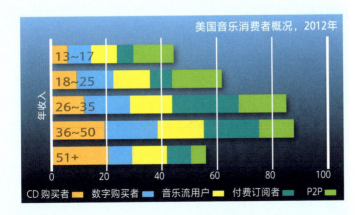

美国音乐消费者概况，2012年

年收入

	13~17
	18~25
	26~35
	36~50
	51+

0 20 40 60 80 100

CD 购买者　数字购买者　音乐流用户　付费订阅者　P2P

分析问题

1. **评估** 前者的立场是，一件作品的创作者在这场争议中处于最危险的地位。后者持相反的观点，认为消费者利益攸关。谁的理由更充分？你为什么这么想？

2. **分析** 其中一个反对意见认为，如果《版权法》被废除，经济不会受到影响。他们的论点是：当一个人得到一个共享文件，而不是花钱去购买它时，这些钱不会对经济造成损失，而只是被用来购买其他东西，比如比萨。这是一个公平的论点吗？为什么？

3. **辩护** 你觉得哪个论点最令人信服？解释你的答案。

阅读帮手

术语表

- **市场失灵**
- **公共物品**
- **溢出效应**
- **外部效应**
- **成本效益分析**

做笔记

使用下图来确定市场失灵的主要原因。

市场失灵的主要原因

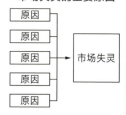

市场失灵 竞争市场的缺陷——竞争不足、信息不足、资源不流动、公共物品太少、溢出效应——导致资源分配效率低下，其特征是产量过多或过少。

第2节　市场失灵

核心问题

市场为什么会失灵？

当一家企业倒闭时，我们看到市场在起作用——淘汰实力较弱的企业，奖励实力较强的企业。然而，有时候，整个市场或行业都失灵了，健康的企业也随之倒下。2007 年，美国房地产市场崩盘，导致无数房主、建筑商、房地产经纪人和抵押贷款机构陷入财务困境或破产。

调查这一市场失灵，用你在这一节中学到的知识来解释并写一份报告。

市场失灵的原因

引导性问题　哪些因素减少了市场竞争？

只要市场体系中的缺陷妨碍资源的有效分配，就会发生**市场失灵**（market failure）。正如你将了解到的，市场失灵有 5 个主要原因，导致产量过多或过少的情况。

竞争不足

随着时间的推移，企业的合并导致更大和更少的企业主导一个行业。竞争的减少往往会降低对稀缺资源的有效利用。例如，为什么只有少数竞争对手或没有竞争对手的公司会有动力谨慎使用其资源？竞争不足是导致市场失灵的五大原因之一。竞争不足还可能使企业影响政界人士，以获得特殊待遇，从而使其管理者和所有者富裕起来。

市场的需求侧和供给侧都可能出现竞争不足。从需求的角度来看，如果政府是航天飞机、水电大坝、超级计算机、坦克或高科技战斗机的唯一买家，那么几乎不存在竞争。当一个市场只有一个或几个买家时，买家就有更大的权力来影响市场价格。

信息不足

信息不足是第二个导致市场失灵的原因。这意味着，如果要有效地分配资源，每个消费者、商家和政府官员都必须掌握有关市场状况的充分信息。但是，如果信息只对市场的一方可用，那么市场就没有效率。

例如，如果保险公司在某人购买保险单之前就可以了解其健康历史，那么健康保险市场的效率如何？因为保险公司更喜欢向健康人出售保单，健康问题高于平均水平的人在获得健康保险方面会困难得多。结果将是保险公司赚到了钱，但有健康问题的人无法买到保险。

资源不流动

市场失灵的第三个原因，也是任何经济体都面临的一个难题，被称为"资源不流动"。这意味着土地、资本、劳动力和企业家不能或不会转移到能够获得更高回报的市场。相反，他们倾向于待在原地，有时长时间处于失业状态。

这通常发生在大型汽车装配厂、钢厂或矿山关闭时，可能会有数千名工人失业。如果一些工人愿意搬家，他们可以在其他城市找到工作，但并非所有工人都可以。一些新失业的人可能无法卖掉自己的房子，其他人可能不想离开亲朋好友。结果，失业人数上升，工人的税收下降。这是美国底特律州和附近以制造业为主的州数千名汽车工人在2008—2009年的不幸处境，因为此时美国汽车工业几乎崩溃，经济衰退。

公共物品太少

市场失灵的第四个原因是市场不能生产适量的公共物品。<mark>公共物品</mark>（public good）是所有人共同消费的产品，一个人的使用不会降低他人的满意度或对他人的价值。例如高速公路、公园、防洪措施、国防和消防。

私营市场不能有效地供应公共物品，因为生产公共物品没有足够的利润。这使得政府可以生产这些产品，但政府通常不会在这些

人物传记

约瑟夫·斯蒂格利茨
经济学家（1943—）

约瑟夫·斯蒂格利茨（Joseph Stiglitz）在成为比尔·克林顿总统经济顾问委员会主席和世界银行首席经济学家之前，于2001年在哥伦比亚大学担任经济学教授。

斯蒂格利茨的研究重点是不对称信息如何影响市场。他发现信息的缺乏有助于确定供应、需求和价格。例如，贷款申请人对公司项目的了解要比他为其融资的贷款人多。这个项目有多危险？如果金融机构发现使项目看起来具有高风险水平的信息，可能收取更高的利率，甚至拒绝贷款。2001年，斯蒂格利茨与另外两位做过类似研究的经济学家共同获得了诺贝尔经济学奖。

▲ **批判性思考**

应用 根据斯蒂格利茨的研究结果，信息不对称会如何影响二手车市场？

<mark>公共物品</mark> 高速公路、国防、消防等集体消费的经济产品。

产品上花费足够的资金，即使每个人似乎都同意生产、维修和／或扩建是必要的。例如，你所在社区有多少高速公路和桥梁需要扩建或维修？

考虑到卡特里娜飓风之前新奥尔良的防洪墙没有得到加固。每个人都知道防洪墙不能承受飓风的直接冲击，但即使它们是由政府开支资助的公共物品，它们也没有得到加固。卡特里娜飓风冲破了防洪墙，新奥尔良遭受了巨大的损失。根据美国气象局的数据，卡特里娜飓风是"有记录以来美国最昂贵的飓风"。

溢出效应

溢出效应 没有补偿的副作用，对未参与导致其发生的第三方有利或有害。

外部效应 影响非自愿第三方的非补偿性副作用。

市场失灵的第五个原因是未能补偿**溢出效应**（spillover effects），或者说是未补偿的副作用，这些副作用或有益或有害于未参与导致市场失灵活动的第三方。溢出效应也被称为**外部效应**（externalities），其含义相同。

当新活动的成本和收益没有反映在用户支付的市场价格中时，溢出效应会导致市场失灵。想象一下，当一个机场在某条航线上从一周两天扩展到五天而不改变航班价格时会发生什么。

- 增加的噪音会给机场附近的居民带来额外的、没有补偿的不适和烦恼。这是一个负溢出效应或负外部效应的例子，即第三方由于其他方的行为而遭受的没有补偿的损害、成本或不便。

- 如果旅客能够因增加的航班而获得更多的时间与家人相聚或用于其他活动，这也可能为旅客的家庭带来好处或优势。这是一个正溢出效应或正外部效应的例子，是一个未参与产生收益的活动的人所获得的没有补偿的收益。

补偿问题对两种溢出效应都很重要。显然，机场并不能补偿那些因噪音而不便的居民。同样，受益于与旅客共度更多时间的家庭也无法为新机场补偿机场费用。

只要旅客为航空旅行支付的价格没有反映出机场航线变化产生的负或正溢出效应，我们就会面临市场失灵。问题是：我们应该如何处理溢出效应？

探索核心问题

确定你认为社区需要的公共物品。然后说明为什么当地的纳税人应该支持它。

分析　你认为哪种类型的市场缺陷最有可能导致市场失灵？

处理溢出效应

引导性问题　为什么说溢出效应既有利又有弊？

　　溢出效应的问题在于，它们扭曲了市场结果——均衡价格和均衡数量——从而影响了消费者和生产商的其他决策。虽然溢出效应可能很小，但它们仍然可能影响市场决策。总体来说，这使得经济效率降低。

对负溢出效应征税

　　污染是一种负溢出效应，很难纠正，因为不受监管的企业往往有污染的动机。历史上想要获得交通方面的便利而靠近河流建址的企业就是一个例子。这些企业还将河流作为一个巨大的废物处理系统，这有助于保持它们的生产成本低于它们必须支付的废物处理费用。这导致了最终产品的市场价格下降，以及更多的购买，甚至更多的污染。污染造成的负溢出效应影响了谁？正是那些生活在污染企业下游的人，即使他们没有购买或使用这些产品，也会为污染"付费"。

　　我们怎样才能应对这种污染呢？这就是政府可能需要介入的地方。当然，政府可能只是使污染变得非法，而且往往是这样。政府也可以制定污染标准，就像汽车排放标准一样。另一个答案可能是对企业排放到空气或水中的污染征税。然后，税收成为生产成本，最终提高了消费者购买产品的价格。更高的价格将使污染的成本增加到产品的使用者身上，而不是非自愿的第三方。税收还将减少购买量，从而减少污染。

　　这些解决方案中的每一个都需要一定程度的政府参与，有时政府不愿采取行动。然而，我们需要认识到，负溢出效应已经在伤害人们，纠正溢出效应可能会带来更有效的资源配置和更少的污染。

补贴正溢出效应

　　溢出效应也可能是正向的。健康和公共教育就是一个典型的例子。一个拥有健康和受过良好教育的劳动力的社区将促进工业和经济发展。这将产生更高的税收收入，帮助更多人享受更高的生活质量。由于这些原因和其他原因，政府补贴公立或私立教育的成本通常是有道理的。

正溢出效应的好处是美国政府为中小学公共教育费用买单的原因。然而，在高等教育方面，美国州政府只支付部分费用，剩下的费用由学生以学费的形式支付。鉴于教育对社会的价值，许多经济学家认为政府对高等教育的补贴应该更大。然而，这是昂贵的，所以即使更高的补贴可能是有意义的，政府也倾向于只资助资金不足的高等教育。

至于公共卫生，考虑一下美国政府在 20 世纪 50 年代开始要求对幼儿进行天花免疫接种。接种疫苗的成本相对较低，而消灭天花对数百万人来说是有益的。这带来了一个更健康的人口，可以工作、生产，并在许多年后为他们的收入纳税。

使用成本收益分析

成本收益分析 将行动成本与其收益进行比较的策略。

政府评估具有正溢出效应的竞争项目的合理方法是使用**成本收益分析**（cost-benefit analysis）。成本收益分析是一种评估各种项目成本和收益的策略，以找出收益与成本比率最高的项目。这在商业中被广

图5.3

使用成本收益分析

竞争公共物品项目的成本和收益

	项目A	项目B	项目C
收益	150美元	140美元	78美元
成本	100美元	70美元	60美元
收益/成本	1.5	2.0	1.3

成本收益分析是一种评估各种项目成本和收益的策略，以找出收益与成本比率最高的项目。这在商业中被广泛用于评估竞争项目。

▲ 批判性思考

做出决定 基于成本收益分析，假设城市只能资助一个项目，那么市政府应该资助哪个项目呢？

泛用于评估竞争项目，也是政府常使用的一种策略。

例如，三个相互竞争的公共物品项目的成本和收益如图 5.3 所示。项目 A 承诺了最大的收益，但同时也是最昂贵的。

项目 C 是最便宜的项目，但它的收益也最少。那么，应该资助哪个项目呢?

如果我们假设城市可以为这些项目中的任何一个提供资金，并希望使用成本收益分析进行选择，我们将为每个项目建立一个收益与成本的比率，如图 5.3 所示。然后，我们将寻找效益与成本比率最高的项目。项目 B 的这个比率是最高的，尽管 B 既不是最便宜的项目也不是最有效益的项目。然而，2.0 的比率告诉我们，项目每花费 1 美元将产生 2 美元的收益，而项目 A 产生 1.50 美元，项目 C 产生 1.30美元。

虽然这是一个合理的战略，但可能还有其他因素也会影响政府的决策。就新奥尔良的防洪墙而言，推迟必要的支出太容易了，因为这会导致更高的税收或不提供其他公共物品。这就是今天的情况，美国的高速公路和桥梁的许多必要的维修都逾期了。

政府的角色

每当我们想要处理正或负的溢出效应时，政府行动的理由就会大大增加。理想情况下，我们希望对污染企业或资助特定活动（如教育和疾病免疫）的个别企业收费。事实上，诸如污染之类的成本或高等教育或免疫接种之类的好处在整个人群中运用得如此之少，以至于我们无法将确切的成本或收益分配给特定的企业或个人。因此，政府必须像对待一般法律、税收和补贴那样处理这些问题。

当然，认为我们能够有效地处理机场扩建等所造成的溢出效应是不现实的。然而，认为我们可以处理许多主要问题，如污染、交通、健康和教育，这并非不切实际。我们需要认识到，政府需要一定程度的参与，这也是我们形成改良自由企业经济的原因之一。

✅ **阅读进展检查**

解释 如果溢出效应是负面的，政府干预是否有潜在作用?

第2节　回顾

词汇回顾

1. **定义**　解释为什么溢出效应会导致市场失灵。

使用你的笔记

2. **总结**　使用你的笔记找出市场失灵的主要原因。

回答引导性问题

3. **分析因果关系**　哪些因素减少了市场竞争？

4. **解释**　为什么说溢出效应既有利又有弊？

经济学写作

5. **资料/阐述**　确定社区中导致溢出效应的行为或情况。描述溢出效应并解释为什么它是正面的或负面的。

来到美国

2003年，韩国汽车制造商起亚（Kia）成为世界第七大汽车公司。它想做得更好。因此，起亚决定在美国生产汽车，在进入美国市场后的短短9年时间里，它已经售出了100万辆汽车。

密西西比州想要起亚。佐治亚州也是如此，2003年，佐治亚州的州长前往韩国对该州进行自我营销。佐治亚州吸引人的地方包括其出色的铁路和公路网络、繁荣的布伦瑞克和萨凡纳海港，以及在两小时飞行或两天卡车运输（占美国市场的80%）范围内的地理位置。

2006年，起亚官方决定在西点镇设立办事处，西点镇曾是佐治亚州最顶尖的纺织中心之一。但随着工厂长期关闭，该州的失业率已经达到了最高水平。起亚在这些失业的人里看到了一支积极进取的劳动力队伍。

为了达成协议，佐治亚州官员同意建立一个国家就业中心，专门培训起亚的工人。该州还支付了一条铁路支线，将工厂与附近的铁路线连接起来，因为它生产的80%的汽车将通过铁路运输。这些激励措施的力度是20年来该州最高，税收减免近4亿美元。在最后一刻，密西西比州的报价翻了一番多，但起亚仍然选择了西点镇。

起亚的第一家美国工厂的建设始于2008年，仅在一年多的时间里，汽车就开始下线。到2012年，约有3 000名工人，每年生产超过36万辆汽车，而美国汽车厂的平均产量为24万辆。起亚庆祝销售额创历史新高，以及在美国的市场份额连续18年增长。

案例研究回顾

1. **明确** 是什么因素导致起亚选择在佐治亚州设立其第一家美国工厂？

2. **推测** 为什么起亚会相信在美国生产汽车会促进销售？

3. **评价** 对于起亚来说，在美国建立一个制造工厂是一个很好的商业举措吗？解释你的答案。

新的起亚汽车厂位于佐治亚州西点镇，有利于佐治亚州的经济，也帮助起亚更有效地制造汽车。

阅读帮手

术语表

- 信托
- 价格歧视
- 停止和终止命令
- 规模经济
- 公开披露
- 抵押贷款
- 止赎

做笔记

在阅读本节内容时，请填写下图，以帮助你了解政府在帮助确保竞争和防止经济中的企业破产方面的作用。

政府如何确保竞争并防止美国经济中的企业破产

第3节　政府的作用

核心问题

政府如何试图纠正市场失灵？

2008年9月，美国经历了自20世纪30年代大萧条以来最严重的金融危机，美国最大的银行负债过多，面临倒闭。

为了防止金融市场的失败，美国政府制定了有毒资产处理计划（TARP），这是对银行的紧急救助计划。该计划向面临破产的金融机构提供了数十亿美元的贷款。即便如此，银行仍严重削减贷款，这对汽车行业造成了影响。美国政府随后设立了贷款计划，以防止汽车行业破产。

到2013年，大部分救助资金都得到了偿还，金融和汽车市场都得到了改善。尽管如此，一些经济学家认为，应允许失败的企业破产，因为这是独立自由市场运作的方式。其他经济学家认为，尽管政府不干预市场是首选，但在极端情况下，政府应充当"最后的救援者"，以防止经济灾难。

你认为政府介入以帮助解决金融危机是正当的吗？你同意哪位经济学家的观点，为什么？说明你认为美国政府在2008年金融危机中应该扮演的角色。

确保竞争

引导性问题　为什么一些政府监管对消费者有利？

政府可以通过多种方式帮助维持竞争市场。第一是通过攻击垄断，试图将它们分解成可以相互竞争的小公司。第二是扩大反垄断法和其他限制贸易行动的范围，以防止垄断形成。第三是任其垄断，但要规范其活动而不是禁止它们。

打破垄断

在 19 世纪后期，竞争受到越来越多的垄断和<mark>信托</mark>（trusts）组合的威胁，这些公司旨在限制竞争或控制特定行业的价格。当时最重要的垄断企业是标准石油公司（Standard Oil Company），该公司归约翰·D. 洛克菲勒（John D. Rockefeller）所有，控制着国内石油工业的 90%。因为它如此强大，它几乎可以为其产品设定任何价格。

1890 年，美国政府试图通过《谢尔曼反托拉斯法》"保护贸易和商业免受非法限制和垄断行为"来恢复竞争。《谢尔曼法案》是美国第一部反对垄断和其他抑制竞争限制的重要法律。标准石油公司根据《谢尔曼法案》被起诉，当案件于 1911 年到达最高法院时，它被迫分成 34 个独立的公司。

防止垄断形成

《谢尔曼法案》为维持竞争奠定了广泛的基础。然而，该法案不够具体，不足以阻止许多限制竞争的其他做法。因此，美国国会于 1914 年通过了《克莱顿反垄断法》（the Clayton Antitrust Act），赋予政府在反垄断方面更多的权利。这一法案禁止<mark>价格歧视</mark>（price discrimination）—— 以不同价格向不同消费者销售同一产品的做法 —— 这种做法大大减少了竞争。

同年美国通过了《联邦贸易委员会法》（the Federal Trade Commission Act），以执行《克莱顿反垄断法》。该法案设立了联邦贸易委员会（FTC），并授予其签发停止和终止命令的权力。<mark>停止和终止命令</mark>（cease and desist order）是联邦贸易委员会的一项裁决，要求公司停止不公平的商业行为，例如价格垄断，这会减少或限制公司之间的竞争。

1936 年，美国国会通过了《罗宾逊—帕特曼法案》（the Robinson-Patman Act），旨在加强《克莱顿法案》（the Clayton Act），特别是涉及价格歧视的条款。根据这一法案，公司不能再向某些客户提供特别折扣，而同时拒绝向其他客户提供折扣。

监管现有垄断

并非所有垄断都是坏事，因此并非所有垄断都应该被打破。有

<mark>信托</mark> 非法的公司联合或组织起来阻止竞争的公司。

<mark>价格歧视</mark> 就同一产品对不同客户收取不同价格的做法。

<mark>停止和终止命令</mark> 要求企业停止不公平商业行为的裁定。

规模经济 随着企业规模的扩大，人员、厂房和设备的使用效率越来越高，从而降低平均生产成本。

公开披露 强制要求企业向公众披露其产品或运营信息。

时，企业可以从 **规模经济**（economics of scale）中受益，这种情况下，随着企业规模的扩大，平均生产成本会下降。如果自然垄断可以从这些经济体中受益，那么政府就应该让公司扩张，然后监管其活动以使其不能不公平地剥削消费者。

美国政府监管许多垄断企业，如有线电视公司、水力和电力公用事业。如果公用事业单位想要提高价格，它们必须在公共事业委员会或其他政府机构面前提出自己的论点。

☑ **阅读进展检查**

描述 为什么一些政府法规对消费者有利？

竞争、消费者保护和监管

引导性问题 政府如何提高经济效率？

政府也有其他的，也许更间接的方法来处理限制贸易的做法。它可以促进企业向消费者公开披露信息。它可以引入全新的机构来保护现有的消费者活动。

提高透明度

高效和有竞争力的市场需要足够的信息。透明度是一个术语，用来表示信息和操作不是被隐藏的，而是易于审查的。

公开披露（public disclosure）是企业向公众披露某些信息的一种重要方式。例如，每次你在杂货店买一罐食品时，你都能看到背面的一系列信息。或者，如果你想要了解一家企业的信息，你可以向美国证券交易委员会（SEC）查询。一般而言，美国证券交易委员会要求向公众出售股票的企业定期向其股东和美国证券交易委员会披露财务和经营信息。这些数据存储在一个免费的数据库中，任何人都可以在互联网上访问该数据库。

消费者贷款也有披露要求。如果你申请信用卡或贷款买车，贷款人将以书面形式说明计算每月利息的方法、贷款期限、付款金额和其他贷款条件。这不是贷款人的善意行为。美国法律要求披露这些信息。最后，联邦贸易委员会强制执行"真相不加评论"的法律，以防止卖方对其产品提出虚假索赔。

探索核心问题

透明度限制？

自从监管机构成立以来，企业一直反对他们认为的"过度"透明。餐厅的菜单应该包括食物脂肪含量和卡路里的信息吗？食品包装商是否应该准确地披露"天然调味品"的"天然"程度？科学家们是否应该将基因特性发生改变的食品标记为"转基因"食品？

你怎么认为？

透明度要求是否应受到限制？如果是，应该发生在什么情况下？你认为提高透明度与市场失灵有关吗？你想要或不想要什么类型的透明度？解释你的观点。

消费者金融保护局

2008—2009 年经济大萧条的主要原因之一是数以百万计的低质量住房抵押贷款无法偿还。**抵押贷款**（mortgage）是将房屋所有权抵押给贷款人作为偿还借款的担保的法律文件。当消费者停止支付每月的借款时，他们将失去自己的房子，丧失抵押品赎回权。**止赎**（foreclosure）是指贷款人因借款人拖欠先前约定的借款而收回房屋的情况。这导致数以百万计的人失去家园，使放贷机构损失数十亿美元，最终使经济下滑。

本着公开的精神，并希望不再出现类似的情况，美国国会于 2011 年成立了消费者金融保护局（CFPB），以对金融贷款行业进行监督和指导。例如，早期的一项行动是制定"偿还能力"规则，该规则旨在确保借款人和贷款人在发放贷款时都能获得可靠的抵押贷款偿还条件。其他行动包括为债务催收政策制定规则，并向债务催收人提供遵循现有债务催收法律的指导。

最后，几乎所有有关金融、经济或商业性质的政府文件、研究和报告都可以在互联网上获得。

美国的联邦监管机构

实际上，美国有数百个联邦监管机构影响着美国人所做的一切。图 5.4 列出一些主要的，但肯定不是全部。

大多数美国人都知道诸如美国国家气象局的报告和国家公路交通安全管理局（NHTSA）发布的汽车召回信息。同样，他们可能也听说过关于婴儿床或汽车座椅的产品召回事件，因为这些产品无法保护幼儿。他们也可能听说过食品药品监督管理局（FDA）召回的各种食品，因为它们涉嫌携带大肠杆菌。

然而，普通消费者可能不了解联邦机构的许多其他活动。例如，有多少人知道他们的银行是否由联邦存款保险公司（FDIC）审计，以使其更安全？同样，大多数人可能不知道联邦航空管理局监督的机场检查和飞行员培训计划。又有多少人知道微软和雅虎的合并计划？这是联邦贸易委员会阻止的，因为联邦贸易委员会认为这两家公司的合并会给它们在市场上带来不公平的优势。

抵押贷款 将房屋所有权抵押给贷款人，作为偿还借款担保的法律文件。

止赎 贷款人因借款人未付款而收回财产的程序。

分区及其他地方条例

美国并非所有规章都是联邦政府制定的，地方政府的许多规章制度也影响着美国人。

例如，分区是一种控制土地使用的方法，实际上几乎无处不在。1926 年，美国最高法院将分区制合法化，以促进和保护社区人民的健康、安全和福利。分区将一个城市划分为若干小块，其中对住宅、商业和工业活动的位置、建设和强度进行了规定。

例如，住宅分区法通常旨在稳定和维持社区的特征。这可以通过指定可用于住宅的地块的最小尺寸，以及这些地块上结构的最大高度和尺寸来完成。指定用于商业用途的区域可以指定诸如零售机构的类型和大小以及每个零售机构的停车要求。划分为工业用地的区域，可能允许中重型制造设施及铁路通道。

尽管意图是好的，但城市和社区随着时间的推移而发展，分区法可能会跟不上这些变化。一个 50 年前拥有充满活力的市中心或社区的城市，可能遇到人口流向郊区，留下空房、店面和酒店的情况。现在，帮助这些地区恢复原状所需的分区变化可能不到位，也可能无法

图5.4

美国联邦监管机构

机构	监管角色
州际商务委员会（ICC）	执行有关跨越州际运输的法律
联邦储备系统（FRS）	管理货币供应量，确定和执行货币政策，监管一些银行活动
联邦存款保险公司	为银行存款提供保险，批准银行合并，审计银行
证券交易委员会	监管上市和非上市证券以及出售它们的经纪人、交易商和银行家
国家劳工关系委员会（NLRB）	管理联邦劳资关系法，解决劳资纠纷，防止不公平的劳工行为
核监管委员会（NRC）	规范核废料和设施的民用使用
联邦能源监管委员会（FERC）	监督各种形式的能量传输
消费者金融保护局	监管抵押贷款、信用卡、收债人、发薪日贷款人和其他消费金融产品的消费者保护

有许多政府机构负责监管日常经济活动。

▲ **批判性思考**

经济分析　从列表中选出一个机构，看看它规定了什么。政府为什么要参与这一领域？

实现，因为这些地区的一些人害怕更多的变化。其他人则认为分区法侵犯了他们做出选择的自由，并因此反对所有分区法。

这些主题大多过于宽泛，无法在这里详细讨论。然而，应该清楚的是，美国地方政府和联邦政府的规章制度对人们的生活会产生重大影响。

☑ 阅读进展检查

描述 增加透明度如何帮助美国经济？

改良的自由企业经济

引导性问题 为什么美国经济被视为改良的自由企业经济？

多年来，美国经济变化缓慢但稳定。这种演变的结果之一是改良

职业 | 消费者辩护律师

这个职业适合你吗？

 你是否有动力为公共服务奉献？

你对消费者保护法律和政策有兴趣吗？

招聘
消费者辩护律师

"我们的工作是追究影响商业和消费者的不公平和欺骗性的做法。"

——德洛雷斯·加德纳·汤普森（Delores Gardner Thompson），乔治华盛顿大学法学院毕业生

薪资
截至2012年，美国律师的平均年薪为113 530美元。

职业发展前景
总体来说，律师在2010—2020年的工作前景是好的。在这10年中，律师的职位空缺数量预计增长大约10%。

工作内容
根据消费者辩护律师的专业领域，她可能会在工作日处理消费者对商业行为的投诉，或调查误导性广告或营销行为。业务连续性规划律师可能会与团队合作，提出政策建议，以保护消费者免受欺诈，或针对违反消费者保护法规的企业诉讼案做准备。

的自由企业经济的出现。简言之，人们所做的许多事情和人们所购买的许多东西在某种程度上间接地受到上述许多联邦机构的影响。这甚至包括诸如分区条例等法律，这些法律影响人们的财产权利和他们行使个人经济自由的能力。

在 19 世纪晚期，追求自我利益的自由使一些人以牺牲他人为代价寻求经济利益。在竞争的标签下，一些大企业利用它们的权力去利用小企业。在某些行业中，垄断等竞争性较弱的市场结构削弱了竞争，经济效率降低。

由于这些发展，美国国会通过了防止"邪恶垄断"和保护工人权利的法律。它还通过了食品和药品法律，保护人们免受虚假广告宣传和有害产品的侵害。甚至公用事业也面临着政府的重大监管，以防止消费者哄抬价格。总体来说，这些行为导致了对自由企业经济的改良。

一些经济学家认为，人们的担忧正在转向提高经济效率以及政府在促进经济效率方面的作用。市场很重要，但我们认识到市场可能会以几种不同的方式失败。当这种情况发生时，政府被赋予权力，并可以采取措施进行补救。

除了偶尔采取干预措施以保持市场合理竞争外，政府还可以通过提供公共物品和提高透明度来提高经济效率。人们将继续讨论政府的恰当角色，但事实证明，单靠市场无法满足我们所有的想要和需要。

多年来，随着人们对消费者保护的关注扩大到包括促进经济竞争和提高效率，政府在经济中的作用受到越来越多的关注。由于这种政府干预，美国现在有了一个改良的自由企业经济，或者说是一个以市场为基础、政府进行不同程度监管的经济。改良的自由企业经济是因为人们想要这样。

☑ 阅读进展检查

总结 为什么我们要用"改良"一词来形容美国的自由企业经济？

第3节　回顾

词汇回顾

1. **解释**　为什么联邦贸易委员会会向一家被发现从事价格歧视的公司发出停止和终止命令？

使用你的笔记

2. **总结**　对垄断的监管和机构对商业行为的监督如何帮助保护消费者？

回答引导性问题

3. **评价**　为什么一些政府监管对消费者有利？
4. **应用**　政府如何提高经济效率？
5. **综合**　为什么美国经济被视为改良的自由企业经济？

经济学写作

6. **论述**　政府应该在多大程度上干预以确保经济效率？你是否同意一些经济学家的观点，即政府不应该为了消费者的利益而被允许监管自由企业？如果不应该，政府应该在什么情况下介入？

学习指南

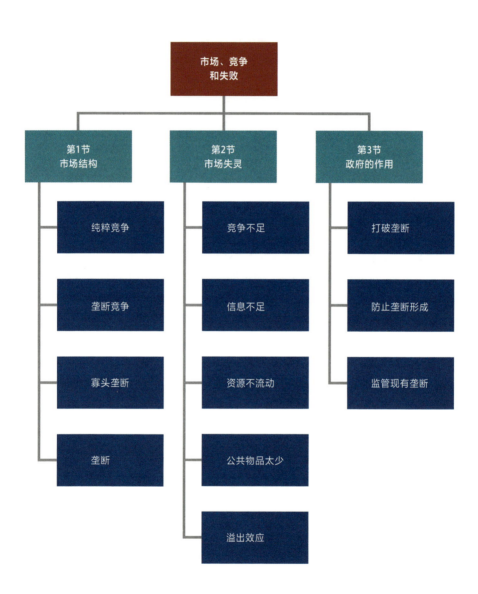

市场、竞争和失败

第1节 市场结构
- 纯粹竞争
- 垄断竞争
- 寡头垄断
- 垄断

第2节 市场失灵
- 竞争不足
- 信息不足
- 资源不流动
- 公共物品太少
- 溢出效应

第3节 政府的作用
- 打破垄断
- 防止垄断形成
- 监管现有垄断

第5章 评估

说明：在一张单独的纸上回答以下问题。请务必仔细阅读并回答所有问题。

内容回顾

第1节

1 **解释** 为什么会出现自然和地理垄断？为什么它们往往对经济和消费者有利？

2 **识别** 寡头垄断之间的共谋是什么？它如何通过强加更高的价格来减少竞争并损害消费者？

第2节

3 **得出结论** 为什么企业合并导致的缺乏竞争会使市场失灵？

4 **描述** 为什么政府干预在处理正和负溢出效应时至关重要？

第3节

5 **讨论** 透明度如何加强竞争并使消费者受益？

6 **解读** 经过改良的自由企业经济如何能随着时间的推移而改变它被视为"改良"的程度？

批判性思考

7 **评价** 4种市场结构中，哪一种鼓励其他企业和消费者获得最大的竞争和利益？从价格竞争和这种企业类型对整体经济的影响方面来解释你的答案。

8 **分析** 负溢出效应如何导致市场失灵？政府应该纠正由溢出效应引起的失灵吗？描述一个负溢出效应的例子，并说明你对政府在纠正负溢出效应中的作用的立场。

9 **评估** 企业之间的绝对透明度是否可以使垄断企业更容易被接受？或者，由于竞争的减少，垄断是否几乎总是对经济产生负面影响？

培养财经素养

10 **规划** 你和一个朋友开发了一个新的智能手机App。你会向公众推销它吗？你会把你的想法卖给现有的App公司吗？每种方法的优缺点是什么？哪条路让你的产品更有机会与其他App竞争？解释你的选择。

11 **对比** 在受到负溢出效应（如污染加剧）影响的地区，租房比买房更好吗？承租人可能要面对哪些负面影响？承租人如何提前为可能发生的负面事件做好准备？

回答核心问题

回顾每节开始时你对这些问题的回答。根据你在本章中学到的内容再次回答这些问题。你的答案改变了吗？

12 **展示** 本章中的一个概念是，企业承担风险，企业承担被证明积极的风险会得到更慷慨的回报，但如果它们承担的风险产生负面结果，它们可能会破产。选择本章中的一种市场结构（垄断竞争、寡头垄断、垄断），创建一个流程图，显示这类市场结构的风险承担关系，以及如果风险太大而导致的破产后果。包括政府干预措施，这些措施可能会纠正市场失灵，并有助于维持企业的正常运转。

13 **确定因果关系** 以下情况如何导致市场失灵？创建一个图表，展示下面的每个条件如何导致市场失灵。

a.竞争不足
b.负溢出效应
c.资源不流动

14 **明确中心问题** 市场结构如何影响竞争和价格？写一篇短文，从结构上比较垄断和寡头垄断。解释这些市场结构如何影响市场竞争和价格设置。包括市场主导型企业能够和确实参与的竞争以吸引消费者的例子。

第5章 评估

说明：在一张单独的纸上回答以下问题。请务必仔细阅读并回答所有问题。

21世纪技能

⓯ 确定因果关系 为什么垄断和寡头垄断经常参与非价格竞争？这些市场结构的主要竞争类型是什么？

⓰ 明确观点和辨别解读 一些市场很难提供公共物品，因为利润率很低。为不工作的穷人提供足够的住房就是这样一个问题。一些专家表示，政府补贴可以帮助建筑商和/或房东在低收入住房上获得适度的利润。其他专家坚持认为，在自由企业经济中，所有部门都必须服从市场力量、竞争和非补贴盈利。写一篇短文，根据你为每一方研究的证据解释你的观点。

⓱ 了解事件之间的关系 研究2008年金融危机后美国对银行救助的不同反应。选择你找到的一个观点，简短地描述这个论点。它符合你所学的吗？你同意作者的观点吗？一定要注明你引用的资料来源。

分析基础资料

基础资料

❝ 将（经纪人—交易商活动）保持在安全网内会使FDIC存款保险基金和纳税人蒙受损失。因此，应置于安全网之外并因此受到市场力量影响的活动是：大多数衍生产品活动，自营交易，客户账户交易或做市。允许客户交易可以很容易地通过"隐藏"作为系统一部分的专有交易来操纵系统。此外，主要经纪服务需要交易的能力，并且基本上允许企业以高度不稳定、未保险、批发的"存款"为其活动融资，这些"存款"带有隐含的保护。正如我们看到的，这些因素的结合导致了市场不稳定和政府救助。❞

——托马斯·霍尼格（Thomas Hoenig），
FDIC董事

⓲ 识别 霍尼格建议对商业银行施加哪些限制，以防止另一场金融危机和可能的银行救助？

⓳ 分析基础资料 如果将安全网扩大到投资高风险证券的银行，霍尼格认为FDIC存在哪些风险？

⓴ 区分事实和观点 霍尼格认为，允许客户交易使系统变得容易操纵。霍尼格是在陈述事实还是发表观点？

图表分析

使用下图回答以下问题。

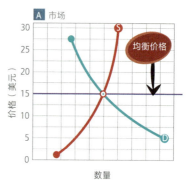

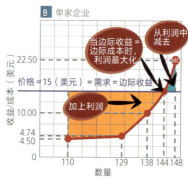

㉑ 解读 如果均衡价格下降到每单位产量10美元，对B组中单家企业的供应量有什么影响？

㉒ 分析 以上数字是基于完全竞争。如果市场上的企业变少，市场将如何动态变化？

第3篇

企业和劳动力

这很重要
因为……

你可能在新闻中看过有关劳动力市场、就业报告和就业数据等主题。劳动力状况与我们的经济息息相关。事实上，就业创造者、企业主和经济学家都会使用这些主题的相关报告来评估经济状况。了解劳动力过去、现在和未来的工资以及支出，对于了解商业和金融体系十分重要，对于刚开始挣钱的你来说也很重要。

第6章 企业组织

核心问题

- 企业是如何形成，以及如何发展的？
- 市场经济如何支持非营利组织？

第1节　企业组织形式

第2节　企业增长及扩张

第3节　非营利组织

为创业提供资金

孵化器

　　企业孵化器是由地方政府或大学建立的组织。孵化器为企业家提供培训、宣传、支持和资源，帮助他们创业。孵化器也可以有资本投资，或者与潜在投资者建立联系。一些孵化器被称为加速器，专注于加速成熟企业的增长。

> 据一位消息人士透露，
> 全球超过182家孵化器共培育了3 000多家初创公司。

众筹

　　这种新的融资方式从大量单独的"群体"中获得小额捐款。众筹通常在网上进行，投资者可以投给一个网站。众筹非常适合短期的、以项目为导向的活动。

> 截至2013年，全球众筹活动预计已筹集51亿美元。

STARTUP, INC.

小企业是美国经济的"心脏"和"灵魂"。2013年，美国有近2 800万家小企业（雇员不足500人）。这占所有工人的一半以上。创业需要资金，根据企业需要，企业家使用不同的方法筹集资金，使企业运转起来。

风险投资人

这些投资人使用其管理的资金池来帮助那些看起来能赢利的新企业。风险投资人通常要求创业者提交一份融资提案。作为回报，风险投资人获得部分企业收入。这些投资人也参与公司决策。风险投资人也会协助企业的首次公开募股（IPO），以募集公开发行的股票。

2010年，美国11%的私营部门职位是出自风险投资公司。
风险投资人支持的企业创造的收入相当于美国GDP的21%。

天使投资人

这些都是为初创公司提供资金的富人。天使投资人与风险投资人的区别在于，他们用自己的资金进行投资，而且他们的动机不仅仅是获得财务回报。天使投资人经常帮助发展新企业，并与他们建立联系。由一群天使投资人组成的资源库被称为天使网络或天使集团。

2011年，12.2%的天使投资人是女性，但到2012年，这个数字几乎翻了一番，达到21%。

想一想
如果你要创办一家新企业，你会使用什么方法为你的企业筹集资金，为什么？

术语表

- 独资企业
- 无限责任
- 库存
- 寿命有限
- 合伙企业
- 普通合伙企业
- 有限合伙企业
- 公司
- 营业执照
- 股票
- 股东
- 股息
- 普通股
- 优先股
- 债券
- 本金
- 利息
- 有限责任
- 双重征税
- 特许经营
- 特许人
- 加盟商

做笔记

使用下图来展示4种类型的企业组织的不同特点。

企业类型	如何形成	如何发展	优势	劣势
独资企业				
合伙企业				
公司				
特许经营				

第1节　企业组织形式

核心问题

企业是如何形成，以及如何发展的？

在今天的经济中，有 3 种主要的企业组织形式——独资企业、合伙企业和公司。名为特许经营的这种混合经营形式也很受欢迎，它将投资机会与所有权结合起来。每种企业组织形式都有其优势和劣势。

作为一个独资企业的经营者，萨曼莎（Samantha）在她家门前的人行道上出售自制纸杯蛋糕。她做所有的工作，包括所有的销售，持有所有的利润。如果她不是自己一个人，而是和她最好的朋友一起制作和销售纸杯蛋糕，分享纸杯蛋糕生意的利润，那她们就是合伙经营。

用一段文字，概述萨曼莎作为一个独资企业的经营者所面临的优势和劣势，以及她和她最好的朋友合伙经营纸杯蛋糕生意的利与弊。

独资企业

引导性问题　什么使独资企业成为最容易的创业形式？

在美国，最常见的企业组织形式是独资企业——由一个人拥有和经营的企业。因为独资企业（sole proprietorship）基本上是一个人的企业，所以它是最小的企业形式。如图6.1所示，它也相对有利可图。虽然它的销售额只占总销售额的 3.9%，但它带来的利润占所有企业总利润的 15.6%。

成立一个独资企业

独资企业是最简单的创业形式，因为它几乎没有任何要求，除了临时的营业执照和费用。

大多数独资企业一旦做好准备就开始运营。你可以在你家前院简单地搭一个卖柠檬水的摊位就可以开始一家独资企业，其他人可以通过修剪草坪或开一家餐馆。独资企业可以在网上、车库，或在专门办公用的大楼里运营。

优势

正如你刚刚了解的那样，独资企业的第一个优势是，很容易创办。如果某人有一个想法或机会赚钱，他或她只需要决定创办企业，然后去做。

第二个优势是，易于管理，也相对简单。决策不需要共有人、老板或其他高层的批准。这种灵活性意味着，如果出现问题或机会，企业主可以立即做出决定。

第三个优势是，所有者可以保留成功管理的利润，而不必与其他所有者分享。当然，所有者也必须接受亏损的可能，但利润的诱惑使人们愿意冒险。

第四个优势是，不需要单独缴纳企业所得税，因为这种企业不被视为一个独立的合法的实体。企业主仍必须就个人独资企业取得的利润缴纳个人所得税，但企业本身不单独纳税。

例如，假设温特斯（Winters）先生在当地一家购物中心拥有并经营着一家小型五金店，还在他家旁边的车库里经营着一家小型汽车修理店。因为两家公司都不依赖对方，而且唯一的共同点就是温特斯先生拥有所有权，所以这两家公司是独立且不同的经济活动。然而，出于税收目的，一切都在年底集中起来。温特斯先生申报个人所得税时，需将两家公司的利润加上其他来源的工资和薪水，但两家公司都不

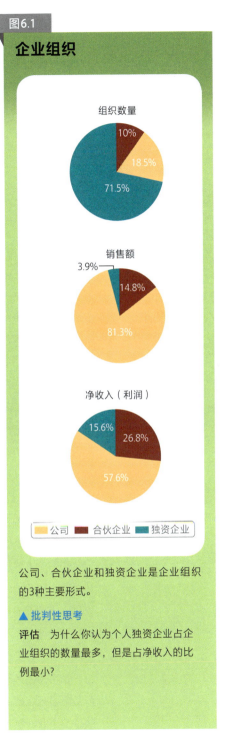

图6.1

企业组织

组织数量

10%
18.5%
71.5%

销售额

3.9%
14.8%
81.3%

净收入（利润）

15.6%
26.8%
57.6%

公司　合伙企业　独资企业

公司、合伙企业和独资企业是企业组织的3种主要形式。

▲ 批判性思考

评估　为什么你认为个人独资企业占企业组织的数量最多，但是占净收入的比例最小？

独资企业 由个人拥有并经营的非法人企业,其有权获得企业的所有利润,并对公司的所有债务承担无限责任。这在美国是最常见的商业组织形式。

用单独纳税。

第五个优势是,许多人从自己当老板中可以获得满足感。这些人往往有强烈的愿望看到自己的名字被打印出来,梦想自己拥有巨大的财富或较高的社会地位,或想在历史上留下自己的印记。

第六个优势是,很容易退出商业市场。企业主要做的就是支付所有未支付的账单,然后停止出售商品或服务。

劣势

无限责任 要求企业所有者对企业的所有损失和债务负有全部责任,适用于独资企业和一般合伙企业。

独资企业的第一个劣势是,企业所有者拥有**无限责任**(unlimited liability)。这意味着企业所有者对企业的所有损失和债务承担全部责任。如果企业倒闭,企业所有者的个人财产可能被没收以偿还企业债务。

让我们回顾一下前文中温特斯先生的案例,他拥有并经营着两家公司,如果五金店倒闭,他的个人财产,包括汽车修理店,可能会被依法收回,以偿还五金店的债务。

第二个劣势是,融资困难。一般来说,建立一家企业需要大量的资金,甚至可能需要更多资金进行扩张。然而,银行和其他贷款人往往不愿意贷款给新的或非常小的企业。因此,经营者通常必须通过动用储蓄、使用信用卡或向朋友和家人借钱来筹集资金。

第三个劣势是,企业规模小。例如,一家零售店可能只需要雇用几名员工就可以在正常营业时间保持运营。为了满足客户的需求或保持生产的顺利进行,它还必须有最低**库存**(inventory)。由于资金有限,经营者可能无法雇用足够的人员或有足够的存货来更有效地经营企业。

库存 货物的库存量,包括待销售的成品和用于生产的原材料。

第四个劣势是,经营者的管理经验有限。小企业所有者可能是一位经验丰富的工程师,但是缺乏商业意识或没有足够时间来监督公司发展。该所有者可能必须雇用其他人来做其不擅长的工作,如制造、销售和会计。

第五个劣势是,难以吸引合格的员工。由于独资企业通常规模较小,员工往往必须擅长几个领域。此外,许多顶尖高校毕业生更有可能被吸引到规模更大、知名度更高的企业,而不是规模较小、知名度较低的企业。除了薪资外,大企业还提供额外福利,如带薪假期、退休金、医疗保险。

第六个劣势是，**寿命有限**（limited life）。这意味着：当企业所有者死亡、离职或出售企业时，企业在法律上就不再存在。

☑ 阅读进展检查

描述 独资企业的主要劣势是什么？

寿命有限 当企业所有者死亡、离职或出售企业时，企业就在法律上不再存在，适用于独资企业和合伙企业。

合伙企业

引导性问题 在合伙企业中如何分担责任？

合伙企业（partnership）是由两个或两个以上的人共同拥有和经营的企业。如图6.1所示，合伙企业是美国数量最少的商业组织形式，在销售额和净收入中所占比例倒数第二。

合伙企业 由两个或两个以上的人共同拥有和经营的企业，他们分享利润，共同对企业的债务和义务负有无限责任。

合伙企业类型

合伙企业与独资企业有许多相同的优势和劣势。虽然有几种类型的合伙企业，但最重要的可分为以下两类。

- **普通合伙企业**（general partnership）是最常见的合伙形式，其中所有合伙人都要对企业的管理和债务负责。
- **有限合伙企业**（limited partnership），其中至少有一个合伙人不积极参与企业的日常经营活动，合伙人对企业的负债和义务承担有限责任。

普通合伙企业 所有合伙人共同负责管理和债务的合伙企业形式。

有限合伙企业 一名或多名合伙人不积极参与企业的日常经营活动的合伙企业形式，合伙人对合伙企业债务的责任限于其投资企业的数额。

建立合伙企业

像独资企业一样，合伙企业相对容易启动。虽然合伙企业可以从握手开始，但通常会起草正式的法律文件来明确合伙人之间的安排。尽管并非总是必要的，但这些文件提前说明了预期利润（或可能的损失）将如何分配。

合伙企业文件还会说明未来合伙人加入企业的方式，以及如果合伙企业结束，企业的财产将如何分配。

优势

像独资企业一样，合伙企业的第一个优势是，容易启动。即便是合伙企业的启动成本（通常包括律师费和申请费），如果分散在几个合伙人身上，也是最低的。

第二个优势是，易于管理。每个合伙人通常会为企业带来不同领域的专业知识：一个人可能有营销方面的天赋，另一个人可能有生产方面的天赋，还有人可能有记账和财务方面的天赋等。虽然合伙人在做出重大决定前通常会达成一致意见，但合伙人通常在较小的决策上有很大的自由度。

第三个优势是，对合伙企业的收入不单独征税。像独资企业一样，合伙人从企业赚取利润，然后每季度或每年年底缴纳个人所得税。合伙人必须向美国国税局（Internal Revenue Service，IRS）提交单独的附表，详细说明他们从合伙企业获得的利润，但是这仅是为了提供信息，并不赋予合伙企业任何单独的法律地位。

第四个优势是，合伙企业通常比独资企业更容易吸引金融资本。这是因为它们通常规模更大，获得银行贷款的机会也更多。现有的合伙人也可以吸引新的合伙人，而这些新合伙人带来的金融资本将成为他们的入场券。

第五个优势是，由于合伙企业规模略大，所以企业运营效率更高。在一些领域，如医药和法律，一家相对较小的企业只有 3~4 个合伙人，这可能正好适合市场的规模。其他合伙企业，如会计或投资企业，在美国各地可能有数百个合伙人提供服务。

劣势

两种合伙企业有所不同。普通合伙企业的缺点是每个合伙人对其他合伙人的行为负全部责任。如果一个合伙人让公司蒙受巨大损失，每个合伙人都要对损失负全责。这类似于独资企业的无限责任特性，但它更为复杂，因为涉及更多的所有者。因此，大多数商业人士在选择企业合伙人时都非常谨慎。

在有限合伙企业中，合伙人对企业债务承担的责任以其投资规模为限。如果企业倒闭，债务仍然存在，有限合伙人只损失原始投资，其余的由普通合伙人来弥补。

如果有限合伙人向合伙企业投资5万美元，如果合伙企业被起诉，随后欠了数千万美元，那么有限合伙人最多可能损失5万美元。

第二个劣势是，合伙企业和独资企业一样，寿命有限。当合伙人去世或离职，如果其他合伙人想继续经营下去，就必须解散合伙企业，成立新的合伙企业。但是，新的合伙企业可以与旧的合伙企业达成协议，保留其原有的名称、商标和其他企业特征。

第三个劣势是，合作人之间可能存在冲突。有时合伙人发现他们不能很好地相处，所以他们要么学会合作，要么离开企业。如果合伙企业很大，这类问题就很容易产生，尽管最初每个人都认为他们会相处得很好。

✅ **阅读进展检查**

对比 普通合伙与有限合伙的主要区别是什么？

职业 | 企业审计

这个职业适合你吗？

✓ 你喜欢和数字打交道吗？你有很强的分析能力吗？

✓ 你注重细节吗？你做事有条理吗？

✓ 你对技术和复杂的数学计算机程序感兴趣吗？

招聘
审计师

" 只要内部审计师充满想象力，内部审计职业就会继续发展。我们有很多可能性。"

——保罗·索贝尔（Paul Sobel），
美国内部审计师协会董事会主席

工资
每年62 000~65 000美元

职业发展前景
约是平均水平，2012—2022年预计增长13%。

工作内容
审计师检查公司的财务报表，以确保其准确性，并符合相关法律法规。仔细研究公司的账目后，审计师会就如何降低成本、增加收入、增加利润或进一步遵守商业法规提出建议。

公司

引导性问题 为什么整体来看公司的利润要高于独资企业和合伙企业？

如图 6.1 所示，在美国，虽然**公司**（corporation）数量只占企业组织数量的 18.5%，但它们的销售额占总销售额的大部分。公司是一种企业组织形式，法律承认它是一个独立的合法的实体，法人享有个人的一切权利。

这一地位赋予公司买卖财产、签订法律合同、起诉和被起诉的权利。事实上，除了投票，公司几乎可以做任何事情。

成立一家公司

与独资企业或合伙企业不同，成立公司的形式非常正式且合法。想要加入或成立公司的人，必须向美国政府或公司总部所在的州申请批准。如果获得许可，一个**营业执照**（charter）——一份允许成立公司的政府文件——就会被批准。营业执照规定了公司的名称、地址、经营目的和其他企业特征。

营业执照还规定了公司**股票**（stock）或所有权证书的数量。这些股票被卖给投资者，这些投资者则被称为股东。如图 6.2 所示，**股东**（stockholders）拥有公司的一部分。出售股票赚来的钱被用来建立公司。如果公司是赢利的，它可能最终会发放**股息**（dividend）——将公司收益的一部分发给每位股东。

公司结构

当投资者购买股票时，他们就成为拥有一定所有权的所有者。其获得的权利范围取决于购买股票的类型：普通股或优先股。

- **普通股**（common stock）代表公司的基本所有权。每只普通股通常拥有一票选举董事会的权利。董事们为公司制定一般的政策和目标，并聘请专业的管理团队来管理公司。
- **优先股**（preferred stock）代表无投票权的公司所有权股份。优先股股东不能投票选举董事会，但他们在普通股股东获得股息之前就获得了股息。如果一家公司倒闭，优先股股东会比普通股股东更早收回投资资金。

公司 一种企业组织形式，法律承认的独立法人，拥有个人的一切权利和责任，包括买卖财产、签订法律合同、起诉和被起诉的权利。

营业执照 政府批准公司成立的文件，其中规定了公司名称、地址、经营目的、股份数量和其他经营特征。

股票 公司的股权证书，可以是普通股也可以是优先股。

股东 公司中拥有一份或多份股份的人，和所有者一样。

股息 支付给股东的公司收益，通常按季度支付。

普通股 公司所有权的最基本形式，一般以每股一票的方式为股东所有。

优先股 无投票权的股票形式，对公司收入和资产的索取权优先于普通股。

理论上，拥有公司大部分普通股的股东可以选出足够的董事会成员来控制公司。在某些情况下，普通股股东可以选择自己，甚至其他家族成员进入董事会。

然而，在实践中，这并不经常发生，因为大多数公司规模很大，而典型的股东所持有的股份数量很少。大多数小股东要么不投票，要么把他们的选票授予别人。这通过使用委托书完成，委托书是赋予股东代表为公司事务投票的权利。

虽然公司规模不同，但组织方式相似。如图 6.3 所示，公司的日常运营划分为副总裁领导的不同部门，副总裁要向公司总裁汇报。总裁和公司的其他员工都无法直接与公司所有者或股东联系。

图6.2

股票所有权

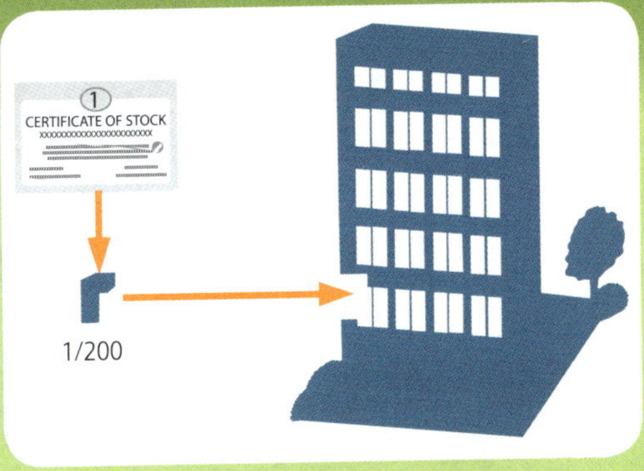

CERTIFICATE OF STOCK

1/200

如果一个公司有200只股票，你可以把公司分成200等份，一只股票的所有者将拥有公司的1/200。

▲ 批判性思考

评估　公司的所有权和管理与独资企业、合伙企业有什么不同?

优势

与独资企业或合伙企业相比，普通的公司有两个重要的优势。第一个优势是，融资容易，它通常可以向投资者出售额外的股票。然后，股票销售收入可用于融资或扩大运营。公司也可以通过发行债券向投资者借钱。**债券**（bond）是一种书面承诺，承诺未来要偿还借款。借款的数额被称为**本金**（principal）。公司还要支付**利息**（interest），即使用贷款人的资金所支付的价格。

第二个优势是，公司提供**有限责任**（limited liability）。这意味着公司本身，而不是其所有者，对其债务和其他义务承担全部责任。举例来说，假设一家公司无法偿还债务而倒闭。由于有限责任，股东的损失仅限于他们对公司股票的投资。即使其他债务仍然存在，股东也不需要对其负责。

许多采用公司形式只是为了利用有限责任。例如，假设温特斯拥有五金店和汽车修理店，他现在决定将每个企业设立为单独的公司。

债券　偿还借款的正式合同，并在未来定期对借款支付利息。

本金　贷款或发行债券时借入的金额。

利息　使用借款所要支付的资金。

有限责任　要求公司而不是其所有者对企业的所有损失和债务承担责任。

图6.3

公司结构

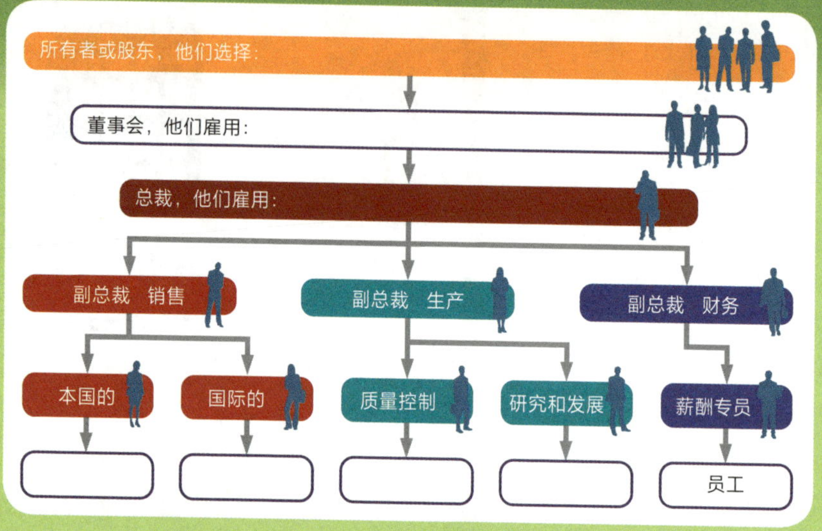

图6.3显示了一家普通公司的行政管理系统。它还概述了公司的基本组成，如销售、生产和薪酬管理。

▲ **批判性思考**

评估 像这样的有等级制度的公司结构可能有哪些优势和劣势？

如果五金店倒闭，他的个人财富（包括汽车维修店的股票）是安全的。温特斯可能会失去所有投资于五金店的资金，但这将是他的所有损失。

从更宏观的经济角度来看，有限责任使公司能够从事具有内在风险但仍有赢利潜力的项目。这就是为什么如果一家企业想要引进潜在的风险产品，比如药品或核电站，它会使用公司的组织形式。

第三个优势是，公司的董事会可以聘请专业经理人来管理公司。这意味着公司的所有者，即股东，可以拥有公司的一部分，而不必对公司本身了解太多。

第四个优势是，拥有无限寿命。这意味着即使股东将他们持有的股票卖给其他人，公司仍然存在。因为公司是一个独立的法人实体，所以公司的名称保持不变，公司继续营业。

这就有了第五个优势，即公司所有权的转移。如果一个股东不再想成为所有者，其可以把股票卖给另一个人，然后这个人就成了新的股东。因此，公司的所有者比独资或合伙企业的所有者更容易找到新的买家。

劣势

因为法律承认公司是一个独立的法人实体，所以它必须保留详细的销售和开支记录，这样才能对其利润纳税。这就导致了第一个劣势，企业利润被<mark>双重征税</mark>（double taxation）。当公司缴纳所得税时利润被第一次征税。当股东为他们的股息纳税时，利润将被第二次征税。

<mark>双重征税</mark> 一种税收特征，将股东的股息作为公司利润和个人收入征税。

例如，假设一家公司为其 100 美元的利润支付 25% 的所得税，即 25 美元，然后将剩余利润作为股息发给股东。股东必须为 75 美元的股息支付 20% 的税，即 15 美元。最后，这家公司获得的 100 美元利润实际上被征了两次税——先是 25%，然后是 20%。实际的税法要比这复杂得多，但对公司利润双重征税是股东们面对的现实情况。

第二个劣势是，很难获得营业执照且需要支付高昂的费用。美国各州情况不同，律师费和申请费可能高达数千美元。对于大公司来说，这可能是一笔小开支，但对于小公司来说，这是一个很大的负担。

第三个劣势是，它的所有者，即股东，对公司的经营几乎没有发言权。股东投票选举董事会，董事会将公司的日常运营交给专业管理团队。其结果是所有权和管理权的分离。

第四个劣势是，公司比其他形式的企业受到更多的政府监管。在美国，公司必须在其特许经营的州注册。如果一家公司想向公众出售其股票，它必须在美国联邦证券交易委员会注册。公司还必须定期向公众提供有关销售和利润的财务报告。即使试图收购或与其他企业合并，也可能需要美国政府的批准。

几年前，作为爱好，你开始修理你朋友的自行车。你朋友的朋友开始花钱让你帮他们修理自行车。现在你不仅修理自行车，还设计和建造新的自行车。考虑以下问题。

• 如果你决定成立合伙企业，你会选择哪种形式的合伙企业？
• 在哪些情况下，你会选择公司或是合伙企业？
• 如果你最终将你的企业发展成一家公司，你认为什么会吸引股东投资？

特许经营

引导性问题　对加盟商和特许人来说，投资特许经营的优势和劣势是什么？

比起任何其他形式的企业，你可能更熟悉特许经营。例如，如果你去过赛百味、7-11 便利店、麦当劳、必胜客，那就代表你去过特许经营店。美国的特许经营约占所有企业的 4%，但它们主要集中在零售业领域。

特许经营

特许经营 一种企业投资，包括租用或租赁另一家公司成功的企业模式。

特许人 一种企业模式的创建者和所有者，投资者租用或租赁其企业模式。

加盟商 一类投资特许人企业模式的人，并使用自己的资金和启动成本。

从技术上讲，**特许经营**（franchise）是一种临时的企业投资，包括租用或租赁另一家公司成功的企业模式。在我们了解它是如何运作之前，我们需要确定特许经营的两个参与者。

• **特许人**（franchisor）是企业的实际所有者，其允许其他投资者租用或租赁其企业名称、企业简介和经营方式。
• **加盟商**（franchisee）是投资者，其向特许人租用或租赁企业模式，然后希望通过出售特许人的商品或服务收回其投资。

成为一个"所有者"

购买特许经营权的人通常是那些一直想进入商业领域但从未进入的投资者。或者他们可能已经拥有了自己的企业，但希望获得更多的收入。以上文独资企业的经营者温特斯先生为例，他在当地的一家购物中心开了一家小五金店。这家商店的生意一直不景气，所以他正在考虑购买一个特许经营店。

　　经过一番调查，他发现有 1 000 多家特许人提供从日托中心到酒店再到餐馆的各种服务。不过，他比较感兴趣的是在工具和硬件行业知名的名为克莱彭公司的特许经营机会。该特许经营需要 30 万美元的初始投资，其中大部分用于改造店铺，使其达到严格的标准。之后，他必须支付 1.5 万美元的初始加盟费，以及未来 10 年每月 110 美元的特许经营权使用费。作为回报，温特斯将销售印有该品牌名称的产品，获得全方位的硬件商供应，并获得公司的支持，包括广告、培训会议、免费支持热线、运营场地和评估。

　　虽然这些条款听起来很苛刻，但克莱彭公司在美国拥有 3 000 多家门店，在加拿大和世界其他地方还有 1 200 家门店，所以温特斯认为《特许加盟协议》是有利可图的。不过，他对克莱彭公司的要求也不是很满意，协议要求他手头有 4 万美元的净资产和 8 万美元的流动现金，他也知道是希望他能在销售低迷的几个月里生存下来。尽管这个条件有些苛刻，但这个机会还是很吸引人。

优势

　　温特斯知道这对他有好处：他将迅速进入一个全国性的网络，这个网络拥有一款畅销产品、一条深度的产品线、良好的质量标准、全国性广告，以及任何他需要的专业建议。如果幸运的话，他收回启动成本后能看到一些年度利润。而这对特许人也有好处。

　　例如，克莱彭公司无须新建一栋实体建筑就能在全国网络中增加一个位置。这是因为温特斯的加入为他们增加了一个店面，这大大降低了克莱彭公司扩张的金融风险。还有其他潜在风险会降低，比如雇员或雇主不当行为（性骚扰、违反安全守则等）的责任将完全由温特斯承担，而不是由克莱彭公司承担。预付特许经营权费将有助于提高克莱彭公司的赢利能力，每月的特许经营权使用费也是如此。最后，通过要求温特斯在初期进行大量投资，克莱彭公司觉得他会非常有动力地、积极地经营特许店。

劣势

温特斯清楚地意识到，要获得克莱彭公司的特许经营权，他必须要先投资一笔钱。然而，其他特许经营权的价格要高得多，而且只是看起来可行。例如，仅麦当劳一家店的启动成本就可能高达 200 万美元。他也知道，如果他想在 10 年到期前终止特许经营，将付出巨大的代价。然而，主要令他烦恼的是，拥有一家特许经营并不等同于为了所有权而收购一家企业。他知道如果坚持下去，他很可能会有 10 年的盈利，但在那之后除了续签特许经营外他什么都没有。

✅ 阅读进展检查

评估 为什么许多企业所有者更喜欢公司而不是其他形式的企业组织？

第1节　回顾

词汇回顾

1. **解释**　什么是股东？他们购买的优先股和普通股有什么不同？什么类型的企业实体发行这些类型的股票？

2. **解释**　普通合伙企业和有限合伙企业的所有者对损失所承担的责任有何不同？

使用你的笔记

3. **对比**　你认为这3类企业中，哪一类优势最大，劣势最小？说明你的理由。

回答引导性问题

4. **评估**　什么使独资企业成为最容易创业的形式？

5. **解释**　在合伙企业中如何分担责任？

6. **总结**　为什么整体来看公司的利润要高于独资企业和合伙企业？

7. **应用**　想象你正在考虑成为一名特许经营商，但你还不确定对你来说这是否是一个正确的企业组织形式。根据你对特许经营的了解，为做出决策，你会考虑哪些因素？

经济学写作

8. **说明**　在本章讨论的企业组织形式中，哪一种随着时间推移（约

10年）增长最快？什么因素导致每个组织形式的企业不同的增长率——利润和扩张率？为什么有些企业在追求快速增长方面比其他企业更激进？说明你的理由。

粉末污染

庞卡（Ponca）市居民经常发现他们的汽车、街道、树木和草坪上都覆盖着一层薄薄的黑色粉末。在距市中心4千米的地方，有一个铁丝网围栏将居民与粉末源隔离开，粉末来自生产炭黑的名为"大陆炭"的工厂。炭黑是一种用于增强轮胎和其他橡胶制品的物质。

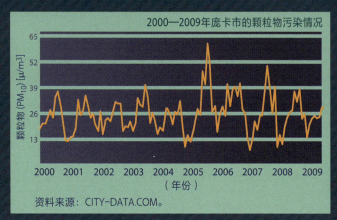

2000—2009年庞卡市的颗粒物污染情况

资料来源：CITY-DATA.COM。

在城市颗粒物污染问题日益突出的背景下，庞卡市成为政府监管工业的话题中心。

庞卡市的许多儿童都患上了哮喘，空气中的粉末使他们的哮喘加重。在铁丝网围栏附近种植农作物的农民发现他们的一些农作物死了。更糟糕的是，根据美国疾病控制中心（U.S. Centers for Disease Control）报道，炭黑可能会导致癌症、心脏病和肺病。

美国环境保护局（EPA）认为：该公司违反了《清洁空气法》（Clean Air Act）的规定，并且命令俄克拉荷马州环境质量部门（ODEQ）审查居民投诉。ODEQ发现大陆炭工厂在晚上或周末释放出炭黑，此时ODEQ的工作人员不上班。但是炭黑一旦进入空气，就会与空气中的其他化学物质发生化学反应。这使得它从纯炭（可以追溯到该工厂）变成了一种新的、不同的化合物。这些化学反应使得大陆炭工厂和ODEQ声称，从技术上讲，大陆炭工厂没有产生炭黑污染。

居民们却不这样认为，在2002年，该工厂工人、居民和农民开始一起阻止污染。公众对该公司施加越来越大的压力，2005年，居民们对大陆炭工厂提起诉讼。

2009年，大陆炭工厂同意向庞卡市及其附近的居民支付近2 000万美元的赔偿金。该公司出资重新安置了离围栏较近的居民。许多居民对这一结果很满意，但也有一些居民不满意——尽管该公司支付了赔偿金，但它从未承认对任何类型的污染负有责任。

案例研究回顾

1. **确定原因和结果**　大陆炭工厂释放炭黑的时间，以及这种物质与空气中化学物质的自然作用，如何使得该公司在公民提出投诉多年后仍继续违反《清洁空气法》？

2. **评估中心问题**　庞卡市故事中的事件与企业的经济责任问题如何相关？政府为公共利益制定的法规如何限制企业使用其财产？

术语表

- 损益表
- 净收益
- 折旧
- 现金流
- 合并
- 横向合并
- 纵向合并
- 企业集团
- 跨国公司
- 孵化器
- 风险投资人
- 天使投资人
- 众筹

做笔记

使用下图来描述两个企业增长模式的特征。

增长模式	特征
再投资和内部增长	
合并和兼并	

损益表 显示企业在一定时期内（通常为 3 个月或 1 年）的销售额、支出、净收入和现金流的报表。

净收入 从销售额中减去包括税收在内的所有费用后的余额。

折旧 对资本品的一般损耗所收取的非现金费用。

第2节　企业增长及扩张

核心问题

企业是如何形成，以及如何发展的？

你和两个朋友一起创办了一家名为"健康食品"的公司，向同学们出售 4 种健康的三明治。你们每人出资 50 美元创业。3 个月后，健康食品公司赚了 900 美元。你和你的朋友必须决定如何处理这些额外的钱。如果你把利润投资于公司，如添加更多种类的三明治，购买更多的冷却器来储存饮料，或者做广告，那你的公司可能会增长。但你们的新竞争对手贝塔汉堡（Beta Burger），谈到通过合并企业可以联合起来。

你更喜欢以上哪种方式发展你的企业：是通过利润再投资还是与贝塔汉堡合并？并解释你的答案。

通过再投资增长

引导性问题　为什么企业所有者会选择将利润再投资？

大多数企业使用财务报表跟踪企业的运作。其中最重要的是**损益表**（income statement），显示企业在一段时间内（如 3 个月或 1 年）的销售额、支出、净收入和现金流的报表。我们可以使用损益表来展示企业如何通过将销售收入的一部分再投资实现增长。

估算现金流

损益表（如图 6.4 所示）显示了一家公司的**净收入**（net income），即从销售额中减去包括税收在内的所有费用后的余额。这些费用包括存货成本、工资、利息及企业必须支付的其他费用，这些是正常经营活动的一部分。这些支付中最重要的一项是**折旧**（depreciation）——

现金流 企业从经营活动中获得的新资金总额，是衡量公司利润范围最常见的方法，因为它同时包含净收入和非现金费用。

合并 两家或两家以上的企业组成一家企业。

公司对资本品的一般损耗所收取的非现金费用。

折旧被称为非现金费用，因为这些钱是留在公司而不是付给其他人。例如，利息可能被支付给银行，工资可能被支付给员工，或者其他费用可能会支付给供应商以提供生产中使用的一些投入。美国税法允许公司使用以下方式处理折旧。首先，它可以被视为一种支出，这会降低应纳税的收入额。虽然由于生产中使用的资本品失去价值，折旧被当作一项费用，但它不会减少手头的现金。正因为如此，公司通常倾向于采取尽可能多的折旧来减少他们需要支付的税款。正如图6.4所示，折旧的增加会降低税前收益和应付的税款。

现金流（cash flow）——净收入和折旧等非现金费用的总和——是可接受的最低价格，它更全面地衡量公司利润，因为现金流代表了从经营活动中获得的税后收入总额。

图6.4

通过再投资实现增长

第一季度损益表（单位：美元）	
商品和服务的销售额	1 000
减：商品销售成本	400
工资和薪金	250
利息	50
折旧	100
税前收益	200
减：税款（40%）	80
净收入	120
加：折旧	100
现金流量	220

再投资对于保持公司的最新状态和确保持续赢利是必要的。

▲ **批判性思考**

评估 如果一家企业选择增加股息，其长期影响可能是什么？

现金流再投资

如果一个企业现金流为正，企业就会决定如何分配它。如果企业是一家股份制公司，董事会可能宣布直接向股东支付股息，作为他们投资的回报。剩余的资金可以再投资新的工厂、设备或技术。如果企业是独资企业或合伙企业，企业所有者可以保留一部分现金流作为承担风险的回报，然后将剩余的现金进行再投资。

当现金流再投资于企业时，企业可以生产新的或额外的产品，这使得下一个销售期能够产生额外的销售额甚至是更大的现金流。只要企业有正现金流，且只要再投资的资金量大于设备的损耗，企业就会增长。

最后，现金流的概念对投资者

图6.5

合并的类型

横向合并

尼克尔（Nickel）储蓄银行 ＋ 人民建筑&贷款协会 ＝ 尼克尔建筑&贷款协会

纵向合并

胡桃木树木农场 ＋ 波士顿棒球棍公司 ＝ 波士顿胡桃木棒球棍公司

横向合并是将两家或两家以上生产同类型产品的企业进行合并；纵向合并是将参与生产、营销或销售过程中不同环节的企业进行合并。

▲ 批判性思考

经济分析 一家企业如何从纵向合并中获益？

弗里德里希·奥古斯特·冯·哈耶克

经济学家（1899—1992）

1974年诺贝尔经济学奖得主，奥地利人弗里德里希·奥古斯特·冯·哈耶克（Friedrich August von Hayek），就读于维也纳大学。他提倡"自由放任主义"，这使他与经济学家约翰·梅纳德·凯恩斯（John Maynard Keynes）形成对立。哈耶克因阐述商业周期而闻名，他的著作仍具有影响力。他将价格体系视作控制经济的网络。哈耶克认为，如果中央银行进行干预，如保持低利率，经济将经历不可持续地增长。他认为，中央计划无法有效地控制"经济计算"，即自由市场中自然发生的价格体系。哈耶克在芝加哥大学任教，他的观点影响了英国前首相撒切尔夫人和美国前总统里根。

▲ 批判性思考

假设 你认为哈耶克是否会赞成政府资助的经济刺激计划，并给出相应理由。

分析 解释哈耶克关于自由价格体系重要性的观点如何与他的"自由放任主义"相吻合。

也很重要。事实上，如果投资者想要了解一家企业的财务状况，正向现金流是他们要考虑的首要因素之一。

☑ **阅读进展检查**

总结 将现金流再投资于企业的好处是什么？

通过合并实现增长

引导性问题 企业合并会带来哪些优势？

　　企业扩张的另一种方式是**合并**（merger）——两家或两家以上的企业组成一家企业。当两家企业合并时，其中一家企业放弃其独立的法人实体。然而，出于品牌标识度的目的，新企业的名称可能同时反映两家的身份。当大通国家银行（Chase National Bank）和曼哈顿银行（Bank of Manhattan）合并时，新公司被称为纽约大通曼哈顿银行（the Chase Manhattan Bank of New York）。后来，它改名为大通曼哈顿公司（the Chase Manhattan Corporation），以反映其业务在地域方面的扩张。最终，该公司在与 J.P. 摩根公司（JP Morgan）合并后，被命名为摩根大通公司（JPMorgan Chase）。同样，宝洁（Procter & Gamble）在收购吉列（Gillette）后，也保留了吉列这个品牌。

合并的类型

横向合并 与生产同类型产品的企业的合并。

合并有两种类型，均在图 6.5 中进行了说明。第一种是 <mark>横向合并</mark>（horizontal merger），当生产同一类型产品的企业联合起来时就会发生这种情况。J.P. 摩根和大通曼哈顿公司合并形成的摩根大通银行就是横向合并的一个例子。

纵向合并 与参与生产、营销或销售过程中不同环节的企业进行合并。

当参与制造、营销或销售过程的不同环节的公司联合在一起时，就会形成 <mark>纵向合并</mark>（vertical merger）。纵向合并的一个例子是美国钢铁公司。曾经该公司自己开采矿石、运输到五大湖、进行冶炼并将钢铁制成许多不同的产品。当公司寻求防止供应商带来的潜在损失时，进行了纵向合并。

探索核心问题

研究过去3年内发生在美国的一次横向合并。使用可靠的资料来源，来描述这次合并及进行横向合并的原因。合并会带来什么好处？

合并的原因

合并的发生有很多原因，但大多数都是为了提高股东眼中公司的业绩。

- **快速发展** 一些公司发现，仅靠使用从内部获得的资金，它们无法像自己希望的那样快速发展。但通过与另一家公司合并，自己的规模和销售额似乎增长更快。

- **协同作用** 当企业合并时，它们将利用各自的长处，来组建一个更好、更强的公司。这就像"一加一等于三"的观点，对管理层和股东来说总是很有吸引力。

- **规模经济** 当企业合并时，无论是在生产、销售，还是其他方面，较大的规模通常会产生较低的生产成本。例如，合并的两家银行可以关闭以前曾彼此竞争的部分分行。

- **多元化** 一些合并是由获得新产品线的愿望所驱动的。当像 AT&T 这样的电信公司收购有线电视公司时，它可以在一个套餐中提供更快的互联网接入和电话服务。

- **消除竞争对手** 有时企业合并是为了追赶甚至消除竞争对手。

英国皇家加勒比邮轮公司（Royal Caribbean Cruises）通过横向合并，收购了名人邮轮公司（Celebrity Cruise Lines），将规模扩大1倍，成为仅次于嘉年华邮轮（Carnival）的第二大邮轮公司。

- **改变或失去企业身份** 合并可能会帮助企业改变或失去企业原本的身份。当维鲁航空公司（ValuJet）与美航合并成立穿越航空控股公司（AirTran Holdings Corporation）时，穿越航空希望更名能够让公众忘记维鲁航空公司1996年在佛罗里达大沼泽地发生的导致110人丧生的悲剧性空难，尽管新公司的飞机和航线与原公司相同。有时，一家企业购买或收购另一家企业的原因与企业合并的原因相同。然而，收购与合并的区别在于，合并通常涉及股票交易或合并为一家新企业。但是，在收购或买断的情况下，进行收购的企业会用自己的现金或股票把对方买下来，被收购的企业则失去了自己的身份。

企业集团

一家企业可能通过合并和收购变得规模巨大，以至于变成一个企业集团。<mark>企业集团</mark>（conglomerate）通常至少有4项业务，每项业务都生产不相关的产品，没有一项业务占其销售的大部分。例如，图6.6中所示的3M公司6个业务部门中最大的一个只占其销售额的1/3左右。

多元化是企业集团合并的主要原因之一。一些企业希望通过"不把所有鸡蛋放在一个篮子里"来保护它们的整体销售和利润。单独的经济事件，例如恶劣的天气或消费者口味的突然变化，可能会影响一些产品线，但不是所有的产品线都同时受到影响。

近年来，美国企业集团的数量有所下降。然而，在亚洲，企业集团依然强势。三星（Samsung）、LG和现代起亚（Hyundai-Kia）在韩国仍占据主导地位，三菱（Mitsubishi）、松下（Panasonic）和索尼(Sony)在日本也是如此。

跨国公司

其他大企业的经营范围也变得国际化。<mark>跨国公司</mark>（multinational）

企业集团 至少有4项业务，每项业务生产不相关的产品，且没有一项业务占其销售的大部分的企业。

跨国公司 生产和销售不受国界限制，业务活动分布在多个不同国家的公司。

图6.6

企业集团结构

3M公司是企业集团的一个例子。虽然你可能只熟悉它们的办公产品，但它们也在其他市场提供商品和服务。该公司确信这种多样化将有助于自身应对意料之外的经济事件。

▶ 批判性思考

分析 一些趋势表明，传统以纸质为主的办公场所的数量将持续下降，远程办公将更受欢迎。如果这些趋势继续下去，3M公司的哪些业务部门可能受益，哪些可能受损？解释你的答案。

是指在许多不同国家拥有制造或服务业务的公司。其实，它相当于同时是多个国家的公民。跨国公司很可能在其经营业务的每一个国家纳税，并需遵守每一个国家的法律。美国通用汽车（General Motors）、纳贝斯克（Nabisco）、英国石油（British Petroleum）、荷兰皇家壳牌（Royal Dutch Shell）、三菱和索尼等都是在全球经济中占据重要地位的跨国公司。

跨国公司之所以重要，是因为它们有能力将资源、商品、服务和金融资本跨境转移。例如，总部位于加拿大的跨国公司可以在法国发行债券。这些收入可以用来扩张其位于墨西哥的一家工厂，该工厂生产的产品在美国销售。如果一家跨国公司生产不相关的产品，它也可能是一家企业集团，但如果它在几个不同的国家开展业务，它更有可能被称为跨国公司。

跨国公司在一个国家通常是受欢迎的，因为它们迁移新技术，并在需要工作岗位的地区创造新的就业机会。跨国公司还为东道国创造税收收入，这有助于东道国的经济。

众所周知，跨国公司有时会通过向工人支付低工资，出口稀缺的自然资源，或干预当地企业的发展来滥用它们的权力。一些批评人士指出，跨国公司通过声称要把业务迁往另一个国家来要求东道国在税收、监管和工资方面的优惠。其他批评人士担心，跨国公司可能会改变东道国的传统生活方式和商业习惯。

然而，多数经济学家对全球竞争带来的低成本生产和高质量产出表示欢迎。他们还相信，最终产生的技术迁移将提高每个人的生活水平。总体来说，跨国公司的优点远大于缺点。

☑ 阅读进展检查

解释 企业内部发生的不同类型的合并有哪些？

创业资金

引导性问题 企业获得启动资金的方式有哪些？

企业对地区和国家的经济健康非常重要，因此我们并不总是等待企业自己为自己的增长和扩张提供资金。美国许多州、学院和大学以及私人投资者已经介入，试图提供帮助。

创业教育和孵化器

创业不仅仅需要一个好想法，更重要的是，它还需要有足够的资金和管理能力来把想法变成现实。为了填补这一空白，美国许多州和大学已经开始推广创业**孵化器**（incubators），或是潜在的创业者可以获得会计、工程和管理技能方面培训的地方，并提供资金以赋予商业概念生命。

孵化器 企业家可以接受培训和其他帮助，以建立一个成功的初创企业的地方。

许多大学甚至有专门的课程，为毕业生开设创业学位。许多这样的项目在学习结束时都会有比赛，同学们相互竞争从公共或私人投资者那里获得启动资金。当然，许多人永远不会成为成功的企业家，但如果没有这些项目，他们永远不会有机会去尝试。

从历史上看，精英大学和顶尖企业之间有过很多合作，如果这些创业想法在当时都成功了，那他们的协议和产品会让双方受益。孵化器的不同之处在于，潜在企业家所需要的教育和融资的可能性正在惠及更多人，而不仅仅是那些为了换取研究基金却很少或根本没有教学的顶尖研究人员。

风险投资人

风险投资人 向初创企业提供投资资金，以换取企业部分所有权的人。

风险投资人（venture capitalist）是为新企业或未被证明的企业提供投资资金，以换取股权（所有权）的人。风险投资人通常在初创企业圈子里很有名，创业者通常需要进行严格的陈述才能获得资金。风险投资人可能期望其投资获得高达 25% 的年回报率，并要求至少拥有企业一半的所有权。这些条款可能看起来很严苛，但它们通常是必要的，以抵销风险投资人支持的其他初创企业可能带来的损失。

风险投资人也会提供有用的专业知识，并能够将企业家介绍给行业其他企业，帮助解决问题。风险投资人将帮助企业家进行公司的 IPO，使公司起步。如果 IPO 成功，风险投资人可能会卖掉自己的股票，然后去寻找另一家初创公司投资资金。

天使投资人

天使投资人 向前景不乐观的初创企业提供资金的，非正式的并且通常非常富裕的投资者。

天使投资人（angel investors）喜欢为家人、朋友，或其他具有潜力但无法获得充足种子资金的人的初创企业提供资金。"天使"一词的出现是因为他们通常更有兴趣帮助个人渡过难关，而不仅是从投资中获得可观的回报。正因为如此，其融资条件比任何其他类型的融资都要慷慨和宽容得多。

虽然天使贷款没有固定的模式，但支持的形式通常是一次性注资，尽管这种情况可能会随着时间的推移而改变。一些天使投资人组成"俱乐部"，把他们的资金集中起来；其他天使投资人组织形式则更为正式，如果投资成功，则获取企业的"一部分业务"。富有的投资者经常为他们资助的企业提供指导，他们希望这些企业的成功将改善整个社会的生活。

众筹

众筹 利用社交网络吸引潜在投资者。

企业家获得融资的最新方式之一是**众筹**（crowdfunding），也被称为众包，即在社交网络平台上向可能感兴趣的投资者群体直接融资。例如，如果一个潜在的企业家有一个想法，他想要推广到一个对此有兴趣的群体，推广的成本很低。所需要的只是一个好的想法、一个成功的众筹策略、一个合适的媒体平台，以及一群愿意倾听并出资的人。

众筹起源于脸书（Facebook）和领英（LinkedIn），当时人们就如何成为一名更有效率的演讲者等问题征求意见。最近，众筹也被用于为初创投资项目募集资金。一些早期的众筹网站，如 Kickstarter、Fundable 和 Crowdfunder，已经取得了不同程度的成功，由于技术和方法可能会经历相当大的演变，这些网站仍在不断发展。

在此之前，众筹网站 Kickstarter 在短短 10 个多小时内从 9 万多名支持者那里筹集了 570 万美元，将备受追捧的美女校探维罗尼卡·马尔斯（Veronica Mars）搬上大银幕，这是每一位众筹创业者都乐于效仿的成功故事之一。

✅ 阅读进展检查

解释 从风险投资人那里寻求初创融资的优点和缺点是什么？

第2节 回顾

词汇回顾

1. **解释** 为什么现金流是一个比净收入更全面的衡量公司利润的指标？

使用你的笔记

2. **解释** 你的商业伙伴决定将你们的健康食品企业与之前的竞争对手贝塔汉堡合并。他告诉了你其中的好处，但你持怀疑态度。在你们做出决策之前，你向合作伙伴解释这次合并可能存在的坏处。

回答引导性问题

3. **描述** 为什么企业所有者会选择将利润再投资？
4. **总结** 企业合并会带来哪些优势？
5. **解释** 企业获得启动资金的方式有哪些？

经济学写作

6. **论证** 假设你和一个朋友有一个出色的社交媒体产品的商业创意，并想要寻找一些创业资金来创立企业。你和朋友在寻找启动资金的方式上存在分歧。选择本节所讨论的资金来源之一，论证你的选择。一定要给出你选择的理由，以及你对结果的预测。

在美国失业率高的情况下，企业将工作外包给外国是否合乎道德？

如今，企业将某些业务外包出去并不罕见。他们这样做可能是为了节省内部员工的开支，还可能希望利用在某些业务方面具有专长的第三方供应商。

近年来，有关外包的一个话题在美国引起了广泛关注，那就是将某些工作外包给海外公司。虽然海外外包的做法可以带来急需的成本节约，但许多美国人担心，美国的工作岗位正在流失。在美国失业率较高的时期，工作岗位稀缺，下岗工人拼命寻找新工作。在这种经济环境下，企业继续把工作外包给外国是否合乎道德？

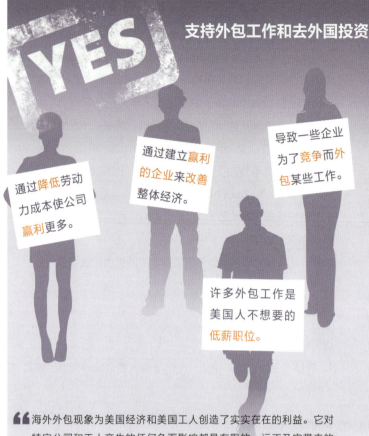

支持外包工作和去外国投资

通过降低劳动力成本使公司赢利更多。

通过建立赢利的企业来改善整体经济。

导致一些企业为了竞争而外包某些工作。

许多外包工作是美国人不想要的低薪职位。

> 海外外包现象为美国经济和美国工人创造了实实在在的利益。它对特定公司和工人产生的任何负面影响都是有限的，远不及它带来的好处。
>
> —— 丹尼尔·格里斯沃尔德（Daniel Griswold），
> 卡托研究所贸易政策研究中心主任

外包的好处

- 专注于核心业务
- 节省成本
- 提高效率
- 职员灵活性
- 专业知识

反对外包工作和去外国投资

可能会因为语言和文化障碍导致产品质量下降。

可能会被增加的管理和监督成本所抵消。

导致美国一些行业的雇员就业前景黯淡。

可能导致公司失去对专利信息的控制。

> 在他们担心中产阶级和我们作为消费者市场的实力之前，我们还要再失去多少工作？美国何时才能停止借入外国资本来购买欧洲和亚洲经济的外国商品而让我们自己陷入更深的债务？目前1 500万失业工人将在何时何地填补哪些职位空缺？

——卢·多布斯（Lou Dobbs），
CNN《今夜卢·多布斯》主播兼执行编辑

从1999到2010，美国公司提供

海外工作岗位
3倍于
美国工作岗位

分析问题

1. 分析图文　美国的工作岗位数量和外包的工作岗位数量发生了怎样的变化？这对美国工人意味着什么？

2. 确定　格里斯沃尔德提到外包有哪些切实的好处，多布斯提到了哪些负面影响？

3. 观点　你觉得哪个论点最令人信服：工作留在国内还是工作外包到国外？说明你的理由。

术语表

- 非营利组织
- 合作社
- 信用合作社
- 工会
- 集体谈判
- 商业协会
- 商业改善局

做笔记

使用下表来识别非营利组织的类型及其提供的好处。

非营利组织的类型

组织	好处

第3节　非营利组织

核心问题

市场经济如何支持非营利组织？

大多数企业利用稀缺资源生产商品和服务，希望为所有者赚取利润。其他组织以"非营利"为基础运作。一个**非营利组织**（nonprofit organization）以一种商业化的方式来促进成员的集体利益，而不是为其所有者谋取经济利益。

美国有许多非营利组织。美国红十字会（the American Red Cross）、美国联合慈善总会（the United Way）、史密森学会（the Smithsonian Institution）、女童子军（the Girl Scouts），甚至美国奥林匹克委员会（U.S. Olympic Committee），这些只是少数几个知名度较高的全国性非营利组织，但在美国几乎每个社区都有很多非营利组织。

选择一个你知道的非营利组织，并回答关于它的以下问题。

- 这个组织的目的是什么？
- 它如何赚钱来为达到其目的提供资金？
- 这个非营利性组织与营利性企业有何不同？有何相同？
- 你认为政府为什么不要求这个组织交税？

社区组织和合作社

引导性问题　为什么社区组织和合作社的价值难以衡量？

社区组织

社区组织包括学校、教堂、医院、福利团体和收养机构。这些组

非营利组织　经营类似企业但不谋求经济利益的经济机构，如学校、教堂和社区服务机构。

织中有许多是合法成立的，目的是利用无限的生命和有限的责任。它们与营利企业类似，但不发行股票、支付股息或缴纳所得税。如果它们的活动产生的收入超过了支出，它们就利用盈余来推进它们的工作。

像营利企业一样，非营利组织使用稀缺的生产要素。然而，它们努力的结果很难分析，因为它们贡献的价值难以衡量。尽管如此，大量的非营利组织表明它们是经济体系的一个重要组成部分。

合作社

非营利组织的一种常见类型是**合作社**（cooperative）。合作社是一个自愿性协会，它是为了进行某种有益于其成员的经济活动而成立的。合作社可分为三大类：消费者合作社、服务合作社和生产者合作社。

- **消费者合作社**　消费者合作社（consumer cooperative）是一个自愿性协会，它购买大量食品、服装等商品，以低于普通企业售价的价格出售给成员。成员们通常每周或每月花几个小时致力于运营，以帮助降低成本。

- **服务合作社**　服务合作社为其成员提供保险、信贷或儿童看护等服务，而不是商品。**信用合作社**（credit union）是一种接受特定公司或政府机构雇员的存款并向其发放贷款的金融组

合作社　为其成员的利益进行某种经济活动的非营利协会。

信用合作社　接受存款、发放贷款并提供其他金融服务的非营利性服务合作社。

政治漫画：信用合作社和银行

啊！那银行是欺诈！它的利率糟透了！它所关心的只是让股东发财！

我要转到信用合作社去。

不是我……我正在银行买股票。

BIG BUX BANK
OPEN AN ACCOUNT NOW!

信用合作社和银行都是帮助消费者处理金融问题的组织。

◀ **批判性思考**
评价　分别给出银行和信用合作社至少一个优点。

织，是一种服务合作社。

- **生产者合作社** 生产者合作社主要由生产者（如农民）组成，帮助成员直接向市场、消费者或使用成员产品的公司推销或销售它们的产品。一些合作社，如海洋喷雾蔓越莓合作社，会直接向消费者推销它们的产品。

☑ 阅读进展检查

解释 合作社是如何运作的？

工会、专业组织和商业协会

引导性问题 一些非营利组织如何促进工人和消费者的利益？

非营利组织不仅局限于合作社和民间团体，许多其他团体也以这种方式组织以促进其成员的利益。

工会

工会 为其成员的薪酬、工作时间、医疗保险、假期及其他工作相关事项的利益而工作的组织。

集体谈判 工会和管理层代表就薪酬、工作时间、医疗保险、假期及其他工作相关事项进行谈判的过程。

工会（labor union）是一个重要的组织，它是工人的组织，为代表其成员在各种就业问题上的利益而成立。当与管理层就薪酬、工作时间、医疗保险、假期和其他工作相关事项进行磋商时，工会参与**集体谈判**（collective bargaining）。工会还会游说制定有利于工人或保护工人的法律。

美国最大的工会是全国教育协会（NEA），它代表公立学校的教师、行政人员和代课教师。还有代表了约 1 200 万工人的约 57 个其他工会的美国劳工联合会与产业工会联合会（AFL-CIO）。AFL-CIO是一个工会组织，成员包括从事各种不同工作的工人。

探索核心问题

公共交通雇员工会为了获得更高的工资而罢工。员工在获得大额加薪之前不会回去工作，依赖公共汽车和火车出行的人必须寻找其他交通方式。工会的行为如何影响经济？

专业协会

有些工人属于专业协会、行业协会或学院。这种专业协会由从事专门职业的人组成，他们对改善工作条件、技能水平和公众对该职业的看法感兴趣。

美国医学协会（AMA）和美国律师协会（ABA）是包含特定职业成员的组织的例子。这些团体影响其成员的执照和培训，制定行为标准，并积极参与影响他们的政治问题。其他专业协会代表银行家、教师、大学教授、警察和其他数百种职业。

商业协会

企业也会形成组织来促进它们的集体利益。大多数社区都有一个当地**商业协会**（chamber of commerce），即一个促进其成员企业福利

商业协会　当地企业组成的，以提升自身利益为目的的非营利性组织。

全球 🌐 经济 & 你

全球范围内的经济分析

国际货币基金组织（IMF）是一个拥有189个成员方的全球性组织。它的目标是帮助成员方应对经济全球化带来的机遇和挑战。

与美国的全国性或地方性非营利组织一样，国际货币基金组织致力于支持其成员的能力提升。它可以提供经济趋势的财务分析，以帮助各成员预测可追赶的潜在机会或需应对的危机。它还可以提供关于全球和区域经济发展的研究，并向试图管理其经济的成员提供技术援助。它也可以提供贷款，帮助成员渡过金融危机，有时也会提供贷款帮助成员消除贫困。

这种支持有助于建立一个各国经济愈发交织在一起的世界。如今，如果一个国家或地区面临金融危机，其后果通常可以在世界各地感受到。例如，2011年，地中海岛国塞浦路斯发现自己背负着巨额国债，其作为欧元区的一部分威胁着整个欧元区的生存。欧元区是一个由采用欧元作为货币的成员国组成的经济集团。国际货币基金组织和其他贷款机构向塞浦路斯提供了134亿美元的贷款，但有附加条件——塞浦路斯必须进行重大改革，改变其银行系统的运作方式，并执行控制其债务的措施。国际货币基金组织和其他贷款机构帮助塞浦路斯制定了一项计划来实现这些目标。

国际货币基金组织是一个全球性组织的例子，它为成员方提供了成员国可能缺乏的资源。其他大型国际组织包括国际红十字委员会、世界贸易组织、联合国儿童基金会和世界卫生组织。

◀ **批判性思考**

得出推论　为什么国际货币基金组织的工作对美国公民很重要？

的组织。典型的商业协会赞助各种活动，其范围从教育项目到为有利的商业立法进行游说。

行业协会代表着特定种类的企业。行业协会有兴趣制定政府在自由企业、进口和关税、最低工资和新建设等经济问题上的政策。

一些商业协会帮助保护消费者。**商业改善局**（Better Business Bureau）是一个由当地企业赞助的非营利组织。它提供有关公司的常规资料，并保存消费者查询和投诉的记录。

> **商业改善局** 企业赞助的向消费者提供当地公司信息的非营利组织。

✅ **阅读进展检查**

总结 专业协会如何帮助它们的成员？

政府

引导性问题 政府作为一个非营利组织是如何运作的？

尽管你可能没有意识到，但你所在地区的政府职能部门实际上是一个非营利的经济组织。有时政府在经济中起直接作用，而有时则是起间接作用。

政府的直接作用

许多政府机构向消费者生产和分配商品和服务，使政府在经济中发挥直接作用。这个作用是直接的，因为政府提供了某种与私营企业相竞争的商品或服务。以下是政府在经济中起直接作用的 3 个例子。

- **田纳西河谷管理局（TVA）** 为美国田纳西州的大部分地区以及亚拉巴马州、佐治亚州、肯塔基州、北卡罗来纳州、弗吉尼亚州和密西西比州的部分地区提供电力。这家供应商直接与私营电力公司竞争。
- **联邦存款保险公司（FDIC）** 为美国银行的存款提供保险。由于其提供的保险可以由私营保险公司提供，所以联邦存款保险公司是政府直接作用的一个例子。
- **美国邮政服务（USPS）** 最初被称为邮局部门，但在 1970 年变成了一个政府公司。美国邮政服务直接与联邦快递（FedEx）和联合包裹服务（UPS）等私营公司竞争。

许多联邦机构被组成政府所有的公司。这些公司对它们的产品收费，收入又回到了"公司"中。然而，与私营企业不同的是，美国国会会承担公共公司可能遭受的任何损失。

银行交易由联邦存款保险公司支持，它确保消费者的钱在美国的银行中是安全的。

美国的州和地方政府在经济中也起着直接作用。州政府提供学院和大学、退休计划及全州范围的警卫。地方政府提供警卫、消防、救援服务和学校。与此同时，各级政府帮助建设和维护道路和公园。

政府的间接作用

当政府作为仲裁人帮助市场经济平稳有效地运行时，或者当它给一群消费者带来他们原本可能没有的购买力提升时，政府发挥着间接的作用。这种作用是间接的，因为政府的行动并没有鼓励与私营部门生产者进行直接竞争，但仍对经济产生影响。以下是政府起间接作用的一些例子。

- **反托拉斯法** 1890 年《谢尔曼反托拉斯法》等法律的通过，使得垄断和联合限制贸易成为非法。这种影响是间接的，因为它在不与公司直接竞争的情况下阻止了它们的一些行为。

- **学院奖学金** 政府给学生的助学金或奖学金可能会鼓励更多

的学生上大学。与受教育程度较低的劳动力相比，这些资金将创造出更有生产力、收入更高、纳税更多的劳动力，从而产生长期影响。

- **社会保障金** 接受社会保障支票的人获得了购买力，这有助于他们摆脱贫困。政府的作用是间接的，因为它提高了接受者的购买力，而没有直接与其他经济部门竞争。

政府间接行为提供的付款和资金，往往赋予接受者一种靠他们自己可能不会拥有的购买力，以及通过在市场上公开他们的要求获得的"投票"的权力。这种权力影响商品和服务的生产，而这一生产又影响稀缺资源的分配。

✅ **阅读进展检查**

评估 你认为政府的哪个角色更重要吗？为什么？

第3节 回顾

词汇回顾

1. **解释** 商业改善局如何使消费者受益？向商业改善局提出的投诉会如何影响公司与其客户或潜在客户的关系？

使用你的笔记

2. **解释** 使用你的笔记来解释非营利组织是如何成为经济的重要组成部分的。

回答引导性问题

3. **解释** 为什么社区组织和合作社的价值难以衡量？

4. **描述** 一些非营利组织如何促进工人和消费者的利益？

5. **描述** 政府作为一个非营利组织是如何运作的？

经济学写作

6. **资料性/解释性** 选择一个具体的非营利组织，用一段话描述这个组织。组织成员是谁？谁从中受益？如何受益？地方或国家经济如何支持这个组织？

学习指南

	优势	劣势
独资企业	• 易于成立/关闭 • 管理简单 • 所有者保留利润 • 没有单独的营业税 • 个人满足	• 无限责任 • 低效 • 很难找到员工 • 寿命有限
合资企业	• 易于成立 • 易于管理 • 没有单独的营业税 • 运营高效 • 易于融资	• 较高责任 • 寿命有限 • 合伙人之间有可能 　产生矛盾
公司	• 容易筹集资金 • 有限责任 • 专业管理 • 寿命无限 • 易于转移所有权	• 双重缴税 • 不易成立 • 所有者不经营公司 • 政府监管

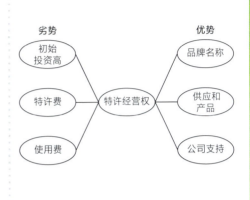

利润的再投资

合并
• 横向 • 纵向

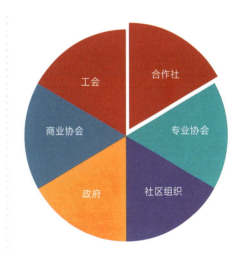

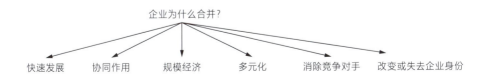

第6章　评估

说明：在一张单独的纸上回答以下问题。请务必仔细阅读并回答所有问题。

内容回顾

第1节

❶ **解释** 假设你想要成立一个园林绿化企业。你为何选择合资经营而非独资经营？

❷ **描述** 21世纪初，能源巨头安然（Enron）受到管理不善和丑闻的冲击。该公司申请破产，在几乎失去所有客户后，便倒闭了。股东的负债程度如何？请解释。

第2节

❸ **分析** 你的园林绿化生意很红火，但你意识到它只能持续9个月，在冬天它就会冷清下来。你的一个朋友有一家清理停车场和车道积雪的公司，这是一项很棒的冬季业务。你和你的朋友决定合并你们的公司。这是一种怎样的合并，是纵向合并还是横向合并？请解释。

❹ **分析** 一个年轻的企业家有一个很好的创业点子，并从风险投资人那里获得了资金。风险投资人希望获得公司15%的股份，并希望获得20%的投资回报。这对创业者来说是一笔好买卖吗？为什么？

第3节

❺ **描述** 一个拥有活跃的专业协会的城市能够获得什么经济效益？

❻ **评估** 政府是否应该在经济中发挥直接作用？解释你的答案并给出例子。

❼ **解释** 加入合作社对你的家庭有什么好处？

批判性思考

❽ **整合** 两年前，一位企业家创办了一家公司。从那以后，它一直非常成功，但企业家认为它增长得不够快。给出这位企业家可以考虑的一些使企业发展更快的策略。

❾ **权衡** 一位刚从商学院毕业的学生决定在他的家乡开一家豪华司机服务公司。他有朋友和家人的经济支持来推动企业的发展。他想知道应该建立什么样的商业组织。你给他什么建议？解释你的答案。

❿ **评估** 美国政府创建田纳西河谷管理局的时候，许多生活在农村地区的人无法用电，因为私营公司拉线为这么少的人供电无法营利。时代已经改变，现在私营企业可以从服务农村客户中获利。政府是否应该退出与私营电力公司竞争的业务？解释你的答案。

图表分析

使用损益表回答以下有关现金流的问题。

⓫ **解释** 为什么折旧要加到净收入中才能得到现金流？

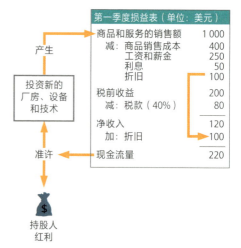

第一季度损益表（单位：美元）	
商品和服务的销售额	1 000
减：商品销售成本	400
工资和薪金	250
利息	50
折旧	100
税前收益	200
减：税款（40%）	80
净收入	120
加：折旧	100
现金流量	220

产生

投资新的厂房、设备和技术

准许

持股人红利

⓬ **应用** 公司能再投资于企业多少钱？为什么所有者想把钱进行再投资？

第6章 评估

说明：在一张单独的纸上回答以下问题。请务必仔细阅读并回答所有问题。

回答核心问题

回顾你在每节开始时对这些问题的答案，然后根据你在本章中学到的内容再次回答这些问题。你的答案改变了吗？

13 **解释** 企业是如何形成，以及如何发展的？

14 **解释** 市场经济如何支持非营利组织？

21世纪技能

15 **决策** 20年前，两位企业家合伙开了一家出售冷冻酸奶的商店。这家公司如今在城市的不同地区有两家门店。合作伙伴希望在其他3个城市开设门店。他们应该继续采用合伙制还是公司？

16 **创造和分析论点并得出结论** 一位顾问建议一位制造商增加对机器人和其他技术的投资，因为这将提高生产率。这位制造商担心升级的成本，并且知道他的员工不具备操作新技术的技能。如果你是这位顾问，你会提出什么论点来支持你的建议？

17 **比较和对比** 伊利诺伊州的一位种植大豆的农民有机会通过生产者合作社出售他的大豆，或者他可以直接把大豆卖给一个大型的商业谷物粮仓。这两种选择有什么相似之处和不同之处？农民在哪里最有可能获得更大的利润？为什么？

培养财经素养

18 **分析** 一位年轻的企业家开始为客户提供一对一的家用电脑维修。他雇用了几名员工，但仍供不应求。管理不是他的强项，他的一个朋友被推荐加入这家公司做经理。

a. 仅考虑商业原因，这位企业家是否应该接受他的朋友作为合作伙伴？

b. 他还有什么其他选择来发展公司？他

应该选择哪一个？为什么？

分析基础资料

当组织联合起来成为合作伙伴或合并时，它们通常可以获得以前没有的资源以及其他好处。阅读基础资料并回答以下问题。

科罗拉多州的公共媒体希望在数量上取得优势。落基山公共广播公司（RMPBS）总裁兼首席执行官道格·普莱斯（Doug Price）表示，该公司与调查报道机构I-News和公共广播电台KUVO（FM89.3）签署了一项合并协议，旨在"重新定义科罗拉多州的公共媒体"。

基础资料

❝ I-News执行董事劳拉·弗兰克（Laura Frank）表示，对于I-News来说，合并意味着RMPBS拥有现成的基础设施，这样报道团队就可以专注于新闻业，而不是商业模式。

对于KUVO来说，合并意味着获得RMPBS的商业模式，这在推动该公司技术升级以及在不确定性时代稳定发展方面具有重要意义。

对于RMPBS来说，这笔交易让它们可以通过KUVO接触越来越多的拉丁裔观众，并拥有一个由5名I-News员工组成的更有分量的新闻编辑室。

普莱斯说，这笔交易使RMPBS成为美国增长最快的公共媒体公司。RMPBS的成员已从2010年的4.7万人增至目前的6.3万人，如果加上KUVO的员工数，合并后将达到7万人。❞

资料来源：Joanne Ostrow, The Denver Post, Jan. 15, 2013.

19 **分析基础资料** RMPBS如何从合并中获益？这些好处将如何使RMPBS增长？

20 **分类** 这3家企业进行了怎样的合并？请解释。

第7章　劳动和工资

核心问题

- 现代劳动业的哪些特征导致了工会运动?
- 哪些因素会导致工人的工资上涨?

第1节　工人运动

第2节　工资和劳资纠纷

第3节　美国就业趋势与问题

你是工会成员吗

　　美国最早的工会实际上是由专门从事某些技能的工人组成的协会，比如木工、制鞋和橱柜。第一个有组织的劳工组织是联邦熟练工协会（Federal Society of Journeymen Cordwainers），它于1794年在费城成立。工会为成员的服务设定标准工资，并有组织地保护成员不受工厂剥削。在接下来的几十年里，美国工会在努力实现自己的使命同时也试图操纵政治，不过遇到不少困难。

美国工会的诞生

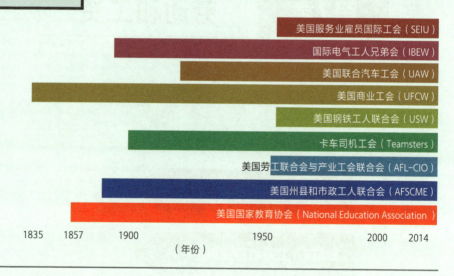

美国服务业雇员国际工会（SEIU）
国际电气工人兄弟会（IBEW）
美国联合汽车工会（UAW）
美国商业工会（UFCW）
美国钢铁工人联合会（USW）
卡车司机工会（Teamsters）
美国劳工联合会与产业工会联合会（AFL-CIO）
美国州县和市政工人联合会（AFSCME）
美国国家教育协会（National Education Association ）

| 1835 | 1857 | 1900 | | 1950 | | 2000 | 2014 |

（年份）

工会工具

罢工
工会组织停工计划，旨在获得雇主的让步。

罢工纠察
在营业场所外示威或游行，抗议公司的行为或政策。

抵制购买
以拒绝购买的形式进行抗议，包括试图说服他人将业务转移到其他地方。

停工
雇主拒绝让员工工作，直到他们同意管理层的要求。

《工作权利法》

《工作权利法》禁止雇主将要求雇员加入工会（包括缴纳会费）作为雇佣标准。2016年，美国26个州制定了《工作权利法》，另有19个州也提出了类似的立法。反对《工作权利法》的人认为，这些法律降低了工资，使工人更容易受到剥削。《工作权利法》的支持者指出了工会会员的经济负担以及工人有选择是否由工会代表的权利。

工会工作场所

授权代表
工会企业

工人不必是工会成员才能被雇用，但必须在不久之后加入工会，并在成为雇员时保持加入工会。

授权代表
只雇用工会成员的企业

只雇用工会成员的雇主。

授权代表
改良的工会企业

工人不必是工会成员才能被雇用，不会被迫加入工会以保住工作。但是，如果工人选择加入工会，他们必须在雇用期间一直保持是工会成员。

授权代表
代理企业

企业不要求工人加入工会才能获得或保住他们的工作。工人必须支付工会会费才能为集体谈判提供资金。非工会工人必须遵守工会谈判达成的合同，无论他们是否同意这些条款。

想一想
归类 检查工会的工具，确定哪些是直接活动方式，哪些是间接活动方式，并解释你的答案。

做笔记

使用下图来追踪美国工人运动的发展和变化。

美国工人运动

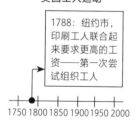

1788：纽约市，印刷工人联合起来要求更高的工资——第一次尝试组织工人

1750 1800 1850 1900 1950 2000

第1节 工人运动

核心问题

现代劳动业的哪些特征导致了工会运动？

下面描述了我们在今天的工作场所认为理所应当的员工权利，其中有许多是工人和雇主之间长期斗争的结果。你认为这些特性是否适用于如今的劳动力，并给出解释。

- 周末不上班。
- 每天 8 小时的工作时间。
- 工作场所基本的、强制性的安全措施。
- 带薪假期（或病假）。
- 国庆长假。
- 加班费。
- 最低工资保障。

从殖民时代到20世纪30年代的美国

引导性问题　早期工会成立的目的是什么？

现在，每 9 个工作的美国人中只有 1 个是工会成员。尽管如此，工会仍然很重要，因为它们在帮助制定影响美国现在的工资和工作条件的立法方面发挥了重要的历史作用。当你阅读美国工人运动的历史时，想想使得现在劳动力市场上工人们享受到福利的一系列事件。

美国工会早期发展

1778 年，纽约市的印刷工人联合起来要求提高工资。这是美国第一次尝试组织工人。不久，鞋匠、木匠和裁缝的工会发展起来，每个工会都希望就工作时间、工资和工作条件进行协商并达成协议。虽然所有工人中只有一小部分属于工会，但大多数工会都由熟练工人组成，具有很强的议价能力。

直到 1820 年，美国的劳动力主要由农民、小企业主和个体经营者组成。不久，大批移民开始涌入。因为他们提供了廉价、无技能的劳动力，所以对工会构成了威胁，而工会正在努力维持现有的工资和劳工标准。

此外，公众舆论在很大程度上反对工会活动，一些地区甚至禁止工会。工人组织者常常被视为麻烦制造者，同时许多工人认为他们可以更好地与雇主进行一对一谈判。

从内战到20世纪30年代的美国工会发展

内战导致物价上涨，对商品和服务的需求增加。制造业扩张，农业人口减少。从事工业工作的小时工约占美国劳动人口的 1/4。

一些行业的工作条件很艰难，对工会的敌意开始慢慢软化。移民和美国本土工人之间的许多文化和语言差异开始消失，劳动力变得更加统一。

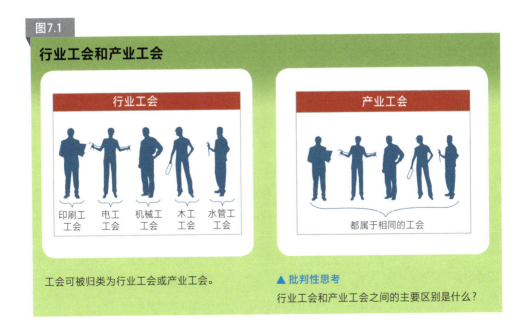

图7.1

行业工会和产业工会

行业工会：印刷工工会　电工工会　机械工工会　木工工会　水管工工会

产业工会：都属于相同的工会

工会可被归类为行业工会或产业工会。

▲ 批判性思考
行业工会和产业工会之间的主要区别是什么？

美国工会类型

在内战后期，图 7.1 所示的两种主要工会类型占主导地位。第一种是**行业工会**（craft union），或称职业工会，由从事同样工作的熟练工人组成的协会。由工会领袖塞缪尔·冈帕斯（Samuel Gompers）发起的雪茄制造商工会（Cigar Makers' Union）就是一个例子。

第二种是产业工会（industrial union）——由同一产业的工人组成的协会，与每个工人从事的工作无关。钢铁和纺织等基础大规模生产行业的发展为组织这种工会提供了机会。由于这些行业的许多工人缺乏技能，无法加入职业工会，他们转而组织产业工会。

工会活动

工会试图通过谈判争取更高的工资、更好的工作时间和工作条件等来帮助工人。如果不能达成协议，工人们将举行**罢工**（strike），或在某些要求得到满足之前拒绝工作。工会还向雇主施加压力，要求罢工工人举行**罢工纠察**（picket），或带着有关争议的标语在雇主的企业前游行。这些标语可能会要求其他工人不要到公司找工作，也可能会要求客户和供应商通过将业务转移到其他地方以表示对工会的支持。

如果罢工和罢工纠察不能迫使争端得到解决，工会可能组织**抵制购买**（boycott）——大规模拒绝从目标雇主或公司购买产品。当抵制有效时，就会损害公司的业务。

雇主的阻力

雇主们憎恨罢工、罢工纠察和抵制购买，因此他们以多种方式与工会斗争。有时老板会要求**停工**（lockout），拒绝让员工工作，直到他们同意管理层的要求。

曾经相对罕见的停工，如今越来越多地被管理层使用。2011 年，美国国家橄榄球联盟将球员禁赛 130 天。同年，美国国家篮球协会将其球员禁赛 161 天。2012 年，纽约市歌剧院甚至一度将歌手和管弦乐队拒之门外。

其他时候，管理层对罢工或罢工纠察的反应是，雇用新工人来取代罢工工人。一些老板甚至成立了**公司工会**（company unions）——由雇主组织、支持或运营的工会——来阻止其他人组织工人。

行业工会 成员从事相同工作的工会，和职业工会一样。

罢工 工会组织的暂停工作，旨在获得雇主的让步。

罢工纠察 在营业地点前示威或游行，抗议公司的行为或政策。

抵制购买 以拒绝购买的形式进行抗议，包括试图说服他人将业务转移到其他地方。

停工 管理层拒绝让员工工作，直到在公司要求得到满足。

公司工会 由雇主组织、支持或运营的工会。

勒德洛大屠杀

也许没有什么比科罗拉多罢工更能代表这种斗争了。美国煤矿工人联合会（United Mine Workers of America）曾组织过一场罢工，反对约翰·洛克菲勒的一家煤矿公司，要求提高工资和改善工作条件。当公司强迫工人离开公司所拥有的房屋时，矿工和他们的家人搬进了工会搭建的帐篷。

预计几天就会结束的罢工持续了 14 个月。罢工的矿工和公司保安之间有时会发生打斗。这家煤矿公司还聘请了私人侦探，并得到了科罗拉多州国民警卫队的帮助。

1914 年春天，这场斗争成了一场全天的战斗和一场毁灭性的大火。最终，数十人丧生，其中包括 2 名妇女和 11 名儿童。这场暴力事件，被称为勒德洛大屠杀（Ludlow massacre），由此引发的冲突最终导致近 200 人丧生。

法院的态度

在这一时期，法院对工会的态度一直不好。根据英国普通法，工会被认为存有反对商业的阴谋，并在美国被起诉。甚至 1890 年主要目的是遏制垄断的《谢尔曼反托拉斯法》也被用来约束劳工。

1902 年，康涅狄格州的一家帽子制造商丹伯里公司（Danbury）拒绝了美国制帽工人联合会（United Hatters Union）的要求，工会发起了一场罢工。工会决定向企业施加压力，不让它们出售丹伯里公司生产的帽子。这家帽子制造商根据《谢尔曼法案》指控工会限制贸易的阴谋，并向最高法院提起诉讼。最高法院裁定，工会组织了一项非法抵制贸易限制，从而对有组织的劳工造成严重打击。

丹伯里—制帽工人一案以及随后的几项反工会决定促使有组织的劳工要求援助。1914 年通过的《克莱顿反托拉斯法》明确免除了《谢尔曼法案》对工会的起诉，帮助消除了对工会的威胁。

✓ 阅读进展检查

回忆　从 18 世纪初到 20 世纪初，美国工会发生了怎样的变化？

人物传记

塞萨尔·查韦斯

工会组织者（1927—1993）

塞萨尔·查韦斯（César Chávez）在一个人人都能下地干活的家庭中长大。查韦斯目睹了工人们的不公平待遇，后来他成为一名工人运动者和工会组织者。

查韦斯相信组织的力量。1966 年，他创办的工会与其他工会合并，成立了联合农场工人工会（United Farm Workers union, UFW），最终赋予农民通过谈判获得更好的工资和工作条件的权利。到1970年，UFW 就葡萄采摘者的工会合同进行了谈判。查韦斯组织了抵制和和平抗议。他绝食数周，迫使种植者与农会谈判帮助农场工人。

1993 年，查韦斯在为UFW 就生菜种植者提起的诉讼进行辩护时去世。

▲ 批判性思考

确定原因和影响　查韦斯早年的生活如何影响了他为加州外来务农工人建立工会的决心？

推断　查韦斯在组织移民工人时必须面对和克服哪些问题？

20世纪30年代以来的美国劳动力

引导性问题　自20世纪30年代以来，美国《劳动法》是加强还是削弱了工会运动？为什么？

在 20 世纪 30 年代，美国劳动人民的日子特别艰难。工作机会稀缺，并且缺乏失业保险。作为回应，美国国会通过了一系列支持工会的法律。尽管随之而来的是对劳工的强烈反对，但这些法律提供了至今仍有效的最重要的劳工保护。

大萧条时期的劳动力

大萧条 美国历史上最严重的经济衰退时期，从1929年持续到1939年。

大萧条（Great Depression）——美国历史上最严重的经济衰退和停滞时期——始于 1929 年 10 月的股市崩盘。经济产出在 1933 年触底，直到 1939 年才恢复到 1929 年的水平。有时，多达 1/4 的工人没有工作。另一些人保住了工作，但薪水减少了。1929 年，制造业的平均时薪为 55 美分。到 1933 年，一些地区制造业的平均时薪跌到了 5 美分。

大萧条给数百万美国人带来了苦难，但也改变了人们对工人运动的态度。共同的问题使工厂工人团结起来，工会倡导者重新努力组织工人。

工会立法

新的立法很快帮助了劳工。1932 年的《诺里斯—拉瓜迪亚法》（Norris-LaGuardia Act）禁止联邦法院对工会组织和平罢工、罢工纠察或抵制购买做出裁决。这迫使企业在劳资纠纷期间直接与工会谈判。

1935 年的《国家劳工关系法》（National Labor Relations Act）或《瓦格纳法》（Wagner Act）确立了工会进行集体谈判的权利。该法案还成立了国家劳工关系委员会（National Labor Relations Board, NLRB），赋予它监督不公平劳动行为的权力。NLRB 还可以监督和认证工会选举结果。如果公平选举的结果是工会成为雇员的谈判代理人，雇主必须承认并与工会协商。

1938 年的《公平劳动标准法》（Fair Labor Standards Act）适用于从事州际贸易的企业。这项法律首次规定了最低工资标准，并规定了 1.5 倍的加班工资，到 1940 年，加班被定义为每周超过 40 小时的工

我完成了纪念工会的雕像，它是那些无助的工人的保护者。你能把它送到市政厅吗？

不好意思，朋友。我正在享受4小时休息时间。

这幅漫画描绘了两种关于工会的夸大观点。

◀批判性思考

分析 确定并解释工会的至少一个优点和一个缺点。

作时间。该法还禁止压迫童工，具体为 16 岁以下儿童的任何工作和对 18 岁以下儿童健康有害的工作。

反工会的反击

二战结束时，美国工会运动已经发展壮大，但随后舆论又发生了变化。一些人担心美国共产党人已经秘密地加入了工会；另一些人则担心由于罢工次数增加而造成生产损失。人们开始认为管理层才是受害者，而非劳工。

日益增长的反工会情绪促使 1947 年的《劳资关系法案》（Labor-Management Relations Act）或被称为《塔夫脱—哈特莱法》（Taft-Hartley Act）的建立。该法案有一条强硬反工会条款，允许各州通过《工作权利法》（right-to-work laws）。《工作权利法》是州法律，规定强制工人加入工会是非法的。

如果一个州没有《工作权利法》，新工人可能被要求加入现有的工会作为就业条件。如果一个州有《工作权利法》，那么新雇员可以自己决定是否加入工会。

其他立法的目的是制止劳工运动中开始出现的犯罪影响。其中最重要的法律是 1959 年的《劳资报告和披露法》（Labor Management Reporting and Disclosure Act）或被称为《格里芬法》（Landrum-Griffin Act）。

《工作权利法》 规定强制工人加入工会为非法的州法律。

这项法案要求工会定期向政府提交财务报告，它还限制了工会官员可以向工会借款的数额。

美国劳工联合会与产业工会联合会

美国劳工联合会（AFL）成立于 1886 年，是一个行业工会。后来又增加了几个产业工会。然而，行业工会和产业工会的意见并不总是一致，因此 8 个产业工会组成了一个独立的团体，由美国矿工联合会的主席约翰·L. 刘易斯（John L. Lewis）领导。

美国劳工联合会和刘易斯并不合得来，因此刘易斯和他的产业工会在 1935 年被驱逐，后来刘易斯成立了产业工会联合会（CIO）。

产业工会联合会迅速组织了一些以前没有工会组织的行业的工会，比如钢铁和汽车行业。到 20 世纪 40 年代，产业工会联合会拥有近 700 万名成员。

随着产业工会联合会越来越强大，它开始挑战美国劳工联合会的统治地位。1955 年，美国劳工联合会和产业工会联合会联合成立了美国劳工联合会与产业工会联合会。然而，到 2005 年，关于工会资金的最佳使用方式的分歧导致了美国劳工联合会与产业工会联合会的解散。分离的工会组成改变取胜联盟（Change to Win Coalition）与其竞争。

这种分裂似乎并没有削弱工会的政治影响力。剩余的美国劳工联合会与产业工会联合会致力于游说政客，改变取胜联盟主要关注招募新的工会成员。

探索核心问题

在美国《劳动法》通过之前，管理者对何时以及出于何种原因可以解雇工人有更大的权力。如果工人不按照管理层规定的时间和条件工作，他们可能会被立即解雇。现在大多数工厂通常 1 周工作 5 天。但如果管理层威胁说，如果不按照他们要求的工作时间工作就解雇你，你会怎么做？你认为工会为工人争取权利是正确的，还是对经济体系设置了不必要的限制？解释你的答案。

独立工会

尽管美国劳工联合会与产业工会联合会和改变取胜联盟仍是主要力量，但其他工会也在工人运动中发挥着重要作用。其中许多都是独立工会（independent unions）——既不属于美国劳工联合会与产业工会联合会，也不属于改变取胜联盟，比如美国职业棒球大联盟、警察兄弟会（Fraternal Order of Police）和美国航空公司飞行员协会（U.S. Airline Pilots Association）。

独立工会 既不属于美国劳工联合会与产业工会联合会，也不属于改变取胜联盟的工会。

✅ **阅读进展检查**

分析 大萧条为何对劳工运动产生如此强烈而持久的影响？

如今有组织的劳工

引导性问题 工会安排的类型有何不同？

工会工人参与多种工会安排。此外，工会对劳动力的参与因行业而异。

各种工会安排

限制最大的工会安排是**只雇用工会成员的企业**（closed shop），雇主同意只雇用工会成员。这种安排很常见，直到 1947 年的《塔夫脱—哈特莱法》规定，对所有参与州际贸易的企业来说，只雇用工会成员都是非法的。因为今天美国的大多数公司都直接或间接地从事州际贸易，所以很少有只雇用工会成员的企业存在。

只雇用工会成员的企业 在这种安排下，工人在受雇前必须加入工会的，通常是非法的。

另一种工会安排是**工会企业**（union shop）。在这里，工人不必属于工会才能被雇用，但工人必须在被雇用后加入工会，并且只要他们想保住工作，就必须一直是工会成员。

工会企业 在这种安排下，工人必须在被雇用后加入工会。

还有一种工会安排是**改良的工会企业**（modified union shop）。在这种安排下，工人不需要加入工会才能被雇用，也不用为了保住工作而加入工会。然而，如果工人自愿加入工会，他们必须在工作期间一直是工会成员。

改良的工会企业 在这种安排下，工人在被雇用后可选择是否加入公会。

代理企业（agency shop）是受安全协议管理的工会安排，不要求工人加入工会作为获得或保住工作的条件。它要求工人缴纳工会会费，以帮助支付集体谈判的成本。非工会工人也要遵守工会协商的合同条款，不管他们是否同意这些条款。

代理企业 在这种安排下，非工会成员必须缴纳工会费用。

代理企业也被称为"公平份额"。工会喜欢用这个词来提醒大家，非工会成员向工会缴纳的会费是代表所有工人的利益，不管他们是不是工会成员。

劳动力中工会化的工人

民用劳动力 非制度化人口的一部分，16 岁及以上正在工作或正在找工作的人。

现如今，美国有大约 3.2 亿人口，大约一半的人属于 <mark>民用劳动力</mark>（civilian labor force），即 16 岁以上正在工作或正在积极找工作的人。不包括监狱人员、其他制度化人员和武装部队成员。

劳动力中工会劳动人口的显著特征如下。

- 每 9 个工作的美国人中，就有 1 个人加入了工会，或者由工会代表。
- 不论年龄大小，工会成员中男性多于女性。
- 工会中 45 岁以上的工人人数多于年轻工人。

图7.2

工会成员和行业代表

行业	被雇用工人的百分比：	
	工会成员（%）	由工会代表（%）
当地政府	41.3	45.0
州政府	30.2	33.6
联邦政府	27.3	32.3
公用事业公司	21.4	22.3
交通和仓储	18.9	19.8
教育服务	13.7	15.8
电信	13.3	14.8
电影和录音行业	11.7	12.8
制造业	9.4	10.0
卫生保健和社会援助	7.3	8.3
电台及电视广播	6.7	8.5
艺术、娱乐和消遣	6.4	7.0
零售业	4.8	5.3
房地产和租赁	4.7	5.1
出版业，互联网除外	3.9	4.4
住宿和食品服务	2.4	2.9
金融和保险	1.6	2.0

资料来源：美国劳工统计局，2016。

工会在服务行业最具影响力，包括政府、公用事业、交通和仓储。

▶ 批判性思考
经济学分析 哪些行业的工会成员最少？

- 非裔美国人比其他工人更有可能加入工会，而亚裔美国人是最不可能成为工会成员的。
- 全职工人的工会会员是兼职工人的两倍多。
- 工会化率最高的行业是地方政府、州政府和联邦政府，如图7.2 所示。

最后，各州的工会会员率也有很大差别。在 3 个工会化程度最高的州——阿拉斯加、夏威夷和纽约——至少有 1/5 的工人加入了工会。在工会最少的 3 个州——阿肯色州、北卡罗来纳州和南卡罗来纳州——约有 1/30 的工人加入了工会。

✅ 阅读进展检查

对比　不同类型的工会安排有何不同？

第1节　回顾

词汇回顾

1. **解释**　罢工和抵制购买有何不同？
2. **解释**　改良的工会企业如何削弱工人在工会企业中的议价能力？

使用你的笔记

3. **评估**　自1750年以来，美国历史上哪个时期有组织的劳工取得了最大的进步？并给出解释。

回答引导性问题

4. **确定核心问题**　早期工会成立的目的是什么？
5. **评估**　自20世纪30年代以来，美国《劳动法》是加强还是削弱了工会运动？为什么？
6. **对比**　工会安排的类型有何不同？

经济学写作

7. **论点**　工会在现代美国经济中扮演有用甚至必要的角色吗？工会如何影响当前的经济？如果工会更强大，经济会以何种方式得到改善，或者提高工会化程度会如何削弱经济？用事实和证据来支持你的观点。

阅读帮手

术语表

- 工资率
- 工资决定的市场理论
- 均衡工资率
- 协商工资理论
- 资历
- 信号理论
- 申诉程序
- 调解
- 仲裁
- 事实调查
- 禁令
- 接管

做笔记

使用下图来确定解决劳资纠纷的不同方式。

工资率 在某一特定或地区从事某一职业的标准工资数额。

第2节 工资和劳资纠纷

核心问题

哪些因素会导致工人的工资上涨？

劳资纠纷并不少见，大多数与工资和工作条件有关。如果纠纷导致实际停工，双方都将蒙受巨额损失。

因此，不管纠纷的原因是什么，结束纠纷的商议通常是激烈的。幸运的是，在纠纷变成僵局之前，有几种方法可以解决。

想想解决这些纠纷的一些方法。政府或其他第三方应该介入吗？如何解决？

工资决定

引导性问题　为什么不同的人赚取的工资不同？

大多数职业都有**工资率**（wage rate），即对完成的工作给出的标准工资数额。工资率通常因职业而异，有时甚至在同一职业内也不同。对于为什么会发生这种情况，有 4 种解释。

劳动力的非竞争性类别

第一种解释是，有四大类具有不同知识和技能水平的劳动者。工资最高的人从事需要技能和培训最多的工作；工资最低的人需要的工作技能和培训最少。由于某一类别的工人不会与其他类别的工人直接竞争，所以下列各种不具竞争性的职业等级的工资会有所不同。

- **非熟练工人**　从事不需要特殊培训和技能的工作的工人。从事这些工作的人主要负责处理采摘水果或拖地等体力劳动。
- **半熟练工人**　从事需要足够机械操作技能的工作的工人，而他们只需要最少的培训。这些工人可能操作基本设备，如清洁设备、割草机等。

- **熟练工人**　由在教育和培训方面有较高投资的工人组成，他们在几乎没有监督的情况下操作复杂的设备来完成大部分任务。例如木匠、电工、工具和模具制造者、计算机技术人员和计算机程序员。
- **专业劳动力**　由具有最高知识和管理技能水平的个人组成。例如教师、医生、科学家、律师和企业高层管理人员等。

当然，这些劳动的类别之间没有明显的界线，但总体来说，每种劳动的平均工资是不同的。

工资决定的市场理论

第二种解释是基于 <mark>工资决定的市场理论</mark>（market theory of wage determination）。这一理论认为，工人技能和服务的供求关系决定了工

<mark>工资决定的市场理论</mark>
认为工人技能和服务的供求关系决定工资或薪酬。

图7.3

工资决定的市场理论

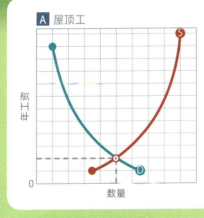
A 屋顶工

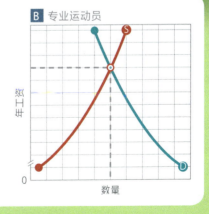
B 专业运动员

工资决定的市场理论解释了供求市场力量如何决定均衡工资率。图7.3A显示了当屋顶工的供给相对较大而需求相对较低时，工资的变化。图7.3B显示了当专业运动员相对较少的供给与相对较高的需求相匹配时，工资的变化。

▲ 批判性思考

经济学分析　为什么专业运动员比非专业运动员工资高？

资或薪酬。

例如，如果对屋顶工的需求较低，但供给相对较大，结果将是屋顶工的工资相对较低。如果情况相反，需求高而供给低，那么工资就会高得多，例如职业运动员服务的市场。在这个市场上，少量的人才供给加上相对较高的需求导致了更高的工资。

你可以在图7.3中看到这种供求关系。在每个市场中，供需的交点决定了**均衡工资率**（equilibrium wage rate），即劳动力市场既不存在过剩也不存在短缺时的工资率。

市场理论在某些时候可能存在例外。一些非生产性的工人可能因为家庭关系或政治影响而获得高工资。或者一些高技能工人可能因为种族或性别歧视而获得低工资。但是，例外并不能否定供求关系的有效性。

均衡工资率　劳动力市场上既不存在过剩也不存在短缺时的工资率。

图7.4

按职业和工会关系划分的周平均工资中位数

职业	工人的周平均工资中位数	
	由工会代表	无工会
建筑及工程职业	1 399	1 427
计算机和数学职业	1 327	1 434
医疗保健和技术职业	1 194	1 014
教育、训练和图书馆职业	1 074	860
建造及采掘职业	1 064	695
安装、维护和维修职业	1 051	799
安保服务职业	1 029	687
办公室和行政支持职业	821	639
楼宇及地面清洁、保养职业	628	469
医疗支持职业	546	495
个人护理和服务职业	521	496
食物准备和服务相关职业	512	436

资料来源：美国劳工统计局，2016年。

图7.4显示，大多数由工会代表的工人的周平均工资略高。

◀ **批判性思考**

经济学分析　工会化带来的收益更多地流向高薪职业还是低薪职业？

协商工资理论

第三种解释是工会的力量。<mark>协商工资理论</mark>（theory of negotiated wages）认为，有组织劳工的议价能力是决定工资的一个因素。例如，一个强大的工会可能有权强迫一些公司提高工资，因为这些公司无法承受威胁性罢工导致的工作中断。

图 7.4 有助于验证协商工资理论。虽然只显示了美国 12 个主要职业群体，但很典型，因为几乎所有由工会代表的工人的周平均工资都高于非工会工人。

大多数工会工人也受益于<mark>资历</mark>（seniority）——一个人工作时间的长短。由于资历，一些工人的工资比其他从事类似工作的人高，即使他们没有更好的技能。

<mark>协商工资理论</mark> 认为有组织劳工的议价能力会决定工资。

<mark>资历</mark> 一个人工作时间的长短。

职业 | 美国国家劳工关系委员会行政法法官

这个职业适合你吗？

 你有兴趣致力于对法律的全面了解吗？

 你是一个好的倾听者吗？

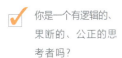 你是一个有逻辑的、果断的、公正的思考者吗？

你能清楚准确地表达吗？

招聘
行政法法官

"我喜欢能够在一个非常有限但目标明确的法律领域产生影响，这个领域可以影响很多不同的人（雇员和雇主都一样）。我创造的记录及我的最终决定，如果上诉到更高的法院，可以为所有雇主、雇员和法律专业人士树立先例。"

—— 诺埃尔·艾伦（Noell Allen），行政法法官

薪资
平均工资：91 800美元
每小时44.17美元

职业发展前景
比一般职业更快。

工作内容
行政法法官不是司法部门的成员，但是担任行政职务，对涉及政府项目和有关事项的案件做出决定和建议。美国国家劳工关系委员会行政法官审理涉及劳动法的案件，做出书面裁决。在华盛顿特区，可以向国家劳工关系委员会的董事们提出上诉。如果委员会支持这一裁决，它可以为今后类似的裁决设立法律先例。

信号理论

信号理论 认为雇主愿意为拥有证书、学位和其他标志着更高知识或技能水平的人支付更高的薪水。

第四种解释是基于**信号理论**（signaling theory）。这一理论认为，雇主愿意为拥有证书、学位和其他标志着更高知识或技能水平的人支付更高的薪水。例如，一家销售公司可能更愿意雇用历史专业的大学毕业生，而不是成绩优异的商科专业的高中毕业生。虽然这看起来很奇怪，但是一些公司把大学学位看作一个人拥有智慧、毅力和成熟度高的信号。

你可能会从朋友那里听到，他们不需要大学文凭来从事现在的工作——好像他们的教育并不重要。但这种观点忽略了信号理论，这有助于解释他们为什么会得到这份工作。

✅ 阅读进展检查

解释 工资决定的市场理论和协商工资理论之间有什么不同？

解决劳资纠纷

引导性问题 解决劳资纠纷的方案有哪些？

当有组织的劳工与管理层谈判时，必然会发生纠纷。双方都可以利用集体谈判来减少此类争端。如果失败，他们可以求助于调解、仲裁、事实调查、禁令、接管，或者在极端情况下，求助于总统的干预。

集体谈判

劳资关系通常需要集体谈判——劳资双方就薪酬、工作时间、医疗保险和其他与工作有关的问题进行谈判。在集体谈判期间，当选的工会官员代表工人，负责劳资关系的公司官员代表管理层。集体谈判需要双方妥协，有关问题的讨论可能会持续数月。

申诉程序 合同中概述未来争端和申诉问题解决方式的条款。

如果谈判成功，双方就上述基本问题达成一致。由于很难预测未来的问题，**申诉程序**（grievance procedure）——解决以后可能出现的问题的条款——也可能包含在最终合同中。

通常，工会和管理层能够达成协议，因为失败的成本太高了。例如，工人们可能仍然需要定期支付汽车贷款和抵押贷款，而公司也不想客户流失到其他企业。简而言之，解决劳工问题与每个人都有关系。

调解

解决纠纷的第一种方法是通过**调解**（mediation），即引入中立的第三方或帮助解决纠纷的第三方的过程。调解人的主要目标是找到双方都会接受的解决方案。调解人必须是公正的，以便没有一方会以损害另一方为代价获利。如果调解人能得到双方的信任，其将能够了解双方愿意做出什么让步。

最后，调解人建议双方妥协。任何一方都不是非得接受调解人的决定，尽管这往往有助于打破僵局。

调解 通过引入中立的第三方帮助双方达成妥协来解决纠纷的过程。

仲裁

第二种方法是通过**仲裁**（arbitration），即双方同意将纠纷提交第三方，第三方的决定将被接受为最终决定。由于双方必须同意仲裁员做出的任何最终决定，这种协商也被称为约束性仲裁。

仲裁正在进入劳资关系之外的领域。例如，今天大多数信用卡公司要求由仲裁员解决与持卡人之间的纠纷，而不是由法院解决。这意味着信用卡持有人在发生纠纷时不能再起诉信用卡公司，因为这件事将被仲裁。

仲裁 双方同意将纠纷提交第三方以达成具有约束力的解决方案，也被称为约束性仲裁。

事实调查

第三种方法是通过**事实调查**（fact-finding），工会和管理层之间达成协议，让中立的第三方收集有关争端的事实并提出不具约束力的建议。当各方故意扭曲问题以赢得公众支持，或当一方完全不相信另一方提出的要求时，这一过程尤其有用。劳资双方都不是必须接受事实调查委员会的建议。

事实调查 工会与管理层之间达成协议，让中立的第三方收集有关纠纷的事实并提出不具约束力的建议。

禁令

第四种方法是通过**禁令**（injunction）。在纠纷期间，一方当事人可以请求禁令——法院命令指示另一方当事人采取行动或不采取行动。如果针对工会发出禁令，该禁令可指示工会不罢工。如果是针对一家公司发布的，它可以禁止该公司做出不准其员工进入工作场所的行为。

禁令 为防止公司或工会在劳资纠纷期间采取或不采取行动而发出的法院命令。

许多劳资纠纷都涉及禁令。例如，在职业棒球运动员结束罢工并于1995年返回工作岗位后，老板立即召集停工。然后，球员们得到了一个针对老板的禁令，1995年的棒球赛季开始了，但没有劳资协议。

接管

第五种方法，即在极端情况下，政府可能会采取**接管**（seizure）行动。例如，1946年，美国政府接管了烟煤（优质黑色煤炭）工业。在经营煤矿期间，政府官员与矿工工会达成了和解协议。

总统干预

美国总统可以公开呼吁双方解决劳资纠纷。虽然很少使用，但如果上诉得到广泛的公众支持，这可能是有效的。总统还可以解雇联邦工作人员。1981年，里根总统解雇了罢工的空中交通管制员，因为他们是联邦雇员，尽管他们曾发誓不这样做，但还是罢工了。

美国总统还拥有紧急权力，可以用来结束一些罢工。1997年，当美国航空公司的飞行员在一个旅游高峰周末举行罢工时，比尔·克林顿总统通过了1926年的联邦法律《铁路劳动关系法》，在罢工开始后不到30分钟就下令结束罢工。

✓ **阅读进展检查**

总结 劳工和管理层可以通过哪些方式解决纠纷？

第2节　回顾

词汇回顾

1. **定义** 工资决定的市场理论如何解释工资率的差异？

2. **解释** 在什么情况下，管理层和劳工会诉诸仲裁来解决纠纷？

使用你的笔记

3. **评价** 劳资双方解决劳资纠纷的最佳方式是什么？解决纠纷的最后手段是什么？解释你的答案。

回答引导性问题

4. **解释** 为什么不同的人赚取的工资不同?

5. **描述** 解决劳资纠纷的方案有哪些?

经济学写作

6. **资料/阐释** 你能为自己制订什么计划来帮助你在工作中获得最高的薪酬?给出你的解释。

宅基地罢工

19世纪中后期，美国工会首次组织起来的时候，劳资纠纷并不少见，有时甚至完全失控。1892年，位于宾夕法尼亚州霍姆斯泰德的安德鲁·卡内基（Andrew Carnegie）的钢铁厂发生了这样一件事。

这一事件是由经济普遍低迷导致钢铁价格急剧下跌引发的。安德鲁·卡内基的钢铁厂决定减薪。工人们当然提出了抗议。许多工人是钢铁工人联合会的成员，这是当时最强大的工会之一，但合同在6月到期。工厂经理亨利·弗里克（Henry Frick）遵循卡内基的意愿，决定执行减薪政策，并在其任职期间解散工会。他拒绝与工会谈判，提出只与个别工人谈判。当工会拒绝时，弗里克关闭了工厂。工人们继续罢工。

弗里克随后雇用了300名平克顿特工来保护工厂。当他们乘内河驳船接近宅基地时，消息传遍了全城。工人和同情者聚集在河岸上，爆发了一场致命的枪战。战斗以3名平克顿特工和7名工人的死亡以及平克顿特工的投降而结束。但当宾夕法尼亚州州长召集8 500名国民警卫队士兵结束了这场暴力冲突时，工人们最初的胜利很快就失败了。

随着恢复和平，弗里克召集了破坏罢工的工人，他们愿意越过罢工工人的警戒线，并在工厂里工作。4个月后，他们的资源耗尽了，工人们让步了，重新回到了工作岗位上。工会解散了。26年后，工会才重新在钢铁行业获得权力。

在宅基地骚乱期间，罢工工人与特工进行了斗争。

宾夕法尼亚州国民警卫队进入该地区以恢复秩序。

案例研究回顾

1. **确定** 卡内基钢铁厂的管理层行使了哪些权利？罢工者行使了哪些权利？

2. **比较和对比** 今天的劳资纠纷在哪些方面与宅基地纠纷相似？在哪些方面又有所不同？解释你的答案。

3. **评估** 宾夕法尼亚州政府是否应该参与这次罢工？解释一下。

阅读帮手

术语表

- 回扣
- 两级工资制度
- 玻璃天花板
- 预留合同
- 最低工资
- 现行美元
- 实际或不变的美元
- 基准年

做笔记

完成下图，解释为什么女性相对于男性面临收入差距。

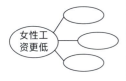

女性工资更低

第3节　美国就业趋势与问题

核心问题

哪些因素会导致工人的工资上涨？

今天的美国劳动力市场有很多重要问题。当工厂关闭时，一些工人面临着被裁员，而其他行业则面临着填补所有可用工作岗位的问题。对于那些只支付联邦或州最低工资的岗位来说尤其如此，比如一些度假区的相关工作和快餐行业的工作。

很难填补低薪工作岗位只是美国国民经济面临的一个问题。工人们已经看到工会的衰落，这限制了他们影响薪酬的能力，而且女性还必须处理劳动力市场上工资差距的问题。

调查一家快餐店或你所在社区的其他低薪工作岗位的雇主，了解有多少岗位是空缺的，以及每个空缺岗位的薪水是多少。并且询问员工流动情况。在那个雇主的劳动条件下，什么因素在起作用？

工会影响力下降

引导性问题　你认为工会的影响力会继续下降吗？

美国当今经济的一个重要趋势是工会成员及其影响力的下降。如图7.5所示，1945年，35.5%的非农业工人，或者说每3名工人中就有1人，是工会成员。从那时起到2013年，这个数字已经下降到11.3%左右，现在每9个工人中才有1个，甚至没有工会成员。

工会衰落的原因

工会衰落的第一个原因是，许多雇主已经下定决心让工会退出他们的生意。一些公司聘请顾问来制定法律政策来打击工会。另一些人则试图阻止工会的形成，如让工人成为管理团队的一部分，增加董事

图7.5

工会成员占雇佣工人的百分比

(%)

（年份）

如图7.5所示，工会成员在1933年后迅速增长，并在1945年达到了35.5%的峰值。

◀ **批判性思考**

经济分析 你如何描述过去几十年美国工会成员的趋势？

会成员，或者设立利润分享计划来奖励员工。

第二个原因是，劳动力增加新的组成部分，特别是女性和青少年，这些群体通常对有组织的劳工缺乏忠诚度。此外，越来越多的美国人从事兼职工作，以维持生计。从事第二职业的人没有时间加入并支持工会。

第三个原因是，工会必须处理它们成功的后果。当工会成员的工资高于非工会工人的工资时，工会生产的商品比非工会或外国工人生产的商品更贵。消费者会购买价格较低的产品，一些工会化的工厂被迫关闭。

重新协商工会工资

由于工会通常将工资保持在可比的非工会工人的工资之上，所以工会的工资一直面临着降低的压力。事实上，近年来，美国关于工会努力维持工资水平的新闻报道几乎和关于工会工资上涨的报道一样多。雇主们降低工会工资的一个方法是要求工会工人给予回扣。**回扣**（giveback）是重新谈判劳动合同时放弃的工资、附加福利或工作规则。

回扣 在重新谈判劳动合同时放弃的工资、附加福利或工作规则。

一些公司通过申请破产来解除劳动合同。如果一家公司能够证明工资和附加福利对其财政问题起到了重大作用，联邦破产法院通常允许管理层终止工会合同，重新谈判较低的工资标准。

两级工资制度 支付给新工人的工资标准比其他已经在岗的工人低。

另一种降低工会工资标准的方法是实行**两级工资制度**（two-tier

wage system），即既保持现有工人的高工资，又降低新雇佣工人的工资。这种做法已变得普遍，并通常得到工会的批准。

☑ **阅读进展检查**

明确 为什么成功的工会会给自己制造麻烦？

女性工资更低

引导性问题 劳动力市场工资差距的原因是什么？

　　总体来说，女性的收入与男性的收入之间存在巨大差距。如图7.6所示，在 50 年的时间里，美国女性的收入只是男性收入的一部分。由于这种明显的差异，人们经常会问，"为什么会这样？可以或者应该做些什么呢？"

人力资本差异

　　结果表明，大约 1/3 的男女收入差距是由于女性在劳动力市场所提供的技能和经验上的差异造成的。例如，与男性相比，女性更倾向于退出劳动力市场以照顾家庭。职业女性的教育水平也往往低于男性。如果这两个因素——经验和教育——对男性和女性来说都是一样的，那么大约 1/3 的工资差距就会消失。

图7.6

女性收入中位数占男性收入中位数的百分比

在过去的几十年里，女性的收入只是男性收入的一部分。

◀ **批判性思考**

经济分析 女性收入中位数何时首次达到男性收入中位数的70%？

图7.7

不同职业的男女收入分配

建造和采掘	
安装、维护和维修	
建筑与工程	
运输和物料搬运	
保护服务（消防和警察）	
农业、渔业和林业	
计算机与数学	
建筑物和地面清洁、维护	
销售及相关职业	
法律行业	
食品准备和服务相关	
社区和社会服务	
办公室和行政支持	
教育、培训和图书馆	
医疗从业者和技术人员	
个人护理和服务职业	
医疗保健支持职业	

100% 80% 60% 40% 20% 0% 20% 40% 60% 80% 100%
女性　　　　　　　　　　　　　　　　　男性

资料来源：美国劳工统计局，2016。

1/3的工资差距是由于男性和女性在各种职业中的分配不均造成的。

▲ **批判性思考**

经济分析　哪些工作往往是工资最高的工作?

性别和职业

　　大约 1/3 的工资差距是男性和女性在不同职业中的分配不均造成的。例如，在高薪建筑和工程行业工作的男性多于女性。同样，在低收入家庭服务和办公室工作的女性比男性多。

　　美国劳工统计局报告的各种职业的男女收入分配如图 7.7 所示。只要建造和采掘，安装、维护和维修行业的工资高于个人护理和医疗保健支持行业的工资，平均来说，男性的收入将高于女性。

　　在哪个职业领域，男性和女性的就业分布最为均匀?

歧视

　　最后，剩余 1/3 的差距不能用具体的原因来解释。经济学家将这部分工资差距归因于女性在劳动力市场上面临的歧视。事实上，女性和少数族裔在获得加薪和升职时经常遇到困难，这种经历有时被称为达到**玻璃天花板**（glass celling），这是一种无形的障碍，阻碍其在公司得到晋升。

法律补救措施

两部联邦法律旨在打击薪酬歧视。第一部是 1963 年的《同工同酬法》（Equal Pay Act），该法禁止对需要同等技能和职责的工作进行薪酬歧视。该法仅适用于在同一企业从事同一工作的男女。例如，在同一所学院或大学里，受教育程度相同、讲授相同会计课程的男女应拥有大致相同的薪酬。

第二部是 1964 年的《民权法》（Civil Rights Act）。该法第七条禁止在所有就业领域进行基于性别、种族、肤色、宗教和国籍的歧视。该法适用于拥有 15 名及以上工人的雇主。

《民权法》还设立了平等就业机会委员会（EEOC）。平等就业机会委员会调查歧视指控，发布指导方针和法规，举行听证会，收集统计数据。政府可以起诉表现出歧视的公司。

市场补救措施

改善不公平雇佣做法的另一种方法是为少数群体保留一些市场活动。一个例子是政府**预留合同**（set-aside contract），一个为目标群体保留的担保合同。例如，联邦政府要求为少数族裔企业保留一定比例的国防合同。一些州政府对州合同也这样做。

许多预留项目包括一个"毕业"条款，即一旦少数族裔拥有的企业达到一定规模或在一定年限内收到预留合同，就"促进"该企业退出这个项目。这些限制之所以被设定，是因为该项目旨在给这些企业提供初步的推动，而不是永久性的补贴。

☑ 阅读进展检查

合成《同工同酬法》和预留合同有什么相似之处？

联邦最低工资

引导性问题 如果没有最低工资会怎么样？

最低工资（minimum wage）——法律规定可以向大多数工人支

工人劳动生产率

美国工人每年为他们的雇主创造的价值几乎比任何其他发达国家的工人都要高。只有挪威例外，挪威工人在工作中每小时的产量更高。

工人劳动生产率可以用两种方法计算。一种方法是衡量一个经济体中每个工人在一个日历年内所生产的商品和服务的平均价值，即一个国家工人生产的平均GDP。另一种是计算每小时的产量。这个统计数字解释了工时的差异。例如，美国工人平均每年工作约1 800小时，挪威工人平均每年工作仅1 400小时，而韩国和其他几个亚洲国家的工人平均每年工作超过2 200小时。

上表是美国工人与其他工业化国家的工人2011年劳动生产率的对比情况。

2011年劳动生产率（美元）

国家	每个员工的生产率	每小时的生产率
挪威	103 678	72.87
美国	105 969	62.14
日本	73 515	42.48
韩国	63 978	29.03
墨西哥	35 579	17.13
巴西	19 764	10.54
印度	9 691	未提供

资料来源：Knoema.com。

▲ 批判性思考

构建论据 在上表中美国应该排在挪威之前吗？给出你的解释。

付的最低工资，旨在防止剥削工人，并为那些缺乏获得体面收入所需技能的人提供一定程度的公平和保障。1939年，联邦最低工资首次设定为每小时0.25美元，到2009年已增至7.25美元。

关于最低工资的争论

最低工资一直是有争议的。最低工资的支持者认为，公平和安全的目标与美国的经济目标是一致的。此外，他们说，最低工资一开始并不高。反对者的理由是经济自由，这是另一个经济目标。反对者还认为，它歧视年轻人，这也是许多青少年找不到工作的原因之一。

美国一些地区已经制定了自己的最低工资标准。例如，19个州的最低工资法要求时薪比联邦最低时薪高。此外，洛杉矶等一些城市的生活工资也高于联邦最低工资。任何与这些城市有业务往来的公司都必须向其员工支付至少该金额的工资。

图7.8

最低工资

最低工资是法律规定的应该支付给大多数工人的最低工资。它旨在防止剥削工人，并为那些缺乏获取体面收入所需技能的人提供一定程度的公平和保障。然而，它并没有根据通货膨胀进行调整。某些高薪工作的工资，如制造业，往往与通货膨胀保持同步。

▲ **批判性思考**

经济分析 最低工资与制造业平均工资相比如何？

现行美元

图 7.8 显示了 1939—2013 年的最低工资，以 **现行美元**（current dollars）或未根据通货膨胀调整的美元计。从这个角度来看，最低工资似乎随着时间的推移而大幅增加。然而，这个数字并没有考虑通货膨胀，实际上通货膨胀削弱了最低工资的购买力。

现行美元 未根据通货膨胀调整的美元金额或价格。

通货膨胀

为了消除通货膨胀，经济学家们喜欢使用 **实际或不变的美元**（real or constant dollars），这种美元的调整方式可以消除通货膨胀的影响。这包括使用 **基准年**（base year）——作为与所有其他年份比较的依据的一年。

虽然计算看起来很复杂，但结果并非如此。图 7.9 还表明，在使

实际或不变的美元 已根据通货膨胀调整的美元金额或价格。

基准年 在价格指数或其他统计指标中作为与其他年份比较点的年份。

用不变的基准年价格的情况下，1968 年最低工资的购买力相对高于其他年份。只要基准年作为比较的共同标准，不管使用什么基准年，结果都是相同的。

这一数字还表明，最低工资的购买力在工资增长快于通货膨胀时上升，慢于通货膨胀时下降。2009 年之后，最低工资保持在每小时 7.25 美元，而物价继续上涨。如果你看一下过去 4 年的数据，你会发现由于通货膨胀，工资的实际购买力每年都会少一点。只要最低工资保持在 7.25 美元不变，通货膨胀继续，工资的购买力将继续下降。

制造业平均工资

图 7.9 中的第三条数据线显示了制造业平均工资。1968 年，最低工资为每小时 1.60 美元，平均制造业工资为每小时 3.01 美元，最低工资占制造业工资的 53.2%。该比率在 1968 年达到峰值，然后缓慢下降。只要最低工资保持不变，制造业工资上涨，这个比例就会继续下降。

最低工资肯定会再一次提高。不确定的是这将在何时发生。当选民及其民选官员无法接受最低工资时，美国国会将提高最低工资。有些人甚至想把最低工资与通货膨胀联系起来，这样当物价上涨时工资就会自动上涨。

✅ 阅读进展检查

总结 以现行美元计算的最低工资和以实际或不变美元计算的最低工资有什么区别？

第3节 回顾

词汇回顾

1. **解释** 预留合同将如何影响以及为什么会影响玻璃天花板？

使用你的笔记

2. **评价** 解释为什么与男性相比，女性面临收入差距。

回答引导性问题

3. **预测** 你认为工会的影响力会继续下降吗?

4. **明确** 劳动力市场中工资差距的原因是什么?

5. **猜测** 如果没有最低工资会怎么样?

经济学写作

6. **观点** 想象一下,你是一个工会会员,受雇于一家公司,希望采用两级工资制度。为你的下一次工会会议准备发言,以说服你的工会成员支持在你的工会与你的雇主的合同中做出这种改变。

在大多数情况下，高管是否值得获得这样的薪酬？

在许多公司中，高管的收入是普通员工的300倍以上。通常，他们每年的工资加起来有数百万美元，包括薪资、股票期权、奖金和激励措施。即使是慈善机构的董事每年也能赚10万多美元。

当这些高管的公司遭遇财务困难，而他们继续接受高额薪酬时，他们会受到严格审查。例如，在美国2007年开始的经济低迷时期，一些标准普尔500强公司的领导人遭到了攻击，因为他们在公司陷入困境时选择了离开，或者他们虽然选择继续待在公司，但将数百万美元揣进自己的口袋。那么，这些高管的生产力是否足以获得这样的薪酬？

大型企业的领导者在企业战略和运营方面做决策很难。即使是小公司的领导者也常常花很多时间来制定战略并维护公司在商界的形象。

所以，你认为高管值得获得他们的薪酬吗？

YES 高管值得这样的薪酬

提升公司形象。

就企业的战略和运营做决策很难。

拥有大多数其他员工所缺乏的技能。

赚的钱可能和他们的同行差不多。

❝我们没有花足够的时间讨论如何安排薪酬结构以提高其他员工的生产力。我不是说我们需要少关注高管薪酬，但我们需要多关注员工薪酬，这也是董事会可以集中更多注意力的地方。❞

——唐纳德·德尔维斯（Donald Delves），
德尔维斯集团创始人兼总裁

CEO与工人平均薪酬的对比

年薪（美元）

选择职业	CEO	工人
资助和提供服务	171 110	59 060
有形商品和无形商品批发商	228 540	49 430
软件出版商	225 100	91 050
中小学	137 030	46 350

*选择职业

资料来源：美国劳工局统计，2012。

NO 高管不值得这样的薪酬

为了获得奖励而牺牲质量换取数量。

与公司其他工人相比赚太多。

即使公司运营困难，他们也能获得奖励。

应该让他们的薪酬与绩效更紧密地联系在一起。

分析问题

1. **分析图表** 与普通员工的薪酬相比，高管薪酬有何不同？

2. **探索问题** 为什么有些人认为CEO应该得到比现在更多的薪酬？经济学家是如何反对这种观点的？

3. **评价** 你觉得最有说服力的论点是什么？解释你的答案。

> 66 过去10年中，高管薪酬过高既是当前经济混乱的一个现象，也是一个原因。此外，金融危机后的奖励几乎肯定会继续产生不正当的激励措施，这将奖励管理层，并进一步损害股东和其他所有经济参与者的利益。 99

——内尔·米诺（Nell Minow），
企业图书馆的编辑兼联合创始人

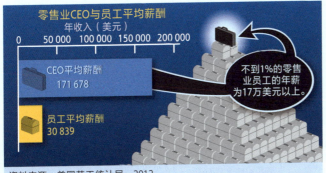

零售业CEO与员工平均薪酬
年收入（美元）

| 0 | 50 000 | 100 000 | 150 000 | 200 000 |

CEO平均薪酬 171 678

员工平均薪酬 30 839

不到1%的零售业员工的年薪为17万美元以上。

资料来源：美国劳工统计局，2012。

学习指南

第1节

工会工具
· 罢工
· 罢工纠察
· 抵制购买
→ 劳资关系斗争 ←
雇主工具
· 锁定
· 企业工会
· 劳动权法

第1节　　　　第2节

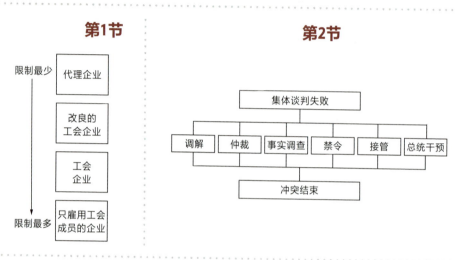

限制最少
代理企业
改良的工会企业
工会企业
限制最多
只雇用工会成员的企业

集体谈判失败
调解　仲裁　事实调查　禁令　接管　总统干预
冲突结束

第2节

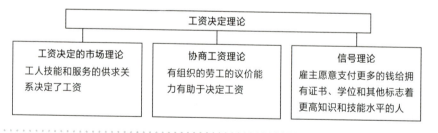

工资决定理论

工资决定的市场理论
工人技能和服务的供求关系决定了工资

协商工资理论
有组织的劳工的议价能力有助于决定工资

信号理论
雇主愿意支付更多的钱给拥有证书、学位和其他标志着更高知识和技能水平的人

第3节

美国就业趋势与问题

20世纪50年代以来工会衰落

女性和少数族裔的工资差距和玻璃天花板

最低工资购买力下降

第7章 评估

说明：在一张单独的纸上回答以下问题。请务必仔细阅读并回答所有问题。

内容回顾

第1节

❶ **区分** 行业工会和产业工会有什么不同？
识别 工会过去用什么方法来实现它们的目标？

第2节

❷ **分析** 为什么熟练工人和专业劳动力的工资通常比非熟练工人和半熟练工人高？

❸ **详述** 事实调查在劳资双方的仲裁和调解过程中起到什么作用？

第3节

❹ **指明** 确定雇主在与工会打交道时用来降低劳动力成本的3种方法。

❺ **解释** 在评估当前最低工资的充分性时，为什么有必要考虑通货膨胀？

批判性思考

❻ **建立联系** 为什么美国的工会运动经历了影响力弱、支持力强的周期？用事件和例子来解释这些趋势。

❼ **识别中心问题** 为什么集体谈判、调解和仲裁比罢工、停工和禁令更能解决劳资纠纷？

❽ **分析** 有些人认为，市场力量是一种比谈判更好的工资决定机制。你同意吗？解释原因。

❾ **构建论据** 写一篇文章解释当一些工人在同一份工作中得到比其他人低的工资时，政府是否应该干预。

回答核心问题

回顾每节开始时你对这些问题的回答。根据你在本章中学到的内容，写一篇短文解释工会如何影响整体经济。使用本章的核心问题来构建您的想法。

❿ **评估** 工会行动的结果是什么？与朋友讨论哪些特征在当今的劳动力中不再是必要的，或者不应该再强制执行。记住要评估你朋友的参考框架以及他们具体的答案。

⓫ **综合** 哪些因素导致工人的工资上涨？

21世纪技能

⓬ **创建和分析论点并得出结论** 在美国的历史早期，许多工人的工资是按他们生产的每一件产品支付的，而不是按他们工作的小时数。这种被称为"计件工资"的工资结构，今天有时仍在用。鉴于美国是世界上工人劳动生产率最高的国家之一，你认为这样的制度会导致工人工资的提高以及公司生产率的提高吗？解释你的观点。

⓭ **识别观点和差异** 解释在什么情况下（如果有的话），你认为政府通过设定最低工资来干预劳动力市场是合适的。考虑政府干预的理由，从历史上看，这种干预是如何影响经济的。然后写一篇文章说明你的观点。

⓮ **创建和使用图表** 创建工会和管理层解决劳资纠纷的方法图表。以一种可以将每个方法分类为协作或对抗的方式组织图表。然后解释为什么你像以前那样对每个方法进行分类。

培养财经素养

⓯ **计划** 了解一个职业的薪酬、所需的教育或培训，以及对这类工作的需求，可以帮助你为未来做出更好的职业决策。美国劳工部的劳工统计局（BLS）有一个网站，在那里你可以找到很多信息。

a. 确定一些你感兴趣的专业或技术性职业。在劳工统计局的网站上进行调说明：在一张单独的纸上回答以下问题。请务必仔细阅读并回答所有问题。

查。平均入门级工资是多少？最低教育或培训要求是什么？每个职业的就业市场前景如何？制作图表并记录这些信息。

b. 据说，受过高中以上教育或培训的人，一生的收入要比没有受过高中以上教育或培训的人多得多。使用劳工统计局的网站来验证这一假设，通过比较两个需要高中以上教育的职业和两个只需要高中或更低教育的职业的工资，计算40年职业生涯中收入的总差异，并将你的发现记录在图表中。

⓰ **计算** 了解你的需要和想要成本，计算满足这些需求所需的收入，可以帮助你实现财务稳定。

a. 列出你当前的财务义务。再加上你日常生活的费用，比如你需要的娱乐、交通、食物支出等。按月计算这些费用。

b. 现在把你希望在不久的将来完成的开支添加到你的费用列表中，也许是一个新的电子游戏机、电视或汽车。如果这些购买中的任何一项将在未来的一段时间内支付，请将它们的预计每月付款添加到你的列表中。

c. 总计每月需要和想要的总成本。然后计算你每个月以最低工资计算的必须工作的小时数。这个数字超过你的可用时间了吗？现在只根据你在a部分列出的清单重新计算你的时间和收入要求。结果的差异是否会激励你重新考虑b部分的需求清单？并给出解释。

分析基础资料

阅读基础资料并回答以下问题。

基础资料

> ❝ 最低工资的每一次提高都会提高小企业主的总体成本，他们必须对其做出反应才能维持经营。如果面临最低工资的提高，大多数独立企业主表示，他们将减少工人的工作时间、减少雇员数量以及使岗位空缺。这是因为小企业不可能总是通过提高价格来将增加的成本转嫁给客户。❞
> ——托德·斯托特迈尔（Todd Stottlemyer），
> 美国全国独立商业联合会

⓱ **表达** 为什么斯托特迈尔认为提高最低工资对工人不利？

⓲ **探索问题** 斯托特迈尔认为，当最低工资提高时，雇主会面临什么样的选择？这些选择会对经济产生什么影响？

第4篇

货币、银行
和金融

这很重要
因为……

货币也许是市场经济背后的驱动力，但你有没有想过它是如何把我们带到这一步的？进一步讲，过去的经济是如何演变来满足我们现在和未来的货币需求的？本篇旨在描述货币在经济中的作用，帮助研究我们在市场经济和金融体系中扮演的角色，并最终加深我们对货币如何促进经济增长的理解。

货币和银行

核心问题

- 货币是如何演变来满足人们的需要的?
- 美联储的成立如何改善了银行体系?
- 科技如何影响我们今天使用货币的方式?

第1节 货币的演变、职能和特征

第2节 现代银行的发展

第3节 今天的银行

聚合物钞票：未来的货币

聚合物钞票是由柔软的聚丙烯薄膜制成的。它比纸质钞票更耐用，甚至可以耐受洗衣机的洗涤（然而，它们确实会在极高温下融化）。支持者说，生产聚合物钞票的高成本能够由以下事实进行弥补：聚合物钞票的使用时间比纸质钞票长2~3倍；生产聚合物钞票所需的能源更少；它们还可以回收利用。更重要的是，聚合物钞票更难伪造。

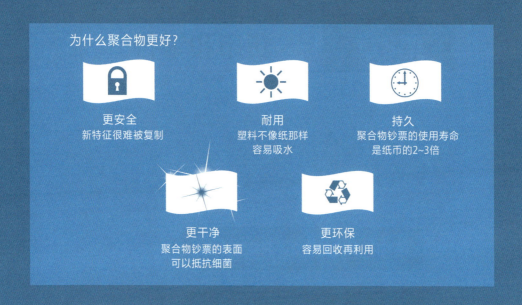

为什么聚合物更好？

更安全 新特征很难被复制

耐用 塑料不像纸那样容易吸水

持久 聚合物钞票的使用寿命是纸币的2~3倍

更干净 聚合物钞票的表面可以抵抗细菌

更环保 容易回收再利用

聚合物流行起来

聚合物钞票正成为世界上越来越多的国家选择的货币形式。截至2014年，近60个国家使用了聚合物或聚合物纸币。中国从2000年开始发行聚合物钞票。2002年，墨西哥成为第一个采用聚合物钞票的北美国家；2011年，加拿大也紧随其后采用了聚合物钞票。

中国　　墨西哥　　加拿大

澳大利亚

　　1988年，澳大利亚发行了10澳元的聚合物钞票，成为第一个发行聚合物钞票的国家。20世纪90年代，澳大利亚继续推出聚合物钞票。到2011年，澳大利亚（和新西兰）只发行聚合物钞票。

微缩印刷

钞票的缩微印刷是其面额和诗歌的混合

防伪标识

钞票正反面有钻石形状的防伪标识

立体颜料

凸（凹）版油墨印刷的面额

胶版印刷

胶版背景印刷

荧光油墨

采用特殊的光反应油墨

阴影图像

澳大利亚盾徽的阴影图像

透视图案

光学可变标识可在一定角度产生彩虹图案

想一想

为什么聚合物钞票会吸引发展中国家的政府？

阅读帮手

术语表

- 美国联邦储备系统
- 联邦储备券
- 物物交换经济
- 商品货币
- 法定货币
- 铸币
- 货币单位
- 交换媒介
- 价值尺度
- 价值储存
- 活期存款账户
- 狭义货币
- 广义货币

做笔记

使用下图来识别货币的特征。

美国联邦储备系统 私人所有、公共控制的美国中央银行。

联邦储备券 由美联储发行的,最终取代了所有其他类型联邦货币的纸币。

物物交换经济 依赖于贸易或物物交换的无货币经济。

第1节　货币的演变、职能和特征

核心问题

货币是如何演变来满足人们的需要的?

货币不仅仅是你花费的东西,它就像一个满足每个人最大利益的工具或设备。货币在世界各地不同社会的不同时期得到了发展。人们对货币的需求已经和对法律和政府的需求一样。

美国的货币由**美国联邦储备系统**(Federal Reserve System,英文简称为 Fed,中文简称为美联储)管理,这是一家私人所有、公共控制的美国中央银行。美联储发行名为**联邦储备券**(Federal Reserve notes)的纸币,这是美国货币供应中最明显的部分。

- 人们买东西是如何支付的?
- 有哪些不同的支付方式?
- 这些方式也是货币的形式吗?请解释。
- 联邦储备券和其他支付方式之间有什么联系?

货币的演变

引导性问题　为什么货币取代了物物交换制度?

请想一想,在**物物交换经济**(barter economy),也就是一种依靠贸易的无货币经济中,生活会是什么样子。商品和服务的交换将更加困难,因为有些人提供的产品并不总是为其他人所接受,或者并不容易分割开进行支付。例如,如果一个牛奶商只有一桶牛奶,他怎么能从想要一篮子鱼的鞋匠那里得到一双鞋呢?除非有一种"需求的共同巧合"——两个人都想要对方拥有的东西,并且愿意用自己拥有的东西去交换——否则贸易很难进行。

在有货币的经济中，生活就简单多了。牛奶商卖掉牛奶换来现金，然后用现金换一双鞋，鞋匠可以拿着现金去找卖鱼的人。事实证明，货币以我们从未考虑过的方式让每个人的生活变得更容易。

美国殖民时期的货币

美国早期殖民者使用的货币与早期美国社会中的货币相似。其中一些货币是**商品货币**（commodity money），这些货币具有作为经济物品或商品的另一种用途。许多产品，包括玉米、大麻、火药和火枪子弹，都被用作商品货币。它们可以用来清偿债务和购买物品。同时，如有需要，殖民者可以消费这些产品。

美国人普遍接受的商品货币是烟草，弗吉尼亚殖民地的总督在1618年将烟草的价格定为每磅3先令（英国的旧辅币单位，旧时英国多数殖民地也用相同的货币单位）。两年后，殖民者用一些商品货币把妻子带到了殖民地。

其他殖民地通过政府法令建立了**法定货币**（fiat money）。例如，1637年，马萨诸塞州确立了贝壳串的货币价值，这是美国原住民万帕诺亚格人用白色和紫色贻贝壳制成的一种货币。万帕诺亚格人和殖民者在贸易中使用这些贝壳串。白色的贝壳比紫色的贝壳要多，所以1便士相当于6枚白色贝壳或3枚紫色的贝壳。殖民者甚至可以用贝壳串来交税。

商品货币 作为经济商品且具有其他用途的货币，如火药、面粉、玉米等。

法定货币 政府法令规定的货币，没有其他价值或不能用作商品。

美国货币的历史

大陆会议发行纸币来资助独立战争。1775年，大陆会议发行了大陆美元，这是一种没有黄金或白银作为后盾的法定纸币形式。

◀ 批判性思考
为什么大陆美元在战争结束时几乎一文不值？

美国早期的纸币

　　纸币是另一种在美国殖民地流行的法定货币。一些州的法律允许个人印制纸币，前提是他们承诺将纸币兑换成黄金或白银。有些州甚至以预征税收券的形式印制钞票，用它们来支付工资、购买补给和支付其他政府开支，直到他们收到税款并可以赎回这些纸币。

　　大陆会议发行纸币来资助独立战争。1775 年，它发行了大陆美元，这是一种没有黄金和白银作为后盾的法定纸币。到战争结束时，共发行了近 2.5 亿大陆美元——数量如此之大，以至于它到革命结束时几乎一文不值。

美国殖民地的铸币

铸币　金币或银币形式的货币。

　　殖民者也使用了少量的**铸币**（specie），或者说银币或金币形式的货币，其中包括英国先令、奥地利银币和殖民者带到殖民地的各种欧洲硬币。硬币是最理想的货币形式，不仅因为它们含有矿物质，也因为它们的供应有限。到 1776 年，只有 1 200 万美元的铸币在殖民地流通，而纸币的流通总额接近 5 亿美元。

　　殖民地最流行的硬币是西班牙比索，它是通过贸易和海盗来到美国的。早在美国独立战争开始之前，西班牙人就在墨西哥开采白银。他们把银熔化成银锭或银条，或者铸造成硬币运往西班牙。当西班牙的宝藏船离开西印度群岛（古巴和现在的加勒比群岛）前往西班牙时，它们经常遭受加勒比海盗的抢劫，这些海盗将偷来的宝藏在美国南部港口挥霍。

　　殖民地、非洲和加勒比海之间的"三角贸易"给美国带来了更多的比索。商人把糖浆和比索从加勒比海运到殖民地。在那里，他们把用于制作朗姆酒的糖浆售出，然后用比索去买其他商品。朗姆酒被运往非洲，用于交换被奴役的非洲人。被奴役的非洲人被带到加勒比地区换取比索和更多的糖浆，或者被运往殖民地。当糖浆和比索被带到殖民地时，贸易循环又重新开始。

从"银币"到"美元"

　　西班牙比索被称为"八分币"，因为它们被分成 8 个被称作"比特"的部分。因为比索类似于奥地利银币，所以它们被昵称为"银币"，在德语中听起来和"美元"一词一模一样。这个说法非常流行，以至于美元成为美国货币体系中的基本<mark>货币单位</mark>（monetary unit），或称标准货币单位。

<mark>货币单位</mark> 国家货币供应中的标准货币单位，如美元、英镑等。

美元没有像西班牙比索那样被分割成 8 份，而是被分成了 10 份，这样更容易理解。尽管如此，一些与西班牙比索相关的术语仍然存在，就像人们有时称 25 美分硬币（1/4 美元）为"2 比特"一样。

☑ 阅读进展检查

比较 比较商品货币和法定货币的成本和收益。

货币的特征和职能

引导性问题 被用作货币的东西需要满足什么条件？

对早期货币的研究是有用的，因为它帮助我们理解赋予货币价值的特征。事实上，任何物质只要具备 4 个主要特征，都可以作为货币。

货币的特征

第一，货币必须便携，或者说容易从一个人手中转移到另一个人手中，以便更容易地用货币换取产品。早期美国社会的大多数货币都是非常便携的，包括贝壳、贝壳串、烟草和压缩的茶砖。

第二，货币必须相当耐用，以便在使用时不会变质。大多数殖民时期的货币都非常耐用，尤其是像子弹和贝壳串这样的货币。甚至连殖民时期的法定纸币也很耐用，因为旧纸币磨损后，很容易被新纸币取代。

第三，货币应该能够被轻易地分割成更小的单位，这样人们就可以只使用他们在交易中所需要的面值。大多数美国早期货币是高度可分割的。大块的茶或奶酪可以用刀切开，成捆的烟叶很容易被拆成几份，甚至连西班牙比索也可以被刀切成 1/8 的"比特"来进行支付。

第四，货币必须可获得，但只能是有限的供应。例如，在雅浦群岛上用作货币的石头是用独木舟从 400 多千米外的其他岛屿运来的。因航行的不确定性和天气的不可预测性，每 20 艘独木舟中只有 1 艘能完成往返，因此石头的供应有限。

货币就像其他任何东西一样，一旦太多就会失去它的价值，这是大多数商品货币的主要问题。在弗吉尼亚州，当每个人都开始自己种植烟草后，烟草的价格从每磅 36 美分跌到了每磅 1 美分。当殖民者使用工业染料将白色贝壳染成紫色来使其价值翻倍时，贝壳串甚至会失去它的价值。殖民时期的大多数纸币在印刷过多时也失去了价值。

货币的职能

任何便携、耐用、可分割、供应有限的物质都可以充当货币。如

全球经济 & 你

美元贬值

美元的贬值似乎已经持续了几十年，造成近期贬值的原因有很多。一是美国的预算赤字，由于政府为了维持所有项目的运转而借贷，美国的预算赤字一直在增长；二是美联储增加了国内货币供应。

事情的原委是：政府每年的支出都超过了收入。为了弥补赤字，政府会出售债券。由于赤字非常大，而且持续时间非常长，美国现在有数万亿美元的未偿债券。为了帮助

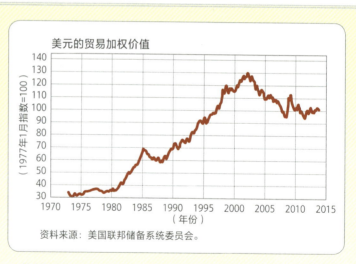

美元的贸易加权价值

（1977年1月指数=100）

（年份）

资料来源：美国联邦储备系统委员会。

▲ 批判性思考

分析 供求关系帮助确定美元的国际价值。如果你想去欧洲旅行，你应该比10年前多带还是少带美元？

政府填补赤字，并在大萧条期间和之后刺激经济增长，美联储一直在用其货币购买债券。货币从何而来？美联储会印刷纸币。记住，美元是法定货币——要想有价值，它必须是稀缺的。但印的钱越来越多，美联储已经使美元变得不那么稀缺，美元相对于其他货币的价值也下降了。

因为现在美元的价值低于欧元，美国商品在欧洲的售价比过去更有竞争力，这将有助于促进美国的出口。相反地，以欧元计价的商品比几年前价格更高，这应该有助于减少美国的进口。这两种因素加在一起将有助于美国的国际收支平衡，并且有望影响美元的国际价值。

果是这样，它将在经济中扮演 3 个角色。

- **交换媒介**（medium of exchange） 交换媒介是所有当事方都接受的商品和服务的支付方式。纵观历史，人们使用各种各样的材料作为交换媒介，包括彩色贝壳、烟草、金、银，甚至盐。
- **价值衡量**（measure of value） 货币像一根测量棒，用大多数人都能理解的术语来体现某物的价值。在美国，这种价值以美元和美分表示。
- **价值储存**（store of value） 货币的一种特性，使购买力得以保存到需要时。例如，你可以现在就把钱花在某件事上，或者等到以后再用。

我们今天使用的现代货币具有所有这些职能。

现代货币的特征

虽然现代的货币似乎与早期的货币形式大不相同，但它具有与早期货币相同的基本特征和货币职能。

- **便携性** 现代货币是便携的。它很轻、很方便，可以很容易地从一个人转移到另一个人。这同样是银行中支票或电子存款的特征。
- **耐久性** 现代货币相当耐用。金属硬币在正常情况下可使用约 20 年。纸巾也相当耐用，1 美元纸币的流通时间约为 18 个月。萨卡加维亚美元硬币的推出是为了用更耐用的硬币取代 1 美元纸币，从而使货币供应更加耐用。
- **可分割性** 现代货币是可分割的。便士是美国硬币中最小的面额，小到几乎能够满足所有购买。此外，人们还可以开支票支付购买的确切金额。
- **稀缺性** 现代货币供应有限。这是因为美联储监控货币供应的规模，并采取措施防止其过快增长。

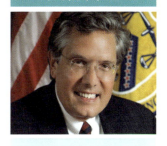

交换媒介 被广泛接受作为商品和服务支付方式的货币或其他物质，货币的三大职能之一。

价值尺度 货币的三大职能之一，使它成为衡量价值的通用指标。

价值储存 货币的三大职能之一，使人们能够保存价值以备将来使用。

活期存款账户 一种可以通过开支票或使用借记卡从银行或其他金融机构中取出资金的账户。

狭义货币 货币供应的狭义定义，符合货币作为交换媒介的作用；组成部分包括硬币、纸币、支票、其他活期存款、旅行支票。

广义货币 货币供应的广义定义，符合货币作为交换媒介和价值储存的作用；组成部分包括狭义货币加上储蓄存款、定期存款和货币市场基金。

探索核心问题

与美国殖民时期的货币相比，现代货币有哪些改进之处？相比于今天的货币，美国殖民时期的货币有什么更优越的地方吗？

美国的货币供应非常有效，这一事实为美国经济的成功做出了贡献。美国的货币供应也在美联储的监管下继续发展。

现代美国货币的组成部分

如今，美国货币供应有几个不同的组成部分。有些是以联邦储备券的形式发行的，有些是美国铸币厂发行的金属形式的硬币。其他组成部分包括**活期存款账户**（demand deposit accounts，DDAs），或者说可以通过开支票或使用借记卡提取存在银行中的资金。

美联储有两个衡量货币供应量的指标。**狭义货币**（M1）是狭义的定义，包括硬币和纸币、旅行支票、活期存款账户和存托机构的支票账户。这些形式的货币都起着交换媒介的作用。**广义货币**（M2）是一个更广泛的指标，包括狭义货币以及作为价值储存手段的货币形式，包括储蓄存款、定期存款和货币市场基金。

请思考这些不同的组成部分是如何使货币供应对我们更有用的。例如，硬币一直是有用的，但是纸币是对硬币的一种改进，因为纸币可以以更高的面额生产，而且更加便携。与硬币和纸币相比，支票账户是对硬币和纸币的一种改进，因为支票上可以填写任意数额，而且很容易邮寄，使得转移货币更加容易。此外，一张作废的支票可以作为这笔交易的收据。同时，丢失的支票可以被银行注销，而不像丢失的硬币或钞票一样，可能再也找不到。

电子转账——例如，当一家公司通过直接将资金转入员工的银行账户来支付工资时——比支票更快、更简单、更便宜，而且通常更方便。这些变化很可能会以不可预测的方式继续下去，让货币变得更安全、更有用。

☑ **阅读进展检查**

解释 现代货币如何反映其职能和特征？

第1节　回顾

词汇回顾

1. **解释**　商品货币如何提供价值衡量？

使用你的笔记

2. **检查**　为什么货币可分割的特征很重要？

回答引导性问题

3. **解释**　为什么货币取代了物物交换制度？

4. **描述**　被用作货币的东西需要满足什么条件？

经济学写作

5. **资料性/解释性**　通常情况下，美国财政部会评估硬币的效用，并考虑是否停用。根据你对货币职能的理解，你认为货币最初为什么被创造出来？它在现代经济中还有作用吗？解释你的答案。

阅读帮手

术语表

- 州银行
- 全国性银行
- 国家货币
- 黄金券
- 白银券
- 金本位
- 中央银行
- 银行挤兑
- 银行假日
- 联邦存款保险公司

做笔记

使用下图来确定推动现代银行系统发展的关键因素。

全国性银行体系的发展

第2节　现代银行的发展

核心问题

美联储的成立如何改善了银行体系?

理解美国的银行系统的演变至关重要,因为它帮助我们理解现代银行的特征。如今,美国拥有被几乎所有人接受的受监管的货币供应,是因为人们对它有信心。关于美国如今的银行体系,下列哪一项是正确的?

- 美国大部分的货币以硬币和纸币的形式流通。
- 如今的货币不是靠黄金或白银支撑的。
- 美国的银行体系正在从电子簿记发生转变。

美国早期的银行

引导性问题　为什么要发展全国性银行体系?

美国的银行业务经历了许多变化。银行业一度几乎不受监管,这导致了滥用,甚至影响了美国使用的货币类型。

私人发行的银行票据

美国独立战争期间,近 2.5 亿大陆美元被印制。但到战争结束时,大陆美元已经一文不值,除了硬币,人们不信任政府发行的任何东西。因此,《美国宪法》(United States Constitution)第 1 条第 8 款规定:

基础资料

国会应有权力……

铸造货币，调整货币和外国货币的价值，确定度量衡的标准；

规定对伪造美国有价证券和流通货币的处罚；

……

制定实施上述各项权力所必需的和适当的一切法律，以及该宪法赋予美国政府或其任何部门或官员的一切其他权力。

第1条第10款进一步指出：

任何州不得……私自铸造货币；发行信用票据；除了金币和银币外，让任何东西成为偿还债务的货币……

由于这些条款，美国联邦政府直到内战爆发才开始印刷纸币。相反，纸币供应的印刷、发行和管理都由私有银行和其他想要建造运河、铁路和其他设施的公司来决定。

美国州银行的发展

美国新的宪法将纸币的印刷权留给了各州。到1811年，美国大约有100家州银行。**州银行**（state bank）从州政府那里获得营业执照。

银行通过在当地的印刷厂印刷钞票来发行自己的货币。

州银行 从经营所在州获得营业执照的银行。

然后，银行将这些纸币投入流通渠道，并保证如果人们对银行或其货币失去信心，可以将它们兑换成黄金和白银。

起初，大多数银行只印出能够用黄金和白银储备支持的货币数量。然而，另一些银行则没有那么诚实，它们在偏远地区印出了大量的纸币，使人们很难兑换货币。

货币的问题

即使银行是诚实的，它们的货币也会出现问题。

第一，每家银行自己发行的货币大小不同、颜色不同、面额不同，因此，数百种不同的纸币可以在任何一个城市流通。

第二，银行倾向于发行过多的纸币，因为它们可以随时印更多的纸币。

第三，造假成为一个主要问题。流通的纸币种类如此之多，一些造假者甚至无须复制现有银行发行的纸币，他们只需伪造一些纸币。

内战开始时，1 600 多家银行发行了 10 000 多种不同种类的纸币。每家银行都应该以黄金或白银的形式为其票据提供担保，但这种情况很少。因此，当人们试图使用纸币时，商人们往往会先查看最新的好坏货币清单再决定是否接受。

拥有政治权势的地方银行家们拒绝任何建立更好体系的要求，直到一场永远改变美国商业银行的事件发生——内战。

绿币

因为内战，北军和南军都需要筹集巨额资金。美国国会试图通过出售债券来借钱，但未能筹集到北军所需的数额。因此，国会决定首次印刷纸币。

1861 年，国会授权印刷 6 000 万美元的新货币，这些货币没有金银作为后盾。国会只是宣布这些纸币是法定货币，并且必须被接受用于支付。这些新纸币很快就被称为"绿币"，因为背面有绿色墨水，这使得它们很容易与背面通常是空白的纸币区分开来。

全国性银行体系

随着战争的持续，人们担心绿币——就像近 1 个世纪前被用于资助独立战争的大陆美元一样——可能变得一文不值。当绿币确实失去了部分价值时，人们会避免使用它们，迫使国会寻找另一种支付战争费用的方式。

1863 年，美国国会通过了《国家货币法》（National Currency Act），建立了由全国性银行组成的全国性银行系统（NBS）。**全国性银行**（national bank）是从联邦政府获得营业执照的私营银行。这些银行发行自己的纸币，被称为"**国家货币**"（national currency）或"全国性银行券"，以银行从联邦政府购买的债券为担保。政府希望严格的银行监管和其他高标准能使人们对新的银行体系和货币有信心。新体系还将有助于工会的事业，因为加入全国性银行体系的银行必须购

全国性银行 被特许作为全国性银行系统经营的商业银行。

国家货币 全国性银行体系中由政府债券支持，商业银行发行的货币。

买工会债券。

最初，只有少数几家州特许银行加入了这一体系，因为对它们来说在当地印刷厂印钞更容易。最后，1865 年，联邦政府通过对所有私人发行的货币征收 10% 的联邦税，来强迫州银行成为全国性银行体系的一部分。由于州特许银行无法负担这项税收，它们召回了货币，只留下全国性银行体系发行的绿币和货币。

因此，为内战提供资金的需求使纸币从州银行发行变成了由联邦政府支持发行。

其他联邦货币

10% 的税率大大简化了货币供应，因为州银行撤销了 1 万多种不同大小和面额的货币。然而不久后，新的联邦货币出现了。

1863 年，全国性银行系统成立，政府发行了 <mark>黄金券</mark>（Gold Certificates）——以美国国库内的黄金为担保的纸币。起初，这些券是印刷成大面额的，只供银行使用，但到了 1882 年，它们也被印刷为小面额供公众使用。

1878 年，政府推出了 <mark>白银券</mark>（Silver Certificates）——一种以美国国库中的白银为后盾的纸币。这增加了人们对白银的需求，令银矿商感到高兴。政府当时已经在流通中使用银质美元硬币了，但是它们

<mark>黄金券</mark>　黄金支持的纸币，1863 年发行，直到 1934 年被召回。

<mark>白银券</mark>　从 1878 年到 1968 年，由白银支持并可进行兑换的纸币。

这套西装来自我们的"联邦储备券"系列。你会发现，如果你需要增长，这套西装会随着你一起增长！

不再以金本位为基础确定货币价值，使联邦货币能够更快地适应经济的需要。

▲ 批判性思考
金本位的运用是如何保持货币供应紧张的？

太大了，不方便使用，所以公众很乐意有其他的选择。

☑ **阅读进展检查**

解释 为什么美国政府在 1861 年发行绿币？

金本位

引导性问题 一个国家采用金本位制需要什么条件？

美国自殖民时期以来，金币一直是国家货币供应的一小部分。19世纪 40 年代后期的加利福尼亚淘金热大大增加了金币的流通量，到内战结束时，金币似乎无处不在。

然而，在国会于 1900 年通过《金本位法》（Gold Standard Act）之前，美国并没有实行**金本位**（gold standard）——基本货币单位等于并可以兑换一定数量的黄金。

金本位 一种基本货币单位等于并可以兑换一定数量黄金的制度。

实行金本位

1900 年的《金本位法》将 1 美元定义为 1 盎司黄金的 1/20.67。人们继续使用绿币、黄金券、白银券、全国性银行券和其他指定它们代表的美元数量的联邦货币，但现在他们可以随时用这些纸币兑换黄金。

由于人们喜欢纸币的便捷性，通常不需要黄金，所以政府可以持有比所代表的货币少得多的黄金。当国家实行金本位制时，这通常是正常的。

大萧条时期的银行挤兑既是恐慌的结果——储户担心他们会失去存款——也是恐慌的原因之一。挤兑导致了倒闭，加剧了恐惧。政府官员知道他们必须做些什么。储户担心他们的银行倒闭，纷纷提款。讽刺的是，正是储户自身的行为导致了许多银行的倒闭。大萧条时期的第一次银行挤兑发生在1930年。

▲ **批判性思考**
在大萧条时期，美国政府是如何应对银行挤兑的？

金本位的优势

金本位制有两个主要优势。首先，人们对自己的货币更有安全感。其次，可以防止政府制造过多的货币，因为黄金是一种有限的资源。如果纸币相对稀缺，它应该能保持其价值。

由于国家的所有纸币很少同时被赎回，美国从未持有与其纸币价值相当的黄金储备。

金本位制的劣势

不断增长的经济体也需要其货币供应来实现增长，因此在金本位制下，需要增加黄金储备。如果黄金稀缺，货币供应的增长可能会放缓，甚至停止，从而限制经济增长。这是金本位制的一个主要劣势。

另一个劣势是，很多人可能会同时决定转换货币，从而耗尽黄金储备。

放弃金本位制

在大萧条时期，许多银行倒闭，几乎 1/4 的人没有工作。在这种不确定时期，人们开始用纸币兑换黄金。持有大量美元的外国政府也是如此，美国政府持有的黄金储备迅速减少。

1933 年，罗斯福总统发布了一系列命令，有效地向美国公民否定金本位制。行政命令要求所有美国公民将他们的黄金以每盎司黄金兑换 20.67 美元的价格交给美联储。下一步是将黄金价格从每盎司 20.67 美元上调至 35 美元。到 1935 年，美国公民再也不能用美元兑换黄金，但外国政府可以以每盎司 35 美元的高价兑换黄金。

二战后，一些欧洲国家想要建立其黄金储备，所以开始用其持有的美元兑换黄金，再次严重耗尽美国黄金储备。官方价格为每盎司 35 美元。直到 1971 年 8 月 15 日，尼克松总统迈出最后一步，宣布美国将不再用美元兑换黄金。从那时起，黄金的价格就随供求关系的变化而波动。

✓ 阅读进展检查

描述 金本位制的优势和劣势？

创建美联储

引导性问题　美联储如何加强全国性银行体系？

在金本位制时期，全国性银行体系也需要发展。尽管有大量的银行，这个体系却难以为这个增长中国家提供足够的货币流通。支票账户越来越受欢迎，但许多银行难以适应这一挑战。即使轻微的经济衰退也会给它们带来重大问题。

美联储

改革发生于 1913 年，当时美国国会创立了联邦储备系统，现在通常被称为"美联储"，作为国家的中央银行。**中央银行**（central bank）是银行的银行，需要时可以贷款给其他银行。

在某些方面，美联储的成立就像一家公司的成立。任何加入的银行都必须购买该系统的股票。要求所有国有银行都要这样做，州银行也有资格购买股票。作为股份持有者或部分所有者，银行拥有美联储，而不是联邦政府。

美联储自己的货币，被称为联邦储备券，最终取代了所有其他类型的联邦货币。由于在困难时期美联储有资源向其他银行贷款，因此它成为美国第一家真正意义上的中央银行。

中央银行 需要时可以向其他银行提供贷款的银行，或被称为"银行的银行"。

探索核心问题

美联储的成立旨在解决美国银行体系中的几个问题。将上面列出的问题与下面列出的美联储提供的答案进行匹配。

问题如下。

- 有许多全国性银行，却没有一个中央系统来保持它们的强大。
- 由于缺乏储备，银行很容易倒闭。
- 国家使用几种不同形式的货币。

答案如下。

- 美联储有能力向陷入困境的银行贷款。
- 取代了所有其他类型的联邦货币。
- 美联储充当了中央银行的角色，这使全国性银行体系更强大。

大萧条时期的银行

尽管成立了美联储，但在 20 世纪 20 年代，许多银行的状况仅仅略微变好。其中一个原因是，从内战到 1921 年，银行数量激增，当时银行总数超过 3.1 万。尽管在接下来 10 年出现了一些整合，但在 1929 年大萧条初期，仍有太多苦苦挣扎的小银行。

如图 8.1 所示，大量的银行倒闭。到 1934 年，超过 10 000 家银行倒闭或与更强大的银行合并。如果储户开始担心他们的银行，他们会在银行倒闭前紧急提取存款，造成**银行挤兑**（bank run）。挤兑导致许多银行倒闭。

银行挤兑 储户突然急于提取所有存款，通常在预期银行倒闭或关闭时。

1933 年 3 月 5 日，罗斯福总统宣布了**银行假日**（bank holiday），即美国的所有银行都被要求关闭的一段短暂时期。几天后，国会通过立法以加强银行业，大多数银行被允许重新开业。

银行假日 一段短暂时期，美国所有银行或存款机构为防止银行挤兑而关闭。

联邦存款保险

在大萧条期间，当银行倒闭时，由于存款没有保险，储户损失了大部分甚至全部储蓄。1933 年的《银行法》（Banking Act）修正了这一点，通过设立**联邦存款保险公司**，在银行倒闭时为客户存款提供保险。起初，联邦存款保险公司为客户的存款提供保险的最高额度为 2 500 美元，但如今，上限为 25 万美元。如果一个账户的存款超过这个数额，储户可以到法院提出请求，让银行所有者负责其余的资金的保障。

联邦存款保险公司 为储户的账户提供存款保险的美国政府机构。

联邦存款保险公司成立后，人们对他们存款的安全性担忧很少，这减少了银行挤兑的数量。如果一家银行面临倒闭的危险，联邦存款保险公司可以采取以下措施。

- 接管银行。
- 出售给更强大的银行。
- 清算它并偿还存款人。

如果银行被出售，出售是秘密进行的，以防止恐慌，并防止股东向不知情的投资者出售毫无价值的股票。

联邦储备券

1914 年推出的联邦储备券已成为美国货币供应中显著的组成部分。所有其他联邦货币——全国性银行券、白银券、黄金券，甚至是美国券、绿币——都已慢慢退出历史，被联邦储备券取代。

在金本位制早期，每 1 美元的联邦储备券兑换 0.25 美元的黄金储备。随着联邦储备券发行量的增加，政府没有足够的黄金来兑换联邦储备券，导致 25% 的黄金储备减少，美国最终放弃了金本位制。

一个更好的货币系统

今天，部分归功于美联储，美国有了统一的货币和更有效的支付

图8.1

州和全国性银行

1880年后，美国的银行数量迅速增长，并于1921年达到顶峰。从1921年到1929年，美国经历了一段合并与整合时期，在那之后，大萧条就爆发了，美国也因此遭受了巨大的损失。从1933年到1985年，当另一波合并浪潮发生时，银行数量相对稳定。

▶ **批判性思考**

经济分析 你认为1985年后科技在银行合并中扮演怎样的角色？

州和全国性银行

- 州立许可银行
- 国家许可银行
- 所有银行

1934年，大萧条开始后大约5年，仍然有大约14 100家银行

1921年，美国有31 000多家银行

1985年开始合并后，2014年仅剩不到6 000家银行

系统，以及一个健全的中央银行。

一个令人担忧的事实是，一些银行已经大到不能让它们倒闭，而美联储也无法解决这个问题。

☑ **阅读进展检查**

描述 联邦存款保险公司成立的目的是什么？

第2节 回顾

词汇回顾

1. **定义** 解释全国性银行和中央银行的区别。

使用你的笔记

2. **解释** 使用你的笔记解释导致美联储成立的一系列事件。

回答引导性问题

3. **解释** 为什么要发展全国性银行体系？
4. **评估** 一个国家采用金本位制需要什么条件？
5. **得出结论** 美联储如何加强全国性银行体系？

经济学写作

6. **信息的/说明的** 联邦存款保险公司的成立在很大程度上是为了恢复公众对美国银行体系的信心。说明当公众失去信心时会发生什么，引用文中的例子来支持你的观点。

现代的货币设计

　　美国联邦储备委员会负责设计美国纸币。货币必须易于识别且难以伪造，具有难以复制的安全性能。

　　美联储在1929年发布了第一个标准化设计。在1990年，它引入了一种特殊的"线程"以及"微缩印刷"，微缩印刷隐藏在纸币的某些区域。即使使用先进的复印机，伪造者也难以制造出令人信服的假币。

　　1996年，所有纸币都经历了自1929年以来首次重大的重新设计。从那以后，美联储每隔几年就会推出不同面值的新货币设计。每一次重新设计都包含了新的安全性能，旨在预防假币的产生。

　　新的100美元包括许多旧的安全性能，如水印、微缩打印和安全线程，同时引入了一些新的安全性能。例如，新的蓝色垂直带包含了墨水瓶里一个钟的3D图像。当音符倾斜时，墨水瓶里的钟会由铜色变成绿色。

案例研究回顾

1. **分析图像**　通过相关网站，比较新版100美元钞票的正面与1914年美联储发行的第一张100美元钞票。确定1914年以来添加的安全性能。

2. **探究问题**　为什么对于政府来说防止造假很重要？如果大量的假币进入流通市场，会发生什么？

阅读帮手

术语表

- 州特许银行
- 存单
- 准备金

做笔记

使用下图来确定大多数银行提供的客户服务。

第3节　今天的银行

核心问题

科技如何影响我们今天使用货币的方式？

你的父母使用电子方式支付家庭账单。然而，你的祖母使用邮寄支票来支付她的家庭账单。每种方法都有其积极和消极的一面。制作一个 T 型图表，其中一列标题为"电子支付"，另一列为"纸质支票"。列出每种支付方式的积极和消极方面。

商业银行和其他企业一样，都是为了赢利。像信用合作社这样的银行或存款机构与许多其他企业相似之处在于，它们的"产品"或销售的东西都是服务。银行也有一点不同，因为它贷款的大部分资金来自其他人。

银行如何获得资金

引导性问题　如何建立一家银行？

虽然银行从事许多不同的活动，但最主要的活动是贷款，它们主要从个人消费者和企业那里获得存款。要合法地接受这些存款，必须适当地建立一家银行。

发行股票

大多数银行以公司的形式成立，原因有两个。第一，公司可以通过向任何想成为银行的部分所有者或股东的人出售股票来筹集资金。第二，公司对其债务负责，股东不必对此负责。这就是所谓的"有限责任"。如果公司陷入困境，它的股东就会得到保护。

当人们决定创办银行时，他们雇用律师完成并提交法律文件以建立公司。通常创始人会为自己保留一些初始股份，然后把剩余的股份卖给其他人。要建立一家<mark>州特许银行</mark>（state-chartered bank），它必须遵守州法律，规定创始人必须缴纳最低数额的金融资本。

消费者和企业存款

一旦银行开始运营，它就接受存款并对其支付利息。利率必须非常接近竞争性金融机构所支付的利率，这些金融机构可能是储蓄和贷款机构、信用合作社或其他银行。

如果有的话，它的人多数竞争对手在支票存款上也支付很少的利息，长期储蓄存款的利息会稍微高一些。这家新银行还可能提供<mark>存单</mark>（certificates of deposit，CDs），尽管称之为存单，实际上并不是存款。相反，它们被视为消费者向银行提供的贷款。

部分准备金扩大了银行存款

当银行收到新存款或存单时，它必须保留一部分作为银行准备金。图 8.2 显示了这一过程是如何进行的，银行从一个名为金姆（Kim）的新客户那里获得 1 000 美元存款，这需要满足美联储设定的 20% 的存款准备金率。

只要银行保留 20% 的存款，就可以自由借出剩余的 800 美元。假设银行把钱借给比尔（Bill），为了方便，比尔把钱存入支票账户。比尔可以使用另一家银行或贷款银行的账户。无论哪种方式，800 美元都将成为一种新存款，但需要保留 20% 的<mark>准备金</mark>（reserve requirement），

图8.2

部分准备金和货币供给

存款准备金率为20%时，1 000美元的现金存款将使货币供给增加4倍。

◀ **批判性思考**

经济分析 如果初始准备金是 2 000 美元，货币供给是多大？

剩下 640 美元可以借给玛丽亚（Maria）。

存款、贷款、再存款这个过程可以继续，直到新贷款总额达到 5 000 美元。因为银行每次提供新贷款都要收取利息，但也必须保留准备金，所以每 1 000 美元存款就可以收取 4 000 美元贷款的利息。准备金可以存在银行，或者美联储。

银行可能会继续吸引存款和提供贷款，直到"全部贷出"，或者无法再发放贷款。如果美联储将存款准备金率降至 10%，那么每笔新贷款可能是每笔存款的 90%。如果美联储将利率提高到 25%，银行需要筹集更多准备金来支持现有贷款。

最后，该银行必须定期向美联储报告其外汇储备和活期存款。银行受到美联储、货币监理署（Comptroller of the Currency）、联邦存款保险公司，甚至可能还有一些州银行官员的严格监管。银行家们对此并不高兴，但监管可以防止大萧条时期出现的大规模银行倒闭再次出现。

贷款、投资和费用

向个人消费者和企业发放贷款是银行利润的重要组成部分。例如，银行可能为存款支付 2% 的利息，然后将存款余额以 6% 的利息用于房屋维修或抵押贷款。这两种利率之间的差（4%）被称为"利差"。利差创造利润，银行可以用来支付员工工资和其他账单。

一家银行也从其投资中获利，这些投资可能涵盖广泛。如果一家银行有多余的资金没有借出，它可以购买国债。

最后，各类费用也是银行资金的重要来源。例如，维护账户的费用、申请贷款时的申请费用、使用另一家银行的 ATM 取款的费用、透支支票账户的费用，以及拒付支票的费用。图 8.3 显示了一些典型的费用。对于那些账户余额很少或较晚支付账单的客户来说，收费尤其困难。

✅ **阅读进展检查**

解释 银行有哪些不同的赢利方式？

选择一家银行

引导性问题 为什么会有很多不同的方法来获取资金？

几乎每个人都需要银行服务，所以货比三家永远都不算早。

评估你的需要

首先，考虑你需要哪些银行服务。例如，你的雇主是只通过支票支付工资，或者也通过电子支付，直接把钱存入银行吗？你可能会考虑第二种选择，特别是如果你喜欢的银行向获得直接存款支票的客户提供更低的费用。

接下来，考虑你通常支付的账单。你真的会去不同的地方支付月账单吗？月账单包括汽车贷款、食物、租金、汽油和电费。这些账单可以通过邮件甚至电子方式支付吗？

如果你的账单可以邮寄支付，那么有一个定期支票账户是有意义的。如果它们可以通过电子方式支付，那么你可能想要一家银行使你的支付更容易。如果你亲自支付账单，现金可能对你更有效，但请记住，被注销的支票和电子记录是支付已完成并被接受的极好证据。

图8.3

美国的银行向消费者收取的典型费用

	大约金额	描述
ATM费用	每家银行每笔交易1~2美元	如果你使用另一家银行的自动提款机，你可能要同时向你的银行和另一家银行付款，每次提款要收取2~4美元的费用
低余额费用	每月5~15美元	如果余额低于一定数额（通常为500~2 000美元），可能会导致每月必须支付维护费
月维修费用	5~15美元	维持支票或储蓄账户的费用。如果余额足够高，通常可以避免这种情况，但如果余额过低，则可能要收费（见"低余额费用"）
在线支付账单费用	如果捆绑在另一个账户，通常是免费的	在线支付账单费用通常可以设置为自动缴费，所以客户必须确保账户里总是有足够的钱来避免产生透支费用
透支费用	每次透支15~30美元	因支票或预定的在线账单支付而产生的透支费用
纸质账单费用	每个账单1~2美元	向那些想要纸质账单而不是电子账单的客户所收取的费用
出纳员访问费用	5~10美元	鼓励使用网上银行所增加的费用

商业银行对它们的服务收取费用，因为它们做生意就是为了赢利。这些费用是它们收入的重要组成部分，所以在选择银行之前，一定要了解每种费用的成本。

▲ 批判性思考

经济分析　哪些费用可能是最贵的？

银行服务

银行提供各种各样的服务。你可能不需要立即使用所有这些服务，但是了解它们对你是有好处的。

- **支票账户或活期存款账户**　这是最有用的服务之一。支票账户允许你购买你存款限额内的任何金额，并允许你通过邮件支付。当出示支票时，银行必须兑现取款要求，因此它们也被称为"活期存款账户"。因为它们能产生大量的文件，银行业正稳步向电子银行发展。例如现在，你的支票可能由收银员处理并直接交给你，其余的"文件"则通过电子方式完成。许多银行也更喜欢用电子方式提交你的月账单，而不是邮寄纸质的月账单。

- **储蓄账户和定期存款**　储蓄账户和定期存款限制取款。你可以从储蓄账户中取出一定数量的资金，定期存款取得更少一些。作为回报，银行通常会为你不能随意提取的资金支付稍高的利率。如果你关闭你的账户，你可以拿回你的资金，但是你会失去你所期望的大部分利息。开一个储蓄账户可以帮助你养成储蓄的习惯，如果你想申请信用卡，可以建立一个信用等级。你最好的策略可能是开一个储蓄账户，然后定期存款，即使你的存款很少。你可能惊讶地发现，随着时间的推移，小额存款可以积累起来，在紧急情况下为你服务。

- **借记卡**　借记卡看起来就像信用卡，但是它以电子方式绑定你的支票账户。要购物，你只需刷卡，这比开支票快。因为钱直接从你的账户转到商家的账户，对于你、银行和商人来说，就少了很多文书工作。商家喜欢借记卡，因为如果你的活期款账户里没有足够的钱，购物就无法进行，而且他们也不用处理空头支票。然而，你丢失或被盗借记卡的损失风险是无限的，就像信用卡一样。一个陌生人可以获得你所有的钱！欺诈的风险和成本由消费者承担。

- **信用卡**　信用卡允许你直接从银行借钱，上限提前确定。你通常可以在20~30天的宽限期内还清贷款，而不用支付任何利息。如果你不能按时还清贷款，借来的资金要支付利息，利率通常在20%~25%。信用卡是银行最赚钱的服务之一。大多数信用卡持有人未能在宽限期结束前足额还款。由于每月的利率如此之高，粗心的消费者很容易就会以相对较小的余额，从银行获得相当于一笔永久的或永无止境的贷款。

- **智能卡** 智能卡在大小和外观上与信用卡相似，但内置微处理器而不是磁条。微处理器有更多安全特性，因此比信用卡更安全。卡上的信息包括你的更多数据，可以用作身份卡，也可以从商家那里进行电子购物。智能卡在欧洲广泛使用，在美国才刚刚开始被接受。由于它们需要一种完全不同的读卡器，从磁条技术到嵌入式微芯片的转换比许多人希望的要慢。

- **电子资金转账（EFT）** 通常描述使用计算机和电子技术代替支票和其他纸质交易的任何系统。电子资金转账服务包括那些让你在任何时间获得银行服务的 ATM、公司发工资时的直接存款、手机支付系统、借记卡购买、电子支票转换（在一个商店，将纸质支票转换成电子支付），或任何其他涉及电子运行的资金交易。这个术语适用于许多不同情况，以至于它不再描述一个独特的活动。

银行还提供许多其他服务，从提供存放贵重物品的保险箱到帮助新公司向投资者发行股票。无论你是否经常消费，如果你是一个拥有成熟企业的企业家，当地任何一位银行家都会非常乐意拜访你，帮助

探索核心问题

今天是你的生日，你的叔叔给了你一张崭新的100美元钞票。你决定用这笔钱开一个支票账户。你和你的哥哥去银行，你的哥哥刚从大学毕业，现在是一名记者。在银行，你有一张借记卡和一张信用卡。你的哥哥认为你最好不要信用卡。通过比较借记卡积极和消极的影响，来解释你哥哥的担心。无论你是否同意你哥哥的建议，一定要有你自己的答案。

职业 | 财务专员

这个职业适合你吗？

 你有很强的客户服务技巧吗？

 你有基本的数学技能吗？

 你注重细节吗？

工作内容

出纳员在银行网点工作。大约27%的出纳员是兼职工作。他们为客户处理银行交易，如兑现支票、收取贷款和存款。

薪资

每年24 100美元

每小时11.59美元

职业发展前景

就业增长预计不会发生变化，目前为1%。然而，由于许多工作人员离开了这个行业，就业前景被认为是很好的。

评估你的需求。记住，银行业的竞争就像任何其他竞争一样——要想以最优惠的价格获得最好的服务，你需要与多位银行家交谈。

☑ **阅读进展检查**

解释 拥有支票账户有哪些好处？

提高你的财经素养

引导性问题 智能银行业务如何帮助你提高自己的财经素养？

财经素养有很多组成部分，其中之一是很好地了解银行的基本原理。培养自己的信誉是另一个重要组成部分，因为你与商业银行或其他金融机构的关系至关重要。

为什么要存钱

养成储蓄的习惯。如果储蓄金是退休后唯一的收入来源，你应该储蓄。如果你在银行有活期存款账户，它会很乐意从你的支票账户自动扣除一小笔钱，存到你的储蓄账户，这样你的钱就会获得更多的利息，但存取起来也会更不方便。如果你的雇主可以在信用合作社自动存款，也可以考虑这个选择。

有规律的储蓄可以为你将来使用资金提供一个适度的资金池。这也表明你有自律和耐心走上成功理财的道路，而且良好的自律性和成功的记录会给你的生活带来很多其他的机会。

注意细节

你已经知道，银行为客户提供广泛的"产品"或服务。你也知道，银行和存款机构对所有这些几乎都会收取费用，这是可以理解的，因为银行开展业务也是为了赢利。但是，你应该仔细考虑你需要哪些服务，以及你真正需要支付哪些费用。

同一社区的银行通常对其服务收取不同的费率，所以你应该尽可能了解这些替代选择。然后，决定哪些对你来说是最重要的。最后，货比三家，获得最优价格。

图 8.3 列出的费用目前可能只有一些与你有关，但随着时间的推移，还会有许多费用与你有关。此外，其中一些费用按月评估，但其

他费用，例如透支费用，可能每月发生几次。一些服务费，如在线账单支付，经常免费提供以吸引新客户。底线是避免不必要的费用。

让自己值得信赖

根据你创造的信用历史，你的"信誉"是你目前的财务状况。虽然你现在可能没有信用记录，但你可以通过在商店分期付款购买商品来建立信用记录。或者更好的是，你可以和银行建立良好的财务关系。

最终，你的信誉可能会让你拥有更大、更昂贵的东西，比如一辆车、一栋房子或一个舒适的退休生活。与此同时，没有债务也会有回报。当人们发现自己陷入信用卡债务困境时，他们就会需要不断地获得足够的收入以支付过去的花销。

我们很难衡量平静的心态的价格，但生活中没有什么是免费的。如果你想要信誉，不要指望没有自律约束就能得到它。但你应该感到这笔投资是非常值得的！

✅ 阅读进展检查

解释 为什么应该把信誉作为未来的目标？

第3节 回顾

词汇回顾

1. **定义** 解释什么是州特许银行。

使用你的笔记

2. **总结** 解释银行提供的服务。

回答引导性问题

3. **解释** 如何建立一家银行？
4. **评估** 为什么有很多不同的方法来获取资金？
5. **解释** 智能银行业务如何帮助你提高自己的财经素养？

经济学写作

6. **信息的/说明的** 写一段简短的文字，解释你如何处理购物的钱。包括你是否有银行账户，账户类型，以及你使用的技术。如果你没有银行账户，解释你用什么替代。

金本位制是应该放弃，还是应该保留？

　　尽管美国在1971年废弃了金本位制，但一些人认为应该恢复金本位制。为什么呢？金本位制限制了政府印钞和产生通货膨胀的权力。它还在国际贸易中确立固定汇率。

　　现在有几个国家控制着全球黄金供给，金本位制赋予它们影响全球经济的权力。此外，黄金并非无限可得，将货币供给与黄金联系起来限制了经济体的增长。

　　从20世纪40年代到60年代，美国在固定汇率制的国际金本位制度下繁荣昌盛。然而，到20世纪70年代末，美元变弱了。其他国家经济快速发展，通货膨胀使得美元不那么受欢迎。当美国停止用美元兑换黄金时，固定汇率制度就结束了。

YES 应该回到金本位制

金本位制阻碍了政府印钞。

金本位制降低了通货膨胀率，减缓了消费价格的上涨。

金本位制限制政府增加国际债务。

金本位制会减少美国的贸易赤字。

　　尽管金本位制在1971年被废弃了，但它的吸引力仍然很强。反对赋予央行自由裁量权的人被其简单的基本规则所吸引。其他人则将其视为全球价格水平的有效锚定。

资料来源：The Library of Economics and Liberty。

NO 不应该回到金本位制

金本位制阻碍美联储在经济衰退时帮助经济。

金本位制造成通货紧缩，这会动摇经济。

黄金价值波动，无法促使经济稳定。

全球的货币价值仅仅被产出黄金的国家所控制。

分析问题

1. **分析视角** 如果世界回到国际金本位制，美国会成为黄金的主要来源地吗？如果不是，世界上哪些地区将是黄金的来源地？

2. **探索问题** 你认为恢复金本位制会对那些拥有大量活跃金矿的国家产生怎样的影响？

3. **评估** 你认为哪些论点最有说服力？解释你的答案。

> 随着经济的增长，价格水平将必然下降。同样数量的黄金货币必须支撑不断增长的交易量，而这只有在价格较低的情况下才能做到，除非黄金供给以其他商品和服务产出相同的速度奇迹般地增长。否则，价格就会下降，实际利率就会上升。

资料来源：Barry Eichengreen，"A Critique of Pure Gold"。

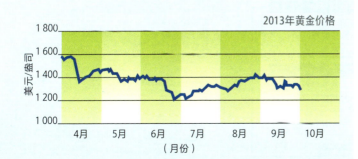

2013年黄金价格

学习指南

第1节

美国殖民时期的货币

- 商品货币，作为经济商品并有其他用途的货币。
- 法定货币，由政府法令规定可使用的货币，除作为货币外没有任何价值或用途。
- 硬币，银币或金币形式的货币。

货币的特征与职能

特征
- 便携性
- 耐久性
- 可分割性
- 稀缺性

职能
- 交换媒介
- 价值衡量
- 价值储存

美联储对货币供给的定义

- M1——硬币、货币、旅行支票、活期存款账户和支票账户。
- M2——所有M1加上储蓄存款、定期存款货币市场基金。

第2节

美国殖民时期的货币类型
- 大陆美元——由大陆议会发行
- 州银行发行的货币——内战前流通
- 绿币——由国会授权支付内战费用
- 金币——1863年全国性银行体系发行
- 银币——1878年全国性银行体系发行
- 联邦储备券——1913年联邦储备银行发行

黄金标准
- 1900年金本位制建立
- 1933年因联邦储备券而被弃用
- 金本位制在20世纪70年代逐步取消

第3节

银行如何获得资金
- 发行股票
- 消费者和企业存款
- 贷款、投资和费用

财经素养
- 有规律的储蓄
- 关注财务细节
- 建立你的信用价值

银行服务
- 支票账户或活期存款账户
- 储蓄账户和定期存款
- 借记卡
- 信用卡
- 智能卡
- 电子资金转账

说明：在一张单独的纸上回答以下问题。请务必仔细阅读并回答所有问题。

内容回顾

第1节

① **确定** 解释美国殖民时期使用什么类型的货币。

② **明确** 在今天的美国，货币满足人们需求的3种方式。

第2节

③ **推断** 为什么1878年发行银币是建立国家货币的积极步骤？

④ **确定** 从1933年开始，金本位制发生了什么变化？

⑤ **比较** 考虑美国货币的演变，以前使用的货币有哪些消极方面？今天使用的货币有哪些积极方面？

第3节

⑥ **解释** 银行如何获得资金？

⑦ **得出结论** 存款准备金制度如何扩大银行存款？

批判性思考

⑧ **确定中心问题** 确定1933年美国政府如何建立一套保护客户银行存款的制度。

⑨ **建立论点** 陈述美联储介入是否是维持货币稳定最有效的方式。

⑩ **猜测** 假设你继承了5 000美元。你会把它花掉还是存到储蓄账户或支票账户？你会买一张存单或考虑其他投资方式吗？

⑪ **解释** 定义商品货币和法定货币，解释它们在美国殖民时期如何使用，以及为什么商品货币的限制导致了法定货币的发展。

图表分析

使用下图回答以下问题。

⑫ **阅读图表** 大萧条前几年美国银行活动发生了什么变化？

⑬ **识别图表** 将2010年美国州特许银行的数量与1879年和1890年总数进行对比。

⑭ **预测** 自1985年以来，美国银行数量发生了什么变化？你认为这种趋势会持续下去吗？

州和全国性银行

图例：
- 州立许可银行
- 国家许可银行
- 所有银行

纵轴：银行数量（35 000、30 000、25 000、20 000、15 000、10 000、5 000、0）
横轴：年份（1790 1810 1830 1850 1870 1890 1910 1930 1950 1970 1990 2010）

1934年，大萧条开始后大约5年，仍然有大约14 100家银行

1921年，美国有31 000多家银行

1985年开始合并后，2014年仅剩不到6 000家银行

第8章 评估

说明：在一张单独的纸上回答以下问题。请务必仔细阅读并回答所有问题。

回答核心问题

复习每节开始时你对这些问题的答案。然后根据你在本章所学内容回答这些问题。你的答案改变了吗？

15 **总结** 概述美联储的成立改变美国货币体系的两种方式。

16 **理解相关联系** 写一篇短文，讨论科技对今天全球货币影响的一种方式。

21世纪技能

17 **论证** 银行合并对美国经济是好是坏？用你的推理支持你的观点。

18 **演示技巧** 调查两家银行的服务和费用。银行1在你的社区或城镇有一个分支机构，而银行2是一个网络银行。概述它们的服务和费用。

培养财经素养

19 **做决定** 制订涉及银行服务的理财计划是你财经素养的重要组成部分。你还需要了解银行服务的费用，并知道如何为你的账户找到最高的利率。

a. 你会采用什么策略确保你能以较低的费用获得最多的服务？列一张清单，列出一系列货比三家的方法，以获取你所需的最好银行，包括网上银行。

b. 描述你为实现5年财务目标而制订的财务计划，比如上大学、买车、买房、租公寓，或者去旅行。你每年会采取什么行动来实现这些目标？

分析基础资料

阅读基础资料并回答以下问题。

2013年，美国国会通过了降低学生贷款利率的法案。在该法案通过之前，学生贷款的利率高达近8%。

基础资料

" 国会通过的这项法案将降低所有类型学生贷款的利率，至少不久的将来是这样。下一学年的本科生贷款利率为3.86%，研究生及以上学生贷款利率分别为5.4%和6.4%。"

资料来源：Allie Bidwell, "Congress Approves Student Loan Deal," *U.S. News and World Report*, August 1, 2013.

20 **解释** 你认为美国国会为什么要限制学生贷款的利率？

21 **考虑优点和缺点** 这个决定对大学生和研究生有什么积极和消极影响？

22 **预测** 未来美国国会是否会总是采取行动限制学生贷款利率？

第9章　金融市场

核心问题

- 储蓄在金融体系中有什么作用?
- 你有哪些投资品种可以选择?

第1节　储蓄和金融体系

第2节　金融资产及其市场

第3节　投资股票和期权

股票和债券

债券是代表公司向个人"借钱"时产生的小额债务的证券。公司发行债券（即出售债务）以筹集资金用于扩张、改善或企业可能面临的任何其他成本。每一种债券都像一张借据，代表一笔小额债务。

债券　低风险，低收益
债务
投资者成为公司的债权人　如果公司破产，投资者资者首先得到偿还　如果公司赢利，不分享利益

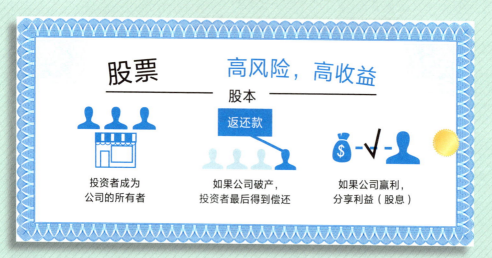

股票　高风险，高收益
股本
投资者成为公司的所有者　如果公司破产，投资者最后得到偿还　如果公司赢利，分享利益（股息）

美国债券种类

 美国政府证券

短期国库券，又名"国库券"
（不到1年到期）
中期国库券
（1~10年到期）
长期国库券
（超过10年到期）

 市政债券

被称为"市政公债"，由当地政府发行。
（城市，州，县，学区，公有机场/海港，州级或以下的任何政府实体）

公司债券

由想要筹集资金的公司发行；具体风险取决于发行公司。有担保（有资产支持）或无担保（在不能支付的情况下没有任何抵押担保）。

 抵押贷款支持证券

债券由一系列抵押贷款支持，通常是住宅物业。这些抵押贷款支持证券是2008—2009年信贷危机的主要来源。

 零息债券

在债券有效期内不支付利息的债券，到期需要10年或更长时间。在到期时，投资者会收到面值加利息。

 外国政府债券

由外国政府发行和支持。有风险，风险大小与国家信用评级以及政治稳定性相关。

垃圾债券交易商：米尔肯和博斯基

伊万·博斯基（Ivan Boesky）和麦克·米尔肯（Mike Milken）使用非法信息来了解陷入困境的公司及其财务状况。有时这些公司的员工会向他们透露一家实力更强的公司即将提出收购意向。他们趁着公司被宣布收购之前，在公司实力较弱且股价较低时，进行投资。当公司利润再次开始增长时，博斯基和米尔肯将所获巨额利润套现。

想一想
如果一家公司非常成功，那么是成为该公司的股票所有者还是债券持有人更有利可图？

阅读帮手

术语表

- 储蓄
- 金融资产
- 金融中介机构
- 金融体系
- 金融公司
- 养老基金
- 养老金
- 多样化
- 风险

笔记

使用下图来确定和描述至少4个金融中介机构。

第1节 储蓄和金融体系

核心问题

储蓄在金融体系中有什么作用?

一个经济体要想增长,就必须生产资本这一生产要素——生产中使用的设备、工具和机械。这发生在当**储蓄**(savings)——人们放弃消费时可以获得的金钱——被借款者获得时。

事实证明,像你这样的消费者是这个过程的重要组成部分。

- 你在这个过程中扮演什么角色?
- 你什么时候是借款者?
- 你什么时候是储蓄者?
- 随着年龄的增长和学业的完成,你的角色会发生怎样的变化?

储蓄和经济增长

引导性问题 你在金融的流程循环中扮演什么角色?

当人们储蓄时,他们可以为其他人提供资金。企业可以用这些储蓄生产新的商品和服务,建造新的工厂和设备,创造更多的就业机会。因此,储蓄有可能使经济增长。

储蓄者和金融资产

人们可以通过多种方式储蓄。他们可以开立储蓄账户,购买债券,或购买存单。在每一种情况下,储蓄者都会获得一张收据,或他们给他人资金的记录。

经济学家称这些文件为**金融资产**(financial assets)——对借款者财产和收入的索取权。这些文件成为资产是因为它们是有价值的

储蓄 当其他人存款时,投资者可以使用的资金。

金融资产 代表对借款者的收入和资产有索取权的文件,如存单、债券、国库券、抵押贷款。

图9.1

金融体系概述

图9.1显示了使储蓄、投资和经济增长成为可能的金融的流程循环。

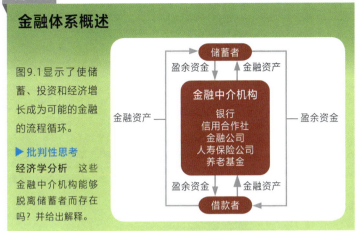

▶ **批判性思考**

经济学分析 这些金融中介机构能够脱离储蓄者而存在吗？并给出解释。

财产。它们代表借款者的索取权，是因为它们明确了贷款金额和贷款条款。

例如，你从一份暑期工作中获得额外收入 500 美元，你想把它存在银行里妥善保管。如果你把钱存入储蓄账户，就会收到一张收据。或者，如果你将其放入存单（技术上被视为对银行的贷款），你将收到不同的收据。无论哪种方式，这两种收据都表示你已将 500 美元存入银行，并且你对该机构的财产和收入有 500 美元的索取权。

金融的流程循环

图 9.1 显示了使储蓄、投资和经济增长成为可能的金融的流程循环。这幅金融体系的图解包括 4 个部分。

- **储蓄者** 第一部分由储蓄者组成，他们提供借款人将使用的储蓄。储蓄者可能是像你这样的人，想把每月的薪水存入银行；可能是为员工缴纳的市政府退休基金；也可能是一家公司，在需要支付工资之前投资剩余现金。
- **金融中介机构** 第二部分由**金融中介机构**（financial intermediaries）组成，这些机构包括银行、信用合作社、金融公司、人寿保险公司、养老基金，它们收集储蓄者提供的资金，以便向借款人提供贷款。

金融中介机构 为投资者提供储蓄渠道的机构，如银行、信用合作社、金融公司、人寿保险公司、养老基金。

在美国，有哪些不同类型的金融机构？

银行是美国最常见的金融机构，它们很可能是你存钱的地方。银行提供各种各样帮助你使资金增长的投资选择。

信用合作社的职能类似于银行，但它是为会员的利益而运作的非营利性组织。它们通常与一个单一雇主有联系，并帮助该雇主的员工。

金融公司直接向消费者提供贷款。它们可能比银行或信用合作社收取更高的费用，但它们提供更好的信用条款。

▲ 批判性思考

解释 银行、信用合作社和金融公司在服务金融体系方面的主要区别是什么？

- **借款者** 第三部分是借款者，他们将这些资金用于各种目的。企业可以借款来生产经济增长所需的资本设备，也可以生产商品和服务来销售给消费者。一所大学可能借钱来建造学生宿舍，个人可以借钱买车或买房。

- **金融资产** 第四部分包括金融资产——债券、存单及其他证明借款已经发生、对借款者的收入和资产有债权的文件。

金融体系 储蓄者、投资者、金融机构和金融资产的网络，它们共同运作将储蓄转移至投资使用。

总体来说，以上共同构成了**金融体系**（financial system）——储蓄者、投资者、金融机构和金融资产的网络，它们共同运作将储蓄从储蓄者转移给投资者。

融资资本形成

资本的形成依赖于储蓄和借贷。当家庭借款时，他们将一部分资金投资于住房。当企业借款时，他们将一部分资金投资于工具、设备和机械。当政府借款时，他们将一部分资金投资于高速公路、医院、大学及其他公共产品。

最终，每个人都会从一个有效的金融体系中受益。通过该体系的资金平稳流动，有助于确保储蓄者有一个储蓄渠道。反过来，借款者将有一个金融资本来源，可以将资本投资于未来经济增长所需的资本品。

金融中介机构

美国经济体系中主要的金融机构如图 9.1 所示。以下简要介绍它们是如何将储蓄者和借款者联系在一起的。

- **银行**　美国目前只有不到 6 000 家银行，但其中许多都在购物中心和杂货店设有分行。银行是所有金融中介机构中最明显的。银行提供支票账户、储蓄账户和存单作为吸引消费者存款的方式，但银行最有利可图的客户通常是商业企业。虽然大多数银行提供信用卡等其他消费产品，但透支和信用卡逾期还款的费用是主要的利润项目。

- **信用合作社**　信用合作社是一种非营利性的服务合作社，它接受存款、发放贷款、发行存单并提供支票账户。信用合作社由会员所有且为会员的利益经营。美国大约有 7 200 家信用合作社，其中大多数规模较小，而且大多数都是围绕一种单一雇主（市政工人、教师或大公司的雇员）组织的，所以定期缴款可以从工人的工资中扣除。如果你是信用合作社的成员，它就像一家银行，但如果你不是成员，你就不能使用它的任何服务。

- **金融公司**　**金融公司**（finance company）是专门向消费者提供直接贷款的公司。它还从以信用方式销售商品的商家购买分期付款合同。例如，许多商家无法承受等待多年才让顾客付清分期付款购买的高成本商品，因此商家会将客户的分期付款合同一次性出售给金融公司。这使得商家可以在不承担贷款全部风险的情况下宣传贷款条款的便利性。然后，金融公司承担全部贷款条款，如果客户不还款，就将其告上法庭。由于金融公司发放一些高风险贷款，它们收取的费用高于商业银行或信用合作社。

探索核心问题

银行、信用合作社和金融公司需要储蓄者才能生存。人寿保险公司依赖于人们购买人寿保险，而养老基金需要人们缴纳养老金。解释一下如果人们停止使用这些金融中介机构会发生什么。

金融公司　直接向消费者提供贷款的公司，专门从销售商品的商家那里购买分期付款合同。

- **人寿保险公司** 人寿保险公司在被保险人死亡时为其配偶、子女或其他家属提供经济保护。保险费是被保险人为保单定期支付的费用。因为保险公司定期收取保费，所以它们经常有剩余现金可以借出。大型企业通常可以直接向人寿保险公司申请贷款。个人消费者有时可以凭其在公司持有的保单借款。
- **养老基金** **养老基金**（pension fund）是一种定期向公司员工收集供款的基金。然后，该基金定期向符合退休或伤残福利条件的工人支付**养老金**（pension）。从储蓄存款到工人使用储蓄之间的 30~40 年的时间里，这些钱通常投资于高质量的公司股票和债券。

养老基金 在向符合资格的受助人付款前收集和投资所得的基金。

养老金 对工作一定年限、达到一定年龄或者受伤的人员给予的定期津贴。

所有金融中介机构都接受个人、企业和 / 或政府的存款或缴款，在每种情况下，积累的资金都贷给其他借款者。这就是为什么在一个强大的金融体系中，储蓄可以在经济中被人们所使用。

✅ **阅读进展检查**

比较和对比 金融公司、人寿保险公司和养老基金如何将储蓄引向借款者？

基本的投资原则

引导性问题 风险投资有哪些优点和缺点？

你可能希望通过储蓄或投资存单、债券及其他金融资产来参与金融体系。然而在此之前，你应该了解一些基本的投资原则。

一贯性

大多数成功的投资者都坚持长期投资。在大多数情况下，有规律的投资和投资额一样重要。例如，图 9.2 显示了在不同利率下，每月 10 美元的存款在 5~30 年将如何增长。即使利率适中，账户上的余额也会迅速累积。因为 10 美元金额较小，想象更大额的存款会使账户余额有多大增长！这也是为什么许多投资顾问告诉人们每个月要储蓄。

简单性

大多数分析师建议人们坚持他们所理解的。有成千上万的投资项目可供选择，其中很多都相当复杂。了解一些基本原则可以帮助你在这些选项中做出正确的选择。成功的投资者给你如下建议。

- 忽略任何看起来太复杂或者你不理解的投资。
- 忽略任何看起来好得令人难以置信的投资，因为它很可能是假的。

少数投资者确实很幸运，但大多数人财富积累是因为他们有规律地进行投资，而且他们会避开那些看起来太不寻常的投资。

多样化

虽然你应该尽你所能去了解金融资产的特点、优点和缺点，但使你的投资多样化也很重要。**多样化**（diversification）意味着把你的资金分散到各种各样的投资上，这样，某项投资的损失对整个投资组合的影响有限。这意味着即使成本相同，购买 10 种不同股票的 100 股也比购买 1 种股票的 1 000 股要好。

> **多样化** 将资金分散于多种投资以降低投资组合整体风险。

图9.2

复利的力量

年利率（%）	年底价值（美元）					
	5年	10年	15年	20年	25年	30年
0	600	1 200	1 800	2 000	2 500	3 600
2	648	1 352	2 130	2 989	3 937	4 984
4	688	1 513	2 517	3 738	5 244	7 032
6	730	1 695	2 985	4 711	7 022	10 114
8	775	1 899	3 551	5 977	9 543	14 782
10	822	2 130	4 236	7 628	13 090	21 888
12	871	2 390	5 065	9 780	18 090	32 735

大多数成功的投资者都坚持长期投资。在多数情况下，有规律的投资和投资额一样重要。图9.2显示了在不同利率下，每月10美元的存款在5~30年如何增长。

▲ **批判性思考**

经济学分析 在第一个10年后，年利率为6%时能获得多少利息？

风险和收益

投资时的另一个重要考虑因素是风险和收益之间的关系。风险是指结果不确定但可能的结果可以估计的程度。投资者意识到有些投资比其他投资风险更大，所以他们通常要求更高的收益作为补偿。

▶ **批判性思考**

经济学分析 如果你要投资，你的目标是什么？

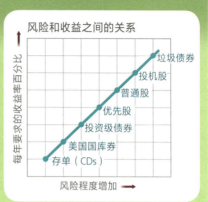

风险和收益之间的关系

- 垃圾债券
- 投机股
- 普通股
- 优先股
- 投资级债券
- 美国国库券
- 存单（CDs）

每年要求的收益率百分比

风险程度增加 ➡

更妙的是，你可以通过购买更少的股票，并将剩余的部分资金用于存单或债券来分散风险。这样，所有股票价格的下跌都不会影响你投资组合中的存单和债券的价值。你用于投资的资金越多，你就越应该多样化投资。

风险收益的关系

另一个重要因素是风险和收益之间的关系。**风险**（risk）是指结果不确定但可能的结果可以估计的程度。投资者意识到有些投资比其他投资风险更大，所以他们通常要求更高的收益作为补偿。风险的增加和收益之间的关系如图9.3所示。

作为投资者，你必须考虑你能承受的风险水平。如果你能够接受高水平的风险，那么你可能想要购买承诺高收益的高风险投资。否则，你应该考虑低风险的投资。

投资目标

最后，你需要考虑你投资的理由。例如，如果你想在失业期间支付生活费用，你可能想购买可以轻松转换成现金的金融资产。如果你想为退休储蓄，另一种类型的金融资产可能会更好。

投资者有大量的股票、金融资产及其他投资品种可以选择。在做

风险 结果不确定但可能的结果可以估计的程度。

投资决策时，投资者对每个人的风险和收益特征以及自身需求的了解是非常重要的。

☑ 阅读进展检查

确定　如果你要投资，你的目标是什么？

第1节　回顾

词汇回顾

1. **对比**　储蓄账户和存单之间有什么区别？

2. **定义**　解释风险和收益的关系。

使用你的笔记

3. **对比**　信用合作社、银行和人寿保险公司在服务金融体系方面的主要区别是什么？

回答引导性问题

4. **描述**　你在金融的流程循环中扮演什么角色？

5. **确定**　风险投资有哪些优点和缺点？

经济学写作

6. **信息/说明**　假设美国经历了长期的金融繁荣。人们对自己的工作充满信心，储蓄已经成为许多个人和企业的次要任务。这一行动对个人和企业的长期后果会是什么？解释这种情况将如何影响经济增长。

术语表

- 票面价值
- 到期日
- 息票利率
- 当前收益率
- 垃圾债券
- 市政债券
- 免税
- 储蓄债券
- 受益人
- 中期国库券
- 长期国债
- 短期国库券
- 个人退休账户
- 资本市场
- 货币市场
- 一级市场
- 二级市场

做笔记

使用下图来确定和描述至少4种金融资产。

票面价值 债券本金或借入的总金额。

到期日 债券的生命期或资金借出的时间长度。

第2节　金融资产及其市场

核心问题

你有哪些投资品种可以选择？

你从亲戚那里继承了几千美元。你会用这些钱做什么？你不会想把它放在床垫下妥善保管。你想让它为你工作，也就是说，你想使你拥有的资金增长。要做到这一点，你必须把钱放在一些有利息的东西上。你知道有些投资是安全的，因为你几乎不可能失去最初的资金。有些投资是有风险的，因为你可能会失去你最初的资金。要记住的一点是，投资越安全，收益就越低，或者说你赚的钱就越少。列出可以使你资金增长的至少一个安全和一个有风险的投资选项。

债券

引导性问题　哪些因素决定了债券的价值？

债券是一种很受欢迎的金融资产，我们总是听人说到债券。政府和企业在需要长期借款时发行债券。债券是一种正式的长期合约，要求在一段时间内定期偿还借入资金及利息。

随着一个国家的公司在另一个国家发行债券，债券越来越具有国际色彩。虽然看起来很复杂，但债券的主要组成相对简单。

债券的组成

债券有 3 个主要组成部分。

- 票面价值　票面价值（par value）是借款金额，因此也是在债券到期时必须偿还给贷款人的金额。

- 到期日　到期日（maturity）是指债券的生命期。如果债券的期限是 30 年，那么债券的发行者有 30 年的时间来偿还贷款人。

- **息票利率** 息票利率（coupon rate）是按票面价值支付的利率。息票利率为 5% 的债券每年支付票面价值的 5%，通常每半年支付一次。

息票利率 债券声明的利息。

假设一家公司出售利率为 6%、期限为 20 年、面值 1 000 美元的债券，每半年支付一次利息。债券持有人每半年可获得 30 美元息票

全球经济 &你

全球贸易

股票和债券的在线交易使个人投资者在世界各地的交易所进行交易成为可能。因此，如果投资者在美国市场找不到具有吸引力的投资，他们可以在其他国家寻找交易机会。

大多数与国际市场打交道的专业投资者都在为投资银行或经纪公司工作。这些公司通过买卖证券来管理客户的资金，以期获得利润。这要求投资者密切关注全球股票和债券价格。

其他投资者可能是个人。他们可能使用复杂的计算机软件来分析大量有关全球股票和债券的数据。这些人会进行编程，以寻找可以告诉他们买卖什么以及何时买卖的一些指标。

资料来源：世界交易所联合会，2015。

▲ **批判性思考**

推论 你能从全球交易的股票和债券对陷入困境或正在经历暂时低迷的经济可能产生的影响中推断出什么？对于这些影响，我们能做些什么？

在线经纪公司提供一些计算机分析工具，但它们可能不会向个人投资者提供每个国际市场上的股票。相反，大多数交易所提供了一些全球最大、最受欢迎的股票指数，如美国的道琼斯指数（DJIA）、英国的富时指数（FTSE）、德国的DAX指数、法国的CAC指数、日本的日经指数（Nikkei）和中国香港的恒生指数（Hang Seng）。

国际股票的在线交易还没有达到24/7，但投资者仍可以在"下班后"通过发布"买入"或"卖出"指令进行交易，这些指令将在市场开盘或股票和债券达到一定价格时执行。对于那些希望全天24小时不间断交易的投资者来说，美元、欧元、日元或澳元等主要货币是24小时不间断交易的，每周168小时。

（1 000×6%÷2）。当债券在 20 年到期时，公司通过支付给债券持有者 1 000 美元的面值来偿还债务。

债券价格

投资者将债券视为一种金融资产，一年支付两次，每次 30 美元，为期 20 年，加上最终的票面价值 1 000 美元。投资者可以提供 950 美元、1 000 美元、1 100 美元或任何其他金额以期未来获取本息。在决定提供多少金额之前，投资者可以考虑未来利率的变化、公司违约的风险以及其他因素。然后，买方和卖方之间的供需将决定债券的最终价格。

债券收益率

当前收益率 债券的年票息利率除以购买价格，被用来衡量债券的收益。

为了比较债券，可以计算债券的 **当前收益率**（current yield），即年利率除以购买价格。如果投资者为上述债券支付 950 美元，则当前收益率是 60 美元除以 950 美元，即 6.32%。如果投资者为该债券支付 1 100 美元，当前收益率则为 60 美元除以 1 100 美元，即 5.46%。

似乎发行人在债券首次发行时就确定了债券的回报。然而，收到的利息和支付的价格决定了每一种债券的实际当前收益率。其结果是，与债券价格一样，债券收益率由供需决定。

债券评级

由于企业和政府的信誉或财务健康状况不同，所有利率为 6%、20 年到期、1 000 美元面值债券的成本并不一样。

发行方不保证在 20 年内赎回债券。因此，投资者将为信用评级更高的债券支付更高的价格。然而，如果类似债券是由信用评级较低的公司发行的，投资者将支付更低的价格。

幸运的是，投资者有办法检查债券的质量。像标准普尔（Standard & Poor's）和穆迪（Moody's）这样的公司会公布债券评级。它们根据一系列因素对债券进行评级，包括发行方的基本财务状况、发行方未来支付息票和本金的预期能力，以及发行方过去的信用记录。

如图 9.4 所示，标准普尔使用字母从 AAA（代表最高投资级别）到 D（通常代表违约）进行评级。如果债券违约，则代表着发行方没有及时支付利息或其他必须支付的款项。这些评级被广泛公布，投资者可以找到他们计划购买的任何债券的评级。

高评级债券的售价高于低评级债券。利率为6%、20年到期、面值1 000美元、AAA评级的债券可能以1 100美元卖出,当前收益率为5.45%。另一家公司发行的利率为6%、20年到期、面值1 000美元、BBB评级的债券,因为风险相对较高,其售价可能仅为950美元。然而,第二种债券的当前收益率更高,为6.32%。这与基本的风险收益关系保持一致,这说明投资者要求更高的收益来抵消风险水平的增加。

美国政府发行的债券被认为是所有金融资产中最安全的,因为它们几乎没有违约的风险。正因为如此,这些债券的收益率也是最低的。

✅ **阅读进展检查**

描述 哪些因素决定了债券的价值?

金融资产及其特征

引导性问题 哪种金融资产最安全?

现代投资者有多种金融资产可以选择。这些金融资产包括存单、债券、短期国库券和中期国库券等。它们在成本、到期日和风险方面各不相同。

图9.4

债券评级

投资者有办法检查债券的质量。像标准普尔和穆迪这样的债券评级公司公布了债券评级。它们根据一系列因素对债券进行评级,包括发行方的基本财务状况、发行人未来支付息票和本金的预期能力,以及发行方过去的信用记录。

▶ **批判性思考**

经济学分析 债券评级如何影响债券价格?

标准普尔			穆迪
最高等级	AAA	Aaa	最高质量
高等级	AA	Aa	高质量
中等偏上	A	a	中等偏上
中等	BBB	Baa	中等
中等偏下	BB	Ba	拥有投机元素
投机	B	B	一般不可取
很容易违约	CCC	Caa	差,可能违约
隶属于其他CCC评级债务	CC	Ca	高投机,通常是违约
隶属于CC评级	C	C	收入债券不支付收入
违约	D	D	利息和本金付款违约

资料来源:标准普尔,穆迪。

存单

存单是一种常见的投资方式。许多人认为它们只是银行账户的另一种类型，但它们是投资者向金融机构发放的贷款。因为银行及其他借款者在一定时期内依赖这些资金，所以如果人们试图提前兑现他们的存单，他们通常会受到惩罚。

存单对小投资者很有吸引力，因为它们的成本低至500美元或1 000美元。投资者还可以选择到期日，让他们有机会根据未来的支出（如大学学费、假期或其他支出）来调整到期日。一些银行发行几乎任何面值、期限不同的存单。

最后，商业银行、储蓄银行和储蓄协会发行的存单包含在25万美元的联邦存款保险公司保险限额内。美国全国信用合作社协会（The National Credit Union Association）为信用合作社发行的大多数存单提供保险。

公司债券

公司债券是公司资金的重要来源。个别公司债券的面值低至1 000美元，但10 000美元的面值更为常见。当投资者购买债券时，他们首先确定自己能承受的风险水平，然后将搜索范围缩小到具有相同风险评级的债券。

债券评级如图9.4所示。债券评级的最高级为AAA或Aaa，而<mark>垃圾债券</mark>（junk bonds）——风险极高的债券，标准普尔评级为BB或更低，穆迪评级为Ba或更低——用高回报率来弥补违约的高可能性。

投资者可以购买公司债券作为长期投资，但如果投资者急需用钱，这些债券和大多数其他债券都可以快速出售。美国国税局将公司债券的利息或息票支付视为应税收入，投资者在投资债券时必须考虑这一点。

市政债券

<mark>市政债券</mark>（municipal bonds），也被称为"市政公债"，是由美国州和地方政府发行的债券。各州发行债券为高速公路、州政府大楼和一些公共工程提供资金。城市发行债券是为了支付棒球场和足球场的建设费用，或是为图书馆、公园及其他市民生活改善项目筹集资金。

由于政府有征税的权力，而且能够为其发行的任何债券支付利息和本金，市政债券通常被视为安全的投资。

大多数市政债券是**免税**（tax-exempt）的，这意味着联邦政府不向投资者征收利息。在某些情况下，发行债券的州也免除了利息的州税。免税功能还允许政府机构支付较低的利率，从而降低政府的借贷成本。

政府储蓄债券

储蓄债券（saving bonds），或称 EE 储蓄债券，是联邦政府发行的低面额、不可转让的债券。投资者可以通过互联网直接从美国财政部购买。投资者所要做的只是开立账户，债券将以电子方式发至投资者的账户。电子债券以面值价格出售，所以你支付 50 美元买 50 美元的债券，或者 10 000 美元买 10 000 美元的债券，之后加上利息。

投资者通常通过指定**受益人**（beneficiary）或在购买者死亡时继承金融资产索取权的人来为其继承人购买债券。例如，祖母可以以自己的名义购买储蓄债券，并指定孙辈作为受益人。当她去世时，受益人自动获得储蓄债券的索取权，而无须支付任何遗产税。

中期国库券和长期国债

当联邦政府借入的资金期限超过 1 年，它就会发行中期国库券和长期国债。**中期国库券**（treasury notes）是美国政府的债券，2~10 年到期，而**长期国债**（treasury bonds）为 20~30 年到期。这两种债券每6 个月支付一次利息，直到到期。这两种债券的唯一抵押品是美国政府的信念和信誉。

美国中期国库券和长期国债的面值为 100 美元，这意味着资金较少的投资者也有能力购买。这些债券是电子发行的，投资者直接从美国财政部购买。由于投资者的账户是网络账户，美国财政部将定期支付的利息直接转入这些账户，而不是邮寄支票给投资者。

短期国库券

联邦政府借款产生其他金融资产，如**短期国库券**（treasury bills）。短期国库券，也称 T-bills，是一种期限为 4 周、13 周、26 周或 52 周的短期债务，最低面值为 100 美元。

垃圾债券 标准普尔评级为 BB 或以下的特殊风险债券，具有较高的回报率，作为对违约高可能性的补偿。

市政债券 由州和地方政府发布的一种投资，通常是免税的，也被称为"市政公债"。

免税 联邦或州政府不征税。

储蓄债券 由联邦政府发行的低面额、不可转让的债券，通常通过工资单储蓄计划。

受益人 如果资产所有者去世，被指定获得其索取权的人。

中期国库券 美国政府的债务，2~10 年到期。

长期国债 美国政府债券，20~30 年到期。

短期国库券 美国政府债券，期限为 4 周、13 周、26 周或 52 周，最低面值为 100 美元。

短期国库券不直接支付利息，它们是打折出售的。例如，投资者可能会以 970 美元的价格购买一张 26 周到期、到期价格为 1 000 美元的债券。支付金额和收到金额之间 30 美元的差额是利息，或投资者的收益。因为投资者从 970 美元的投资中获得 30 美元的利润，所以半年收益率是 30 美元除以 970 美元，即 3.1%。

个人退休账户

个人退休账户 退休账户以长期定期存款的形式存在，年度缴款在退休期间提取前不予征税。

许多员工将钱投资于**个人退休账户**（Individual Retirement Accounts, IRAs），这是一种长期的、免税的定期存款，可以作为个人退休计划的一部分。例如，一个未婚工人可以每年在这样的账户上存入 4 000 美元。

然后该工人从其应税收入中扣除这些存款，从而从其个人应税收入中扣除 4 000 美元。最终，当工人退休时，必须支付利息和本金的税收。然而，延税功能给了工人当前存钱的动力，因为将税收推迟至工人退休，可能处于较低的税收等级。

☑ 阅读进展检查

分析 政府债券的哪些特点最吸引你？

金融资产市场

引导性问题 为什么金融资产市场之间存在重叠？

投资者通常根据市场上交易的金融资产的特点来评价市场。这些市场在很大程度上重叠。

资本市场

资本市场 贷或借的金融资本期限超过 1 年的市场。

投资者所说的**资本市场**（capital market）是指贷款期限超过 1 年的市场。长期存单以及需要 1 年以上才能到期的公司和政府债券属于这一类。资本市场资产如图 9.5 所示。

货币市场

货币市场 贷或借的金融资本期限为 1 年或更短的市场。

投资者所指的**货币市场**（money market）是指贷款期限少于 1 年的市场。货币市场资产如图 9.5 所示。

请注意，期限为 1 年或更短的定期存单的持有人是货币市场的参与者。如果存单的到期日超过 1 年，则持有人为资本市场的参与者。

许多投资者购买货币市场共同基金，这些基金汇集了投资者的存款以便购买股票或债券。货币市场共同基金支付的利率通常略高于银行。

探索核心问题

当你工作生活时，你会想存钱并拿你收入的一部分进行投资，以使退休后获得资金，或积累一个房子的首付，或进行其他重要的购买。在将资金投于不同类型的投资品种时，你认为你会采用什么策略？基于投资者的风险承受能力，基本上有3种投资策略。保守策略风险更低，稳健策略风险中等，激进策略风险更高。不同的投资策略会将不同比例的资金分配给不同类型的投资品种。

研究3种投资策略，为每种投资策略创建一个饼图。显示每种投资策略的大致资金分配（投资品种如债券、股票、国债、垃圾债券等）。

一级市场

查看金融市场的另一种方法是关注新创建金融资产的流动性。金融资产的一个市场是**一级市场**（primary market），即只有原始发行人才能出售或回购金融资产的市场。政府储蓄债券和个人退休账户都在这个市场上，因为它们都不能转让。小额存单也在一级市场，因为投资者往往在需要资金时提前兑现，而不是试图将其出售给其他人。

一级市场 只有原始发行人才能出售或回购金融资产的市场，这个市场包括政府储蓄债券、个人退休账户、小型存单。

图9.5

金融资产及其市场

	货币市场（短于1年）	资本市场（长于1年）
一级市场	货币市场共同基金 小额存单 共同基金	政府储蓄债券 个人退休账户 小额存单
二级市场	大额存单 短期国库券	公司债券 国际债券 大额存单 市政债券 长期国债 中期国库券

货币或资本市场上的资产的到期期限不同。将资产出售给原始发行者以外的其他人的能力，决定了该资产是一级市场还是二级市场的一部分。

◀ 批判性思考

经济学分析 为什么一些金融资产，如存单，出现在不止一种市场中？

二级市场

二级市场 所有金融资产都可以出售给原始发行人以外的其他人，这个市场包括公司债券、政府债券等。

如果一项金融资产可以出售给原始发行人以外的其他人，那么它就成为**二级市场**（secondary market）的一部分，在二级市场上，现有的金融资产可以转售给新的所有者。

一级市场和二级市场的主要区别在于二级市场向投资者提供了流动性。如果一项金融资产存在一个强大的二级市场，投资者就知道，除了处理交易的费用外，该资产可以迅速变现而不会受到罚款。

✅ **阅读进展检查**

对比 资本市场和货币市场有什么不同？一级市场和二级市场有什么不同？

第2节 回顾

词汇回顾

1. **描述** 一般来说，哪种债券的收益率更高：国债还是垃圾债券？为什么？

2. **解释** 二级市场上的投资品种多于一级市场上的投资品种对于投资者有什么好处？

使用你的笔记

3. **描述** 描述两种不同类型的金融资产，并解释它们之间的差异。

回答引导性问题

4. **描述** 哪些因素决定了债券的价值？

5. **评估** 哪种金融资产最安全？

6. **解释** 为什么金融资产市场之间存在重叠？

经济学写作

7. **叙述** 写一篇两段的文章。在第一段中，描述一个明智的保守型或低风险的投资者。并描述此人的情况和投资目标。在第二段中，描述一个明智的激进的或高风险的投资者。此人会选择什么类型的投资品种？此人的情况和投资目标是什么？根据每个人的情况和目标，解释为什么他们进行不同类型的投资都是明智之举。

纽约证券交易所和美国全国证券交易所

纽约证券交易所（NYSE）是世界上规模最大、最具影响力的证券交易所之一。它始于1792年，当时24名股票经纪人在一棵梧桐树下会面，建立了一套买卖公司债券和股票的规则。

当时在场的所有人签署了《梧桐树协议》（The Buttonwood Agreement），然后他们定期在华尔街树下会面。1817年，《梧桐树协议》被更新，纽约证券交易所董事会成立，并于1863年将名称缩短为纽约证券交易所。

2006年，纽约证券交易所与一家公开交易的电子证券交易所合并，成为纽约证券交易所集团公司。2008年，纽约证券交易所与一家欧洲交易所合并，成为纽约泛欧证券交易所。它还将美国证券交易所（American Stock Exchange，AMEX）纳入其中，成为全球最大的交易所集团。

美国全国证券交易所的交易完全是电子化的。

现在，一个新的基于互联网的电子交易时代已经开始。经纪人仍然在场上交易，但是过去股票经纪人叫喊着和用手势买卖股票或债券的情况已经减少了。任何拥有电脑和互联网接入的人，从强大的金融机构到拥有在线经纪账户的普通个人，都可以在纽约证券交易所进行电子交易。

美国全国证券交易所（NSE）的知名度不如纽约证券交易所。美国全国证券交易所于1865年在辛辛那提成立，长期以来被称为辛辛那提证券交易所（CSE）。随着交易所的发展和交易越来越广泛，它在芝加哥开设了第二个办事处，于是必须找到一个新的名字来宣布其更广泛的影响力。2003年，CSE被重新命名为美国全国证券交易所。

纽约泛欧证券交易所位于纽约市。

美国全国证券交易所的独特之处在于，所有交易都是以电子方式进行的。美国全国证券交易所在1980年完全实现了电子化；到1986年，它已经完全实现了所有交易的自动化。先进的交易软件，使得经纪人没必要进行实物交易，并有助于降低交易成本。2006年，美国全国证券交易所推出了先进的电子交易技术BLADE。BLADE可以在微秒内完成交易，并且具有很高的成本效益。

美国全国证券交易所目前的总部设在新泽西州。当然，由于其创新的交易技术，新的美国全国证券交易所没有交易场所。尽管许多股票和债券可以在美国全国证券交易所交易，但它以交易所交易基金（ETF）而闻名。

案例研究回顾

1. **比较与对比** 纽约证券交易所和美国全国证券交易所在交易方式上有何相似之处？它们又有哪些不同之处？

2. **得出推论** 纽约证券交易所采取了哪些行动，使其成为全球最大的交易所？你能从中推断出当今世界金融活动的本质是什么吗？

阅读帮手

术语表

- **股票经纪人**
- **有效市场假说**
- **投资组合多样化**
- **共同基金**
- **资产净值**
- **401（k）计划**
- **行权**
- **股票或证券交易所**
- **道琼斯工业平均指数**
- **标准普尔500指数**
- **牛市**
- **熊市**
- **现货市场**
- **期货合同**
- **期权**
- **看涨期权**
- **看跌期权**

做笔记

使用下表，以识别和描述股票市场。

股票市场	特征

股票经纪人 为投资者购买或出售证券的人。

第3节 投资股票和期权

核心问题

你有哪些投资品种可以选择？

政府债券是最安全的金融资产之一，但回报可能不高。股票和期货则相反，通常是高回报，但风险也高，甚至完全亏损。

购买股票在过去很复杂，需要专业人士的帮助。如今，有了互联网，任何人都可以轻松地投资股票、共同基金，甚至期权。

除了个人对风险的容忍程度之外，投资者选择债券或股票的理由可能还有很多。

- 一个人选择投资股票或期货而不是政府债券的可能原因是什么？
- 在什么情况下，一个人更喜欢投资债券？

股票价格和有效市场

引导性问题 为什么投资组合的多样化很重要？

代表公司索取权的权益或普通股股票是另一种投资者可获得的金融资产。

买卖股票

有多种不同的方式可以购买股票，通常指普通股。投资者可以通过**股票经纪人**（stockbroker）——为其客户买卖股票的人。股票经纪人的一项服务就是提供意见和建议。作为回报，他们根据投资者的交易规模收取费用，无论是买入还是卖出。

投资者还可以在证券公司开立互联网账户来进行股票交易。这种方法允许投资者从个人电脑甚至手机上买入、卖出和监控自己的股票组合。证券公司对每笔交易收取的费用要少得多，它们甚至可能对那些看起来更有前景的关键行业的发展情况进行概述和总结。

更重要的是互联网证券公司提供的功能很多。你想要那些只提供高额股息的公司吗？没问题，你只需对市场上的 10 000 多只股票进行分类，找到那些提供最高支付股息的股票！也许你更喜欢那些负债很少或没有负债的公司，那么运行另外的程序，你也可以找到这些公司的列表。你还可以将这些分类方法结合起来，找到支付最高股息且债务最少的公司。然后，生成一系列显示 1 年、3 年或 10 年的股票

职业 | 股票经纪人和银行投资家

这个职业适合你吗？

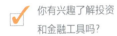

✓ 你有兴趣了解投资和金融工具吗？

✓ 你能清楚地传达想法和信息，以便其他人理解吗？

✓ 你愿意花费很长时间来分析公司及其业务实践吗？

采访
股票经纪人

"如果你想拥有你认为在未来5~10年里自己想要拥有的东西，不要陷入即时成功和确认投资成功的陷阱。当你购买股票时，如果它在第二天上涨，那并不意味着你是对的。如果它下跌，也并不意味着你错了。"

—— 大卫·罗尔夫（David Rolfe），威奇伍德合伙企业首席投资官

薪资
年薪中位数：70 190美元
时薪33.75美元

职业发展前景
大约处于平均水平

工作内容
投资银行家是指通过发行有价证券（如股票和债券）并出售证券来帮助公司筹集资金的人。投资银行家还就合并、收购及其他交易向公司提供建议，并准备必要的文件。股票经纪人作为证券买卖双方的中间人。卖方可能是投资银行家或公司；买方可能是个人、投资公司、共同基金和养老基金等。银行家和股票经纪人都必须彻底分析他们所代表的公司的财务优势和劣势。有时候，这可能是耗费大量时间，但成功的经纪人和银行家可以获得非常高的收入。

价格历史记录的图表，以帮助你缩小选择范围。

像这样的功能，再加上证券公司收取的低费用，正是互联网证券公司变得如此受欢迎的原因之一。

供给、需求和股票价值

几乎所有股票的价值每天都会波动，这是股票供给或需求的变化导致的。

投资者的期望是有影响力的，这会影响股票的供给和需求。如果投资者认为股价会上涨，他们会先于其他人购买股票。然而，如果每个人都试图同时购买股票，由于需求的整体增长，股票价格会上涨。

如果投资者认为股价会下跌，情况可能会发生逆转。如果有足够多的投资者决定出售股票，那么每个人同时出售股票的集体行动将增加股票供应，股票价格将下跌。

许多投资者密切关注他们的公司，希望成为第一个发现公司股票需求可能发生变化的投资者。例如，如果一家公司宣布进行昂贵的产品召回或可能具有潜在损害性的诉讼，投资者可以在其他人出售其股票之前先出售其股票，并集体改变公司股票的价格。

图 9.6

如何解读股票表现

| 52周 | | 股票（SYM） | 年股息（美元） | 股息率（%） | 市盈率 | 以100股为单位的交易数量 | 收盘价（美元） | 与前一天相比的价格变化 |
高点（美元）	低点（美元）							
42.01	29.98	雅诗兰黛（EL）	0.40	1.00	34.02	691	41.16	0.26
65.96	53.08	埃克森美孚（XOM）	1.28	2.13	10.25	25 966	60.18	-1.78
120.01	76.81	联邦快递公司（FDX）	0.32	0.30	20.11	3 175	109.92	-5.51
11.48	6.75	福特汽车（F）	0.40	5.79	未提供	19 606	6.91	-0.11

纽约泛欧交易所的财务报表可能包括52周内的最高和最低股价、年股息、股息率、市盈率、以100股为单位的交易数量、收盘价以及与前一天相比的价格变化。互联网上的其他财务报表会显示更多信息。

▲ 批判性思考

经济分析 哪只股票在一年内变化最大？

你的股票表现如何

如果你对一只股票的走势感兴趣，你可以阅读其财务报表。网络上的财务报表可能在格式和细节有差别，但所含的指标类似。以纽构泛欧交易所的一张财务报表为例，来说明如何从财务报表解读股票表现，如图9.6所示。

- **52周** 过去12个月的高价和低价。在此期间，雅诗兰黛的每股售价最高达42.01美元，最低仅为29.98美元。除了这个没有别的数据可以告诉我们什么时候价格会高，什么时候价格会低。

- **股票（SYM）** 通常由公司选择的唯一的且易于记忆的字符串。

- **年股息** 公司的年度股息，分4期支付。联邦快递公司（FDX）的年股息是0.32美元，所以每季度应支付每股0.08美元。

- **股息率** 与银行存款的利息回报大致相似。因此，如果你以6.91美元的收盘价买入一家公司的股票，你将获得0.40美元的年股息。股息率为0.40美元/6.91美元=0.0579，或5.79%。

- **市盈率** 代表最后股价与每股年收益的比率。它被用来衡量估值，并告诉我们投资者愿意为获得当前收益1美元而支付多少钱。如果分子或分母中的值改变，市盈率也会发生改变。例如，在福特恢复赢利两年后，其股价升至17.41美元，每股收益升至1.51美元，市盈率为11.52。（图9.6中未显示值）

- **收盘价** 告诉我们当天股票的最终价格。

- **与前一天相比的价格变化** 告诉我们今天收盘价与前一天收盘价的对比情况。联邦快递当天收盘价为109.92美元，比前一天的收盘价低5.51美元。

股票市场效率

大多数拥有大量买家和卖家的大型股票市场相当具有竞争性。然而，没有可靠的方法来投资股票并且确保始终赢利。不同公司的股票价格会有很大的差异，同一公司的股票价格也有可能一天之间发生巨大的变化。正因为如此，投资者总是在寻找最好的交易对象，以及避开那些不好的交易对象。所有这些关注都使市场更具竞争性。

有效市场假说 该假说认为股票定价总是正确的,而且很难找到廉价股,因为许多投资者都密切关注它们。

许多股票市场专家支持**有效市场假说**(Efficient Market Hypothesis,EMH),即股票定价通常是正确的,而且很难找到廉价股,因为许多投资者紧跟着股票。该理论指出,在大量的股票投资公司中,每只股票都是由许多不同的专业分析师持续分析的。如果分析师观察到任何可能影响他们所观察的公司财富的事情,他们会立即买入或卖出这些股票。这反过来又导致股票价格几乎立即根据新的市场信息进行调整。

对投资者的主要启示是:如果所有股票的定价都是正确的,因为它们受到了成千上万的股票分析师的关注,那么购买哪一只股票并不重要。当然,你可能会走运,选择了一只即将上涨的股票,或者你可能不走运,选择了一只即将下跌的股票,但随着时间的推移,这些收益和损失将趋于平衡。正因为如此,**投资组合多样化**(portfolio diversification)——持有大量不同股票的做法,以便一些股票的上涨可以抵消其他股票的下跌——是一种流行的策略。

投资组合多样化 持有不同投资品种以使风险最小化的策略。

如果你持有多达 10 家不相关公司发行的股票,你可以使自己的股票组合多样化。然而,保护你的股票组合价值的一个更好的方法是投资一只共同基金,它持有成百上千家公司发行的股票。

共同基金

共同基金 出售证券的公司,如其他公司发行的股票和债券。

共同基金(mutual fund)是向个人投资者出售证券的公司。它将收到的资金投资于由成百上千家不同公司发行的股票和债券组成的投资组合。如此多样化的投资组合,使共同基金获得了最大程度的多样化收益。

共同基金也从其投资组合中的许多公司获得股息,这些股息可以转给共同基金的持有者。

共同基金唯一不能做的就是保护其投资者免受整个股市波动的影响。因此,如果市场连续几天上涨或下跌,那么几乎所有共同基金投资组合中的股票也将上涨或下跌。

资产净值 共同基金份额的市场价值,由基金净值除以已发行的股份数量。

与其他股票一样,持有者也可以出售他们的共同基金份额,以获取利润。共同基金份额的市场价值被称为**资产净值**(Net Asset Value,NAV)——共同基金的净值除以共同基金发行的股份数量。

共同基金使投资者不会把他们所有的钱都投在一家或几家公司里。典型的共同基金规模庞大，使得基金可以聘请专家来监控市场状况，分析许多不同的股票和债券，然后决定买入或卖出哪些股票和债券。共同基金的流动性也很强，这使得投资者很容易在他们的共同基金账户中增加或提取资金。

401（k）计划

　　在美国，人们对退休计划的需求使 <mark>401（k）计划</mark> 颇受欢迎，该计划是一项税收递延投资和储蓄计划，可以作为雇员的个人养老基金。公司的员工授权定期扣除工资缴款给该计划，然后该计划将扣除的款项集中投资于共同基金或公司批准的其他投资。

　　向该计划缴款会降低今天的应纳税收入，因为在提取缴款之前，投资者不必为这些缴款缴纳所得税。401（k）计划的另一个好处是，大多数雇主通常会为雇员提供一部分与之匹配的缴款。

　　例如，如果雇主以 50% 的比率与员工的缴款相匹配，员工就可以获得 50% 的投资回报。如果员工把 100 美元存到 401（k）中，雇主会提供 50 美元的缴款。这将给员工留下 150 美元的基金，员工的初始投资将立即获得 50 美元的回报。

　　因为 401（k）是为投资者提供退休收入而设计的，所以如果投资者在退休之前把钱取出来，就会受到惩罚。目前，罚款是投资者提取资金的 10%，这是投资者为提取资金除普通所得税外必须支付的。

　　最后，请注意该计划的 <mark>行权</mark>（vesting），即在能得到雇主的相应缴款之前，员工需要在公司工作的时间长度。例如，假设你的公司以 50% 的比率与你的缴款相匹配，并且这个计划只有在你工作 3 年后才能兑现。如果你在这 3 年内每年缴款 1 000 美元，公司将为你的 3 000 美元匹配 1 500 美元。因为这个计划现在已经行权，如果你决

<mark>401（k）计划</mark>　作为雇员个人养老基金的税收递延投资和储蓄计划。

<mark>行权</mark>　在能得到雇主的相应缴款之前，员工需要在公司工作的时间长度。

定离开的话，你可以带走 4 500 美元。

但是，如果在跳槽前工作不到 3 年，雇主匹配的缴款将由雇主所有，员工将损失 1 500 美元。员工的缴款仍然是自己的，但现在员工必须重新开始找一个新的雇主去缴款。

✅ **阅读进展检查**

解释 什么决定了股票的价值？

股票市场及其表现

引导性问题 如何评价股票市场的表现？

股票及其他所有东西一样，都在市场上交易。投资者需要每天关注这些市场，因为市场的表现可能会影响他们的股票。

证券交易所

股票或证券交易所 买卖双方见面交易证券的物理地点。

历史上，投资者会聚集在一个有组织的**股票或证券交易所**（stock or securities exchange），这是买卖双方见面交易股票的地方。一个有组织的交易所，其名称来源于它开展业务的方式。会员需缴纳会员入会费，交易只能在交易所内进行。

直到现在，美国历史最悠久、规模最大、最负盛名的有组织的证券交易所还是纽约证券交易所。

另一个全国性的证券交易所是美国证券交易所。为了扩大其对投资者的吸引力，美国证券交易所吸引了许多规模较小、知名度较低的公司。它还开始出售其他金融资产，如期权和期货，以扩大其产品线。

2008 年，纽约证券交易所与欧洲主要股票和证券市场泛欧交易所合并，现在被称为纽约泛欧证券交易所。美国证券交易所被纽约泛欧证券交易所收购，从此失去了独立交易所的身份。

绩效衡量指标

由于大多数投资者关心他们股票的表现，他们会参考两个流行的指标。当这些指标上升时，股票一般也会上涨。当这些指标下跌时，股票通常会下跌。

第一个指标是<mark>道琼斯工业平均指数</mark>（DJIA），这是最受欢迎的衡量股市表现的指标之一。道琼斯工业平均指数始于 1884 年，当时道琼斯公司公布了 11 只活跃股票的平均收盘价。1928 年，覆盖范围扩大到 30 只股票。从那时起，不断地有股票被添加进来，也有股票被剔除出去，但样本仍然是 30。

由于这些变化，道琼斯工业平均指数不再是股票价格的算术平均值。此外，道琼斯工业平均指数的演变模糊了指数"点"变化的含义。有一段时间，道琼斯工业平均指数的一点变化意味着平均股票价格变动了 1 美元。所以最好关注指数的百分比变化，而不是点数。

第二个指标是<mark>标准普尔 500 指数</mark>（S&P 500）。它使用 500 只代表性股票的价格变化作为市场总体表现的指标。

牛市与熊市

投资者经常使用丰富多彩的术语来描述市场的走势。例如，<mark>牛市</mark>（bull market）代表一个"强劲"的市场，股票市场价格连续几个月或几年上涨。

美国历史上最强劲的牛市之一始于 1988 年，到 2000 年的时候股票价格上涨超过 500%。

<mark>熊市</mark>（bear market）代表一个"不好"或"极差"的市场，股票价格连续几个月或几年大幅下跌。自 20 世纪 30 年代以来最引人注目的熊市是在 2008—2009 年，当时道琼斯工业平均指数下跌了一半以上。

✅ 阅读进展检查

对比 道琼斯工业平均指数和标准普尔 500 指数有什么区别？

未来的交易

引导性问题 为什么有期货合同？

大多数的交易即时发生或在<mark>现货市场</mark>（spot market）。在这个市场上，交易以现行价格立即进行。

例如，伦敦的黄金现货价格就是当时这个城市的黄金价格。有

道琼斯工业平均指数 一个由 30 只代表性股票组成的指数，用于监控整个股市的价格变化。

标准普尔 500 指数 这是一个由 500 只股票组成的指数，用于监控纽约证券交易所、美国证券交易所和场外交易市场的价格。

牛市 股票市场价格连续几个月或几年上涨的时期。

熊市 股票市场价格连续几个月或几年下跌的时期。

现货市场 以现行价格立即进行交易的市场。

好吧，我有足够的时间转弯。

这幅漫画描述了市场波动具有周期性。

▲ **批判性思考**

建立联系 为什么长期熊市之后往往出现牛市？

期货合同 以预定价格在未来某一特定日期买卖的协议。

期权 允许投资者选择在特定未来日期以在今天约定的价格买卖商品、股票或金融资产的合同。

看涨期权 期货合同赋予投资者取消购买商品、股票或金融资产合同的选择权。

时交易会在以后进行，而不是立即进行。这种情况发生在**期货合同**（futures contract）中，即在特定的未来日期以预定价格买卖的协议。例如，你可能会同意以每盎司 1 258 美元的价格购买 6 个月后的黄金，因为你认为到那时黄金实际价格会更高。

几乎可以就任何事情签订期货合同，包括标准普尔 500 指数的规模或未来利率水平。在大多数情况下，合同的利润或损失是通过现金支付而不是买方交付来结算的。

期权（option）是一种特殊类型的期货合同，它赋予买方取消合同的权利。例如，你今天可能要花 5 美元买一个**看涨期权**（call option），即以特定未来价格购买某物的权利。如果看涨期权赋予你以每股 70 美元的价格购买 100 股股票的权利，而如果价格降到 30 美元，你就取消期权，以 30 美元的价格在其他地方购买股票。如果价格上涨到 100 美元，你可以执行期权，以 70 美元的价格购买股票，并以 100 美元的价格转售，或者以现金结算。

你也可以购买<mark>看跌期权</mark>（put option），即以特定未来价格出售某物的权利。看跌期权和看涨期权一样，如果实际未来价格对买方不利，买方有权终止合同。

<mark>看跌期权</mark> 期货合同赋予投资者取消出售商品、股票或金融资产合同的选择权。

☑ **阅读进展检查**

解释 为什么将来发生的合同对买方或卖方有利？

第3节　回顾

词汇回顾

1. **定义** 什么是期货合同？

使用你的笔记

2. **对比** 纽约泛欧证券交易所和美国证券交易所之间的主要区别是什么？

回答引导性问题

3. **解释** 为什么投资组合的多样化很重要？

4. **描述** 如何评价股票市场的表现？

5. **解释** 为什么有期货合同？

经济学写作

6. **论点** 一个朋友刚赚了一大笔钱，她正计划把所有的钱都投资在一两只股票上，她相信这些股票会迅速增值。提出一个论据，建议她在一系列股票上进行多样化的投资，而不仅仅是投资于一两只股票。

在美国，内幕交易的非法行为所受到的惩罚是否过于严厉？

内幕交易是指违反个人对公司或股东的义务，基于从公司内部、非公开的渠道得到的信息，进行股票、债券或其他证券交易的做法。例如，根据尚未公开宣布的管理层变动信息，或者可能改变公司前景的即将收购的消息来买卖股票。这种信息很容易影响证券的价值。在上市前就掌握这一信息的人拥有大多数其他投资者不具备的优势。

美国联邦政府已将这种形式的内幕交易定为非法行为。处罚方式各不相同，包括罚款、监禁、禁止继续执业或偿还从交易中获得的利润。

惩罚内幕交易的法律是有争议的。一些人认为内幕交易应该受到严厉处罚；另一些人则认为没什么大不了的。你的看法是什么？

内幕交易在美国受到的惩罚过于严厉

YES

一些投资者总是比其他人有更好的信息来源。

内幕交易不会改变道琼斯指数或标准普尔500指数披露的结果。

调查内幕交易的费用昂贵，还有更重要的问题。

内部人士传播信息使市场更有效率。

> 如果卖方因为在市场上有一个内幕交易者而受到损害，那么很难衡量其受到的损害程度，或者说看起来似乎没有损害。事实上，学术文献承认，内幕交易不会对任何可识别的群体造成任何伤害（Manne，1985年），而向内幕交易者出售股票的人实际上可能会得到帮助而不是伤害，因为他们得到了更好的价格。
>
> ——罗伯特·W. 麦基（Robert W. McGee），
> 佛罗里达国际大学

> 我们的市场之所以成功，正是因为它们拥有世界上最高水平的信任。投资者把他们的资本投入运作，把他们的财富置于风险之中，因为他们相信市场是诚实的。他们知道，我们的证券法要求自由、公平和公开的交易。

——阿瑟·莱维特（Arthur Levitt），
美国证券交易委员会前主席

分析问题

1. **评价** 麦基提出：内幕交易不会对其他投资者造成任何伤害。而亚瑟·莱维特说：它的确损害了人们对市场的信任。谁提出的观点更有说服力？你为什么这么认为？

2. **分析** 其中一个论点指出，内幕交易不会影响公司的市场价值，因为市值是由道琼斯工业平均指数或标准普尔500指数所衡量的。你支持这个说法吗？为什么？

3. **捍卫** 你觉得哪个论点最有说服力？解释你的答案。

学习指南

第1节

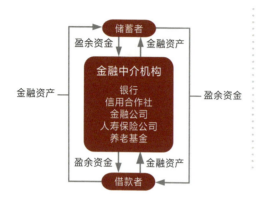

第2节

第3节

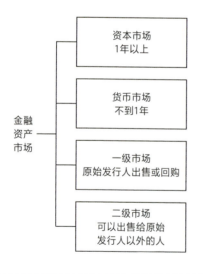

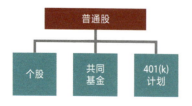

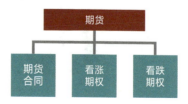

第9章　评估

说明：在一张单独的纸上回答以下问题。请务必仔细阅读并回答所有问题。

内容回顾

第1节

❶ **描述** 在一个自由企业体系中，如何创建金融资产？

❷ **解释** 主要的存款金融机构在金融体系中的作用是什么？

第2节

❸ **计算** 你购买了票面利率为4%、10年期、面值1 000美元的公司债券。利息每半年支付一次。6个月后你将收到多少利息？10年后债券的面值是多少？

❹ **解释** 存单是如何在多个市场都存在的？

第3节

❺ **对比** 通过互联网证券公司而不是股票经纪人交易股票主要有哪些优势？

❻ **解释** 为什么投资组合的多样化是一个重要的投资策略？

❼ **分析** 在什么情况下，投资者在签订期货合同后会赚钱？

批判性思考

❽ **综合** 作为一名理财经纪人，有一位客户向你寻求投资建议。客户艾布拉姆斯女士（Ms. Abrams）想买她的第一套房子。她知道这将需要几年的储蓄和投资。她还关心自己的未来，希望开始为退休投资一些钱。请为艾布拉姆斯女士制订一个投资计划，记住她买房子的中期目标和为退休做准备的长期目标。

❾ **考虑优势和劣势** 你设定的目标是每年节省4 000美元，从你完成学业的那一年开始，直到你退休为止。你正在考虑这3种投资工具：个人退休金、股票和存单。哪一个可能产生最好的长期回报？解释你的答案。

❿ **支持观点** 为什么有人想在熊市期间买入股票？

图表分析

使用图表回答以下有关风险和回报的问题。

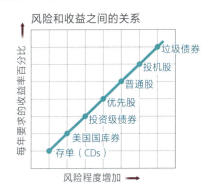

风险和收益之间的关系

（纵轴）每年要求的收益率百分比
（横轴）风险程度增加 ➡

垃圾债券
投机股
普通股
优先股
投资级债券
美国国库券
存单（CDs）

⓫ **解释** 存单和美国国库券之间的风险和收益关系是什么样的？为什么会这样？

⓬ **分析** 如果市政债券被添加到这个图中，它应该被放置在哪里？解释一下。

回答核心问题

回顾每节开始时你对这些问题的回答。根据你在本章中学到的内容再次回答这些问题。你的答案改变了吗？

⓭ **解释** 储蓄在金融体系中的作用是什么？

⓮ **解释** 你有哪些投资品种可以选择？

21世纪技能

⓯ **做决策** 你姑妈给了你1万美元的大学教育费。你现在不需要它，但你不想把它放在你的活期存款账户里，因为这样不赚取仟何利息。考虑到你在上大学之前不需要这笔钱，你应该怎么做呢？解释你的答案。

⓰ **比较和对比** 你正在考虑投资债券。你确定了两个公司债券。一个是AAA级，票面

第9章　评估

说明：在一张单独的纸上回答以下问题。请务必仔细阅读并回答所有问题。

价值为1 000美元，票面利率为5%。另一个是面值900美元、票面利率为8%、CCC级。考虑到你的风险承受能力，哪一个价值更高？为什么？

⑰ **比较和对比** 汤姆工作了几年，最近把他的一些积蓄投资于一个股票共同基金。这将是他退休储蓄的一部分，至少30年内他都不需要。然而，上周美国国会显然无法就预算达成一致，政府的大部分基金可能不得不关闭，直到问题得到解决。金融专家担心道琼斯指数可能下跌，经济甚至可能陷入衰退。汤姆应该如何处理他的投资？解释你的答案。

⑱ **规划** 在过去的两年里，你一直在工作和储蓄，积累了10 000美元。你想把它投资在股票上。研究3只股票的表现，然后说明你的投资选择。想象一下，你要把这只股票推荐给其他人，说服他们和你一起投资。为了做出最有效的陈述，请包含关于以下几点的有说服力的信息。

a. 你选择该只股票的原因。
b. 该只股票的表现。
c. 影响价值损益的因素。
d. 分析你选择短期或长期持有该股票的原因。

分析基础资料

阅读基础资料并回答以下问题。

> **基础资料**
>
> ❝债券不会像新股那样稀释持股比例。公司为债券支付的利息也可以比股息更低。对于不能发行股票的政府而言，债券提供了提高税收或收费的替代方案。❞

资料来源：Mark Mobius, *Bonds: An Introduction to the Core Concepts*.

⑲ **分析** 是什么让债券成为对政府来说一个有吸引力的选择？

⑳ **分析** 在什么条件下，即使在本文所述的情况下，理财经纪人也会建议投资债券？理由是什么？

第5篇

经济表现

这很重要
因为……

在市场经济中，经济增长对人们的日常生活有很大影响。就业、货币政策、生产和贸易、商品价格和支出水平等，加在一起可以影响一个人能否实现梦想。了解经济体制如何衡量集体经济和社会福利，将有助于我们现在和将来做出更好的经济决策。

第10章　评估经济

核心问题

- 如何确定美国的经济和社会福利？

第1节　衡量国家的产出和收入

第2节　人口增长和趋势

第3节　贫困和收入分配

美国的人口普查

美国第一次人口普查发生在1790年乔治·华盛顿（George Washington）执政期间，在国务卿托马斯·杰斐逊（Thomas Jefferson）的指导下进行。它收集了最初13个州以及肯塔基州、缅因州、佛蒙特州和田纳西州的信息。根据《美国宪法》，每10年举行1次全国性调查。宪法要求每个家庭都要接受调查，自由人和被奴役的人都要记录。迄今为止，美国共有23次人口普查，最近一次在2010年。在两次人口普查之间，美国人口普查局根据最近的数据进行估算。

美国人口普查（2010年）

关于美国人的居住地址，人口数据提供了最准确的信息。这些关键信息用来确定每个地区在美国众议院中的席位。除了测量美国的人口数量，美国人口普查还收集有关美国商业和地理分布的信息。

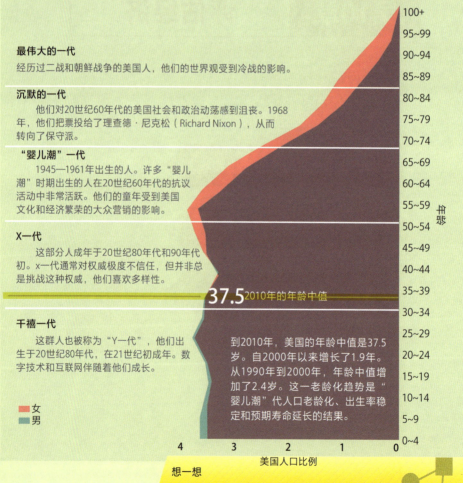

最伟大的一代
经历过二战和朝鲜战争的美国人，他们的世界观受到冷战的影响。

沉默的一代
他们对20世纪60年代的美国社会和政治动荡感到沮丧。1968年，他们把票投给了理查德·尼克松（Richard Nixon），从而转向了保守派。

"婴儿潮"一代
1945—1961年出生的人。许多"婴儿潮"时期出生的人在20世纪60年代的抗议活动中非常活跃。他们的童年受到美国文化和经济繁荣的大众营销的影响。

X一代
这部分人成年于20世纪80年代和90年代初。x一代通常对权威极度不信任，但并非总是挑战这种权威，他们喜欢多样性。

37.5 2010年的年龄中值

千禧一代
这群人也被称为"Y一代"，他们出生于20世纪80年代，在21世纪初成年。数字技术和互联网伴随着他们成长。

到2010年，美国的年龄中值是37.5岁。自2000年以来增长了1.9年。从1990年到2000年，年龄中值增加了2.4岁。这一老龄化趋势是"婴儿潮"代人口老龄化、出生率稳定和预期寿命延长的结果。

■ 女
■ 男

年龄

4　3　2　1　0
美国人口比例

100+
95~99
90~94
85~89
80~84
75~79
70~74
65~69
60~64
55~59
50~54
45~49
40~44
35~39
30~34
25~29
20~24
15~19
10~14
5~9
0~4

想一想
如果年龄中值继续增长，美国在政治和社会方面会发生怎样的变化？

阅读帮手

术语表

- 中间产品
- 二手销售
- 非市场交易
- 地下经济
- 实际GDP
- 当前GDP
- 实际人均GDP
- 国民生产总值
- 国民生产净值
- 国民收入
- 个人收入
- 个人可支配收入
- 住户
- 单独的个体
- 家庭
- 商品和服务净出口
- 产出—支出模型

做笔记

使用下图来确定3种类型的GDP。

第1节　衡量国家的产出和收入

核心问题

如何确定美国的经济和社会福利？

你可能听说过美国 GDP，它定义了美国 1 年内生产的所有最终商品和服务的总市场价值，但它不能衡量所有的商品和服务。它没有衡量用于生产其他商品（已计入 GDP）的商品或服务。它也没有衡量非市场交易——你在房子周围所做的与市场无关的活动，比如洗车。阅读下面的问题，说明你认为以下商品或服务是否计入 GDP。

- 你打扫你房子的地下室。
- 你妈妈买面粉和糖做面包。
- 镇上的面包店买面粉和糖做面包。
- 面包店卖面包。
- 你给自行车买新轮胎。

GDP——衡量国民产出

引导性问题　GDP告诉我们有关经济的哪些方面？

宏观经济学是经济学的分支，它将经济作为整体来研究。宏观经济学利用国民收入和生产账户（National Income and Product Accounts，NIPA）中的一套综合措施来跟踪国家的生产、消费、储蓄、投资和收入。

GDP 是衡量国民产出的综合指标之一。它的定义是：一个国家在 1 年内生产的所有最终商品和服务的总市场价值。

测量当前GDP

GDP 的测量很容易。我们要做的就是把 1 年内生产的所有最终商品和服务乘以它们的价格，然后把它们加起来，得到的总价值。

图 10.1 提供了一个示例。第一列包含 NIPA 中使用的 3 种产品类别——商品、服务和建筑物。第三类是建筑物，包括住宅、公寓和商业用途的建筑物。数量栏列出了当年生产的最终商品、服务和建筑物的总数，而价格栏显示了每种产品价格的平均值。要得到 GDP，我们只需将每种商品的数量乘以其价格，然后将结果相加，就像图中的最后一列那样。

当然，不可能把 1 年内生产的每一件商品、服务和建筑物都记录下来，所以统计人员使用科学的抽样技术估计个别产品的数量和价格。为了让这份报告尽可能保持最新，他们每季度估算一次 GDP，并在之后的几个月对数据进行修正。因此，需要几个月的时间才能发现经济的实际表现。

图10.1

估计总年度产出

估计GDP

产品		数量（百万）	价格（美元每单位）	总价值（百万美元）
商品	汽车	6	25 000	150 000
	备用轮胎	10	60	600
	鞋	55	50	2 700
	……	……	……	……
服务	理发	150	8	1 200
	个人所得税申报	30	150	4 500
	法律咨询	45	200	9 000
	……	……	……	……
建筑物	单户	3	175 600	525 000
	多户	5	300 000	1 500 000
	商业	1	1 000 000	1 000 000
	……	……	……	……

注：……表示其他商品、服务和建筑物。

总GDP=18万亿美元

▲ 批判性思考

经济分析 图10.1每种产品的美元价值是如何计算的？

一些被排除在外的东西

由于 GDP 衡量的是最终产品，用于生产其他产品（已经计入 GDP 的产品）的 <mark>中间产品</mark>（intermediate products）被排除在外。

如果你为汽车购买新的替换轮胎，这些轮胎要计入 GDP，因为它们是供客户最终使用的，而不是与其他部件组合起来制造不同的产品。然而，新车的轮胎不单独计算，因为它们的价值已经计入了汽车的价格。其他商品，如面粉和糖，如果被消费者购买以供最终使用，则是 GDP 的一部分，但如果一个面包师购买它们做面包进行出售，则只计算面包的价值。

<mark>二手销售</mark>（secondhand sales）——旧产品的销售——也被从 GDP 中排除。因为当已有产品从一个所有者转移到另一个所有者时，没有涉及新的生产。虽然二手车、房子或 MP3 播放器的销售可能会给其他人带来收入用来购买新产品，但只有初次销售才计入 GDP。

中间产品 已列入 GDP 的其他最终产品的组成部分，如新车使用的轮胎和收音机。

二手销售 销售旧产品，被排除在 GDP 之外的活动类别。

全球 经济 & 你

人口与世界贸易

在21世纪，增长是人口与世界贸易关系的基本特征。联合国预测，到2025年，地球上将有81亿人口。地球上人口越多意味着市场越多，市场越多意味着商品和服务贸易越多。

一些人声称，世界贸易的总体增长有助于所有国家的人民，因为贸易活动创造就业机会，并且意味着一个国家有更多的资金用于医疗和教育。美国政府促进国际贸易，并与其他国家一起签订国际贸易协定，如《北美自由贸易协定》（2020年7月1日被《美墨加协定》取代）。由于《北美自由贸易协定》，你可以在美国境内买到许多进口商品和服务，包括蔬菜等食品。

那些反对国际贸易协定的人声称，这些协定并没有增加发展中国家的人均GDP，而是使小部分人受益。但是，如果这一趋势继续下去，随着人口的增长，国际贸易将会增加，你在本国将买到更少本地生产的商品和服务。

▲ **批判性思考**

假设 你认为其他国家的蔬菜等食品流入你的国家会如何影响本地的农产品市场？你认为这会对本地生产的蔬菜价格产生什么影响？

GDP和国家经济健康

这幅漫画描述了GDP等统计数据可以用来衡量各国的经济健康状况。

▶ **批判性思考**

确定视角 当用GDP衡量国民经济健康状况时，说出至少一个假设。

我不明白，医生……我只是最近感觉不舒服。

哦……我们应该检查一下你的GDP。

非市场交易 不在市场中产生支出的经济活动，因此不计入 GDP，包括家庭主妇提供的服务和家务劳动。

非市场交易（nonmarket transactions）——不在市场中产生支出的经济活动也被排除在外。例如，当你自己修剪草坪或修理房屋时，你的服务价值并不计入 GDP。然而，如果这些活动是雇用家庭以外的人完成，那么它们将被计入 GDP。由于这个原因，家庭主妇提供的服务被排除在 GDP 之外，如果这些服务在市场上实际交易，每年将达到数十亿美元。

地下经济 未申报的合法和非法经济活动，没有统计在 GDP 中。

最后，发生在**地下经济**（underground economy）中的交易——未向政府申报和纳税的经济活动——不计入 GDP。其中一些活动是非法的，如赌博、走私、卖淫和毒品交易等。而另一些活动是合法的，比如在进行农贸市场交易或烘焙义卖时，现金支付很少被申报。

当前GDP与实际GDP

由于计算方式，无论何时价格上涨，GDP 都可能会增长。例如，如果图 10.1 所示的汽车、备用轮胎和其他产品的数量逐年保持不变，然而价格上涨，那么 GDP 就会上升。因此，为了长期进行准确的比较，GDP 必须根据通货膨胀进行调整。

为此，经济学家在基准年——一个年份作为其他所有年份比

较的基准，使用一组不变的价格。例如，如果我们连续几年都使用
2009 年的价格计算 GDP，那么 GDP 的任何增长都肯定是由数量变化
引起的，而不是由价格变化引起的。

这一指标被称为实际 GDP（real GDP），或以一组不变的基年价
格衡量的 GDP。相比之下，GDP、名义 GDP 和当前 GDP（current
GDP）都意味着，任何给定年份的产出都是使用当年的实际价格来
衡量的。由于这些价格每年都在变化，如果没有根据通货膨胀调整价
格，GDP 的增长速度似乎会更快。

人均GDP

有时我们需要根据人口调整 GDP。例如，我们可能想看一个国
家的经济如何随着时间的推移而增长，或者一个国家的年总产出如何
与另一个国家进行比较。如果是这样，我们使用实际人均 GDP（real
GDP per capita），或者实际 GDP 除以人口，来计算人均产出。人均
GDP 可以按当前或不变的基准进行计算。

GDP没有告诉我们什么

GDP 是最有用的统计数据之一，因为它告诉我们经济表现如何。
然而，有几件事情 GDP 没有告诉我们。

- 产出的构成　GDP 没有告诉我们所生产的产品类型。例如，
  如果 GDP 增长 100 亿美元，我们就知道生产正在增长，收入
  正在增加，所以我们很可能认为增长是一件好事。然而，如
  果我们发现增加的产出完全是军用武器装备，而不是公路、
  图书馆和公园，我们可能会有不同的感受。
- 对生活质量的影响　生产可能会对生活质量产生负面影响。
  新建 1 万套住房似乎对经济有好处，然而如果新建住房破坏
  了野生动物保护区，或者对环境产生了其他负面影响，那么
  房屋的价值可能有所不同。
- 非市场活动　由于 GDP 不包括家务劳动或家庭主妇提供的服
  务，GDP 低估了经济中生产活动的总量。
- 产品质量的提高　GDP 不是为了跟踪产品质量的变化而设

实际 GDP　根据通货膨
胀调整后的 GDP，类
似于用不变美元计算的
GDP。

当前 GDP　指未经通
货膨胀调整的、以当前
价格计算的 GDP。

实际人均 GDP　按人
均计算的 GDP。

计的。例如，今天一台 1 000 美元的电脑可能比 5 年前一台 1 000 美元的电脑要好得多，但两者对 GDP 贡献相同的价值。

根据定义，GDP 是一个国家在 1 年内生产的所有最终商品和服务的总市场价值。没有告诉我们更多也没有更少。我们必须考虑其他标准来看新商品和服务的生产如何影响上述问题；GDP 不会告诉我们任何有关它们的信息。

衡量经济表现和社会福利

尽管 GDP 从来就不是社会福利的衡量标准，但我们有理由相信 GDP 确实有助于我们评估社会福利。例如，我们知道，市场上的自愿交易只有在交易双方都认为自己在完成交易后会变得更好时才会发生。这意味着，每生产和销售一种新产品，至少买方和卖方都觉得自己比以前更好有两方。

当我们把这一数字扩大到每年生产和销售的数万亿新产品时，就很容易明白，为什么 GDP 的变化可以作为国家整体社会福利以及经济健康状况的一个指标。如果生产和销售更多的东西，就会有更多的人感觉更好。

☑ 阅读进展检查

解释 GDP 衡量什么？为什么它很重要？

国民收入指标

引导性问题 为什么国民收入有几种不同的衡量方法？

无论何时，只要企业活动创造了产出，就会为一些人创造工作和收入。那么，GDP 就像一个双面硬币，一面代表产出，另一面代表等量的收入。如果我们想知道产出是多少，我们看硬币的一面。如果我们想知道产生了多少收入，我们就看硬币的另一面。

虽然 GDP 是 NIPA 中最大且最重要的衡量指标，但我们也可以从 NIPA 得出以下 5 个收入指标。

国民生产总值

衡量国民收入的第一个指标是**国民生产总值**（Gross National Proctuct，GNP），即由一个国家居民提供劳动和财产所生产的商品和服务的市场价值，而不论他们身在何处。这与 GDP 非常相似，但 GDP 与 GNP 之间存在显著差异。最好也是最容易记住的是，GDP 是衡量国家总产出的指标，而 GNP 是衡量国民总收入的指标。

国民生产净值

第二个指标是**国民生产净值**（Net National Product，NNP），即 GNP 减去资本设备的折旧。折旧也称为资本损耗，它表示资本设备在一年内的磨损或过时。

国民收入

第三个指标是**国民收入**（National Income，NI）。国民收入是从 NNP 中减去除公司利润税外的所有税之后的收入。这些税（也被称为间接营业税）的例子是消费税、财产税、许可费、关税和一般销售税。

个人收入

第四个指标是**个人收入**（Personal Income，PI），即扣除个人所得税前消费者的总收入。从 NI 到 PI，必须做几个调整。例如，PI 不包括劳动人民缴纳的社会保障金，然而它包括退休人员收到的社会保障支票。

个人可支配收入

第五个指标是**个人可支配收入**（Disposable Personal Income，DPI），即扣除个人所得税后消费部门可支配的总收入。虽然它是衡量国民收入的最小指标，但它很重要，因为它反映了消费者能够支出的实际金额。

在个人层面，你的可支配收入等于扣除税收和社保后从雇主那儿得到的钱。当你查看从雇主那儿收到的工资单时，你看到的是你在全国 DPI 中所占的份额。

国民生产总值 由一个国家居民提供劳动和财产所生产的商品和服务的市场价值。

国民生产净值 国民生产总值减去资本设备的折旧费用。

国民收入 从国民生产净值中减去除公司利润税外的所有税之后的收入。

个人收入 扣除个人所得税前消费者的总收入。

个人可支配收入 扣除个人所得税后消费部门可支配的总收入。

探索核心问题

你正在申请当地一家咖啡店的兼职工作。你计划 1 周工作 15 个小时。你每两周领 1 次工资，其中所有的税都从你的工资中扣除。每小时工资是 8 美元。你将支付每笔工资的 10% 作为税收和社会保险。计算每两周你的 PI 和 DPI 是多少。

a. PI：240，DPI：236
b. PI：260，DPI：256
c. PI：240，DPI：216
d. PI：320，DPI：300

☑ 阅读进展检查

总结 衡量国民收入的不同指标是什么？

经济部门和流程循环

引导性问题 GDP的4个组成部分是什么？

我们可以把宏观经济看作由几个不同的部分或部门组成的。这些部门获得国民收入的各个部分，然后用这些收入购买总产出。这些部门是图 10.2 所示的经济活动流程循环的一部分。

生产所产生的收入流入消费部门（C）、投资部门（I）、政府部门（G）和国外（X – M）部门，其中 X 代表出口，M 代表进口。然后这些部门用这些收入购买国家的产出。

消费部门

经济中第一个也是最大的部门是消费部门或住户部门。它的基本单位是 **住户**（household），由居住在一个房屋，公寓或房间的所有人组成，这些人构成了独立的生活区。住户包括相关的住户成员和所有其他人，如房客、寄养儿童和雇员，他们共享生活区。

一个住户可以是一个 **单独的个体**（unrelated individual）—— 一个独自生活的人，即使他或她的家人住在其他地方。一个住户也可以是一个 **家庭**（family）——两个或两个以上有血缘、婚姻或收养关系的人住在一起。

图 10.2 中 C 代表的消费部门以个人可支配收入的形式获得收入。这是扣除所有折旧、营业税、所得税和联邦保险缴款法案税支付后的剩余收入，再加上转移支付收到的任何收入。

投资部门

宏观经济的第二个部门是企业或投资部门，图 10.2 中标记为 I。

这个部门由企业、合伙企业，以及负责生产国家产品的公司组成。这个部门的收入来自保留收益（未支付给所有者的利润），这些收益被从国民收入中减去，而且折旧也被从国民生产总值中减去。

住户 消费部门的基本单位，由居住在一所房子、公寓或独立生活区的所有人组成。

单独的的个体 独自生活或与非亲属生活在一起的人，即使这个人可能有亲属居住在其他地方。

家庭 两个或两个以上有血缘、婚姻或收养关系的人住在一起。

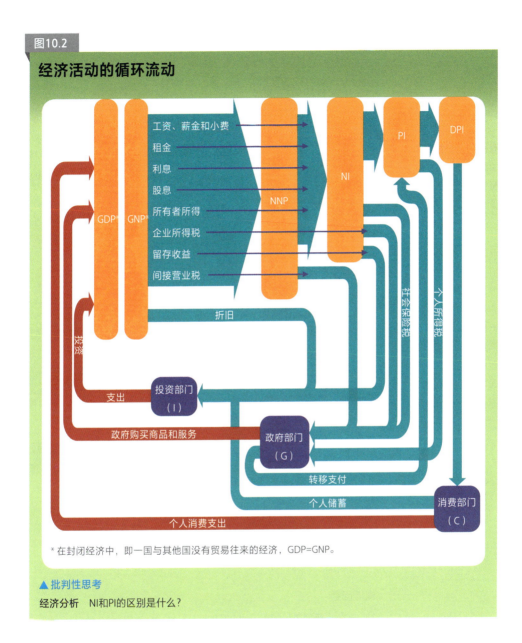

图10.2

经济活动的循环流动

工资、薪金和小费
租金
利息
股息
所有者所得
企业所得税
留存收益
间接营业税

GDP* GNP* NNP NI PI DPI

折旧

投资

支出

投资部门
（I）

政府购买商品和服务

政府部门
（G）

社会保障税
个人所得税

转移支付

个人储蓄

消费部门
（C）

个人消费支出

* 在封闭经济中，即一国与其他国没有贸易往来的经济，GDP=GNP。

▲ **批判性思考**

经济分析　NI和PI的区别是什么？

政府部门

　　第三个部门是政府部门或公共部门。如图 10.2 所示，该部门的收入来自间接营业税、企业所得税、社会保障税和个人所得税。

国外部门

宏观经济的第四个部门是国外部门，包括本国以外的所有消费者和生产者。以美国为例，国外企业购买了许多美国产品，如拖拉机、飞机和农产品；以及服务，如保险，构成了本国的 GDP。作为回报，国外企业向美国消费者提供其他产品，如日本汽车、韩国钢铁。因此，国外部门的采购被称为**商品和服务净出口**（net exports of goods and services），简称为（X − M），以反映出口和进口之间的差额。

这个部门没有特定的收入来源。相反，它表示发往国外产品的价值与从国外购买产品的价值之间的差额。如果这两个数值相当接近，那么涉外部门作用很小，即使有大量产品和服务进行交易。

> **商品和服务净出口** 按国外部门的产出—支出模型计算出的净支出；等于总出口减去总进口。

产出-支出模型

循环流动的消费部分也可以用代数方法表示为**产出—支出模型**（output-expenditure model）。可以写成：

$$GDP = C + I + G + (X − M)$$

该表达式显示：GDP 等于消费部门、投资部门、政府部门和国外部门对产出的总需求之和。

经济学家使用产出—支出模型来表示经济各部门总支出的宏观经济版本。

> **产出—支出模型** 描述消费部门、投资部门、政府部门和国外部门总需求的宏观经济模型；GDP = C + I + G + F。

✅ 阅读进展检查

描述 国外部门如何进入产出–支出模型？

第1节　回顾

词汇回顾

1. **定义**　解释 PI 和 DPI 之间的区别。

使用你的笔记

2. **概述**　解释 GDP 的 3 种类型。

回答引导性问题

3. **解释**　GDP 告诉我们有关经济的哪些方面？

4. **讨论**　为什么国民收入有几种不同的衡量方法?

5. **描述**　GDP的4个组成部分是什么?

经济学写作

6. **信息的/说明的**　写一篇文章, 比较当前GDP和实际GDP。政府在衡量实际GDP方面发挥什么作用?

没有强大的制造业基础，美国经济能否成功？

几十年来，人们一直在思考，是否需要一个强大的制造业基础而不是以服务业为基础来实现经济增长。自21世纪前10年的金融危机以来，这个问题又重新出现。

21世纪以服务业为基础的美国和英国经济一直举步维艰，以制造业为基础的经济（德国和中国）却在增长。那些认为有必要建立强大制造业基础的人指出：制造业对经济产生乘数效应。那些认为没有必要建立制造业基础的人指出：美国服务业部门正在增长，该行业就业机会也在增加。

美国经济以服务业为基础是足够的

服务业占美国GDP的绝大部分。

美国服务业的就业机会正在增加。

美国服务业产生全球最大的服务贸易。

像印度这样的国家经济增长依赖服务业。

> 服务业占美国GDP的68%，提供的就业岗位占美国所有就业岗位的4/5。这种充满活力的服务经济产生了全球最大的服务贸易……无论是电信、金融服务、计算机服务、零售分销、环境服务、视听服务、快递，还是任何其他服务业，服务贸易正在连接我们的世界、降低消费者和企业的成本、增强竞争和创新、扩大选择范围和提高质量、吸引投资、传播知识和技术、允许对资源的有效配置。

资料来源：美国贸易代表办公室，总统执行办公室。

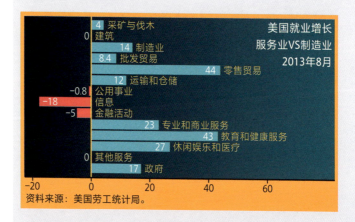

美国就业增长
服务业VS制造业
2013年8月

采矿与伐木	4
建筑	0
制造业	14
批发贸易	8.4
零售贸易	44
运输和仓储	12
公用事业	-0.8
信息	-18
金融活动	-5
专业和商业服务	23
教育和健康服务	43
休闲娱乐和医疗	27
其他服务	0
政府	17

资料来源：美国劳工统计局。

经济增长需要以制造业为基础

NO

缓慢的制造业增长对一国的出口能力不利。

制造业对经济有乘数效应。

即便以服务业为基础的经济也需要一个强大的制造业根基。

没有出口能力的产品导致国际收支困难。

" 我们呼吁一个强大的制造业，并非出于对过去的怀念，而是出于一个明确的决心，即通过一个卓越生产新时代，为美国人打造一个充满活力的未来。即使自动化和技术让生产更有效，制造业仍是创新和创造就业的驱动力。美国必须实施健全的政策来促进制造业的发展。"

资料来源：美国竞争委员会。

▲ 制造业对整体经济有乘数效应。

分析问题

1. **分析视角** 美国服务业的增长如何影响美国就业？

2. **评估** 根据美国制造业竞争力计划（USMCI），一个强大的制造业基础对整体经济有什么影响？

3. **观点** 你觉得哪个观点最令人信服？解释你的答案。

术语表

- 人口普查
- 城镇人口
- 农村人口
- 人口中心
- 基础设施
- 婴儿潮
- 人口金字塔
- 抚养比
- 人口统计学家
- 生育率
- 预期寿命
- 净移民

做笔记

使用下图来确定所列的美国变化。

第2节　人口增长和趋势

核心问题

如何确定美国的经济和社会福利？

美国人口历史上一直处于不断变化的状态。考虑近几十年发生的这些变化。

- 人口的平均年龄更大。
- 人口正从美国东北部向美国西南部转移。
- 生产率的提高很大程度上因为科技。

这些变化将如何影响美国未来几年的经济？

- 工作人口赡养退休职工的负担将减轻。
- 资源需求会随着人口的变化而变化。
- 科技发展速度将下降。
- 这些都不会影响整体经济。

美国人口

引导性问题　自1790年以来，美国人口经历了哪些变化？

人口很重要有很多原因。首先，一个国家的人口是其劳动力的来源，是四大生产要素之一。其次，人口是国家产出的主要消费者，对产出有直接影响。因此，一个国家人口的规模、组成和增长率会对宏观经济产生影响。

美国宪法要求政府定期进行**人口普查**（census），这是对所有居住在美国的人口的官方统计，包括他们的居住地。美国官方人口普查每10年进行一次。

人口普查　完整的人口统计，包括人口的居住地。

美国人口普查的最初用途是分配各州选举国会议员代表的人数。如今，人口普查可以提供大量关于国家的数据，人们甚至用它来预测未来。

统计人口

美国联邦政府在1790年进行了第一次人口普查。在整个19世纪，政府每10年组建一次临时机构进行统计。1902年，国会永久建立了美国人口普查局。如今，人口普查局全年工作，每月进行有关人口规模和其他特征的调查。

当人口普查局进行最近一次的10年一度人口普查时，它将家庭作为主要调查单位。在这次人口普查中，每六个家庭中有五个家庭收到了一个"简短表格"，只需几分钟即可填完。其余的家庭收到了一个"长表格"，其中包括更多问题，并用于生成更详细的人口概况。人口普查局工作人员还使用不同的方法来计算特殊群体，例如流浪汉，他们通常不符合家庭调查单位。

人口普查局以多种方式列出并呈现其数据。其中一种分类考虑了<mark>城镇人口</mark>（urban population）的规模——居住在有 2 500 或更多居民的城市、城镇或村庄的人口。<mark>农村人口</mark>（rural population）占总人口的剩余部分，包括居住在城市边缘、人口稀少地区的人口。

增长和区域变化

自殖民时期以来，美国人口大幅增长。然而，增长率已经缓慢下降。1790—1860年，人口以每年约3.0%的复合增长率增长；从南北战争开始到1900年，平均增长率下降到2.2%；从1900年到二战开始，这一比率降至1.4%；在二战结束后的短暂上升之后，增长率继续缓慢而稳定地下降，如今，人口增长率每年低于1.0%。

人口普查也显示出家庭规模变小的稳定趋势。在殖民时期，美国家庭人数平均值约为5.8人；到1960年，平均值下降到3.3人；现在大约是2.6人。这些数字反映了全球工业化国家中家庭规模变小的趋势。数据还显示，如今独居的人比以往任何时候都多。

20世纪70年代，美国出现了一次重要的人口流动，人口迁移到了美国的西部和南部地区。这些地区人口增长相当迅速，而北部和东

<mark>城镇人口</mark>　居住在有 2 500 名或更多居民的城市、城镇和村庄的人口。

<mark>农村人口</mark>　总人口的剩余部分，包括居住在城市边缘、人口稀少的地区的人口。

部的大多数老工业区人口增长缓慢甚至失去了人口。由于人们离开了拥挤的东北工业地区，来到了更温暖、更宽敞的地区，南部和西部各州的人口一直在稳步增长。

人口流动的另一个指标是<mark>人口中心</mark>（center of population）——如果国家是平的且每个人的体重都一样，这一中心就是国家的平衡点。1790 年，人口中心位于马里兰州巴尔的摩以东 37 千米处。从那时起，它已经开始向西移动了。到 2010 年的 10 年一度人口普查时，人口中心已经到了密苏里州柏拉图东北约 4 千米的地方。

人口中心 如果国家是平的且每个人的体重都一样，那么这一中心就是国家的平衡点。

增长的后果

人口的变化可能扭曲一些宏观经济指标，如 GDP 和 GNP。因为，这两项指标通常以人均或每人的方式表示。例如，人均 GDP 是通过将 GDP 除以人口来确定的，在进行随时间推移的比较或国家之间的比较时，人均 GDP 特别有用。

人口增长可能会产生一些后果。一方面，如果一个国家的人口增长速度快于其产出，那么这个国家最终可能会因人口超出它能养活的范围而灭亡。另一方面，如果一个国家的人口增长太慢，就可能没有足够的工人来维持经济增长。此外，人口增长导致对资源的需求增加。

当不断增长的人口向某些地区（如城市或郊区）流动时，会对现有资源施加不同的压力。例如，在美国佐治亚州的亚特兰大，城市扩张和交通拥堵已成为主要问题。在亚利桑那州、内华达州和加利福尼亚州南部的人口稠密地区，充足的淡水供应已成为主要问题。

基础设施 高速公路、堤坝、公共交通、通信系统、电力、供水、排水和其他支持人口的公共物品。

因为规划和建设一个国家的<mark>基础设施</mark>（infrastructure）——高速公路、堤坝、公共交通、通信系统、电力、供水、排水和其他支持人口的公共物品——需要很长时间，我们需要关注未来人口趋势。如果我们忽视这一趋势，即使是人口的些许变化也会在未来造成巨大的问题。

☑ 阅读进展检查

解释 美国自1790年第一次人口普查以来，人口的主要变化是什么？

预计的人口趋势

引导性问题 人口老龄化对经济有何影响？

人口趋势对许多群体都很重要。例如，许多国家领导人监控人口流动，来观察投票模式可能的变化。社区也对此感兴趣，因为当地人口的变化会影响卫生、教育和消防等服务。企业使用人口普查数据来帮助确定产品市场和销售区域。

年龄和性别

对美国人口进行预测时，人口普查局假设，婴儿潮一代的老龄化将推动人口的许多特征变化。**婴儿潮**（baby boom）期间出生的人，即 1946—1964 年出生的人，占美国当前人口的相当大一部分。如图 10.3 所示，在这一时间段内出生的人在**人口金字塔**（population pyramid）中产生了一个显著的凸起，人口金字塔是一种条形图，显示了按年龄和性别分类的人口数量。

金字塔中间 55~74 岁的凸起代表了 2020 年的婴儿潮一代，第二个小凸起代表了婴儿潮一代所生的孩子。随着时间的流逝，金字塔底部新生人口增加，并将早期的群体推向更高的年龄段。

很快，越来越多的婴儿潮一代进入退休年龄，并希望领取养老金、社会保障和医疗保险福利。由于这些付款中大部分是转移支付，它们将给年轻的、相对较少的工作人口带来沉重的负担。随着**抚养比**（dependency ratio）的变化，即 15 岁以下和 65 岁以上的人口与 15 至 65 岁人口的比率的变化，这一负担变得明显。2010 年抚养比为 49.4，但根据人口普查局的预测，2030 年抚养比将上升到 65.9，到 2090 年将上升到 70.9。

最后，如果你将人口金字塔的左侧与右侧进行比较，你会发现女性往往比男性更长寿。你也可以为任何种族或民族创建单独的人口金字塔。

种族和民族

人口普查局还对种族和民族进行预测。2000 年，白人占美国总人口中的最大一部分。非洲裔美国人、西班牙裔美国人、亚裔美国人

婴儿潮 1946—1964 年，美国历史上出生率较高的年份。

人口金字塔 按年龄和性别分类的人口细分的图表。

抚养比 15 岁以下和 65 岁及以上的人口与 15 至 65 岁人口的比率。

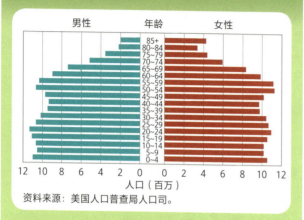

图10.3

2015年按年龄和性别分类的 美国人口预测分布

男性　　　年龄　　　女性

85+
80~84
75~79
70~74
65~69
60~64
55~59
50~54
45~49
40~44
35~39
30~34
25~29
20~24
15~19
10~14
5~9
0~4

12 10 8 6 4 2 0　0 2 4 6 8 10 12

人口（百万）

资料来源：美国人口普查局人口司。

人口金字塔是显示人口分布的一种方法。在这个金字塔中，人口按年龄和性别划分。2020年，婴儿潮一代将由55至74岁的年龄段代表。

▲ 批判性思考

经济分析　哪个年龄段的男性数量最多？哪个年龄段的女性数量最多？

人口统计学家　研究人口的增长、密度和其他特征的人。

生育率　预计1 000名女性一生中要经历的生育次数。

预期寿命　达到特定年龄的人的平均剩余寿命长度。

净移民　考虑离开和进入国家的人口后的净人口变化。

和印第安人的数量依次排列。

生育率、预期寿命和移民率的差异将在未来显著改变种族统计数据。预计到2050年，亚裔和西班牙裔美国人的数量将增加近1倍，非洲裔美国人的数量也将增加。白种非西班牙裔人口仍将占美国总人口的大多数，占比略低于50%。

未来人口增长

根据**人口统计学家**（demographers）——研究人口的增长、密度和其他特征的人——的说法，人口增长受3个主要因素的影响。这些因素包括生育率、预期寿命和净移民水平。

- 生育率　**生育率**（fertility rate）是指预计1 000名女性一生中要经历的生育次数。例如，如果生育率为2119，相当于每位女性生育2.119次。根据美国人口普查局的统计，这一预计比率是美国最有可能的生育率。这一比率仅略高于替代人口比率，即人口出生数量抵消死亡数量，使人口规模既不增加也不减少的比率。

- 预期寿命　**预期寿命**（life expectancy）是指达到指定年龄的人的平均剩余寿命长度。美国人口普查局预测，到2050年，美国人出生时的预期寿命将从现在的约77.7岁增加到83.9岁。

- 净移民　**净移民**（net immigration）指由人们进出该国带来的人口总体变化。美国人口普查局最近估计美国每年净移民率约为140万或更高。这个数字基于未来的1 040 000名外来移民——进入该国的移民，以及160 000名移居外国者——离开该国的移民。

职业 | 社会工作者

这个职业适合你吗？

☑ 你是否热衷于帮助人们改善生活？

☑ 你是问题解决者吗？

☑ 你是一个能够理解人们如何被日常问题压倒的善解人意的听众吗？

☑ 你是一个能处理挫折和压力的情绪稳定的人吗？

薪资

工资中位数：44 200美元

每小时21.25美元

职业发展潜力

高于平均速度

采访
社会工作者

"你需要明白人们有自己的经历并拥有自己的观点……有时从表面来看，似乎主要问题是没有工作或者无法支付账单，但是当你与他们探讨问题时，你可能会发现他们存在自我怀疑或低自尊层面的问题，又或是抑郁或焦虑阻碍了他们的发展。你必须找到背后真正的原因，帮助他们理解如何做这件事情。"

——苏珊·恩格尔（Susan Engel），社会工作者

工作内容

社会工作者为客户提供咨询，帮助他们找到应对日常生活中的挑战的方法。客户可能是儿童、老人、流浪汉、病人或任何需要指导和帮助的人。社会工作者可以简单地倾听和给予建议，但他们通常会在寻找政府资源、教育机会或医疗保障方面发挥更积极的作用，以帮助这些人获得健康和充满活力的生活。社会工作者可以为国家机构、私人社会服务机构、康复中心或临床环境工作。

考虑到这3个因素，分析师预测美国的人口增长率将继续下降。当前约0.75%的增长率，可能会进一步下降直到2050年。那时，美国居民人口预计约4.4亿人。

本节中研究的大多数人口统计因素都指向美国人口未来可能增长缓慢。虽然这似乎是一个值得关注的问题，但必须注意的是，生产率的提高可以轻易地抵消人口增长下降的负面影响。如果稍少的人生产的平均产量显著增加，那么总产出将继续增长。

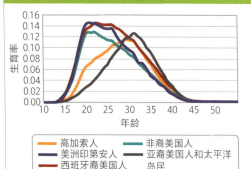

资料来源：美国人口普查局。

美国人口普查局定期对美国常住人口进行预测。这些预测是根据人口构成变化（生育、预期寿命和净移民）的假设产生的。人口统计信息的变化给现有资源带来了压力。

▲ **批判性思考**

假设　人口的生育率在更广阔的经济视野中扮演什么角色？

未来人口挑战

美国人口面对的更大的挑战应是未来人口的年龄构成。随着人口的成熟，更多的人达到退休年龄，这将导致对药品、医疗设施、养老院以及退休人群和老年人所需的其他产品的需求增加。与此同时，由于年轻人占总人口的比例较小，学校、操场和其他设施的需求可能会下降。

这些变化往往是渐进的，它们对经济的影响可以在一定程度上得到预测。市场经济的一个主要优点是它适应变化，对日常生活的破坏程度最小。

✅ **阅读进展检查**

总结　为什么人口增长率在下降？

第2节　回顾

探索核心问题

哪个会对经济产生更大的影响：生育率放缓还是预期寿命延长？为什么？

词汇回顾

1. **解释**　为什么经济学家对婴儿潮一代给予了极大的关注？
2. **定义**　什么是抚养比？

使用你的笔记

3. **对比**　美国人口增长率放缓对经济有何影响？

回答引导性问题

4. **描述**　自1790年以来，美国人口经历了哪些变化？
5. **解释**　人口老龄化会对经济有何影响？

经济学写作

6. **论点**　一位朋友担心，出生率下降对你们这一代人和后续世代的人来说都是一场灾难，因为这个国家的经济繁荣将由越来越少的在职成年人承担。但你不认为这将是一场灾难，请解释你的理由。

我们对森林的需求

人口增长带来了许多经济利益。如果没有人口增长，我们的劳动力可能无法生产我们想要的商品和服务，或者无法支付足够的税收来照顾老龄人口。但人口增长也带来了挑战。其中，世界许多地区面临的最显著的问题之一是森林砍伐。根据世界自然基金会的资料，每年有1.2亿~1.5亿平方千米的森林遭到破坏，大部分损失直接或间接地与人口增长的需求有关。

森林是至关重要的，原因有很多。例如，它们对维持生物多样性非常重要。它们吸收二氧化碳，使二氧化碳远离大气，不再加剧全球变暖。森林通过可持续的森林活动提供木材、药品和其他资源，同时创造就业机会。因此，当森林大面积消失时，每个人都会遭受损失。

砍伐森林的原因很多。最常见的是开发土地，为牧场和森林产品的不可持续收割让路。由于世界遥远地区人口不断增长的需求，这种森林砍伐在南美亚马孙雨林和西非等地区大规模进行。世界人口需要更多的木材和更多的牛肉，而这些"未使用的"雨林是想要满足这些需求的企业的主要目标。

但在危地马拉和厄瓜多尔这样的地方，由于人口增长而产生的看似更为无害的做法，实际上科学家把它们看作对森林造成了更大的影响。由于人口压力使得现有的农田过度拥挤，人们转向森林，在那里他们砍伐和烧毁土地，建立小型农场。下一代的农民也这样做。随着时间的推移，大片森林将被损毁。

与南美洲和中美洲一样，马来西亚的伐木已经毁坏了该国的森林。

案例研究回顾

1. **推测** 如果禁止人们在中美洲的森林中为了农业开发土地，会发生什么？人们该怎样谋生？这将如何影响他们的生活和相关国家的经济？

2. **分析** 南美洲森林的消失如何影响美国的经济？

阅读帮手

术语表

- 贫困线
- 贫困指导线
- 洛伦兹曲线
- 福利
- 食品券
- 医疗补助计划
- 所得税抵免
- 企业特区
- 就业福利计划
- 负所得税

做笔记

利用下图说明导致美国国内贫困的因素。

导致贫困的因素

第3节　贫困和收入分配

如何确定美国的经济和社会福利?

以下哪项是导致美国国内贫困的因素?

- 教育机会。
- 技术就业机会。
- 收入分配。
- 歧视。

贫困

引导性问题　如何定义贫困?

贫困是我们在经济中面临的最困难的问题之一。我们可以定义它,也可以解释它出现的一些主要原因。然而,自20世纪中叶以来,对它采取行动一直是我们面对的一个挑战。贫困是一种相对的衡量标准,取决于价格、生活水平和其他人的收入。对于一个人来说的贫困,可能对另一个人来说却是富有,所以我们首先需要理解贫困是如何被定义的。

贫困的定义

如果人们的收入低于预定水平或者说贫困线,那么他们会被归类为生活贫困。**贫困线**(poverty threshold)是用于评估人们获得的收入的基准。如果他们的收入低于贫困线,即使他们有食品券、住房补贴和医疗补助等补贴,他们也被认为处于贫困状态。

美国社会保障管理局于1964年利用美国农业部在20世纪50年代进行的两项研究制定了贫困线。第一项研究为个人和不同规模的家

贫困线　用于评估人们获得的收入的基准。

庭制订了 4 项营养充足的食物计划。然后，最便宜的食品被挑选出来，作为使人们摆脱贫困的食品预算。

第二项研究发现，家庭通常将其总收入的 1/3 用于购买食物。为了找出贫困线，社会保障管理局只需将 4 种食品计划的最便宜食品预算乘以 3。如今，贫困线每年都会上调，调整幅度刚好足以抵消通货膨胀的增长。

出于管理目的，贫困线随后被简化为 <mark>贫困指导线</mark>（poverty guidelines），或者说用于确定某些联邦项目（如食品券计划）资格的行政指导方针。图 10.4 显示了美国 2013 年制定的贫困指导线。

历史贫困趋势

如图 10.5 所示，美国官方贫困率为 15.0%，代表了大约 46 496 000 人。尽管在此之前的几年里贫困率基本保持不变，但自金融危机以来的 4 年里的些许经济增长几乎没有降低贫困率。

虽然未在图 10.5 中显示，但最近 18 岁以下儿童的贫困率接近 22%。同时，65 岁及以上人口的贫困率接近 9%。因此，儿童是所有贫困群体中最脆弱的群体。

收入分配

除了确定贫困人口的实际人数之外，经济学家还想了解家庭收入是如何分配的。为此，所有住户的收入从最高到最低排名，排名被五等分，或者说分成五份。然后计算每一类型所赚得的国民收入总额。

图 10.6 A 显示了 3 个不同年份的住户收入五分位数。和之前一样，只计算货币收入，而不包括医疗补助或食品券等其他援助。以图中最近一

图10.4

贫困指导线

2013年美国48个相邻州和哥伦比亚特区的贫困指导线

家庭成员数	贫困指导线（美元）
1	11 490
2	15 510
3	19 530
4	23 550
5	27 570
6	31 590
7	35 610
8	39 630

对于超过8人的家庭，每增加一人增加 4 020美元。

贫困指导线对不同规模的家庭进行分层。收入低于官方贫困指导线的人有资格获得某些联邦计划的援助。

▲ 批判性思考

经济分析　如今，贫困指导线被如何运用？

图10.5

美国贫困人数和比率

（年份）

— 贫困人数（百万）
— 贫困率（百分比）

资料来源：美国人口普查局。

自20世纪70年代中期以来，贫困率一直徘徊在 10%~15%。与此同时，贫困人口的数量也在增加。

▲ 批判性思考

经济分析　贫困率何时最低？何时达到最高值？

年为例，每个五分位的收入百分比被添加到其他五分位中。这些收入被绘制成**洛伦兹曲线**（Lorenz curve），该曲线显示了实际收入分配如何从均等分布产生变化，详见图 10.6B。

举例来说，在 2012 年，最低五分之一的收入占总收入的 3.2%，绘制于图 10.6B 中。

这一数字被加到下一个五分位数的 8.3% 上。这个过程一直持续到所有五分位数的累积量被绘制出来。

如果所有住户的收入完全相同——40% 的住户赚取总收入的 40%，因此洛伦兹曲线会显示为从图的一个角到另一个角的对角线。然而，因为并非所有住户的收入都相同，洛伦兹曲线实际上不是对角线。如图 10.6 所示，2012 年的收入分配变得比 1990 年更加不平等。

洛伦兹曲线也可显示住户以外的群体，包括个人、家庭甚至职业。

✅ **阅读进展检查**

描述 贫困线是如何制定的？

收入不平等的原因

引导性问题 收入不平等最重要的原因有哪些？为什么？

收入不平等的原因至少有 9 个，教育和财富是其中最重要的原因。

教育

收入不平等最重要的原因之一是个人教育水平的差异。人们的收入通常随着受教育程度的提高而增加。在过去 30 年里，受过良好教育的工人和受教育程度低的工人之间的收入差距扩大了。这导致高级技工的工资飙升，而低级技工的工资则仍保持不变。

图 1.8 体现了教育的重要性。该图表明，平均而言，获得大学学位的人的收入是没有高中文凭的人的两倍多。此外，没有高中文凭的人找不到工作的概率几乎是有大学文凭的人的 3 倍。结论是，教育是有回报的，这是避免贫困的最佳途径之一。

财富

因为有些人比其他人拥有更多的财富，人们的收入也会不同，而

收入分配

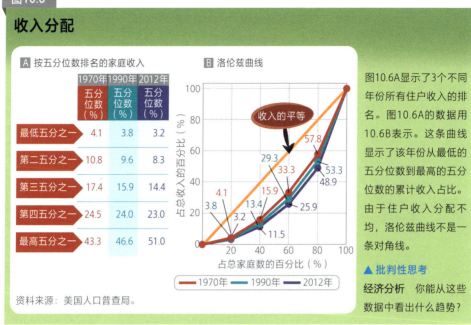

A 按五分位数排名的家庭收入

	1970年 五分位数（%）	1990年 五分位数（%）	2012年 五分位数（%）
最低五分之一	4.1	3.8	3.2
第二五分之一	10.8	9.6	8.3
第三五分之一	17.4	15.9	14.4
第四五分之一	24.5	24.0	23.0
最高五分之一	43.3	46.6	51.0

资料来源：美国人口普查局。

B 洛伦兹曲线

图10.6A显示了3个不同年份所有住户收入的排名。图10.6A的数据用10.6B表示。这条曲线显示了该年份从最低的五分位数到最高的五分位数的累计收入占比。由于住户收入分配不均，洛伦兹曲线不是一条对角线。

▲ 批判性思考

经济分析 你能从这些数据中看出什么趋势？

财富的分配甚至比收入的分配更加不平等。2007 年，也就是金融危机前一年，对财富持有者按持有财富从高到低进行排名时，1% 的富人拥有美国 34.6% 的财富，底部 80% 的人拥有约 15% 的财富。金融危机后，1% 的富人拥有的财富比例上升到 37.1%，而底部 80% 的人拥有的财富比例下降到 12.3%。

这种不平等对人们赚取收入的能力产生了巨大的影响。富裕的家庭可以送他们的孩子上昂贵的学校，也能负担得起子女创业，从而获得更高的收入。即使选择不工作，非常富有的人也可以通过投资获得额外的收入。

税法的变化

近年来，美国国会修改了许多税法，为几乎所有美国人减税。然而，高收入人群的边际税率比低收入人群的税率降低得更多，加剧了收入不平等的程度。

例如，适用于大多数股息的 15% 税率，与最贫穷的美国人支付的第二低税率相同。举例来说，一个人拥有 800 万美元的股票，可获得 5% 的股息，他只需为这些股息支付 15% 的税，之后税率跃升至 20%，但那些拥有 800 万美元股息股票的人与那些年收入仅 20 000 美元的人支付的税率仍然相同。

工会的衰落

随着美国重工业的衰落，工会成员减少，尤其是低技能工人的工会成员减少，使收入差距日益扩大。曾经跟随父母进入高薪工厂工作的高中毕业生不能再从事这样的工作，这就使得他们不得不去找其他工作，通常工资要低得多。

跟随父母进入高薪工厂工作的人，高中毕业后继续接受教育的可能性也较小。他们无法获得更多的教育去缓解失去高薪工厂工作所带来的影响，这是导致收入分配差距扩大的另一个因素。

服务业的扩张

美国经济的结构性变化见证了工业从商品生产向服务生产的转变。这进一步扩大了收入差距。由于餐馆、电影院和服装店等服务业的工资通常较低，年收入也往往较低。

科技的进步

科技的进步意味着许多服务性工作需要的技能比以前更少了。例如，快餐店的收银员不再需要知道如何准确地添加几个单品来凑单，或者当有人下单时如何为 10 美元的钞票找零。相反，收银机会计算总数并告诉收银员该给顾客找零多少。

当一份工作所需的技能较少时，这份工作的工资理所当然地会很低，甚至不随时间变化。

垄断权力

另一个因素是一些集团掌握的垄断权力的程度。你可能还记得，过去的工会能够为其成员争取更高的工资。一些白领工人，如文员、商人或职业工人，通常都有工资，如果能影响他们所在行业的工人数量，他们也有一定程度的垄断权力。

例如，美国医学协会（American Medical Association）通过限制

医学院资质认证，成功地限制了进入该行业的人数，这是提高医生收入的一个主要因素。

歧视

歧视也会影响收入的分配。女性可能不会被提升到薪酬更高的高管职位，一些工会可能会拒绝移民或少数民族入会。

尽管职场歧视是非法的，但它仍然存在。当歧视发生时，它会导致妇女和少数群体进入其他劳动力市场，而在那里，供过于求会导致工资较低。

家庭结构变化

收入差距扩大的最后一个原因与美国家庭结构的变化有关。从双亲家庭向单亲家庭和其他家庭结构的转变往往会减少家庭平均收入。这一因素和上面提到的其他因素共同导致了"富人越来越富，穷人越来越穷"的趋势。

五分位数间的流动

尽管上述问题似乎在任何给定时间都很难解决，但我们决不能忽视这样一个事实，即在一个人会在一生中的五分位数之间有着很大的变动。刚开始讨生活的人可能会发现自己处于最低的五分之一，但随着时间的推移，其可能会上升到第二、第三、第四个五分之一，甚至是最高的五分之一，但在退休后又会再次下降。这种说法会缓和贫困问题，但不能将其归为解决贫困问题的借口。

☑ **阅读进展检查**

综合 在收入不平等中，哪些因素最重要？为什么？

反贫困项目

引导性问题 政府应该在何种程度上资助贫困人口？

多年来，联邦政府尝试推进许多项目来帮助有需要的人，其中大多数项目都属于 <mark>福利</mark>（welfare）项目，即政府或私营机构对有需求的个人提供经济和社会援助的项目。

福利 政府或私营机构对有需要的个人提供经济和社会援助的项目。

解决贫困十分困难。如图 10.5 所示，即使是 20 世纪 80 年代和 90 年代创纪录的经济扩张也未能显著降低美国贫困人口的比例。以下项目显然有助于美国贫困人口比例由 20 世纪 60 年代初历史最高水平实现降低，但此后收效甚微。

收入援助

向有需要的人提供直接现金援助的项目属于收入援助的范畴。其中有一个项目是 1997 年开始的"贫困家庭临时援助"（TANF）。尽管美国各州的规定和福利各不相同，但许多家庭因父母的死亡、持续缺位或永久残疾而有资格获得数额不大的现金援助。最近，国会投票通过了收紧法律条款、提高了双亲家庭工作标准。

另一个收入援助项目是"补充保障收入"（SSI），它向盲人、残疾人或 65 岁及以上的人支付现金。最初，这个项目是由各州管理的，但由于各州的福利差别太大，联邦政府接管了这个项目，以确保覆盖范围更加统一。

常规援助

援助穷人但不提供直接现金援助的项目属于常规援助。

食品券 政府发行的可兑换食品的兑换券。

- 补充营养援助计划（SNAP） 通常被称为"食品券"，是一个服务于数百万美国人的项目。食品券（food stamps）本身是政府发行的兑换券，可以兑换食品，也可以发放或出售给符合条件的低收入人群。例如，如果一个人花 40 美分买了一张 1 美元的食品券，他就可以用 1 美元的一小部分买到价值 1 美元的食品。该计划于 1964 年被写入法律，它与其他项目不同，因为能否参与这个计划完全取决于个人收入。

医疗补助计划 为低收入人群提供的联邦—州联合医疗保险项目。

- 医疗补助计划（Medicaid）一个面向低收入人群的联邦—州联合医疗保险项目。根据该计划，联邦政府支付大部分医疗保健费用，州政府支付其余费用。医疗补助计划为数百万美国人服务，包括儿童、视障人士和残疾人。

社会服务项目

多年来，美国各州都制订了各种社会服务计划来帮助有需要的人，包括防止虐待儿童、寄养、计划生育、职业培训、儿童福利和日托等。虽然各州控制着该计划提供的服务种类，但联邦政府还可能会承担部分费用。为了有资格获得相应的资金，一个州必须向联邦政府提交年度服务计划。如果该计划获得批准，该州可以自由选择它希望解决的问题，设定资格要求，并决定如何实施这些计划。因此，服务范围和资助水平可能因州而异。

税收抵免

许多有工作的美国人有资格享受特殊的税收抵免。最受欢迎的是**所得税抵免**（Earned Income Tax Credit，EITC），它为低收入工人提供联邦税收抵免甚至是现金支付。这种抵免首先适用于联邦所得税。如果抵免额大于所欠税款，低收入工人可以将剩余的抵免额兑换为现金。

尽管所得税抵免的初衷是作为一种税收抵免，但它也旨在鼓励人们找到工作并开始上班。毕竟，除非你在工作，否则你甚至不能申请所得税抵免。事实证明，这种抵免很受欢迎，每年有数百万工薪家庭获得福利。

企业特区

企业特区（enterprise zones）是指公司设立可以不受地方、州和联邦税法及其他经营限制管控的区域。许多企业特区设在经济落后地区，这有利于该地区的居民，因为他们能够找到工作而不用担心交通问题。

几乎所有人都同意经济增长有助于缓解贫困。企业特区的概念试图通过提供更多的就业机会，将部分增长直接集中在最需要的区域。

就业福利计划

由于福利成本上升，美国许多州和地方政府要求接受福利的个人提供劳动力以换取福利。**就业福利计划**（workfare）是要求参与者通过就业换取福利的项目。参与计划的人经常协助执法人员或环卫和高速公路工作人员，或在学校或医院工作，或从事其他类型的社区服务

探索核心问题

下列哪个陈述最能描述许多反贫困项目的目标？

- 避免有需要的人被迫从事低薪工作。
- 提供经济援助，帮助人们找到工作养活自己。
- 鼓励贫困学生留在学校。

所得税抵免 为低收入工人提供联邦税款抵免和现金支付。

企业特区 公司设立不受地方、州和联邦税法以及其他经营限制管控的地区。

就业福利计划 要求参与者通过就业换取福利的项目。

工作。

在某些情况下，当公司直接从福利名单中雇用员工时，甚至可以获得联邦税收抵免。在这种情况下，雇主和雇员是双赢的。

负所得税

负所得税（negative income tax）是一种能向某些生活在贫困线以下的群体支付现金的税收类型。这一建议颇具吸引力，因为现金支付将取代现有的福利计划，而不是对其进行补充。此外，每个人都有资格参与这个项目，而不仅仅是像所得税抵免那样只有有工作的人才能参加。

在负所得税下，联邦政府设定了一个收入水平，低于这个水平的人就不必交税。然后政府将支付一定数额的钱给任何收入低于这个水平的人。例如，假设个人的纳税义务是用下列公式计算的：

$$税款 = （收入的25\%） - 8\ 000\ 美元$$

在这个公式下，一个没有收入的人将有 8 000 美元的负税。换言之，这个人将从政府得到 8 000 美元。如果这个人的收入正好是 12 000 美元，那么税收将是 3 000 美元减去 8 000 美元，那么他将得到 5 000 美元，总共 17 000 美元（来自税收公式的 5 000 美元加上 12 000 万美元的收入）。根据这个公式，一个人收入必须高于 32 000 美元才会真正缴税。

负所得税与其他反贫困项目在两个方面有所不同。首先，这是一个以市场为基础的计划，旨在鼓励人们工作。其目标是让最低工资足够高，这样能够给人提供一些帮助，同时又足够低，让人们工作得更好。这样的话，当人们开始工作时，他们所缴纳的税款必须足够低，才能不降低他们工作的热情。其次，负所得税具有成本效益，因为它将取代其他成本更高的福利计划。此外，政府还将节省行政费用。

一个极其困难的问题

我们可能会问，自20世纪70年代中期以来，由于所有这些计划，美国经济表现如何？不幸的是，即使在经济强劲增长的时期，贫困也是一个非常难以解决的问题。由于经济自身的增长是不够的，因此有充分的理由去缓解贫困。这样，不仅数以百万计的美国人会生活得更好，经济中的其他人也会生活得更好。毕竟，如果太多人发现自己没有能力赚钱和消费，那么购买经济生产的产品的人就会更少。

✓ **阅读进展检查**

总结 所得税抵免对一个有工作的人有什么好处？

第3节 回顾

词汇回顾

1. **解释** 企业特区是如何帮助解决贫困问题的？

2. **解释** 贫困指导线是如何发挥作用的？

使用你的笔记

3. **总结** 使用你的笔记总结导致美国贫困的因素。

回答引导性问题

4. **解释** 如何定义贫困？

5. **评估** 收入不平等最重要的原因有哪些？为什么？

6. **描述** 政府应该在何种程度上资助贫困人口？

经济学写作

7. **资料性/解释性** 写一篇文章探讨以下问题：你认为就业福利计划是解决美国经济收入不平等问题的最佳途径吗？为什么？

学习指南

第 1 节

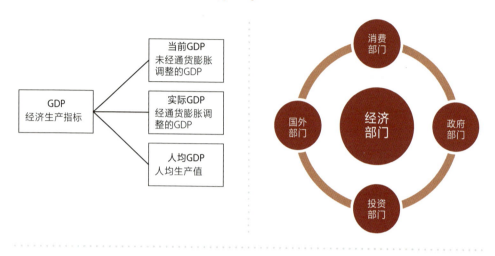

第 2 节

第 3 节

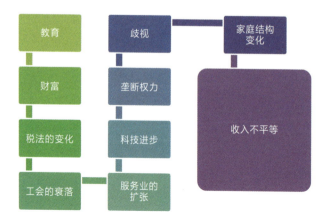

第10章 评估

说明：在一张单独的纸上回答以下问题。请务必仔细阅读并回答所有问题。

内容回顾

第1节

❶ 解释 经济的4个部门的收入来源是什么？

❷ 确定 政府行为会如何影响经济活动的流程循环？

第2节

❸ 阐释 人口普查在哪些方面可以作为经济学家的重要工具？

❹ 解释 未来的人口年龄构成如何影响我们的经济？

❺ 解释 未来生产力的变化会对经济产生什么影响？

第3节

❻ 确定 收入不平等的主要原因是什么？

❼ 解释 企业特区如何惠及经济落后地区的居民？

批判性思考

❽ 评估 研究几个国家的人均GDP。你能从这些数据中了解到这些国家财富的什么信息？

❾ 分析 产出和收入的不同衡量标准如何使我们评估一个国家的经济？

❿ 评估 在经济严重下行期间，你所在的社区正在考虑实施一项就业福利计划。你认为这个计划会比基本福利计划更有效还是更无效？请解释你的答案。

⓫ 评价 假设你被告知，到你30岁的时候，你每年将挣9.5万美元。试解释为什么这些信息不能说明你所享有的生活水平。在你评估自己30岁时的生活质量之前，你还需要什么其他信息？

图表分析

使用下图来回答以下关于收入不平等的问题。

⓬ 分析图表 1990年，占总数60%的住户的收入水平比平等水平低多少？2012年这一群体的收入比平等水平低多少？

⓭ 总结 根据下图，总结1990—2012年收入不平等的变化。

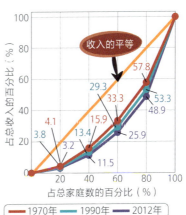

A 按五分位数排名的家庭收入

	1970年 五分位数（%）	1990年 五分位数（%）	2012年 五分位数（%）
最低五分之一	4.1	3.8	3.2
第二五分之一	10.8	9.6	8.3
第三五分之一	17.4	15.9	14.1
第四五分之一	24.5	24.0	23.0
最高五分之一	43.3	46.6	51.0

B 洛伦兹曲线

资料来源：美国人口普查局。

第10章 评估

说明：在一张单独的纸上回答以下问题。请务必仔细阅读并回答所有问题。

回答核心问题

回顾你在每节开始时对这些问题的回答，然后根据你在本章中学到的内容回答这些问题。你的答案改变了吗？

14 **解释** 如何确定美国的经济和社会福利？

15 **解释** 人口趋势如何影响经济？

16 **分析** 我们可以采取什么措施来解决贫困问题？

21世纪技能

17 **提出并分析论点和得出结论** 在听了一篇去年GDP高于预期的新闻报道后，一位朋友评论说这无关紧要。她说，GDP只是表明企业做得很好，并不能真正说明普通人做得有多好，或者他们的福利是否得到了改善。你对此如何回应？

18 **理解事件之间的联系** 预期寿命的延长和出生率的下降将如何使社会保障和联邦医疗保险等项目更加难以获得资金？

19 **解决问题** 减少收入不平等的最重要的步骤是什么？请解释你的答案。

20 **构建经济模型** 回顾图10.2所示的经济活动流程循环的例子。然后构建你自己的经济模型，用于展示简单经济的流程循环，比如你父母的收入。他们的收入是如何获得的，又是如何分配和转移到你周围的其他经济部门的？

培养财经素养

21 **分析** 想象一下，你要将关于收入不平等及其后果的知识教给低年级的学生。请准备教学笔记。在你的笔记中，应包含收入不平等对下列问题的影响：

a. 读大学。

b. 租房或买房。

c. 维持理想的生活水平。

分析基础资料

阅读基础资料并回答以下问题。

基础资料

> 有些人看到收入不平等时耸肩表示无奈。如果这个人赢了，那个人输了又如何呢？他们认为，重要的不是如何分配馅饼，而是馅饼的大小。

资料来源：Joseph E. Stiglitz, "Of the 1%, by the 1%, for the 1%," *Vanity Fair*, May 2011。

但斯蒂格利茨（stiglitz）接着解释了为什么这种看待问题的方式是错误的。首先，收入不平等意味着这个国家最宝贵的资源——它的人民，机会更少。收入的不足会阻碍一个人把握可能出现的机会的能力。其次，那些导致不平等的事情往往会导致更多的不平等。例如，垄断的力量可能诱使年轻人从事金融行业，而不是其他有助于刺激经济的领域。最后，斯蒂格利茨指出，美国的现代经济将从各类投资中受益最多，这些投资不仅将帮助美国向前发展，还将为更多的人提供更多的机会，如在研究、教育和基础设施方面。

22 **分析基础资料** 收入不平等如何与有限的机会相关联？

23 **得出结论** 扩大对研究和教育的投资将如何有助于减少收入不平等？

第11章　经济不稳定

核心问题

• 经济不稳定的原因和后果有哪些?

第1节　商业周期和经济不稳定

第2节　通货膨胀

第3节　失业

什么是经济泡沫

网上淘金热：
2000年的互联网泡沫

哪一行业？

投资者希望在一个新市场——互联网，先下手为强。他们购买未经市场检验的公司的股票，往往是为了获得更高的投资回报，因此才会考虑虚高的价格。

发生了什么？

5万亿美元

随着互联网范围的扩大，科技和互联网初创企业成倍增长。初创企业通过IPO向公众出售股票（以虚高的股价），以满足投资者的需求，实现利润最大化。

什么时候？

1997—2000年

互联网泡沫在20世纪90年代末扩大，并在2000年年初互联网股暴跌时破裂。这是2000年股市崩盘的催化剂，最终导致投资者损失近5万亿美元，并引发了2001年的经济衰退。

为什么？

尽管许多初创企业没有商业计划、收益，甚至没有实际的赢利潜力，但投资者还是争相为它们提供资金，因为他们认为互联网是一个黄金机遇。

如何发生？

分析师们关注的是互联网公司通过其在线网络的影响力，而不是研究这些网络将如何产生现金流。在计算盈利模式时，许多人高估了互联网初创企业的股票。

当以人为高价进行大量买卖导致经济市场迅速扩张时，就会产生市场泡沫。当政策法规或经济环境发生变化时，就会出现这种情况。

**给我庇护（Gimme Shelter）：
2006年的美国房地产泡沫**

哪一行业？
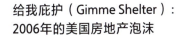

美国联邦政府通过了放宽金融部门限制的立法。银行和抵押贷款承销商为不合格的购房者提供了宽松的信贷。房屋估价师夸大了房屋价值，导致购房者借入更多资金。购房者以无法偿还的利率进行了贷款。

发生了什么？

随着越来越多的人以虚高的价格买房，房地产市场迅速膨胀。当抵押品赎回权取消的情况无法维持原来的水平时，次级抵押贷款行业（向高风险借款人提供抵押贷款的机构）就灾难性地崩溃了，泡沫破裂了。

什么时候？

1995—2008年

房地产泡沫始于20世纪90年代末，并在住房需求增长的2000—2005年扩大。到2007年，住房需求在下降，到2008年，25个大城市中有24个城市的房价下跌。

为什么？
FORECLOSED PROPERTY

市场停滞，房价下跌，使得许多房主的抵押贷款超过了房屋的价值(负净值)。销售量下降，房屋库存增加。

如何发生？

在20世纪80年代和90年代放松了对贷款行业的管制，这使得贷款更容易获得（有时首付很少），即使借款人无法证明有能力偿还贷款也可获得贷款。

想一想
比较这两个经济泡沫，它们之间有哪些相似之处？

阅读帮手

术语表

- 商业周期
- 商业波动
- 衰退
- 顶点
- 最低点
- 扩张
- 趋势线
- 萧条
- 大萧条时期的代币
- 经济先行指标
- 经济先行指数
- 计量经济模型

做笔记

使用下图来确定在大萧条后美国政府为避免出现又一次严重的经济低迷而采取的措施。

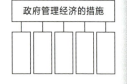

政府管理经济的措施

商业周期 实际 GDP 的系统性变化，其特征是周期性的扩张和衰退。

商业波动 实际 GDP 的变化，其特征是不定期地交替出现扩张和衰退。

第1节　商业周期和经济不稳定

核心问题

经济不稳定的原因和后果有哪些？

我们的经济处于不断变化的状态。股票价格忽上忽下，失业率忽高忽低。更糟糕的是，有时这些情况会急剧恶化或进入持续数月甚至更长时间的低迷，而且似乎没有人知道这些事件还会持续多久。经济似乎不可预测，经济的特点就是不稳定。

想想经济不稳定的原因和后果。在日常生活中，这种不稳定通过哪些方式对你和你的家庭产生影响？

商业周期：特征和原因

引导性问题　为什么商业周期的起伏是正常的？

经济增长几乎对每个人都有利，但我们不能认为经济增长是理所当然的。有时商业周期（business cycles）——实际 GDP 的定期起伏——会中断经济增长。商业波动（business fluctuations）——随着时间的推移，实际 GDP 不规则的上升和下降——也打断了经济增长。我们可以描述扩张或衰退的基本特征，或者有时被称为"商业周期的各个阶段"。然而，当涉及确定实际原因时，似乎没有一个理论能解释所有过去的事件或预测未来，因为每一个事件似乎都与前一个略有不同。

商业周期的阶段

一个商业周期有两个不同的阶段，下面将讨论这两个阶段，并在图 11.1 中进行说明。

- 衰退 第一阶段是**衰退**（recession），在此期间，实际 GDP（以不变价格衡量的 GDP）至少连续 2 个季度下降，或连续 6 个月下降。当经济达到**顶点**（peak）时，也就是实际 GDP 停止增长的时候，衰退就开始了。当经济到达**最低点**（trough）时，也就是实际 GDP 停止下降的转折点，衰退就结束了。
- 扩张 当下降的实际 GDP 触底时，经济进入第二个阶段，被称为**扩张**（expansion）——从衰退中复苏的时期，包括实际 GDP、工业生产、实际收入和就业持续数年或更长时间的增长。经济继续扩张，直到达到一个新的顶点。届时，当前的商业周期将结束，新的商业周期将开始。

如果衰退和扩张的时期没有出现，经济将会沿着一条被称为**趋势线**（trend line）的稳定增长线路发展。如图 11.1 所示，当经济经过衰退和扩张阶段时会偏离趋势线，然后回到趋势线。为了便于阅读，图中的衰退期通常被加上阴影以将它们与扩张期分开。

如果衰退非常严重，它可能会变成**萧条**（depression）——一种大量人失业，严重短缺，制造工厂产能过剩的经济状态。大多数专家都认为，20 世纪 30 年代的大萧条是美国在 20 世纪经历的唯一一次萧条。

商业周期的原因

当经济达到顶点并开始滑入衰退时，商业周期就开始了。那么问题是，是什么阻止了经济增长，并将扩张转变为衰退？经济学家提出了几个可能的原因。

- **外部冲击** 商业周期的一个潜在原因是外部冲击，如油价上涨、战争或国际冲突。一些冲击推动经济增长，就像英国在 20 世纪 70 年代发现北海石油一样。冲击也可能是负面的，比如 2005 年中期高油价冲击美国。无论如何，这些冲击可能会暂时使经济偏离长期增长趋势。
- **资本支出的变化** 资本支出的变化也很重要。当经济扩张时，企业预计未来的销售额会很高，因此企业可能会新建工厂或购买新设备来替换旧设备。起初，这会创造就业和收入，但过一段时间，企业可能会认为自己的扩张已经足够了。如果

衰退 实际 GDP 的下降，至少持续 2 个季度或更多。

顶点 实际 GDP 停止增长并开始下降的时间点。

最低点 实际 GDP 停止下降并开始增长的时间点。

扩张 从衰退中复苏，实际 GDP、工业生产、实际收入和就业持续增长数年或更长时间的时期。

趋势线 经济不受衰退和扩张时期的影响而稳定增长的路线。

萧条 失业人数众多、实际收入下降、制造业产能过剩、经济普遍困难的经济状况。

图11.1

商业周期

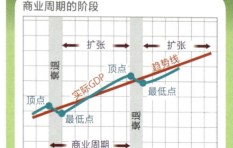

商业周期的阶段

衰退 | 扩张 | 衰退 | 扩张

顶点　趋势线　顶点

实际GDP

最低点　最低点

商业周期

商业周期通常从一个顶点到另一个顶点来衡量，因此它包括一次衰退和一次扩张。衰退以颜色标注以便区分。

▲ 批判性思考
最低点意味着什么？

它们削减资本投资，可能会导致裁员，最终导致经济衰退。

- **货币政策的变化** 一些经济学家将矛头指向美联储的利率政策。例如，当"宽松货币"政策（美联储促进低利率的政策）生效时，人们很容易获得贷款。宽松的货币政策鼓励私人部门借贷和投资，从而在短时间内刺激经济。然而，当刺激措施停止时，经济增长停止，衰退就开始了。

- **财政政策的冲击** 财政政策，如联邦政府支出和税收措施，也是原因之一。如果支出或税收突然发生变化，可能会影响经济中其他领域的决策。例如，美国民选官员因为他们不同意的政策而威胁关闭政府，这可能会造成经济的其他部分的不确定性。

- **猜测和"泡沫"** 对未来的预期一直很重要。2000年，对互联网股预期赢利能力的猜测，被称为"互联网泡沫"。当泡沫破裂时，股市崩盘，美国经济在2001年进入衰退。随后，2006—2007年房地产泡沫破裂对消费者购买力产生了负面影响，并在很大程度上导致了2008—2009年的大萧条。

探索核心问题

　　许多事件，如对股票价值的猜测甚至房地产或互联网泡沫的破灭，直接影响的人数有限，但间接影响经济中的其他人，这就像把一块石头丢进池塘而产生远远超出滴点的涟漪。这些孤立的经济事件如何在整个经济中产生涟漪并导致衰退？

这篇头版文章展示了人们对被称为"黑色星期二"的股市崩盘的一些反应。这次股市崩盘标志着美国历史上最严重的经济衰退——大萧条的开始。

▲ 批判性思考

总结 大萧条对美国产生了哪些影响？

最后，在许多情况下，几个因素似乎共同作用形成了周期。在这种情况下，经济中某一部分的动荡似乎会对其他部分产生影响，导致经济开始扩张或结束衰退。

☑ 阅读进展检查

总结 人们认为商业周期的原因是什么？

美国的商业周期

引导性问题　大萧条如何改变了政府在经济中的作用？

在整个20世纪，美国的经济活动都是不规则的。最严重的衰退是20世纪30年代的大萧条。自那时以来，商业周期变得更加温和，但它们仍然很重要。

大萧条

1929年10月29日的股市崩盘，被称为"黑色星期二"，标志着大萧条的开始，这是美国历史上最黑暗的时期之一。1929—1933年，实际GDP下降近50%，从约1 030亿美元降至550亿美元。与此同时，失业人数增加了近800%——从160万增加到1 280万。在大萧条最糟糕的岁月里，每4个工人中就有1个失业。即使是有工作的工人也经受了苦难。1929年，制造业的平均工资为每小时55美分，到1933

年下降至每小时 5 美分。

美国许多银行都倒闭了。当时没有联邦银行存款保险，因此存款人不受保护。为了减缓恐慌情绪，联邦政府于 1933 年 3 月宣布"银行假日"并关闭了美国的所有银行。关闭仅持续了几天，但大约 1/4 的银行没有再重新开业。

联邦储备系统允许货币供应量下降约 1/3。官方纸币供不应求，以至于人们开始使用<mark>大萧条时期的代币</mark>（depression scrip）——由镇、县、商会和其他民间机构发行的非官方货币。这些数十亿美元的代币用于支付教师、消防员、警察和其他市政雇员的工资。

<mark>大萧条时期的代币</mark>　20 世纪 30 年代，美国大萧条期间，由镇、县、商会和其他民间机构发行的非官方货币。

大萧条产生的原因

收入分配的巨大差距是一个重要原因。贫困使工人们无法通过消费来刺激经济。富人拥有这些收入，但经常将其用于股票市场投机等非生产性活动。

宽松的信贷也起到了一定作用。20 世纪 20 年代末，许多人大量借款购买股票。然后，随着利率上升，这些人很难偿还贷款。当危机来临时，负债累累的人们没有什么可以依靠了。

全球经济状况也发挥了一定作用。在 20 世纪 20 年代，美国向外国提供了许多贷款，以帮助支持国际贸易。当这些贷款突然变得难以

由于大萧条，数以百万计的美国工人失业。联邦政府介入，为雇佣劳工提供工作计划和财政支持，为刺激经济提供资金。

▶ 批判性思考
是联邦政府刺激措施的影响帮助结束了大萧条吗？

收回时，外国买家购买的美国商品较少，美国出口大幅下降。

国际贸易战加剧了局势的恶化。美国对进入美国的外国商品征收高额关税，以保护国内就业。然后，外国采取报复措施，对美国出售给它们的商品征收高额关税，这损害了美国制造业就业情况。

复苏和立法改革

大萧条终于在开始 10 年后结束了，当时实际 GDP 回到了 1929 年的高点。经济复苏的一部分原因是政府支出的增加，另一部分原因是经济自身。二战期间的巨额开支又增加了另一个巨大的刺激因素，进一步推动了 1940 年之后的经济发展。

美国深受大萧条的影响，从 1933 年到 1940 年，为了保护人民和防止另一场类似的灾难，美国进行了一系列改革。虽然无法提及所有的变化，但以下是一些更重要的变化。

- **社会保障** 1935 年通过的《社会保障法》（Social Security Act），旨在帮助人们为自己的退休生活提供保障。
- **最低工资** 最低工资最初在 1938 年设定为每小时 25 美分，旨在保证大多数工人每小时的最低工资。
- **失业计划** 几个新的失业计划为暂时失业的人提供了救济。
- **美国证券交易委员会** 1934 年，美国证券交易委员会（Securities and Exchange Commission，SEC）成立，旨在要求出售证券的公司全面披露其业务的真相，包括其出售的证券和投资涉及的风险。美国证券交易委员会监管证券市场并使公众的股票所有权更加安全。
- **联邦存款保险公司** 联邦存款保险公司成立于 1933 年，为存款人提供适度的银行保险。在大萧条期间，没有这种保障措施，当时许多银行倒闭，存款人失去了毕生的储蓄。

总之，从 1933 年到 1940 年，许多联邦法规和机构建立起来，使工作、银行、投资和退休更安全。20 世纪 30 年代的改革似乎有所帮助，如今大多数经济学家认为，这些改革提供了足够的刺激和保护，使得另一场大萧条不太可能发生。

二战后的商业周期

二战后，商业周期变得更加温和，衰退时间更短，扩张时间更长。在此期间，衰退的平均时间约为 10 个月，而扩张的平均时间约为 54 个月。

20 世纪 80 年代初以后，衰退发生的频率有所下降。里根政府在 1982 年 11 月开始了和平时期创纪录的经济扩张，持续了近 8 年。随后，在 1991 年至 2001 年的克林顿执政期间，美国经历了更长时间，甚至更繁荣的扩张。事实上，这段不间断的经济增长时期是美国历史上和平时期最长的经济扩张时期。

除了 2001 年短暂而温和的衰退外，美国最近的一次衰退始于 2007 年的房地产市场崩溃。

2008—2009年的大衰退

2008—2009 年的大衰退（Great Recession）始于 2007 年 12 月，一直持续到 2009 年 6 月。历时 18 个月，这是自 20 世纪 30 年代大萧条以来美国持续时间最长、程度最深的一次经济衰退。在此期间，实际 GDP 下降了 4.5%，直到近 4 年后的 2011 年年中才恢复到 2007 年的高点。

对工人的影响可能是最具破坏性的，2007 年 10 月至 2009 年 10

在大萧条时期，由于经济崩溃，美国许多银行也倒闭了。人群聚集在银行外，在存款全部损失之前提取他们的存款。从那时起，联邦存款保险公司成立以保障更多的人的钱。

月期间，失业的劳动人口比例增加了 1 倍以上。另一项统计数据显示，在过去 2 年里，超过 815.9 万人失去了工作。最终，尽管经济复苏开始后每个月都会增加几千个就业岗位，但几乎是用了六年半的时间才达到 2007 年 12 月的总就业人数。

经济衰退造成的破坏不仅限于失业人口的剧增。许多在 2007 年 10 月之后失业的人，由于无法支付月供，也失去了房屋和汽车。还有一些人为了支付日常生活开支被迫动用退休储蓄，甚至负债累累。

2008—2009 年的大萧条造成的经济浩劫，深刻地提醒我们，经济中看似微小的变化，可能会产生痛苦而广泛的影响。

✅ **阅读进展检查**

推断 大萧条对美国产生了哪些影响？

预测下一个商业周期

引导性问题 经济先行指标如何帮助我们预测经济的下行和上行？

经济学家使用几种方法来预测商业周期。一些经济学家使用被称为经济先行指数的统计序列，另一些经济学家则使用计量经济学建模工具。

图11.2

经济先行指标指数

经济先行指标指数是用来预测未来经济活动变化的一种工具。

◀ 批判性思考

经济学分析 经济学家如何使用经济先行指标指数来预测衰退？

使用经济先行指标

单一统计数据的变化往往预示着未来 GDP 的变化。例如，如果人们工作时间更短，那么平均每周工作时间可能会在经济衰退开始前发生变化。这使得该指标成为一个**经济先行指标**（leading economic indicator）——一个通常在经济转向之前会改变方向的统计序列。

一个先行指标是道琼斯工业平均指数，它是一个包含 30 种股票价格的统计序列，代表主要市场所有股票的每日变化。道琼斯工业平均指数在预测最近两次衰退方面做得相当好，但在那之前就没有那么好了。因为没有一个序列被证明是完全可靠的，所以经济学家喜欢将几个单独的序列组合成一个整体指数。这是**经济先行指数**（Leading Economic Index，LEI）所采用的方法。经济先行指数是一个月度统计序列，综合使用 10 个单独的指标来预测实际 GDP 的变化和美国经济的整体方向。

经济先行指数如图 11.2 所示，在图中所示的 7 次经济衰退之前，经济先行指数都是下降的。从该指数下跌到衰退开始的平均时间为 8~9 个月。然而，大衰退的预警时间接近 20 个月，这或许是因为其严重性。

使用计量经济模型

计量经济模型（econometric model）是一种数学模型，它使用代数方程来描述经济行为。大多数模型以"产出—支出"模型开始：

$$GDP = C + I + G + (X - M)$$

为了了解我们如何使用它，假设对消费部门（方程式中的 C）进行的一项调查显示，家庭每年花费的固定金额为 a，加上他们可支配个人收入（DPI）的 95%。我们可以将其表示为 C=a+0.95（DPI），然后将该方程代入产出支出模型，得到：

$$GDP = a + 0.95 (DPI) + I + G + (X - M)$$

重复该过程，直到模型中的每一项都被扩展并且将方程分解为越来越小的组件。为了得到 GDP，预测者在等式的右侧输入变量的最新值，然后求解 GDP。

随着时间的推移，将经济的实际变化与模型的预测相比较。然后，通过改变方程中的部分来更新模型。最后，一些模型在未来 9 个

经济先行指标　通常在经济下滑前下降或在经济回升前上升的统计序列。

经济先行指数　月度统计序列，使用 10 个单独指标的组合来预测实际 GDP 的变化。

计量经济模型　用于描述经济在未来的预期表现的宏观经济表达。

月内给出了相当好的预测。

✓ 阅读进展检查

分析 为什么短期计量经济模型比长期模型更准确？

第1节　回顾

词汇回顾

1. **确定** 商业周期的顶点和最低点之间的时期叫什么？

使用你的笔记

2. **解释** 美国证券交易委员会如何防止大萧条重演？

回答引导性问题

3. **解释** 为什么商业周期的起伏是正常的？

4. **描述** 大萧条如何改变了政府在经济中的作用？

5. **描述** 经济先行指标如何帮助我们预测经济的下行和上行？

经济学写作

6. **观点** 大萧条导致了美国经济体系的许多改革，这使得许多经济学家认为，灾难性事件极不可能重演。你是否同意？详细解释你的答案。

希腊悲剧

高物价只是近年来重创希腊的经济问题之一，对部分劳动者来说，失业率已经飙升（希腊近60%的年轻人失业）。结果，经济危机已经造成了一系列后果，包括以每年近9%的速度减少消费支出，以及自2007年经济危机以来该国的GDP缩减已超过20%。经济衰退的总体影响也对欧盟的许多国家产生了影响。

希腊旷日持久的危机在很大程度上是由多年来无限制的政府支出和不断上升的预算赤字造成的。例如，1999—2007年，公共部门的工资上涨了50%。政府还为2004年雅典奥运会欠下巨额债务。当2007年全球经济大衰退来袭时，希腊的债务水平已经高到无法再偿还的地步。

如果希腊不偿还债务，会导致更严重的经济危机，因此欧盟向希腊提供了数十亿美元贷款，帮助希腊偿还债权人。然而，这些贷款是

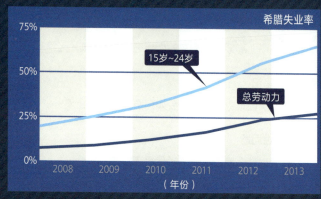

在全球衰退期间，希腊的失业人口迅速增加。

以希腊大幅削减开支和减少赤字为条件发放的。这一要求对希腊人民的影响最大，因为政府无法为那些失业或工资大幅削减的人提供援助。

频繁的罢工、爆炸和其他因削减开支而造成的混乱加剧了希腊的问题。希腊的未来仍是一个令人担忧的问题，许多人担心其他国家，如西班牙、爱尔兰和葡萄牙——它们都面临着类似的经济挑战——可能会步希腊后尘，陷入经济混乱。

案例研究回顾

1. **说明** 希腊政府的什么行为导致了该国的经济危机？
2. **确定** 希腊面临哪些经济问题？
3. **联系** 你认为希腊的经济问题如何影响希腊人的生活质量？

做笔记

使用如下表格来区分对通货膨胀的两种主要解释。

	原因	影响
需求拉动通货膨胀		
成本推动通货膨胀		

第2节　通货膨胀

核心问题

经济不稳定的原因和后果有哪些？

假设 1 个月前，你创建了一个包含高中生通常消费的 5 种商品和服务的列表。经调查，你记录了每件商品的价格，并合计了成本，总共是 17.5 美元。现在，你对同样的商品和服务重复同样的练习，但你发现总成本更高，为 18.11 美元。

- 这种变化是通货膨胀还是通货紧缩？
- 这组商品（也被称为"市场篮子"）的月度通货膨胀率是多少？也就是说，月变化百分比是多少？

衡量价格和通货膨胀

引导性问题　居民消费价格指数如何被用来计算通货膨胀？

宏观经济的不稳定不限于 GDP 或 GNP 的波动。价格的变化同样会对经济造成破坏。当物价总水平上升时，经济正在经历**通货膨胀**（inflation），而物价总水平的下降则被称为**通货紧缩**（deflation）。这两种情况都对经济有害，应该尽可能避免。

要理解通货膨胀，我们必须首先研究如何衡量它。这包括**构建一个价格指数**（price index）——一个用来衡量价格水平随时间变化的统计序列。我们将重点研究**居民消费价格指数**（Consumer Price Index，CPI)，这是一个综合统计序列，追踪消费者每月为"一篮子"有代表性的商品和服务支付的价格变化。

通货膨胀 商品和服务价格总体水平持续上升。

通货紧缩 商品和服务价格总体水平持续下降。

价格指数 用来衡量价格水平随着时间变化的统计序列。

居民消费价格指数 用于衡量一篮子常用消费品价格变化的指数。

市场篮子 用于编制价格指数的代表性商品和服务的集合。

市场篮子

我们第一步必须要选择一个**市场篮子**（market basket）——通常购买的商品和服务的一个代表性选择。消费者价格指数使用约 300 种商品和服务的价格，如图 11.3 中所示的一些。虽然这看起来数量不大，但要科学地选择这些物品来代表大多数消费者的购买类型。

下一步查找市场篮子中商品的平均价格。为了做到这一点，美国人口普查局的员工每月都会对美国各地近 8 万件商品的价格进行抽样调查。然后他们把价格加起来，求出一篮子商品的总成本。图 11.3 显示了这种月度活动在 3 个不同时期的假设结果。

接下来选择基准年作为所有其他年份比较的基础。尽管几乎任何年份都可以作为基准年，但美国劳工统计局目前使用的是 1982—1984 年的平均价格。虽然未来可能会更新，但这仍是目前使用最广泛的价格基准年。

居民消费价格指数

这一过程的最后一步是将市场篮子的货币成本转换为指数价值，

图11.3

构建居民消费价格指数

项目	价格基准期 1982—1984年	价格 1998年	价格 2009年S
牙膏	1.40	1.49	3.80
牛奶（1加仑）	1.29	1.29	3.20
花生酱（2磅/罐）	2.50	2.65	4.70
灯泡（60瓦）	0.45	0.48	0.65
—	—	—	—
汽车调整	40.00	42.00	84.75
总市场篮子价格	1 792美元	2 925美元	3 868美元
当前市场篮子成本 基期市场篮子成本	$\frac{1\,792美元}{1\,792美元} = 1.000$	$\frac{2\,925美元}{1\,792美元} = 1.632$	$\frac{3\,868美元}{1\,792美元} = 2.158$
指数	100.0(%)	163.2 (%)	215.8 (%)
平均工资			

每个月，美国劳工统计局都会对大约300种被称为"市场篮子"的普通消费品进行价格变动调查。

▲ 批判性思考
如何解释居民消费价格指数为167.1？

从而使表格中的数字更容易解释。这是通过将每个市场篮子的成本除以基准年市场篮子成本来实现的。例如，2013 年 8 月成本 4 190 美元除以基准期成本 1 792 美元，得到 2.338 或 233.8%，则 8 月的指数为 233.8，代表与基准期价格相比的价格水平。

在实践中，所有转换都被理解为与基准期成本的百分比，即使没有使用 % 或百分之几。例如，2013 年 8 月的价格是基准期价格的 233.8%，也就是说价格上涨了一倍多。选取不同的基准年将得出不同的指数。然而，为了避免混淆，基准年只会偶尔更改。

在美国，由于全国各地都有许多的物价样本，劳工统计局公布了选定城市和大城市地区的具体居民消费价格指数，以及整体经济的居民消费价格指数。

衡量通货膨胀

有了物价指数，我们就可以得到物价水平的年度百分比变化，这是衡量通货膨胀的方法。例如，2012 年 8 月美国的居民消费价格指数是 230.4，而 1 年后是 233.8。为得到年变化百分比，我们将居民消费价格指数的变化量除以居民消费价格指数的初值，方法如下：

$$\frac{233.8-230.4}{230.4} = \frac{3.4}{230.4} = 0.0148 = 1.48\%$$

换句话说，美国这 12 个月的通货膨胀率为 1.48%。

通货膨胀率往往会在很长一段时间内发生变化。在过去的 20 年里，美国可以说是在经历**温和通货膨胀**（creeping inflation），每年的通货膨胀率在 1%~3%。当通货膨胀率如此低时，通常不会被视为一个大问题。然而，通货膨胀可能上升到失控的程度。**恶性通货膨胀**（hyperinflation），通货膨胀率每年高达 500% 或以上，不过并不经常发生。当这种情况发生时，通常是货币体系全面崩溃前的最后一个阶段。

恶性通货膨胀的纪录产生于二战期间的匈牙利。那个时候，匈牙利印了大量的货币以支付政府的账单。到战争结束时，声称 828 000 000 000 000 000 000 000 000 000 元匈牙利货币相当于战前的 1 元。

经济也可能经历**滞胀**（stagflation），即经济增长停滞，加上通货膨胀。在 20 世纪 70 年代的美国，滞胀是一个值得关注的问题，价格

温和通货膨胀 通货膨胀率每年通常在 1%~3%。

恶性通货膨胀 通货膨胀率每年超过 500%，非正常，是货币体系崩溃前的最后阶段。

滞胀 经济增长停滞和通货膨胀的结合。

上涨，失业率居高不下。即使在今天，有些人担心高油价可能导致价格上涨、经济增长放缓。

其他价格指数

可以以完全相同的方式为经济的任何部分构建价格指数。例如，农业部门为其购买的产品（柴油、化肥和除草剂）构建单独的价格指数，然后将其与其中产品的价格进行比较。

工业生产者出厂价格指数 用于衡量国内生产者收到的价格的指数。

工业生产者出厂价格指数（Producer Price Index，PPI）是一个月度序列，报告国内生产者收到的价格。当生产者将产出卖给第一个买

全球经济 & 你

美国通货膨胀在世界范围内产生"多米诺骨牌效应"

美国的通货膨胀不仅仅是美国的问题，世界各地都能感受到美国通货膨胀的影响。这些世界性的影响反过来又影响到美国的消费者。

当通货膨胀导致美国物价上涨时，每一美元所能购买的商品和服务的数量就会减少。当这种情况发生时，美元的汇率——美元相对于其他国家货币的价值——也会下降。这种变化很重要，因为汇率决定了美国制造的商品在其他国家的售价。它还决定了美国人将为其他国家生产的商品支付多少钱。

假设你想买一辆从德国进口的汽车。如果通货膨胀降低了美元对德国欧元的汇率，就需要更多的美元来支付这辆汽车。对你来说，这意味着你要为这辆车付更多的钱。这也可能意味着，如果你用一笔贷款来购买那辆车，你会支付更多的利息，因为债权人有时会提高利率，以弥补他们借给债务人的钱贬值所造成的成本损失。

▲ 批判性思考

确定因果 美国通货膨胀会以何种具体方式影响德国汽车制造商的业务？

与此同时，美国的通货膨胀使美国出口到海外的商品更便宜。那是因为美元的贬值和较低的汇率意味着，如将需要更少的欧元来支付商品的售价。这可能对购买美国商品的外国买家有好处，但这损害了这些国家类似商品的制造商，可能导致失业和GDP下降。

家时，会将价格记录此序列中。在美国，该样本以 1982 年为基准年，由大约 10 万种商品组成。虽然它是为所有商品编制的，但它被细分为不同的子类别，包括农产品、燃料、化学品、橡胶、纸浆和纸张，以及加工食品。

用于衡量 GDP 变化的 **隐含 GDP 消胀指数**（implicit GDP price deflator）是另一个序列。这个序列的使用频率较低，因为实际 GDP 或已根据物价上涨调整的 GDP 的数字是在 GDP 公布时提供的。

最后，这些只是政府使用的众多价格指数中的一小部分。即便如此，居民消费价格指数仍是目前使用最多的，也是我们最经常关注的。

☑ 阅读进展检查

分析 市场篮子如何被用来衡量价格水平？

通货膨胀的原因

引导性问题 为什么增发货币被认为是通货膨胀的主要原因？

经济学家对通货膨胀的原因提出了几种解释。几乎每一个通货膨胀时期都是由以下一个或多个原因造成的：需求拉动、成本推动、工资—价格螺旋或过度的货币增长。

需求拉动

根据所谓的 **需求拉动型通货膨胀**（demand-pull inflation）的解释，经济中的所有部门试图购买超过经济能生产的商品和服务。当消费者、企业和政府聚集在商店时，他们造成了短缺，从而推高价格。因此，过度的需求"拉动"了价格。如果消费者决定使用信用卡负债购买他们原本买不起的东西，就可能发生这种情况。

类似的解释将通货膨胀的原因归于联邦政府的过度支出。毕竟，政府还在借款，然后花费数十亿美元，从而给价格带来上行压力。与需求拉动型解释（它认为原因是经济中的所有部门的超额需求）不同，这种解释认为只有联邦政府的赤字支出对通货膨胀是有责任的。

透明度限制？

你决定在 3 年内存 5 000 美元买一辆汽车。但是你听说年通货膨胀率是 2.9%。所以你知道你现在喜欢的这辆 5 000 美元的车在 3 年后会更贵。在 5 000 美元外，你还应该多少钱来买你想要的车？

- 279 美元
- 323 美元
- 447 美元

隐含 GDP 消胀指数 用于衡量 GDP 价格变化的指数。

需求拉动型通货膨胀 将通货膨胀归因于经济的所有部门都试图购买比经济能生产的更多的商品和服务。

成本推动

成本推动型通货膨胀
投入成本上升,特别是
能源和有组织的劳动力
的成本上升,会推高制
造商的产品成本,从而
导致通货膨胀。

成本推动型通货膨胀(cost-push inflation)的解释声称,投入成本的上升,特别是能源和有组织的劳动力的成本上升,会推高制造商的产品成本,从而导致通货膨胀。例如,当一个强大的全国性工会赢得了一个大的工资合同时,通货膨胀可能会发生,因为这迫使制造商提高价格,以弥补劳动力成本的增加。

成本推动型通货膨胀的另一个例子可能是国际石油价格的突然上涨,这可能会提高从塑料和汽油到运输成本和航空公司票价的所有东西的价格。这种情况在 20 世纪 70 年代出现过,当时原油价格从每桶 5 美元涨到 35 美元。这种情况在 2008 年再次发生,当时石油价格飙升至每桶 140 美元以上。

工资—价格螺旋

一个更中立的观点是不把价格上涨归咎于任何特定的群体或事件。根据这种观点,工资和物价自我延续的螺旋式上升是很难停止的。当价格上涨迫使工人要求提高工资时,螺旋式增长可能会开始。如果他们得到更高的工资,生产商就试图用更高的价格来收回成本。

工资—价格螺旋上升

物价持续在增长……

我需要申请提高工资!

账单

提高工资?我认为……

想要提高工资,我就需要对所有的消费者提高价格。

这幅漫画描述了一种可能导致通货膨胀的原因,即工资—价格螺旋上升。

◀ **批判性思考**

做出预测 如何才能结束工资—价格螺旋上升,并阻止引发通货膨胀?

当双方都试图以比以前更大的幅度提高自己的相对地位时，通货膨胀率不断上升。

过度的货币增长

对通货膨胀最常见的解释是过度的货币增长。当货币供应量增长快于实际 GDP 的增长时，就会出现这种情况。根据这一观点，任何由联邦储备系统创造的额外资金或额外信贷都会增加某人的购买力。当人们花费这些额外的钱时，会产生需求拉动效应，从而推高价格。

这种观点的支持者指出，如果没有不断增长的货币供应，通货膨胀就无法维持。例如，如果天然气价格大幅上涨，但人们拥有的钱数量保持不变，那么消费者只能减少其他东西的购买。虽然天然气价格可能上涨，但其他东西的价格会下跌，因为当需求减少时，生产商通常会降低价格，从而使得整体价格水平保持不变。

☑ 阅读进展检查

描述 你认为通货膨胀的哪个原因最合理？为什么？

通货膨胀的后果

引导性问题 通货膨胀对谁的伤害最大？

虽然低水平的通货膨胀可能不是问题，但如果通货膨胀过高、波动或不确定，它可能会对经济产生破坏性影响。

购买力下降

如图 11.4 所示，自 1913 年以来的 100 年间，美元的购买力大幅波动。大部分波动发生在 1913—1933 年，当时美国是金本位制国家。1933 年之后，美元购买力的下降完全是由于通货膨胀。

之所以出现这种情况，是因为一旦价格上涨，美元购买量就会减少，因此随着时间的推移，美元会贬值。这可能不是每个人都会遇到的问题，但对于退休人员或有固定收入的人来说，购买力下降尤其严峻，因为他们每个月的钱都只能买更少的东西了。那些不是固定收入的人可以更好地应对。他们可以提高工资，以更好地跟上通货膨胀。

图11.4

通货膨胀使美元贬值

当价格水平上升时，美元的购买力下降。由于通货膨胀，2013年1美元的购买力只有1913年的4美分。

▶ **批判性思考**

经济分析 当20世纪20年代和30年代美元的购买力上升时，价格水平发生了什么变化？

（年份）

改变消费模式

通货膨胀可能会使人们改变消费习惯。例如，当20世纪80年代初价格上涨时，利率——借款成本——也上涨了。这导致耐用消费品，特别是住房和汽车的支出大幅下降。

举例来说，假设一对夫妇想在20年内借入10万美元来买房子。按照7%的利率计算，他们每月的住房抵押贷款还款额将是660.12美元。按14%的利率计算，他们的住房抵押贷款还款额为1197.41美元。1981年，一些抵押贷款利率达到了18%，这意味着相同金额的贷款的每月按住房抵押贷款还款额将高达1517.32美元！由于这一时期的高利率，房屋建筑业几乎崩溃。

鼓励投机

通货膨胀诱使一些人企图利用物价上涨的机会进行投机。例如，当2001—2005年的利率较低时，许多不合格的买主能够购买高价住房。2006年和2007年的利率确实上升了，但从来没有像20世纪80年代初那样高。尽管如此，许多不合格的买主拖欠或不支付抵押贷款，这推动经济陷入衰退。

有些人实际上是通过这样的投机活动赚钱的，但即使是投机者也会在交易中时不时地亏钱。对于普通消费者来说，巨大的损失可能会带来毁灭性的后果。

收入分配扭曲

在长期的通货膨胀时期，==债权人==（creditors）或贷款人通常比==债务人==（debtors）或借款人受到的伤害更大，因为之前的贷款在晚些时候是以购买力较低的美元偿还。

假设你借了 100 美元来买每个价格 1 美元的面包。这意味着你今天可以用这笔贷款买 100 个面包。一旦通货膨胀开始，如果你偿还贷款时面包的价格翻了一番，那么贷款人只能用你偿还的钱买 50 个面包，因为那时候购买一个面包要花 2 美元。这就是为什么通货膨胀发生时，债权人比债务人受到的伤害更大。

==债权人== 被欠债的人或机构。

==债务人== 欠债的人或机构。

☑ 阅读进展检查

定义 为什么通货膨胀对赚取固定收入的人影响更大？

第2节 回顾

词汇回顾

1. 说明通货膨胀和债务人之间的关系。

2. **解释** 为什么债权人更喜欢温和通货膨胀而不是恶性通货膨胀？

使用你的笔记

3. 解释通货膨胀的两个主要原因，以及它们是如何导致工资—价格螺旋上升的。

回答引导性问题

4. **检查** 居民消费价格指数如何被用来计算通货膨胀？

5. **分析** 为什么增发货币被认为是通货膨胀的主要原因？

6. **探索问题** 通货膨胀对谁的伤害最大？

经济学写作

7. **观点** 政府支出长期以来一直是一个重大的政治问题。政府的高支出有助于经济增长，但也会导致通货膨胀。近几年来美国国会提出的削减政府开支的建议一直备受争议。写一篇文章，阐述一些关于支出或反对削减政府开支的经济学论据，在你的论据中使用一些本节的内容词汇。

第3节　失业

术语表

- 失业
- 失业率
- 长期失业
- 摩擦性失业
- 结构性失业
- 外包
- 技术性失业
- 周期性失业
- 季节性失业
- GDP差距
- 痛苦指数

核心问题

经济不稳定的原因和后果有哪些？

在经济不稳定的时期，全国各地区都会感受到其后果，而且不得不适应。你认为以下哪一项是社区应对经济不稳定的最佳方法？为什么？

- 可以组织一个由当地商人组成的委员会，并给相关部门领导发送一份请求援助的请愿书。
- 遇到困难的企业可以向银行申请贷款，并提高产品价格以偿还贷款。
- 社区领导和当地政府官员可以集思广益，以吸引消费者在当地企业购买。
- 来自企业、银行和地方政府的代表可以定期会面，监督社区的经济发展，共同努力，寻找方法以帮助那些遇到困难的企业。

衡量失业率

引导性问题　谁没有被包括在劳动力队伍中？

大多数美国人对他们的工作很认同。如果你要求某人描述自己，他们很可能会告诉你他们的职业，比如厨师、老师或销售助理。美国大约一半的人属于劳动力队伍，然而在任何时候，都有数百万人没有工作。有时候是因为当他们辞掉一份工作去寻找另一份工作时，他们选择暂时不工作。然而，在大多数情况下，人们失业的原因是他们无法控制的。

为了了解失业的严重程度，我们需要知道如何衡量失业率，以及我们忽略了什么。失业率是衡量失业程度的指标，失业率是经济中最受关注、最具政治意义的统计数据之一。

民用劳动力

美国劳工统计局将民用劳动力（通常称为劳动力）定义为所有16岁及以上已就业的或积极寻求就业的人的总和，军人除外。因为只有能够工作的人才被纳入劳动力队伍，所以那些被限制在监狱或居住在精神护理机构中的人也被排除在外。

失业人员

决定某人是否能够工作、愿意工作，或者是在工作中的过程比大多数人想的要复杂得多。在每个月的月中，来自美国人口普查局的大约 1 500 名专家开始对近 2 000 个县的大约 60 000 户家庭进行月度调查，调查覆盖了所有 50 个州。人口普查工作人员正在寻找在过去 1 个月内为找工作做出了特殊努力的**失业**（unemployed）人员，以及在最近 1 个调查周内为得到工资或利润而工作不到 1 小时的失业人员。如果人们在一家家族企业工作，每周工作不到 15 小时而且没有工资，他们也会被列为失业者。

失业 每周为了工资或利润在非家族企业工作不到 1 小时的状态，准备工作并且在过去的 1 个月里一直在努力找工作。

人口普查工作人员在收集数据后，将其交给劳工统计局进行分析并公布。这些数据包括失业率，在每月的第一个星期五公布给美国公众。

失业率

失业通常用**失业率**（unemployment rate，指失业人数除以民用劳动力总人数）来表示。每月失业率以占整个劳动力的百分比表示。例如，2009 年 9 月的失业率计算如下：

失业率 失业人员占民用劳动力总人数的比例，以百分比表示。

$$\frac{\text{失业人数}}{\text{民用劳动力总人数}} = \frac{9\ 474\ 000}{155\ 694\ 000} = 0.061 = 6.1\%$$

失业率的月变化，通常只有 0.1%，即使对经济有巨大影响，看起来似乎也微不足道。在拥有 1.557 亿人口的民用劳动力的情况下，失业率上升 0.1% 意味着有近 155 700 人失业。这个数字超过了美国主要城市的人口，如堪萨斯州的堪萨斯城、纽约州的锡拉丘兹、马萨诸塞州的斯普林菲尔德、加利福尼亚州的桑尼维尔、得克萨斯州的帕达迪纳，以及佐治亚州的萨凡纳。

失业率的变化如图 11.5 所示。一般来说，在经济衰退开始之前，它往往会上升，然后在经济衰退期间急剧上升。如果经济衰退特别严重，就像 2008—2009 年大萧条时期那样，它可能会翻倍。最后，当失业率开始下降时，可能需要 5 年或更长时间才能达到之前的低点。

失业负担不均

失业率的负担并不会平均地落在每个人身上。相反，不同年龄、不同种族和不同性别的人的失业率不同。此外，工作经验、教育、培训和技能方面的差异也起着一定的作用，歧视也会造成差异。

例如，成年女性的失业率略低于成年男性的失业率，但青少年的失业率通常是成年男性或成年女性的 3~4 倍。同样，非裔美国人的失业率，无论性别，都大约是高加索人的两倍，而亚洲人的失业率最低。

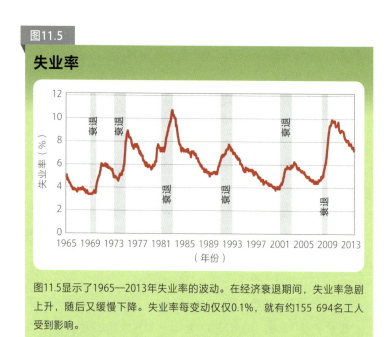

图11.5

失业率

图11.5显示了1965—2013年失业率的波动。在经济衰退期间，失业率急剧上升，随后又缓慢下降。失业率每变动仅仅0.1%，就有约155 694名工人受到影响。

▲ 批判性思考

经济分析 你认为1993—2001年的失业率有何特点？

无论性别、年龄，还是种族，大约 1/3 的失业者是 <mark>长期失业</mark>（long-term unemployed），即失业 27 周或更长时间的工人。这些工人最有可能放弃找工作，最终完全退出劳动力市场。

长期失业 失业 27 周或更长时间。

就业不足

像失业率这样综合性的衡量标准似乎包括所有失业的人。然而，如果说有什么遗漏的话，失业率在两方面低估了就业状况。

首先，失业率的计算不包括那些太颓废或不愿意找工作的人。在经济衰退时期，这些劳动力"退出者"可能包括近百万人。

虽然他们没有工作，现在可能想找工作，但这些人不属于失业者，因为他们在上一个调查期间没有积极找工作。

其次，人们即使只是从事兼职工作也被认为是有工作的。例如，假设一个工人失去了一份每周工作 40 小时的高薪工作，而换成了一份每周工作 1 小时的最低工资工作。尽管这名工人的工作和收入减少，但其仍然被认为是有工作的。换句话说，只要在工作就意味着被雇佣，而不仅仅是全职工作。

职业｜人力资源专家

这个职业适合你吗？

- ✓ 你有很强的决策能力吗？
- ✓ 你有很好的倾听技巧吗？
- ✓ 你喜欢和具有不同背景的新朋友见面和交谈吗？

采访
人力资源专家

"由优秀同事支持的具有挑战性的工作。工作和生活有极大的灵活性。"

——思科系统人力资源经理

薪资
年薪 55 640 美元
时薪 26.75 美元

职业发展前景
比平均水平慢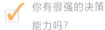

工作内容
人力资源专家招聘、面试和安置工人。他们将雇主与具备满足雇主需求的求职者相匹配。他们在几乎所有的行业工作，许多是直接受雇于个体公司，有些则是为人员配备和人力资源公司工作。许多人参加招聘会，会见和面试求职者。

防止失业

人们经常问他们能做些什么来保护自己不受失业的影响，但解决办法并不总是那么容易。例如，你无力改变你的种族或性别，但是你可以努力提升你的教育水平。毕竟，随着教育水平的提高，每个人失业的可能性都在下降！

这一点很重要，因为一个人在年轻时比在年老时更容易获得更多的教育或技能。一个年轻人所要做的就是在学校读书以获得文凭。如果情况允许的话，四年制的大学学位可以提供更多的失业保护。随着年龄的增长，获得文凭或高级学位将更具挑战性，所以年轻时接受教育是个好方法。

☑ 阅读进展检查

总结 我们如何计算每月的失业率？

失业的来源

引导性问题 为什么某些类型的失业不可避免？

经济学家确定了几种失业类型，每种类型的性质和产生原因都会影响失业率的降低程度。

摩擦性失业

摩擦性失业 因工人换工作或等待新工作而导致的失业。

第一种，也是常见的失业类型是**摩擦性失业**（fictional unemployment），即工人因某种原因而处于两个工作岗位之间的情况。这通常是一个短期的情况，这种情况下的工人几乎没有经济困难。这种类型的失业是自然的，是由于经济的不断变化而导致合格工人无法立即找到工作机会。

只要工人有选择或改变职业的自由，就会有人选择放弃原来的工作去找更好的工作。正是因为总有一些工人这样做，所以经济总是会存在一些摩擦性失业。

结构性失业

结构性失业 由于经济的根本变化而导致的失业，这减少了对一些工人的需求。

第二种，也是更严重的失业类型是**结构性失业**（structural unemployment），经济发展、消费者品位和偏好的变化，或经济运行的根本性变化减少了对工人及其技能的需求。例如，在 20 世纪初，技术和经济的进步导致了汽车的发展，汽车很快取代了马车和手推车，并使技术高超的马车鞭子制造者失业。后来，当汽车司机决定通过自己加油来降低加油价格时，对加油站服务员的需求便急剧减少。

另一个发展趋势是，<mark>外包</mark>（outsourcing）——雇用外部公司来执行非核心业务，以降低运营成本，这越来越受欢迎。当公司发现它们可以让其他公司执行一些常规的内部操作（例如准备每周的工资支票）时，它们就会率先使用外包。后来，技术的进步使公司有可能将部分客户服务业务转移到工资低得多的国外。例如，如果一位美国人致电自己的手机、有线电视公司或计算机软件制造商寻求客户帮助，他的电话很可能会被转接给会说英语的菲律宾或印度人，而不是美国的办公室。

外包 雇用外部公司来执行非核心业务以降低运营成本。

有时政府会助长结构性失业。美国国会在 20 世纪 90 年代决定关闭军事基地就是一个很好的例子。军事基地比大多数私营公司要大得多，基地关闭的影响集中在选定的地区和社区。一些地区能够吸引新的行业雇用一些失业工人，但大多数工人要么发展新技能，要么搬到其他地方找工作。

技术性失业

第三种失业类型是<mark>技术性失业</mark>（technological unemployment），当工人被机器或自动化系统所取代，就会出现失业。技术性失业与结构性失业密切相关，尽管技术变革在范围上并不总是像汽车取代马车那样广泛，也不总是像汽车取代马车那样对社会产生巨大影响力。

技术性失业 由于技术发展或自动化使一些工人的技能过时而导致的失业。

一个例子是商业银行减少了对银行出纳员的需求，因为银行越来越多地使用 ATM 机。另一个例子是文字处理程序的引入，其拼写检查、格式化和文本操作功能大大减少了对打字员的需求。

此外，许多工人被互联网上的计算机程序所取代，这些程序接受订单、处理付款，并安排直接运送给消费者。

探索核心问题

你的姐姐从事银行出纳员工作，但她一个月前被解雇了。她工作的银行因为自动化解雇了许多银行出纳员。她正考虑在其他银行找同样的出纳员工作，但你认为这不是一个好主意。你会给你的姐姐什么建议？给出你的建议和理由。

周期性失业

第四种失业类型是**周期性失业**（cyclical unemployment），失业与商业周期的波动直接相关。例如，在经济衰退期间，许多人推迟购买汽车和冰箱等耐用商品。因此，一些行业必须裁员，直到经济复苏。

在图 11.5 中，我们可以看到失业率在经济衰退时急剧上升。例如，在经济大萧条期间，有超过 800 万人失业。当经济好转时，下岗工人最终可能会重新找到工作，但通常需要 5 年或更长时间的经济增长，失业率才会回到衰退前的水平。与此同时，失业者要面对的一个生活事实就是失业的痛苦。

季节性失业

第五种失业类型是**季节性失业**（seasonal unemployment），即由于天气或某些产品或工作需求的季节性变化而导致的失业。例如，许多木匠和建筑工人在冬天工作较少，因为一些任务，比如更换屋顶或挖地基，在寒冷的天气里难以进行。还有 12 月份假期结束后，百货公司的销售人员经常失业。

季节性失业和周期性失业之间的差异与计量周期有关。周期性失业发生在商业周期的整个过程中，可能持续 3~5 年。季节性失业每年都会发生，不管经济总体状况如何。

☑ **阅读进展检查**

解释 你认为哪类失业对经济来说最麻烦？为什么？

不稳定的成本

引导性问题 经济不稳定对你有怎样的影响？

经济衰退、通货膨胀和失业都是阻碍经济增长的不稳定因素。这些问题可以单独发生，也可以同时发生。对这些情况的担忧并非是没有根据的，因为经济不稳定带来了巨大的成本，可以用经济和人的角度来衡量。

GDP差距

衡量失业的经济成本的一个指标是 GDP 差距（GDP gap）——如果所有资源都得到充分利用，实际 GDP 与潜在 GDP 之间的差额。

换句话说，差距是一种机会成本——衡量因为失业资源而未产生的产出的一个指标。

如果我们用生产可能性曲线来说明这个差距，那么可以生产的数量用边界上的某个点表示。实际生产的数量将用边界内的一个点来表示。两者之间的距离就是 GDP 差距。

在更动态的意义上，商业周期可能会导致这种差距的大小随时间而变化。GDP 的规模如此之大，如果 GDP 下降 1%，损失的生产和收入可能是巨大的。例如，假设一个 GDP 为 13.5 万亿美元的经济体的 GDP 只下降了 0.1%，这就意味着产出将损失 135 亿美元！

痛苦指数

图 11.6 显示了痛苦指数（misery index），有时也被称为不适指数，即每月的通货膨胀率和失业率之和。如图 11.6 所示，该指数通常在经济衰退期间或经济衰退后立即达到峰值。

虽然这不是官方的政府统计数据，但痛苦指数提供了一个合理的指标，以表明消费者在高通货膨胀和高失业时期的痛苦程度。

不确定性

当经济不稳定时，存在着很大的不确定性。由于担心失去工作，工人可能不会买东西。这种不确定性转化为许多消费者减少其对商品的购买，导致就业机会减少，失业率上升。

工人并不是唯一受不确定性影响的人。即使每天都有新订单，正在生产的企业所有者也可能会决定不进行扩张。相反，生产者可能会试图提高价格，从而增加通货膨胀。如果不确定财政收入，政府甚至可能决定减少在学校和公路方面的开支。

政治不稳定

政治家们也要承受经济不稳定的后果。当时局艰难时，选民会感到不满，而在职者往往会被迫离任。例如，许多专家认为，巴拉

GDP 差距 经济能够生产多少和实际生产多少之间的差额，失业资源的年度机会成本。

痛苦指数 非官方统计数据，即每月的通货膨胀率和失业率之和。

图11.6

衡量消费者的不适

痛苦指数

图11.6显示了一种非官方的消费者痛苦指数的波动。痛苦指数是根据每月的通货膨胀率加上失业率的和来编制的。

▲ **批判性思考**

经济分析 痛苦指数何时达到最高点？

克·奥巴马（Barack Obama）在 2008 年 11 月战胜共和党对手，部分原因是经济大萧条给选民们造成的痛苦。

2013 年美国政府关闭等事件是造成经济不稳定的重要原因。如果存在过多的经济不稳定，就像 20 世纪 30 年代的大萧条时期一样，一些选民愿意投票赞成彻底的改革。因此，经济不稳定加剧了美国的政治不稳定。

社区和家庭问题

经济衰退、通货膨胀和失业也可能导致更高的犯罪率和贫困率。它们也会导致家庭问题，如婚姻不稳定和离婚，尤其是当个人或家庭因失业和收入减少而难以支付账单时。因此，所有人都与减少经济不稳定有利害关系。

☑ **阅读进展检查**

解释 是什么让 GDP 差距成为一种机会成本？

第3节　回顾

词汇回顾

1. **定义**　解释什么是痛苦指数，它是官方的还是非官方的，以及它通常在何时达到峰值。

使用你的笔记

2. **解读**　确定哪些类型的失业会影响兼职销售人员。

回答引导性问题

3. **检查**　谁没有被包括在劳动力队伍中？
4. **解释**　为什么某些类型的失业不可避免？
5. **评估**　经济不稳定对你有怎样的影响？

经济学写作

6. **资料/阐释**　写一篇文章，解释作为劳动力中的一员，你如何应对经济不稳定。你现在可以采取哪些具体措施，并计划在未来采取哪些具体措施，以帮助保护你的工作和收入？

经济稳定是世界和平的关键吗？

2012年，全球发生了近400起冲突和战争。这些冲突的根源是什么？我们怎样才能减少未来战争的威胁？这些问题有很多答案。

大多数专家都同意，每一次冲突都是不同的，并且受到多种原因和情况的制约。但是，如果国际社会齐心协力，整合资源，试图结束区域和国际冲突，能达成什么目标？

一些专家说，经济不稳定和相关问题是大多数战争的根源。有的人不同意，认为其他挑战，如种族或宗教对抗、不公正、恐怖主义和民族主义是大多数战争的基础。审查这些论点，并得出你自己的结论。

经济发展是世界和平的关键

贫穷和缺乏经济机会导致暴力。

失业和懒惰导致不满。

贸易减少了战争的威胁。

不平等导致分歧，从而导致战争。

> 然而，每个人都意识到，没有发展就没有和平，因为不安全和暴力的根源是贫穷、不公正和不平等。

资料来源：让平（Jean Ping），非洲联盟委员会主席，在的黎波里举行的第三次非洲—欧洲首脑会议上的发言。

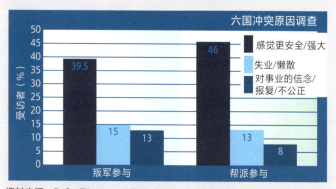

六国冲突原因调查

- 感觉更安全/强大
- 失业/懒散
- 对事业的信念/报复/不公正

（图中数据：叛军参与 39.5 / 15 / 13；帮派参与 46 / 13 / 8；纵轴：受访者（%））

资料来源：Bøås, Tiltnes, and Flatø 2010。

经济稳定不是世界和平的关键

只有建立和平，经济才能发展。

人民首先需要民主，其次是经济。

必须优先考虑减少种族斗争和极端主义。

不公正是任何经济改善的障碍。

分析问题

1. **分析** 根据奥巴马总统的诺贝尔奖演讲，他认为战争的主要原因是什么？你同意吗？为什么？

2. **进行概括** 回顾第二个图表"2012年冲突的原因"，你能从这些数据中总结出冲突爆发的原因吗？换句话说，这些原因有什么共同点？

3. **捍卫** 你觉得哪个观点最有说服力？解释你的答案。

> 我认为，在公民被剥夺自由言论或自由礼拜权利的情况下，和平是不稳定的；除非他们可以选择自己的领导人或毫无畏惧地进行集会。否则压抑的不满情绪会恶化，镇压部落和宗教人士会导致暴力。

资料来源：President Barack Obama, "Nobel Lecture: A Just and Lasting Peace," December 2009。

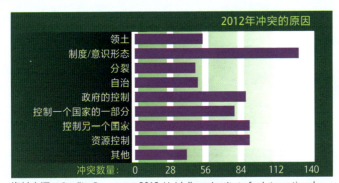

2012年冲突的原因

	冲突数量
领土	
制度/意识形态	
分裂	
自治	
政府的控制	
控制一个国家的一部分	
控制另一个国家	
资源控制	
其他	

冲突数量： 0　28　56　84　112　140

资料来源：Conflict Barometer 2012, Heidelberg Institute for International Conflict Research。

学习指南

第 1 节

商业周期的阶段

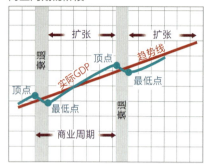

第 2 节

价格变动
- 通货膨胀
  - （价格上涨）
- 通货紧缩
  - （价格下降）

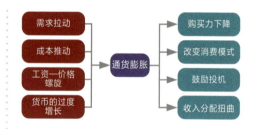

第 3 节

说明：在一张单独的纸上回答以下问题。请务必仔细阅读并回答所有问题。

内容回顾

第1节

❶ 解释 描述商业周期并解释导致其变化的原因。

❷ 确定因果关系 经济大萧条后应怎样改革才能使经济不至于达到在2008—2009年大萧条期间的低谷水平？举两个例子。

第2节

❸ 比较与对比 温和通货膨胀、恶性通货膨胀和滞胀之间有什么区别？

❹ 分析 通货膨胀如何影响消费者？

第3节

❺ 解读 教育如何影响就业？

❻ 比较与对比 是什么使得结构性和技术性失业比摩擦性失业更严重？

批判性思考

❼ 推测 一个经济体如何能够避免长期的、严重的经济衰退？

❽ 得出结论 在高通货膨胀时期，债权人如何避免受到比债务人更大的伤害？

❾ 解释 描述经济不稳定的一些影响。哪些是对人的影响，哪些是对经济的影响？为什么？

图表分析

使用下图回答以下问题。

❿ 识别 美国在哪一时期经济衰退？你怎么知道的？

⓫ 预测 根据图中所示的模式，2013年后失业率将如何？

⓬ 识别 图中显示的美国整体的经济情况是怎样的？

回答核心问题

回顾每节开始时你对这些问题的回答。根据你在本章中学到的内容再次回答这些问题。你的答案改变了吗？

⓭ 确定因果关系 经济不稳定的原因和后果有哪些？

第11章 评估

说明：在一张单独的纸上回答以下问题。请务必仔细阅读并回答所有问题。

21世纪技能

⑭ 演示技巧 选择通货膨胀的原因。创建一个图表或表格，显示与通货膨胀原因相关的数据，并向朋友展示你的图表。一定要解释图表的各个部分是如何相关的，以及为什么你认为这种通货膨胀的原因很重要。

⑮ 建立和分析论点并得出结论 写一篇文章，论证说明商业周期中的起伏不是必要的。在你的论点中包括一个解决这些起伏问题的方法。你将如何改变经济以使周期平稳？你的方法可能有什么缺点？

⑯ 比较和对比 创建一个图表，比较不同类型的失业情况（摩擦性、结构性、技术性、周期性、季节性）。找出任何影响到你认识的人的类型，并写一段文字解释这些类型的失业的后果。如果你不认识任何经历过失业的人，请写一段关于不同类型失业的影响。

培养财经素养

⑰ 规划 你应该提前对经济面临不可避免的起伏做计划。你可以采取哪些措施来确保你不会受到商业周期衰退的过度影响？如果你要制订一个个人储蓄计划，让你既能买一些你现在想要的东西，又能为将来存钱，那么这个计划会是什么样子？

分析基础资料

阅读基础资料并回答以下问题。

基础资料

❝ 房价下跌对家庭财富和信贷更加复杂的影响是，这些低收入到中等收入家庭也是由一些历来承受劳动力市场低迷的群体组成。在经济衰退期间，年轻人、受教育程度较低的人和少数民族更有可能遭遇工资不变或下降、工作时间缩短和失业。虽然这种差距并不是一个新现象，但在最近的经济衰退期间，处理劳动力收入的损失对有抵押贷款债务且没有其他形式的财富来缓冲这种打击的家庭来说，是一个更大的挑战……

家庭已经意识到房价不会无限期上涨，他们的劳动收入前景也不像他们想象的那么乐观。因此，他们正在缩减开支，努力重建自己的'巢蛋'，并可能削减预算，以使债务水平与新的经济现实保持一致……

还有一些证据表明，导致不平等加剧和处于收入分配下半部分的人的工资停滞的因素，如有利于大学教育和全球化的技术变革，在经济复苏中仍发挥着作用，或者说可能已经起到了加速的作用。在经济衰退中，大约2/3的失业者从事中等工资的职业，如制造业、技术建筑业和办公室行政管理工作，但这些职业在随后的就业增长中所占比例不到1/4。❞

——莎拉·布卢姆·拉斯金（Sarah Bloom Raskin），美联储委员会委员

⑱ 审阅基础资料 文章中有什么证据支持如下观点，即中等收入或低收入的人在经济大萧条时期比富人遭受的痛苦更多？至少从文章中引用一句话。

⑲ 解释 用你对经济周期的了解来解释拉斯金所描述的经济衰退的结果。

⑳ 预测 根据拉斯金的说法，人们应如何应对经济衰退？你认为这种应对会有什么影响？

第6篇

政府和经济

这很重要
因为……

货币政策影响着每一个人的生活。在美国，联邦储备系统负责制定这一政策，它影响了美国的货币和银行的借贷行为。了解联邦储备系统和美国政府的行为如何影响国家的货币供应，可以帮助你理解货币在你的生活和在全球经济中的作用。

第12章 税收和政府支出

核心问题

- 政府是如何获得收入的？这些收入又花在了哪里？

第1节　税收

第2节　美国联邦政府财政

第3节　美国州和地方政府财政

钱进钱出：美国联邦收入和联邦支出*

收入（10亿美元）

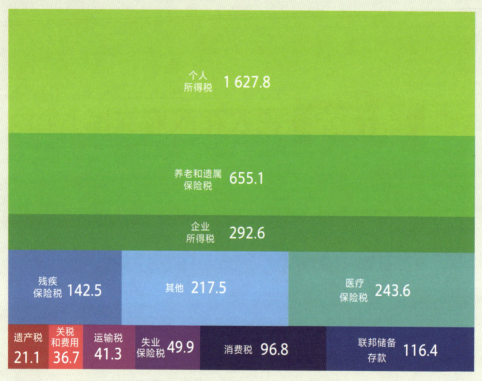

个人
所得税 1 627.8

养老和遗属
保险税 655.1

企业
所得税 292.6

残疾
保险税 142.5

其他 217.5

医疗
保险税 243.6

遗产税
21.1

关税
和费用
36.7

运输税
41.3

失业
保险税 49.9

消费税 96.8

联邦储备
存款 116.4

*资料来源：美国管理和预算办公室，2016财年。

　　税收支持政府的运营成本，因此，税收是联邦政府的主要收入来源。工资个人所得税是税收的最大组成部分，这是由1913年第16修正案规定的。然而，个人所得税可以追溯到1861年国会通过的税收法案。

美国政府的预算是一项庞大而复杂的工程，而且在不断变化。预算每年发布一次，可以根据政府、政治、资源、地缘政治事件和战略联盟而变化。虽然联邦支出经常是人们热议的话题，但有一些特定类别的支出传统上占据了联邦政府资金和资金来源的绝大部分。

支出（10亿美元）

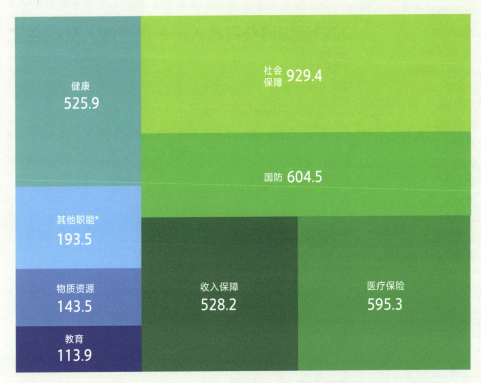

*包括国际事务，一般科学、空间和技术，农业，行政司法，一般政府，津贴。

联邦政府的大部分开支来自社会保障和国防。联邦支出的其他重要领域包括收入保障，为老年人、残疾人和穷人提供的医疗保险，教育。

想一想
你认为有没有哪个领域的联邦支出应该削减或增加？为什么？那政府收入呢？

做笔记

阅读本节时，利用下图列出税收的经济影响。

税收的经济影响

政府是如何获得收入的？这些收入又花在了哪里？

政府有多少种不同的方式从纳税人那里获得收入？你认为哪种方式对每个人来说都是最公平的？

各级政府的运转都需要大量的资金，而且这种需求似乎每年都在增长。税收是实现这一目标的主要方式，税收影响我们所做的事情的方式比你想象的更多。

税收的经济影响

引导性问题　税收如何影响你的决策？

税收和其他政府收入通过影响从资源配置到国家生产力及其增长的方方面面来影响经济。此外，税收的负担并不总是落在纳税人身上。

资源配置

每当对一种商品或服务征税时，给消费者的产品价格就会被提高。因此，人们对高价的反应是可以预测的——他们会买的更少，这应该不足为奇。当销售量下降时，一些公司会降低生产量，这意味着一些资源——土地、资本和劳动力——将不得不流向其他行业。因此，像税收这样简单的东西很容易影响经济中的资源配置。

行为调整

税收有时被用来鼓励或阻止某些特定类型的活动。例如，房屋所有者可以用抵押贷款的利息支付作为税收抵免，这一做法可以鼓励人们买房。其他消费债务的利息支付，如信用卡，是不能减免税款的，这使得使用信用卡的吸引力下降。

烟酒税（sin tax）———一种旨在提高税收收入，同时减少酒类或烟草等不受社会欢迎的产品消费的相对较高的税——是税收改变行为的另一个例子。然而，要使该税生效，它必须在城市与城市之间或州与州之间合理地统一，这样消费者就没有其他可选的销售点来避税。

收入再分配

收税是因为政府需要为其支出买单。收入分配（distribution of income）——收入在家庭、个人或其他群体之间分配的方式——总是受到税收的影响。你可能认为如果你交了很多税，你的收入就会下降，但是如果你收到了很多转移支付，你的收入就会上升。

在一个理想的世界里，政府所花的钱只会用于公共物品，比如高速公路、学校、国防，甚至是一套法律和法院系统，这些都不可能让个人自行购买。不幸的是，世界并不完美，所以税收确实会影响人们的收入，这是我们应该尝试理解税收的性质和它对我们社会的影响的原因之一。

生产率和经济增长

税收可以通过改变储蓄、投资和工作的动机来影响生产率和经济

这幅漫画说明了税收能够对特定工人造成的一些影响。

◀ **批判性思考**

思考利弊　这幅漫画显示了税收的缺点。各种各样的税已经占了工资的一半。通过缴纳这些不同的税款可以获得哪些好处？

增长。例如，一些人认为税收已经太高了，他们认为，如果必须以税收的形式用掉一部分收入，为什么还要努力赚取额外收入？

尽管这些论点有其合理性，但我们很难判断税收是否已经到了过高的地步。尽管我们对这些问题没有确切的答案，但我们可以肯定，当税收达到某种程度，一定会影响生产率和经济增长。

税收情况

税收负担 税收的最终负担。

最后一个问题是，到底是谁在纳税。这就是所谓的 **税收负担**（incidence of a tax）。如果我们有间接税——一种可以转移到其他人身上的税——这种情况就会发生，商业财产税或销售税就是例子。例如，假设一个城市想对当地的电力公司征税以增加税收。如果电力公司能够提高费率，消费者很可能会以更高的电费账单的形式承担部分税收负担。这不是直接税，或者说不能转移给其他人的税。直接税的一个例子是个人所得税或驾照费。

供求分析可以帮助我们分析税收情况。为了进行说明，图12.1A

图12.1

转移税收负担

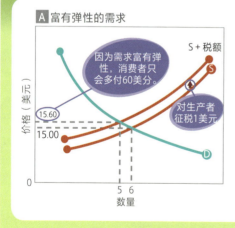

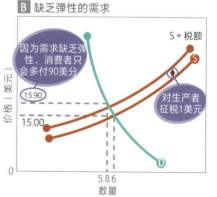

A 富有弹性的需求
因为需求富有弹性，消费者只会多付60美分。
对生产者征税1美元
价格（美元）
15.60
15.00
数量
5 6

B 缺乏弹性的需求
因为需求缺乏弹性，消费者只会多付90美分
对生产者征税1美元
价格（美元）
15.90
15.00
数量
5.8 6

对生产者征税会增加生产成本，并引起供给的变化。如果需求是富有弹性的，那么能够转移给纳税人的税款会更少；但如果需求缺乏弹性，能够转移给纳税人的税款会更多。

◀ 批判性思考

经济分析 如果对药品征税，谁可能承担更大的负担——生产者还是消费者？

显示了一个富有弹性的需求曲线，图 12.1B 显示了一个缺乏弹性的需求曲线。两个图都有相同的供给曲线 S。现在，假设政府对生产者征收 1 美元的税，这样供给曲线就向上平移了相应的税额。

在图 12.1A 中，产品的市场价格上涨了 60 美分，这意味着生产者一定已经承担了另外 40 美分的税。然而，在图 12.1B 中，对生产者征收相同的税额导致价格上涨 90 美分，这意味着生产者只承担了 10 美分的税额。从图 12.1 中可以清楚地看出，如果消费者的需求曲线相对缺乏弹性，那么生产者将税收负担转嫁给消费者就容易得多。

✅ 阅读进展检查

总结 税收如何影响企业和消费者？

税收的特点和类型

引导性问题 是什么使税收有效？

《美国宪法》第 8 节第 1 条规定，"国会有权制定和征收税款、关税、捐税和货物税，用以偿还债务、美国的国防和常规福利……"不管个人喜欢与否，支付国家账单需要征收一定的税款，所以人们希望税额尽可能公平和有效。要做到这一点，税收必须满足 3 个标准：公平、简单和有效。

有效税收的标准

人们通常认为有效税收有三个标准——公平、简单和有效。正如下面的例子所示，没有一种税费具有所有这 3 个特征。

- **公平** 或公正，这是第一个标准，意味着税收应该是公正和公平的。然而，当我们探究什么是公平时，问题就出现了。例如，你可能认为每个人都应该支付相同的金额，但其他人可能认为富人应该比收入更少的人支付更多。

  不幸的是，没有一个首要指导方针能使税收完全公平。然而，避免**税收漏洞**（tax loopholes）——税法中使得某些人或企业能够逃税的例外或疏忽——确实是有意义的。漏洞是公平问题，大多数人都是以公平为基础来反对漏洞的。

税收漏洞 税法中使得纳税人能够避税的例外或疏忽。

销售税 销售时对产品征收的一般州或城市税。

个人所得税 对个人的工资、薪金和其他收入征收的税款。

美国国税局 美国财政部的征税部门。

纳税申报表 向地方、州或联邦政府提交的，详细说明收入和所欠税款的年度报表。

- **简单** 这意味着税法应该使纳税人和税务人员都能理解。这是因为当人们理解税收后，他们可能更愿意接纳税收。

  销售税（sales tax）——对大多数消费者购买征收的一种常规税款——就要简单得多。销售税是在购买时缴纳的，销售税的数额由商家计算和征收。有些商品，如食品和药品，可以免税，但如果一种产品被征税，那么每个购买该产品的人都要交税。相比之下，**个人所得税**（individual income tax）——对人们的收入征收的联邦税——是复杂税收的一个主要例子。整个联邦法典长达数千页，即使是美国财政部负责税收的分支机构——**美国国税局**给出的简化说明也冗长难懂。相比之下，1913 年的第一个所得税表格只有 4 页，包括所有的表格和说明。

- **有效** 这意味着一项税收应该相对容易管理，并且在产生税收收入方面相当成功。比如，征收个人所得税是相当有效的。由于大多数工资单都是电脑编制的，雇主可以很容易地扣减雇员工资的一部分并将其转给国税局。年底时，雇主会通知每名雇员所扣税款的数额，以便雇员能向国税局结清任何少缴或多缴的税款。

  纳税人通过向国税局提交一份**纳税申报表**（tax return）——总结总收入、税收减免和预扣税款的年度报表——来进行缴税。已经支付的税额和实际欠下的税额之间的任何差额都会在那个时候结算，这个过程通常需要花费员工大量的时间和精力。其他税，比如在州高速公路收费站征收的税，有效性要低得多。各州不得不投资数百万美元建设横跨公路的加固收费站，只是为了向每辆经过的车辆收取一两美元的费用。对驾驶员来说，除了通行费之外，成本还有时间的损失和汽车在沿路收费站刹车时的磨损。

税收的两条原则

美国的税收基于多年来进化出的两个原则。这两个原则是福利原则和支付能力原则。

- **福利原则** 这一征税原则规定，受益于政府商品和服务的人应按他们获得的福利额的比例缴纳税款。

  燃油税就是这一原则的一个很好的例子。因为汽油价格中包含了燃油税，那些开车比别人多的人要付更多的燃油税，因此他们要为国家的高速公路建设和维护支付更多的费用。卡车轮胎税也遵循同样的原则。由于卡车等重型车辆可能对道路造成更大的磨损，轮胎税将公路维护成本与使用者挂钩。

  尽管福利原则具有吸引人的特征，但它有两个局限性。

  首先，那些接受政府住房补贴等福利的人也可能是最没有能力支付这些税收的人。即使他们经常被要求根据他们的收入支付一定的税款，他们也不能按他们所得到的福利的比例进行支付。

  其次，福利往往难以衡量。毕竟，购买燃油的人并不是唯一从用燃油税建设高速公路的过程中受益的人，沿途的酒店和餐馆等的房屋所有者也可能从用燃油税建设的道路中获益。

- **支付能力原则** <mark>支付能力原则</mark>（ability-to-pay）的基础是，人们应该根据他们的支付能力而不是他们得到的福利进行缴税。个人所得税就是一个例子，它要求收入较高的人比收入较低的人缴纳更多的税。

  这一原则假定，收入较高的人比收入较低的人纳税不适程度低。例如，一个四口之家每年的应缴税收入为 20 000 美元，他们需要将每一分钱用于购买必需品。按照 13% 的平均税率，这个家庭应缴税 2 599 美元，这对他们来说是一笔巨款。若一个四口之家的应缴税收入为 100 000 美元，那他们可以负担得起更高的平均税率，而不用太过担心。

支付能力原则 根据收入水平而不是所获得的福利来征税的税收原则。

3种税种

如今美国有 3 种常见税收类型：比例税、累进税和递减税。如图 12.2 所示，每种税种都是按照税收负担随收入变化的方式进行分类的。为了计算税收负担，我们会用某人缴纳的税款除以他们应缴税的收入。

图12.2

3种税种

税种	收入10 000美元	收入100 000美元	总结
比例税 （市所得税）	97.50美元或收入的0.975%	975.00美元或收入的0.975%	随着收入增加，所要缴税的比例不变
累进税 （联邦所得税）	缴税1 000美元或总收入的10%	缴税25 000美元或总收入的25%	随着收入增加，所要缴税的比例增加
递减税 （州销售税）	5 000美元购买食品和衣服税率为4%，总税款为200美元，占收入的2%	20 000美元购买食品和衣服，税率为4%，总税款为800美元，占收入的0.8%	随着收入增加，所要缴税的比例下降

累进税、比例税和递减税是根据收入增加时所缴纳的税率变化的方式来分类的。

◀ **批判性思考**

经济分析　在哪种税种下，收入较低的人缴纳的税率低于收入较高的人缴纳的税率？

比例税　或称统一税，对每个人征收相同的税率而不考虑收入的税收。

平均税率　已缴税款总额除以应缴税收入总额。

医疗保险　老年人的联邦医疗保健计划，无论其收入多少。

累进税　税额占收入比例随收入水平的上升而上升的税种。

边际税率　适用于下一美元应缴税收入的税率。

- **比例税**（proportional tax）对每个人征收相同的税率，而不考虑收入。如果所得税率为20%，则应缴税收入为10 000美元的个人需要缴纳2 000美元的税款，有100 000美元应缴税收入的人需要缴纳20 000美元。

  如果各级应缴税收入的税率都是恒定的，那么不论收入如何，**平均税率**（average tax rate）也是恒定的。

  为所有老年人（无论收入多少）的联邦医疗保健计划提供资金的**医疗保险**（medicare）的税款是按收入的1.45%征收的，对应税收入的数额没有限制。除此之外，美国使用的比例税很少。

- **累进税**（progressive tax）是一种对较高收入征税的比例高于较低收入的税种。这种税使用逐步提高的**边际税率**（marginal tax rate），即适用于数额的增量中应缴税收入的税率。

  例如，假设法律规定对所有8 900美元以下的应缴税收入征收10%的税率，然后对8 900美元以上的所有收入实行15%的税率。如果一个人的应缴税收入是7 000美元或7 499美元，这个人将继续为下一美元缴纳10%税款。然而，如果同一个人的应缴税收入为8 901美元，那么下一美元，也就是第8901美元的边际税率将为15%。在这两种情况下，边际税总是对下一美元的应纳税收入支付的税。

- **递减税**（regressive tax）是一种对较低收入征税的比例高于较高收入的税种。例如，在一个销售税为 4% 的州，一个年收入为 10 000 美元的人可能会在食品和服装上花费 5 000 美元，并支付 200 美元的销售税（0.04 乘以 5 000 美元）。年收入 100 000 美元的人可能在食品和服装上花费 20 000 美元，并缴纳 800 美元的销售税（0.04 乘以 20 000 美元）。

  按百分比计算，收入较低的人支付总收入 2%（200 美元除以 10 000 美元）的销售税，而收入较高的人支付总收入的 0.8%（800 美元除以 100 000 美元）。因此，4% 的销售税是递减的，因为收入较高的个人缴纳的销售税占收入的比例比收入较低的个人缴纳的比例要小。美国大多数州将销售税作为一种产生大量州收入的方式。然而，在任何情况下，销售税都是美国目前使用的递减程度最大的税。

递减税 税额占收入比例随收入水平的上升而下降的税种。

✅ **阅读进展检查**

综合 所得税是比例税、累进税还是递减税？解释一下。

替代税收方案

引导性问题 立法者为什么要考虑替代税收方案？

对新税收的需求和改变税收负担的愿望是产生新提案的不竭动力。因此，我们听到了两种替代方案：统一税和增值税。

统一税

直到 1996 年美国共和党总统候选人在总统大选中提出这个问题，**统一税**（flat tax）——达到规定的起征点后，按比例征收个人所得税——的概念才引起了人们的注意。

统一税的主要优点是它为纳税人提供的简单性。一个人仍然需要每年填写一份所得税申报表，但可以跳过许多当前的步骤，比如分项扣除。其次，如果统一税制消除了大部分减免，那么它将填补大部分的税收漏洞。最后，统一税减少了对税务会计、税务准备人员，甚至

统一税 达到规定的起征点后，按比例征收个人所得税。

是国税局大部分人员的需求。因此，美国人将不再需要每年花费大约70亿小时准备纳税申报单。

然而，统一税有几个缺点。首先，它将取消现行税法中的许多激励措施，尤其是那些鼓励拥有住房和进行慈善捐款的激励措施。例如，现在的税法允许房屋所有者减免房屋抵押贷款的利息，这就降低了房屋融资的成本。税法还允许慈善事业减免税款，这使许多教堂、博物馆和福利机构受益。其他可能失去的激励措施包括教育、培训和儿童保育方面的减免。

其次，没有人确切地知道，要用什么税率来取代现行税制下的税率。1996年，统一税的支持者认为15%的税率是可行的。根据美国财政部的其他估计，这项税收接近23%，这对低收入者来说是一项更大的负担，因为与现行税率相比，他们的税款会增加。

最后，对于统一税是否会进一步刺激经济增长，目前还没有明确的答案。毕竟，美国经济在20世纪90年代实现了飞速增长，这是美国历史上和平时期中最长的繁荣期，当时的累进税率比1987年以来的任何时候都高。

增值税

增值税 在生产过程的每个阶段对增值部分征税。

另一项有争议的提议是通过对消费征税而不是对收入征税，从而采用相当于国家销售税的税收。这可以通过**增值税**（value-added tax，VAT）来实现，增值税是对制造商在生产的每个阶段的增值部分征收的一种税。尽管它在欧洲被广泛使用，但美国目前没有增值税。

要了解增值税是如何运作的，请思考图12.3中该税种如何影响木制棒球棒的制造和销售。首先，伐木工人砍伐树木，然后把木材卖给木材厂。木材厂加工这些原木，卖给球棒制造商。然后制造商把木头做成棒球棒，球棒涂上油漆或抛光后，卖给批发商。批发商把它们卖给零售商，零售商再把它们卖给消费者。如图12.3所示，每个生产阶段都要征收增值税。

增值税有几个优点。第一，避税是困难的，因为它是被算入被征税产品的价格的。第二，税收负担广泛分布，这使得单家公司很难将税收负担转移给另一个群体。第三，增值税很容易征收，因为企业直接向政府缴纳增值税。因此，即使是相对较小的增值税也能带来巨大

图12.3

增值税

		没有增值税		10%增值税	
		增值 （美元）	累计价值 （美元）	增值附加10% 增值税（美元）	累计价值 （美元）
第1步	伐木工人砍伐树木，然后把木材卖给木材厂	1	1	1 + 0.10 = 1.10	1.10
第2步	木材厂把木材切成坯料，用来做球棒	1	2	1 + 0.10 = 1.10	2.20
第3步	球棒制造商将球棒塑形，并涂上油漆或抛光，卖给批发商	5	7	5 + 0.50 = 5.50	7.70
第4步	批发商把球棒卖给零售商，消费者可以在那里买到球棒	1	8	1 + 0.10 = 1.10	8.80
第5步	零售商把球棒放在货架上待售给消费者	2	10	2 + 0.20 = 2.20	11.00
第6步	消费者购买球棒		10		11.00

增值税就像一种全国性的销售税，被添加到生产的每个阶段。最后，它被纳入产品的最终价格，并且对消费者来说不那么明显。第三和第五列显示每个阶段的增值，第四和第六列显示累积价值。

▲ 批判性思考

经济分析　增值税是递减税、比例税还是累进税？为什么？

的税收，尤其是当它被应用于广泛的商品和服务时。第四，一些支持者声称增值税将鼓励人们比现在更重视储蓄。毕竟，如果你的钱在花出去之前都不用交税，你可能会更仔细地考虑如何消费，可能会决定少花钱，多存钱。

增值税的主要缺点是它几乎是无形的。在图12.3的例子中，消费者可能会意识到球棒的价格从10美元涨到了11美元，但他们可能将此归因于优质木材的短缺、工人工资上涨或其他一些因素。换句话说，如果纳税人看不到这种税，他们就很难对更高的税额保持警惕。

☑ 阅读进展检查

描述　解释增值税是如何运作的。

税制改革重点

引导性问题　为什么一直在修改税法？

美国税制改革受到了相当多的关注。自1981年以来，税法的改

探索核心问题

政府是如何获得收入的？这些收入花在了哪里？

由于各种各样的原因，美国税法已经经历了很多次改革。下列哪项可能是税制改革的目标？解释你的答案。

· 解决税法中的不平等。

· 减少盈余收入。

· 促进经济增长。

1981年税制改革

当罗纳德·里根（Ronald Reagan）1980年当选美国总统时，他认为高税收是阻碍经济增长的主要原因。1981年，他签署了《经济复兴税收法案》（Economic Recovery Tax Act），其中包括对个人和企业的大幅减税。

在《经济复兴税收法案》出台之前，个人税法有16个边际税率等级，从14%到70%不等。该法案降低了所有等级的边际税率，将最高边际税率限制在50%。相比之下，当今的税法，如图12.4所示，有7个边际税率等级，从10%到39.6%不等。

1986年、1993年税制改革

到20世纪80年代中期，税法有利于富人和有权有势的人的观点占了上风。1983年，当人们发现3 000多名百万富翁没有缴纳所得税时，

图12.4

2016年个人所得税表

如果应缴税收入超过（美元）	但不超过（美元）	应缴税
0	9 275	应缴税收入的10%
9 275	37 650	927.50美元，加上超过9 275美元金额的15%
37 650	91 150	5 183.75美元，加上超过37 650美元金额的25%
91 150	190 150	18 558.75美元，加上超过91 150美元金额的28%
190 150	413 350	46 278.75美元，加上超过190 150美元金额的33%
413 350	415 050	119 934.75美元，加上超过413 350美元金额的35%
415 050	无限制	120 529.75美元，加上超过415 050美元金额的39.6%

根据个人所得税表，一个人应缴税收入为1万美元时，应缴税额为0.10 × 9 275+0.15 × 725=927.50+108.75=1 036.25（美元）。

▲ **批判性思考**

经济分析 为什么个人所得税是累进税？

无数人呼吁进行税制改革。

1986 年，美国国会通过了全面的税制改革，这使得富人难以完全避税。**替代最低税**（alternative minimum tax）——在支付的税额低于指定水平时适用的个人所得税率——得到了加强。根据这项规定，无论是否有其他情况或税法漏洞，人们都必须缴纳最低 20% 的税额。

随着美国进入 20 世纪 90 年代，10 年减税政策的影响开始显现。政府支出增长快于收入增长，政府不得不借更多的钱。由此产生的 1993 年税制改革，更多是政府降低赤字的需要，而不是为了彻底改革税收等级。最终，政府增加了 35% 和 39.6% 的两个最高边际税率等级。

替代最低税 在税额低于特定水平时适用的个人所得税税率。

职业 | 税务律师

这个职业适合你吗？

 你喜欢做研究吗？

 你是问题解决者吗？

 你对金融和税收法律感兴趣吗？

 你愿意长时间工作来帮助人们解决复杂的法律问题吗？

采访
税务律师

"我通常每天处理6~10个事件，其中包括很多不同的问题，从争议到规划遗产，再到各种各样的商业问题。我是许多小型企业和私营企业的代表，并就转让企业、出售企业、获得资金开办新企业、就业或合同等多种问题提供咨询。"

——克雷格·S.莱尔（Craig S. Lair），税务律师

薪资
年薪中位数：
每年112 760美元
每小时54.21美元

职业发展前景
与平均水平大致相同

工作内容
税务律师是税务法律法规方面的专家。他们利用自己的知识帮助个人、小企业和大公司遵守美国国税局的规定。税务律师帮助他们的客户处理税务世界的复杂问题，并就收入和利润需要支付多少税款向客户提供建议。像所有律师一样，税务律师一般工作时间很长。他们的大部分工作时间都花在研究和准备文件上。

1997年税制改革

促成税制改革的因素既有经济方面的，也有政治方面的。在经济方面，美国政府发现自己在 1997 年的税收收入高得出乎意料。因为 1993 年增加了两个新的边际税率等级，加上消除了一些税收漏洞，大多数人比以前缴纳了更多的税。

在政治方面，共和党在国会获得了多数席位，现在他们认为有必要兑现对支持者的承诺。他们将对**资本收益**（capital gains）——出售持有 12 个月或更长时间的资产的利润——的税率从 28% 降低到 20%。新税法还降低了遗产税。

资本收益 出售持有 12 个月或更长时间的资产的利润。

有些人认为这些减税有利于富人，甚至政府也同意这种观点。美国财政部的一项分析表明，近一半的福利流向了工资和收入最高的前 20% 的人，后 20% 的人得到的减税不到 1%。经历了诸多修改后，1997 年的联邦税法成为有史以来最复杂的税法。

2001年的税制改革

到了 2001 年，美国政客们面临一个新问题：联邦政府实际上收取的税收超过了支出。这种盈余预计将持续到 2010 年。

盈余可能被用来偿还政府在 20 世纪 80 年代借入的部分资金，或用于新的联邦支出。在共和党的广泛支持下，布什总统支持大幅削减 13.5 亿美元的税收，"把钱还给人民"。"临时"的 10 年减税计划于 2011 年到期。2001 年税制改革的主要特点是：到 2006 年，将前四大边际税率 27%、30%、35% 和 39.6% 降至 25%、28%、33% 和 35%。到 2010 年，该法律还引入了 10% 的税率，并取消了最富裕的 2% 的纳税人的遗产税。

2003年的税制改革

2002 年缓慢的经济增长促使布什政府和国会加速了 2001 年的许多税制改革的进展。具体来说，前四大边际税率被立即降低，而不再等到 2006 年。

对于低收入纳税人，10% 的最高税率被适度增加，儿童税收抵免也从 600 美元扩大到 1 000 美元。最后，资本收益税税率从 20% 降至 15%。

2003 年的减税措施使联邦政府重新陷入与 1993 年相同的支出赤字状况。一系列减税措施减少了高收入阶层的税额，政府的支出超过了税收收入。

2011年的"永久性"减税措施

在 2002 年和 2003 年，许多共和党人士希望保留布什政府期间的减税政策。因此，尽管政府的预算赤字创了历史新高，但仍有相当多的人在谈论要让这些政策永久存在。

当奥巴马在 2008 年当选总统时，民主党也获得了参议院和众议院的控制权。这使得布什政府减税政策的未来掌握在新当选的民主党手中。

然后，2008—2009 年的大衰退减少了联邦政府的税收收入。随着奥巴马政府刺激经济计划的支出增加，联邦赤字迅速增加，由此产生的 2009 年联邦赤字纪录使那些想要使布什政府减税政策永久存在的人的希望破灭。

2013年的税制改革

在接下来的几年里，经济在大衰退之后增长缓慢，政府从个人和企业获得的税收很少，实际 GDP 也增长缓慢。政客们就布什的减税政策是否应永久存在争论不休，但民主党人控制了白宫和参议院，因此如图 12.4 所示，两大税率被上调。

当然，税制改革从未完成，因此图 12.4 中的累进所得税税率再次成为保守派的目标，他们认为如果没有较低的税率，就无法实现更高的经济增长率。当然，没有人知道确切答案，但实际 GDP 的高经济增长是所有政治家都支持的，因此个人所得税税法的变化必然会发生。

✅ 阅读进展检查

推断 为什么近年来美国税制改革如此频繁？

第1节 回顾

词汇回顾

1. **定义** 解释烟酒税的目的及其作为政府限制个人财产使用的功能。

2. **定义** 解释比例税、累进税和递减税之间的差异。

使用你的笔记

3. **解释** 使用你的笔记来解释本节中描述的税收的经济影响。

回答引导性问题

4. **探索问题** 税收如何影响你的决策？

5. **综合** 是什么使税收有效？

6. **评估** 立法者为什么要考虑替代税收方案？

7. **得出结论** 为什么一直在修改税法？

经济学写作

8. **论点** 写一篇文章，解释税收的两个原则——福利原则和支付能力原则——哪一个更公平。确保你的答案中包含这两个原则之间的区别。

来自总统的观点

　　每年，以"总统经济报告"为题出版的一份记录美国经济体系状况的报告，是美国的重要出版物之一。2013年的报告共有456页，几乎解释和分析了美国在联邦和州一级经济活动的各个方面。

　　这份重要文件始于二战结束后的1946年，国会担心美国可能会重新陷入大萧条时期的金融灾难，所以想要了解美国的经济情况。国会成立了总统经济顾问委员会，并指示它对经济进行详细分析。分析报告每年发布一次。

　　该报告提供了大量信息，详细说明了正在推动或阻碍经济发展的因素以及对未来趋势进行预测。2013年，它包括以下信息：

- 个人收入、就业、工作和工人技能的趋势。
- 国际贸易和美国竞争力。
- 医疗保健的成本和质量。
- 本国的年度经济目标。
- 贯彻落实经济目标的计划。

　　许多图形和表格添加了有关经济的详细的、可视化的信息。右上图显示了GDP的季度变化。请注意图中的下降趋势，代表的是2008—2009年的大衰退萧条。

　　在右下图，所有类别的收入和支出都有所增加，但请注意它如何反映优先级的变化。例如，1950年，在高速公路方面的花费多于公共福利。2010年，在福利方面的花费远高于高速公路。

　　你可以看出这种信息如何帮助总统和国会随时了解经济，并做出改变以促进经济增长。

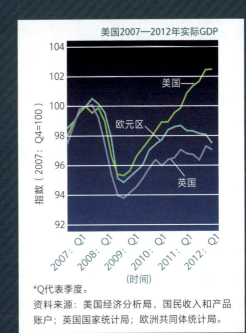

美国2007—2012年实际GDP

指数（2007：Q4=100）

美国　欧元区　英国

*Q代表季度。
资料来源：美国经济分析局，国民收入和产品账户；英国国家统计局；欧洲共同体统计局。

美国1950—2010年州和地方政府的收入和支出
按来源划分的一般收入 (+)

	总体	财产税	销售税和总收入税	个人所得税	公司净所得税	联邦政府的收入	所有其他
1950	20 911	7 349	5 154	788	593	2 486	4 541
1960	50 505	16 406	11 849	2 463	1 180	6 974	11 634
1970—1971	144 927	37 852	33 233	11 900	3 424	26 146	32 372
1980—1981	423 404	74 969	85 971	46 426	14 143	90 294	111 599
1990—1991	902 207	167 999	185 570	109 341	22 242	154 099	262 955
2000—2001	1 647 161	263 689	320 217	226 334	35 296	324 033	477 592
2009—2010	2 502 055	441 661	431 176	260 338	42 860	326 732	702 288

按职能划分的一般支出 (−)

	总体	教育	高速公路	公共福利	所有其他
1950	22 787	7 177	3 803	2 940	8 867
1960	51 876	18 719	9 428	4 404	19 325
1970—1971	150 674	50 413	18 095		54 940
1980—1981	407 449	145 784	34 603	54 105	172 957
1990—1991	908 108	309 302	64 937	130 402	403 467
2000—2001	1 626 066	563 575	107 235	261 622	693 634
2009—2010	2 542 453	859 965	155 870	460 739	1 065 870

案例研究回顾

1. **分析**　查看上图，注意一般收入中的个人所得税和公司净所得税两列。1950—2010年，哪 种收入来源增长最大？

2. **得出结论**　为什么有如此详细的经济报告是十分重要的？它如何帮助总统和国会制定税收和支出决策？

第2节　美国联邦政府财政

核心问题

政府是如何获得收入的？这些收入又花在了哪里？

联邦政府获得巨额收入，并将这笔钱用于人民和国家的福利。你可能已经看过关于政府如何花钱的讨论和辩论。在阅读本节之前，请考虑一下你对政府支出的了解。从下面的列表中，选择你认为最能描述联邦政府最大支出的答案。

- 政府将其收入的最大部分用于社会保障、国防、教育和学生贷款。
- 政府将其收入的最大部分用于大学的科学研究、国防、医疗保险和医疗补助。
- 政府将其收入的最大部分用于国防、社会保障、医疗保险和医疗补助，以及帮助那些无法自立的人的计划。
- 政府将其收入的最大部分用于医疗保险、医疗补助、社会保障和失业救济金。

联邦政府的财政状况很复杂。财政从编制预算开始，同时包括收入来源和支出审批。这是一个一年一度的过程，在如此短的时间内完成所有事情总是很困难。

建立联邦预算

引导性问题　联邦政府如何确定年度预算？

联邦预算跨越一个**财政年度**（fiscal year）——一个 12 个月的财务计划期，可能与日历年重合，也可能不重合，也被简称为财年。美国政府的财年从 10 月 1 日至下一个日历年的 9 月 30 日。

财政年度 12 个月的财务规划期，可能与日历年一致，联邦政府定为 10 月 1 日至下一个日历年的 9 月 30 日。

执行步骤

总统管理和预算办公室（OMB）是行政部门的一部分，负责编制联邦预算。但是，总统的预算只是一个请求，国会可以批准、修改或不批准。根据法律，预算必须在 2 月的第一个星期一送到国会两院。在那之后，这个过程大大减速。

国会行动

一旦众议院收到总统的预算请求，它就会将预算分为 12 个主要支出类别，并将每个类别分配给一个单独的众议院小组委员会。然后，每个小组委员会都准备一项拨款法案（appropriations bill），这是一项允许联邦机构为特定目的花钱的国会法案。小组委员会就每项法案举行听证会，进行辩论和表决。被批准的法案将送至众议院拨款委员会。如果在那里获得通过，该法案将被送交整个众议院进行投票。

拨款法案 为某些目的的支出授权的立法。

众议院批准后，参议院就预算采取行动。参议院可以批准众议院发送的法案，也可以起草自己的版本。如果众议院和参议院的版本之间存在差异，那么众议院—参议院联合会议委员会将尝试制定妥协法案。在此过程中，众议院和参议院经常向国会预算办公室（CBO）寻求建议。国会预算办公室是一个超党派的国会机构，它评估立法的影响，并预测立法将带来的未来收入和支出。

最终批准

如果众议院和参议院都同意妥协法案，它们会将其发送给总统签字。因为国会实际上已经将总统的预算拆分、改写并重新组合在一起，最终版本看起来可能与最初的提案不同。在许多情况下，一项法案可能已经发生了很大的变化，总统的原始预算可能被增加了一些项目。

如果预算改变太多，总统可以否决该法案并迫使国会提出更接近原始版本的预算。但是，一旦总统签署，预算就成为 10 月 1 日开始的下一个财年的官方文件。或者，如果在资金问题上没有达成协议，国会可以通过一项持续的预算决议（continuing budget resolution），即以

持续的预算决议 以特定水平为政府机构提供资金的协议。

现有、减少甚至扩大的水平为政府机构提供资金的协议。由于国会在支出方面存在分歧，自 2001 年以来，持续的预算决议被频繁使用。

2016财年预算

图 12.5 所示的联邦预算被称为 2016 财年预算，因为 12 个日历月中有 9 个属于 2016 年。数字显示，33 360 亿美元的收入和 39 520 亿美元的支出，形成的**预算赤字**（budget deficit）——当支出超过收入时产生的负余额——为 6 160 亿美元。如果支出低于收入，结果将是**预算盈余**（budget surplus）。

预算赤字 从收入中扣除支出后的负余额。

预算盈余 从收入中扣除支出后的正余额。

随着时间的推移，赤字或盈余的规模可能会发生重大变化。这是因为可能会发生不可预见的事件，例如影响税收的商业条件的变化，或者执行支出的政治意愿变化。

✅ **阅读进展检查**

描述 为什么联邦预算需要这么长时间才能获得批准？

联邦政府的收入来源

引导性问题 政府的主要收入来源是什么？

联邦政府的收入来源有很多。税收是收入的主要来源，但借款也占了很多一部分。如图 12.5 所示，政府收入的四大来源是个人所得税、借款（赤字）、社会保障工资税和企业所得税。

个人所得税

如今，个人所得税占联邦政府总收入的 41.2%。在大多数情况下，税收是通过**工资扣缴系统**（payroll withholding system）征收的。工资扣缴系统要求雇主自动从工人的工资中扣除所得税，然后直接将其上交给国税局。

工资扣缴系统 自动从工资中扣除金额的方法。

税法也会被指数化，因为通货膨胀会将人们推入更高的纳税等级。**指数化**（indexing）是对税率等级的向上修正，目的是防止人们因为通货膨胀而多交税。否则，当人们得到的加薪仅仅只能弥补通货膨胀时，他们可能会进入更高的税收等级。

指数化 调整税率以抵消通货膨胀的影响。

借款

联邦政府的借款是联邦财政收入的一大来源，也一直是财政收入的重要来源，但有四个因素极大地增加了政府对借款的依赖。第一，随着美国人口老龄化，政府增加了在社会保障和医疗保险方面的支出。第二，"9·11"恐怖袭击后国防支出大幅增加。第三，自20世纪80年代以来是较低税率的稳定期。第四，大衰退期间及之后税收较低。

即使没有这些重大事件，政府仍然需要借款。因为存在税收波动，所以政府永远不知道它在任何一年将拥有多少或者需要花费多少。因此，如果政府没有收取足够的税收和使用费，或者它的支出超过了它的收入，它就只能通过向投资者出售债券来弥补。

图 12.5 显示，联邦政府已经开始依赖这一资金来源，借款几乎是从私营公司征收税额的两倍。

图12.5

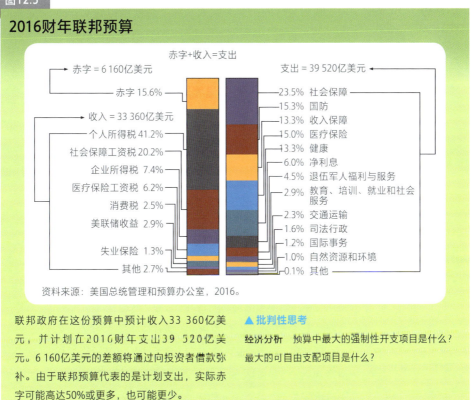

2016财年联邦预算

赤字+收入=支出

赤字 = 6 160亿美元

赤字 15.6%

收入 = 33 360亿美元

个人所得税 41.2%
社会保障工资税 20.2%
企业所得税 7.4%
医疗保险工资税 6.2%
消费税 2.5%
美联储收益 2.9%
失业保险 1.3%
其他 2.7%

支出 = 39 520亿美元

23.5% 社会保障
15.3% 国防
13.3% 收入保障
15.0% 医疗保险
13.3% 健康
6.0% 净利息
4.5% 退伍军人福利与服务
2.9% 教育、培训、就业和社会服务
2.3% 交通运输
1.6% 司法行政
1.2% 国际事务
1.0% 自然资源和环境
-0.1% 其他

资料来源：美国总统管理和预算办公室，2016。

联邦政府在这份预算中预计收入33 360亿美元，并计划在2016财年支出39 520亿美元。6 160亿美元的差额将通过向投资者借款弥补。由于联邦预算代表的是计划支出，实际赤字可能高达50%或更多，也可能更少。

▲ 批判性思考

经济分析　预算中最大的强制性开支项目是什么？最大的可自由支配项目是什么？

工资税

工资税 对工资和薪金征税，以支付社会保障和医疗保险费用。

联邦保险缴款法案税 向雇主和雇员征税以支持社会保障和医疗保险。

联邦政府另一个重要的收入来源是社会保障工资税，也被称为**工资税**（payroll tax），直接从工资中扣除。它的官方名称是**联邦保险缴款法案税**（Federal Insurance Contribution Act tax，FICA），对雇主和雇员征收同等税款以支付社会保障和医疗保险。

2014 年，一个工资最多至 11.7 万美元的人，需缴纳 FICA 的社保部分占工资的 6.2%。超过这个数额，不管收入多少，都不征收社会保障工资税。这意味着应税收入为 11.7 万美元的人和收入为 10 亿美元的人缴纳相同的社会保障工资税——7 254 美元。

1965 年，国会将医疗保险纳入社会保障计划。FICA 的医疗保险部分按 1.45% 的固定税率征税。与社会保障不同，医疗保险没有对税收数额的上限，这是一种与收入成正比的税项。

企业所得税

企业所得税 对企业利润所征的税。

联邦政府的第四个收入来源是**企业所得税**（corporate income tax）——企业为其利润支付的税款。公司与个人分开征税，因为公司被视为一个独立的法人实体。

公司缴纳少量的累进税，但由于企业享受了大量的税收优惠，公司实际缴纳的税要低得多。举个例子，2013 年，美国参议院的一个委员会发现，苹果电脑——世界上最赚钱的公司之一，使用复杂的国际公司网络避免就 300 亿美元的利润向美国政府或任何其他国家政府支付税收。而该小组委员会得出的结论是：苹果公司没有违反美国税法，因此其行为是合法的。

消费税、遗产税和赠与税

消费税 对制造或销售特定项目征收的常规税。

消费税（excise）指对汽油和酒等商品的制造或销售征收的税，它是联邦政府的第五个收入来源。联邦消费税是对电话服务、轮胎、汽油、合法赌博和煤炭征税。由于低收入家庭比高收入家庭在其中一些商品上花费更大部分的收入，消费税往往是递减的。

遗产税 当一个人死亡后，对其财产转移征收的税。

遗产税（estate tax）是在一个人死亡后对其财产转移征收的税。遗产包括一个人拥有的一切。遗产税可以是房产价值的 18%~50%，不过价值低于 350 万美元的房产可以免税。由于免税额度如此之高，只有不到 2% 的遗产需要交税。

==赠与税==（gift tax）是对金钱或财富转移征收的一种税，由赠与人支付。

赠与税用于确保富人在他们去世之前放弃他们的遗产以避免征税。图 12.5 显示，遗产税和赠与税仅占联邦政府总收入的很小部分。

其他收入来源

==关税==（customs duty）是对从其他国家进入美国的商品征收的税。关税涵盖了许多种类的商品。如今这种税收相对较低，产生很少的联邦税收。

然而，在所得税修正案颁布之前，它是联邦政府最大的收入来源。

最后，联邦收入的很少部分来自对各种杂费征收的税。杂费的一个例子是使用费，即为使用某种商品或服务而收取的费用。里根总统大力提倡使用费，他想要找到不涉及税收的收入来源。

==使用费==（user fee）包括国家公园的门票，以及牧场主在联邦土地上放牧时支付的费用。这些费用本质上是基于利益原则的税收，因为只有使用这些服务的人才支付这些费用。人们似乎对其感到更舒服，因为它们不被称为"税收"。

☑ 阅读进展检查

解释 为什么要把公司与个人分开征税？

联邦政府支出

引导性问题 联邦政府如何确定年度预算？

在大萧条之前，==公共部门==（public sector）（联邦、州和地方政府组成的经济部门）的支出相对较低。大萧条之后，人们的态度发生了转变，消费也大幅增加。其中一些支出以==专项拨款==（earmarks, or pork）的形式出现。专项拨款是规避正常预算编制程序的项目预算支出。近年来，大部分支出被用于社会保障、国防、收入保障、医疗保险和其他一些领域。

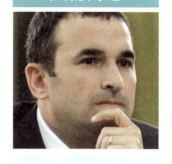

赠与税 对捐赠者捐赠的资金或财富征税。

关税 对进口产品征收的税。

使用费 为使用某种商品或服务而支付的费用，是福利税的一种形式。

公共部门 由地方、州和联邦政府组成的经济部门。

专项拨款 规避正常的预算编制过程和程序，使少数人或企业受益的一项预算支出。

法定支出 法律授权的联邦开支，无须国会年度批准就能继续进行。

可自由支配开支 联邦计划的开支，必须得到年度授权。

转移支付 一种支付，政府没有收到商品或服务作为回报。

社会保障

联邦预算中最大的支出类别是通过社会保障计划向美国的老年人和残疾人提供资金。退休人员从老年人和幸存者保险计划（OASI）中获得福利。那些无法工作的人会得到残障保险计划（DI）的援助。

社会保障支出有时被称为**法定支出**（mandatory spending），或法律授权的支出，不需要国会每年批准即可持续进行。这是因为任何给定年份的社会保障支出总额都取决于有资格享受社会保障的人数和国会已经批准的福利水平。除非该计划做出改变，否则社会保障将继续成为联邦支出的最大类别，因为美国人口不断老龄化加剧。

国防

在 20 世纪后期，国防支出是联邦政府最大的开支类别，不过现在社会保障超过了国防。国防包括美国国防部的军事支出及与国防有关的原子能活动，如发展核武器和处理核废料。

国防开支被称为**可自由支配开支**（discretionary spending），在年度预算过程中必须得到国会的批准。与社会保障支出不同，因为社会保障支出通常随着人口老龄化而增加，而年度国防支出可以增加、减少或保持不变，这取决于总统和国会的意愿。

收入保障

收入保障包括一系列广泛的计划，包括失业援助、食品和营养援助，以及为联邦文职雇员和退役军人提供的退休福利。其他一些计划旨在帮助那些不能完全照顾自己的人。这些支出的绝大部分是**转移支付**（transfer payments），即政府没有得到商品和服务作为回报。

其他转移支付包括社会保障、失业补偿、福利、残疾人援助、儿童看护、寄养和收养援助。那些无法自给自足的人可以获得附加保障收入（SSI）、补贴住房、联邦儿童资助、贫困家庭临时援助（TANF）和食品券。大多数收入保障支出都是法定的，因此不需要国会每年批准。

医疗保险和医疗补助

医疗保险始于 1966 年，是针对老年人的另一项法定计划，无论其收入多少。它提供的保险计划涵盖了主要的医疗费用。医疗保险还提供可选择保险，为医生和实验费用、门诊服务和一些医疗设备费用提供额外的保险。

近年来，随着美国人口老龄化和养老成本上升，联邦医疗保险支出大幅增加。鉴于医药费用的增加和目前的人口趋势，预计这类支出将继续增加。

为低收入人群提供的医疗保健服务、疾病预防和消费者安全占联邦预算的很大部分。例如，医疗补助计划是一个面向低收入人群的联邦—州联合医疗保险计划。由于这些款项由国会确定，所以这是一项法定支出计划。其他法定计划包括：为在职和退休联邦雇员提供医疗保健服务。

该类别中的一些计划是可自由选择的。职业安全与健康管理局（OSHA）就是这样一个计划，它负责监测工作场所的职业安全与健康。其他可自由支配的项目包括艾滋病和乳腺癌研究、药物滥用治疗和精神卫生服务。

联邦预算还包括教育、培训、就业和社会服务、退伍军人福利、交通运输、司法、自然资源和环境。它们包括法定支出和可自由支配支出。

✅ 阅读进展检查

概述 建立联邦预算涉及哪些步骤？

从赤字到债务

引导性问题 年度预算赤字如何增加国家债务？

从历史上看，大量的 <mark>支出赤字</mark>（deficit spending）（支出超过了收入）已成为联邦预算的特点。政府计划开支赤字。有时，收入和支出同时下降或上升，就像大萧条期间和之后那样，结果导致年度赤字达到数万亿美元。

赤字增加了债务

图 12.6 A 显示了自 1965 年以来联邦预算赤字的历史。在此期间，联邦预算只有 5 次盈余。第一次发生在 1969 年，最后 4 次发生

探索核心问题

假设你开始在当地的咖啡店兼职。你每周工作15个小时，获得该地区的最低工资，每两周领一次薪水。描述你每两周向政府缴纳的税款。描述一下你在纳税方面遇到的问题以及原因。

<mark>支出赤字</mark> 政府年度支出超过税收和其他收入。

在 1998—2001 年。当联邦政府出现赤字时，它必须通过借贷为收入短缺提供资金。它通过向公众出售美国国债和其他证券来做到这一点。如果把所有未偿还的联邦债券、债券和其他债务加起来，我们就有了一个**衡量国债**（national debt）的指标，即从投资者那里借来的、为政府支出赤字提供资金的总额。

如图 12.6 B 所示，当政府出现赤字时，国家债务就会增加。如果联邦预算出现盈余，那么部分借来的资金就会得到偿还，总债务就会下降，就像 1998—2001 年那样。如果联邦政府实现**平衡预算**（balanced budget），年度预算中支出等于收入，国家债务将不会改变。

不断增长的公共债务

自 1900 年（债务 13 亿美元）以来，美国国债几乎一直在增长。1929 年达到 169 亿美元，1940 年达到 507 亿美元。到 2014 年，美国国债总额已接近 18 万亿美元。

图12.6

联邦赤字和国债

图A显示了自1965年以来的年度预算赤字。图B显示了同一时期的国债。政府从1998—2001年有盈余，这使得它能够偿还部分国债。

▲ **批判性思考**

经济分析　为什么当国家出现赤字时，国债就会增加？

其中一些债务是政府欠自己的钱。例如，这些债务中大约有 5 万亿美元是政府**信托基金**（trust funds），用于资助特定类型支出的特殊账户，如社会保障和医疗保险。当政府征收 FICA 或工资税时，它将收益存入这些信托账户。然后，将这些资金投资政府债券，直到还清债务。

由于信托基金余额代表政府欠自己的钱，大多数经济学家倾向于忽视这部分债务。相反，他们将债务的公共部分（2014 年总计约 13 万亿美元）作为经济相关的部分债务。

 信托基金 一种专用账户，用于存放特定支出的指定收入，如社会保障、医疗保险或高速公路。

图12.7

国债的两种角度

公众持有的国债规模已成为政策制定者的一大担忧。自2000年以来，美国国债总额占GDP的比例增加了一倍多。同一时期，按人均计算的国债增加了两倍以上。

▲ 批判性思考

经济分析 当公共债务增加时，私营部门会发生什么？

图 12.7 显示了公众持有国债的两种不同角度。图 12.7A 显示了债务占 GDP 的百分比。在图 12.7B 中,国债按人均计算。根据历史标准,这两项指标都相对较大。

公共债务与私人债务

尽管公共债务规模庞大,但公共债务和私人债务之间的几个重要差异意味着:这个国家永远不会破产。

第一个区别是,美国大部分的国债都是欠自己的,而私人债务则是欠别人的。

第二个区别是还款。当私人公民借款时,他们通常计划在特定日期偿还债务。当政府借款时,它很少考虑还款,而是发行新债券来偿还旧债券。

第三个区别与购买力有关。当个人偿还债务时,他们放弃购买力,因为他们用于购买商品和服务的钱少了。然而,联邦政府并不总是放弃购买力,因为从一些群体征收的税只是简单地转移到其他群体。唯一的例外是外国人持有 34% 的公共债务。当向美国境外的投资者还款时,美国经济的部分购买力会暂时转移。

☑ 阅读进展检查

对比 公共债务和私人债务的主要区别是什么?

国债的影响

引导性问题 代际购买力转移对你有什么影响?

尽管美国大部分国债是欠自己的,但它通过转移购买力、减少经济动机、造成挤出效应来影响经济。

转移购买力

私人部门 由个人和私营企业组成的经济部门。

国债会导致购买力从**私人部门**(private sector)(由个人和私营企业组成的经济部门)转移到公共部门。一般来说,当公共债务增加时,税收增加,人们自己的钱就会减少。

购买力也可以从一代转移到另一代。如果政府今天借款,把还款留给未来的纳税人,那么今天的成年人将消费更多,而他们的孩子将消费更少。因此，一代人积累的债务会减少下一代人的经济福利。

减少经济动机

如果政府部门肆意花钱，政府借款可能会降低私人经济激励。例如，一个社区可能使用联邦拨款购买昂贵的设备，而其公民不愿自己支付。如果从该项目受益的纳税人不愿自己出资，那么其他纳税人就不太可能希望他们的税收用于该项目。

挤出效应

当联邦政府出现支出赤字时，它必须从金融市场借款。这是一个可以借款的市场的供需状况。如果资金需求增加，而可用于借贷的资金供给没有相应的增加，那么借款价格（利率）就会上升，迫使借款者支付更多。

由于政府借款很多，它会与像潜在购房者这样的企业和个人竞争可用的资金供给。这种竞争可能会导致**挤出效应**（crowding-out effect）——政府大量借款导致利率高于正常水平，将私人借款者挤出市场。如果利率升至 7%，那些原本能够以 5% 利率借款来投资或购房的公司或潜在购房者可能无法负担。

挤出效应 当政府在金融市场增加借款时，私人借款者获得金融资本的渠道减少，利率高于正常利率。

✅ **阅读进展检查**

描述 政府作为借款人如何影响经济动机？

减少赤字和债务

引导性问题 为什么削减国债非常困难？

由于联邦预算赤字增加了债务，我们必须首先解决联邦预算赤字。自 20 世纪 80 年代以来，人们由于担忧支出赤字已多次尝试控制赤字。

早期立法失败

控制联邦赤字的首次重大尝试发生在国会试图强制要求平衡预算时。该项立法在 1985 年被正式命名为"平衡预算和紧急赤字控制法案"，或以赞助商命名为"格拉姆—鲁德曼—霍林斯法案"（GRH）。

尽管被寄予厚望，但该法案还是失败了，原因有两个。第一，国会发现它可以通过两三年后生效的开支法案绕过法律。第二，1990年经济开始下滑，经济疲软使预算削减被叫停。

1990年，国会通过了预算执行法案（BEA）。BEA的主要特点是**"现收现付"条款**（"pay-as-you-go" provision），要求新的支出提案必须抵消预算中其他部分的削减。如果不能就削减达成协议，那就自动实行全面的开支削减。

国会很快发现削减开支比想象的困难得多，所以为了增加开支而暂停了这项规定。

1996年，国会给予总统**单项否决权**（line-item veto），即在不否决全部预算的情况下取消特定预算项目的权力，但最高法院宣布该法案违背美国宪法。接下来是1997年的平衡预算协议，该协议规定了严格的**支出上限**（spending caps），即对年度自由支配开支的限制，以确保国会在2002年之前平衡预算。然而，该上限在许多计划上因在政治上不受欢迎而被削减，如卫生、科学和教育计划，所以该上限也被放弃。

增加税收

增加税收是减少赤字的另一种方式。克林顿总统1993年的《综合预算调整法案》（Omnibus Budget Reconciliation Act）试图在5年内削减5 000亿美元的赤字。该法案把削减开支和增加税收结合起来，使个人所得税更具进步性，尤其是对前1.2%富有的纳税人。

更高的税率，加上强劲的经济增长，从1998年到2001年，联邦政府连续4年实现预算盈余。但在2001年，国会预计年度盈余还将持续10年。国会并没有偿还债务，反而在增加开支的同时降低了税率，这使得情况更加糟糕。

意外支出

2001年，布什政府期间，恐怖袭击导致了国土安全以及伊拉克和阿富汗战争意外的政府支出。这也是布什总统减税的第一年，由于经济活动低迷，联邦政府有更少的税收用于支出。结果，在2002年创纪录的联邦预算赤字又出现了。

"现收现付"条款 该条款要求新的支出提案必须由预算中其他方面的减少来抵消。

单项否决权 在不否决全部预算的情况下取消特定预算项目的权力。

支出上限 年度可自由支配支出的限制。

削减开文相当困难，因为联邦预算有许多**权利**（entitlements），如为个人提供健康、营养或收入补助的具有既定资格要求的广泛社会计划。如果符合资格要求，人们有权领取福利。尽管大多数权利被归为法定支出，国会可以修改它们，但这对国会议员来说还是很难做到，因为这些计划很受欢迎。

权利 向个人提供健康、营养或收入补助的具有既定资格要求的广泛社会计划。

自动减支

2011 年，奥巴马总统和国会同意从 2013 年开始实施一项削减赤字的措施。它的特点是**自动减支**（sequester），要求自动和任意地削减预算，如果国会不能在此之前就大幅削减赤字达成一致，那么自动减支就从 2013 年开始。削减影响所有的可自由支配计划，如教育、能源、医学研究，甚至国防。

自动减支 一个要求自动削减预算的法案。

自动减支计划设计得如此没有吸引力，以至于民主党人和共和党人更愿意一起就削减赤字寻求更好方式。然而，2013 年到来时，国会未能就削减赤字计划达成一致，于是自动减支计划就开始了。结果出现了一些开支减少，但几乎所有人都不满意。国会也未能就削减赤字的措施达成一致，因此联邦债务继续上升，尽管速度有所放缓。最后，到 2013 年年底，联邦债务达到了国会早些时候设定的法定上限。

执行债务上限

债务上限（debt ceiling）是授权美国政府的借款总额，该借款用于履行现有的承诺，如社会保障、医疗保险、国债利息、军人工资和退税。债务上限也被称为债务限制，不允许用于新计划支出。相反，它只允许借款用于国会和总统已经批准的支出。

债务上限 允许联邦政府借贷的总金额。

如图 12.5 所示，联邦债务的利息支付是联邦预算中第六大支出项目。如果利率上升，这一支出将会增加，政府要么承担更大的赤字，要么削减其他地方的额外支出。

✅ 阅读进展检查

描述 奥巴马政府的预算和支出危机如何说明两党在分配联邦支出上的分歧？

第2节 回顾

词汇回顾

1. **解释** 什么是政府的转移支付?

使用你的笔记

2. **确定** 使用你的笔记来描述一个政府收入来源(不包括税收)的例子。

回答引导性问题

3. **解释** 税收如何让政府帮助其公民并保障他们的安全?
4. **描述** 政府的主要收入来源是什么?
5. **概述** 联邦政府如何确定年度预算?
6. **评估** 年度预算赤字如何增加国家债务?
7. **假设** 代际购买力转移对你有什么影响?
8. **总结** 为什么削减国债非常困难?

经济学写作

9. **信息的/说明的** 使用研究资源写一篇短文,描述最近3年发生的一场影响美国的联邦预算辩论。使用可信的资料来解释辩论双方的观点及其解决方法。

阅读帮手

术语表

- 政府间收入
- 平衡预算修正案
- 政府间支出
- 财产税
- 估税员
- 自然垄断

做笔记

使用下图来确定美国州和地方收入来源。

政府间收入 一级政府从另一级政府获得的资金。

> **第3节　美国州和地方政府财政**

核心问题

政府是如何获得收入的？这些收入又花在了哪里？

我们不能忽视政府在我们日常生活中所扮演的角色。公共土地、公用事业、执法和消防员都是我们与政府互动的证据。考虑一下美国地方和州政府如何与人们的日常生活交织在一起。

美国的地方和州政府提供哪些服务？尽可能多地列出你能想到的。

现在想想支付所有工资、提供州和地方财产维护，以及提供你已经确定的所有其他服务的成本。

政府如何获得收入来支付所有这些服务？

州和地方政府的净支出占美国 GDP 的比例越来越大。事实上，美国州和地方政府的支出加起来超过了联邦政府的所有开支。

事情并不总是这样，但有时候，当涉及照顾选民和所在选区的利益时，政客们很难说"不"。

美国州政府的收入来源

引导性问题　各州的大部分收入来自哪里？

州政府的收入来源有几个。图 12.8 显示这些来源的相对比例，其中最大几个收入来源分析如下。

政府间收入

州政府收入的最大来源是**政府间收入**（intergovernmental revenue），即一级政府收集的资金分配给另一级政府用于支出。各州从联邦政府获得大部分资金，用于资助本州在福利、教育、高速公路、医疗等方面的支出。

退休基金

州雇员为自己的退休基金缴款。近年来，雇员将很大一部分收入存入这些退休基金，因此这类基金规模逐渐扩大。州雇员包括小规模大学的一些教职员工，公立学校的一些工作人员，以及大多数公路和公共安全官员。

销售税

大多数州也利用销售税来增加收入。销售税是对消费者购买的几乎所有产品征收的一般税。税收是购买价格的百分比，它被加到消费者支付的最终价格上，在商家销售时被征收。然后，这些税收会按月或其他定期方式被转交给相关州政府机构。

大多数州允许商家保留小部分收入，以补偿他们的时间和记账成

图12.8

美国州政府收入和支出

州政府财政

收入 = 支出 + 盈余

收入= 2 193 443 291 000美元

支出 2 006 144 436 000美元
+ 盈余 187 298 855 000美元

收入		支出
政府间收入 24.0%		8.5% 盈余
销售税 18.0%		22.3% 政府间支出
退休基金 17.8%		21.1% 公共福利
个人所得税 14.1%		10.1% 高等教育
高等教育机构 4.2%		9.3% 员工退休
失业及工人补偿 4.1%		6.0% 资本支出
医院 2.4%		4.3% 高速公路
企业所得税 2.1%		3.7% 失业及工人补偿
利息收入 1.5%		3.0% 医院
机动车驾驶证及相关证件 1.1%		2.7% 公共安全
水、电、煤气公用事业收入 0.6%		2.3% 政府管理
房产税 0.6%		2.2% 一般债务利息
其他 9.5%		4.5% 其他

美国州政府从联邦政府获得大部分收入，还包括个人给就业、退休基金的缴款，销售税和个人所得税等。在支出方面，州政府对地方正度的转移支付是最大的支出项目，其次是公共福利和高等教育。

▲ **批判性思考**

经济分析 如果没有个人所得税，美国各州如何找到收入来源？

本。销售税是几乎各州最大的收入来源之一，不过阿拉斯加州、特拉华州、蒙大拿州、新罕布什尔州和俄勒冈州这5个州没有一般销售税。

个人所得税

除阿拉斯加州、佛罗里达州、内华达州、南达科他州、得克萨斯州、华盛顿州和怀俄明州这7个州外，其他州的财政收入都依赖个人所得税。每个州的税收等级差别很大，有些州是累进税制，有些州是比例税制。

其他收入

各州依靠各种其他收入来源，包括盈余资金的利息收入，州立大学、高等学校、技术学校的学费，企业所得税，医疗费等。虽然图

全球经济 & 你

高税收：你确定吗?

在美国，如果你领薪水时，你可能会惊讶且沮丧地发现，在你收到它之前被扣了很多税。另外，你买的很多东西都要交销售税。如果你有一辆车，在一些州，你可能还要为它缴纳个人财产税。如果你买了一套房子，你要为它缴纳房产税。所有这些加起来是你的一大笔收入，它们将直接流向你所在的地方、州或联邦政府。

不过在你沮丧的同时，想想所有你得到的回报，比如警察和消防、街道和高速公路、学校、公园、医疗等。

部分国家2011年税收占GDP的比重

14.7%

10.1%

税收收入占GDP的百分比

▲ 批判性思考

得出结论 与其他国家相比，美国的税收负担为何如此低?

衡量一个国家税收负担的标准是：其税收收入与GDP之比。有人批评美国税收高，但联邦政府的税收收入占GDP的比例比许多人想象的低。如上图所示，2011年时丹麦是税收最高的国家。与图中其他国家相比，美国的税收负担较低。

12.8 中的收入来源百分比代表了大多数州，但各州之间存在着很大的差异。例如，阿拉斯加是唯一既没有一般销售税也没有所得税的州，所以它必须依靠其他税收和收费获得收入。

☑ **阅读进展检查**

对比 没有个人所得税的州如何找到收入来源？

美国州政府的支出

引导性问题 州政府最大的支出类别是什么？

每个州，像联邦政府一样，也有支出。同样地，各州在拨款前必须批准支出。

预算过程

在州一级，制定预算和批准支出的过程可以采取多种形式。例如，一些州，如肯塔基州，有一年两次的预算，或者两年一次的预算。在大多数州，这一过程大致模仿联邦政府的模式。然而，与联邦政府不同的是，有些州有一项 ==平衡预算修正案==（balanced budget amendment），即要求年度支出不得超过收入的宪法条款。

> **平衡预算修正案** 要求政府支出不超过收入的宪法条款。

根据这一条款，当收入下降时，各州通常必须削减开支。如果销售税或州所得税由于经济活动总体水平的下降而下降，那么收入就会减少。

政府间支出

如图 12.8 所示，州政府的最大支出类别是 ==政府间支出==（intergovernmental expenditures），即一级政府将资金转移到另一级政府用于支出。这些资金来自国家税收，如销售税，并将其分配到县、市和其他地方社区，以支付各种教育和其他市政支出。

> **政府间支出** 一级政府将资金转移到另一级政府用于支出。

公共福利

州政府的第二大支出类别是公共福利。这些支出形式包括现金援助、医疗保健支出、维护福利机构的支出和其他福利支出。

城市和州从联邦政府获得资金，即政府间收入，以帮助支付较大的项目，如道路建设。

◀ **批判性思考**

分析 为什么城市和州政府要依赖联邦资金来进行这些项目？

高等教育

传统上，州政府承担着资助州立大学的重任。在大多数州，学生支付的学费只占高等教育费用的一部分。而各州通常会把高等教育费用剩下的数额纳入基金预算中。如今，高等教育费用已成为第三大支出类别。

员工退休

许多州都有给州雇员的保险和退休基金。这些基金一直被投资，直到员工退休、失业或在工作中受伤。缴纳这些基金使这一类别成为一项重大支出。这些基金的主要受益者是教师、立法者、公路工人、警察和其他州雇员。

其他支出

其他州预算类别的支出相对较少。如图 12.8 所示，其他支出包括维修，电力、煤气、水等公用事业，医院，以及公园和娱乐场所。高速公路和道路改善是例外，因为它们可能需要更多的州资金。

☑ **阅读进展检查**

解释 平衡预算修正案如何运作？

美国地方财政收入来源

引导性问题 地方政府的收入来源与联邦政府和州政府有何不同?

与州政府一样,地方政府也有多种收入来源,如图 12.9 所示。下面讨论主要的收入类别。

政府间收入

地方政府的大部分收入来自政府间收入,略高于 1/3。这些资金一般用于教育和公共福利。直接来自联邦政府的资金要少得多,主要用于城市重建。

财产税

财产税 对房产、建筑物、家具、股票、债券和银行账户等有形和无形财产征收的税。

地方政府的第二大收入来源是 **财产税**(property tax),对有形和无形财产征收的税收。这些财产通常包括房产、建筑物、家具、股票、债券和银行账户。大多数州也对汽车征收财产税。

财产税中收入最多的是房产税。除汽车外,对其他个人财产征税很少。例如,**估税员**(tax assessor)(出于税收目的为财产估值的人)

图14.9

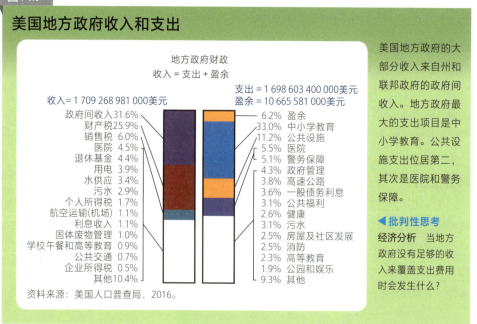

美国地方政府收入和支出

地方政府财政
收入 = 支出 + 盈余

收入 = 1 709 268 981 000美元

支出 = 1 698 603 400 000美元
盈余 = 10 665 581 000美元

收入	
政府间收入	31.6%
财产税	25.9%
销售税	6.0%
医院	4.5%
退休基金	4.4%
用电	3.9%
水供应	3.4%
污水	2.9%
个人所得税	1.7%
航空运输(机场)	1.1%
利息收入	1.1%
固体废物管理	1.0%
学校午餐和高等教育	0.9%
公共交通	0.7%
企业所得税	0.5%
其他	10.4%

支出	
盈余	6.2%
中小学教育	33.0%
公共设施	11.2%
医院	5.5%
警务保障	5.1%
政府管理	4.3%
高速公路	3.8%
一般债务利息	3.6%
公共福利	3.1%
健康	2.6%
污水	3.1%
房屋及社区发展	2.5%
消防	2.5%
高等教育	2.3%
公园和娱乐	1.9%
其他	9.3%

资料来源:美国人口普查局,2016。

美国地方政府的大部分收入来自州和联邦政府的政府间收入。地方政府最大的支出项目是中小学教育。公共设施支出位居第二,其次是医院和警务保障。

◀ **批判性思考**
经济分析 当地方政府没有足够的收入来覆盖支出费用时会发生什么?

如何知道每个人的婚礼银器、家具、衣服或其他有形财产的合理价值呢？相反，大多数社区发现雇用一个或多个人来评估大件商品（如建筑和机动车）的价值更有效率。

估税员 出于税收目的为财产估值的人。

销售税

许多城市都有自己的销售税。商家在销售点收取这些税和州销售税。虽然这些税通常远低于州销售税，但它们是地方政府第三大重要收入来源。

公共事业收入

地方政府的第四大收入来源是供水、供电、排污、甚至电信等公共事业收入。由于规模经济的存在，这些公司中的许多是**自然垄断**（natural monopolies）。

例如，一个社区只需要一套电线或地下水管，所以通常由一家公司提供所有的服务。当人们支付水电费时，如果水电费归政府所有，那么这些水电费将计入地方政府的收入来源。

自然垄断 当所有产品都由一家公司生产时，平均生产成本最低的一种市场结构。

其他收入

图 12.9 显示了地方政府其他收入来源。地方政府可能向医院收取部分资金，可能向个人征收所得税，或向公司征收利润税。地方政府的另一个收入来源是投资基金的利息。

如果地方政府的支出超过收入，它们可以向投资者借款。虽然借来的资金通常比联邦政府的要少，但它们可以成为地方政府资金的一个重要来源。不过，总体来说，地方政府可获得的收入来源通常比州和联邦各级政府更有限。

☑ **阅读进展检查**

回顾 哪个财产税给地方政府带来的收入最多？

美国地方政府的支出

引导性问题 地方政府的收入花在哪里？

地方政府包括县、行政区、乡镇、市政府、部落委员会、学区和其他特殊地区。这些不同类别的地方政府支出见图12.9。

预算过程

在地方一级，批准支出的权力通常掌握在市长、市议会、县法官或其他一些选民代表或机构手中。批准支出的方法和财政年度本身的日期可能会因地方政府的不同而有很大差异。

一般来说，财产税、城市所得税和其他地方来源的收入相对较少，这限制了地方机构的支出。一些地方政府甚至受到州的约束，要求避免支出赤字。

中小学教育

地方政府对中小学教育负有首要责任。这类预算支出包括行政人员和教师的薪金，维修人员和食堂工人的工资，教科书和其他用品。学区还支付所有学校建筑的建设和维修费用。中小学教育支出占地方政府总支出的1/3以上，是大多数地方预算中最大的项目。

公共设施

政府拥有的公共设施通过提供污水处理系统、电力、天然气和水等服务为社区服务。对大多数地方政府而言，这些公共设施的支出是第二大支出，约占地方支出的11%。

在典型的社区，公共设施的大部分支出用于学校、图书馆、市政中心和行政大楼。街道照明和交通灯也属于其他公共设施支出。

医院

许多当地社区都有自己的医院。医疗成本不断上涨是医院在地方政府支出中排名如此高的原因之一。然而，州政府也为当地医院的建设和维护做出了贡献，这有助于降低成本。

警务保障及消防

大多数社区都有一支有偿的全职警察队伍。许多地方消防部门还配备了有偿的全职消防员。然而，一些社区，特别是那些人口较少、预算有限的社区，会建立志愿消防部门以降低成本。

其他支出

政府管理、高速公路、一般债务利息和公共福利占剩余支出的大部分。其他类别还包括健康、房屋及社区发展高等教育、公园和娱乐等。

☑ 阅读进展检查

综合 你会将哪些地方支出归为法定支出？为什么？

第3节　回顾

词汇回顾

1. **描述** 估税员在确定财产税方面扮演什么角色？

使用你的笔记

2. **推论** 州政府如何利用财政收入影响地方支出？联邦政府对州政府有同样的影响吗？给出解释。

回答引导性问题

3. **解释** 各州的大部分收入来自哪里？
4. **确定** 州政府最大的支出类别是什么？
5. **解释** 地方政府的收入来源与联邦政府和州政府有何不同？

经济学写作

6. **争论** 一些州有平衡预算修正案。这将对它们提供的服务产生什么影响？你是否同意平衡预算修正案适合州一级？给出解释。
7. **解释** 美国宪法对税收的规定，以及征税的目的是什么？为什么这对美国的经济福利如此重要？

富人应该交更高的税吗?

更富的美国人是否应该缴纳更多税?这个问题多年来一直争论不休。联邦税法为那些通过投资获得大部分收入的人提供了许多税收优惠,从而降低税率。符合税收优惠条件的人一般都很富有。然而,他们收入的税率要低于工资收入,因为工资收入通常属于较高的纳税等级。

一些政界人士(包括奥巴马总统)提议修改税法,让富人缴纳更公平的税款。该观点的支持者认为:富人应该尽自己的一份力来支持国家,而反对者则认为,富人有权保留自己挣到的钱。

甚至一些最富的美国人,如沃伦·巴菲特和比尔·盖茨,也表示支持对富人增税。但反对这一行动的人认为,这对那些努力工作而获得成功的人是不公平的。

阅读论据,分析这些主要资料来源和所提供数据的有效性。当考虑哪一方更有说服力时,要注意两种观点的参考框架。

富人应该交更高的税

YES

在美国变得非常富,可能是由于政府提供的教育和其他机会。因此,富人应该尽自己的一份力来帮助支持国家。

从道德上讲,富人比中低收入者缴纳的税款少,这是错误的。

非常富有的人可以在不牺牲生活方式的情况下支付更高的税。

从历史上看,高税收并没有阻止富人继续投资和创造就业。

> 巴菲特的秘书不应该比巴菲特的税率更高,没有理由这样做。在美国,年薪5万美元的教师、护士或建筑工人比年薪5 000万美元的人的税率更高,这是错误的。
>
> ——奥巴马,美国前总统

按每一税级申报的所得税份额

| 0~2.5万美元 | 2.5万~5万美元 | 5万~7.5万美元 | 75万~10万美元 | 10万~12.5万美元 |

1980 2010(年份)

| 12.5万~15万美元 | 15万~20万美元 | 20万~35万美元 | >35万美元 |

1980 2010(年份)

对富人增加税收负担侵犯了他们的财产私有权。

富人有很小的可能性投资那些可以创造就业的企业。

对富人施加高税收负担，会使他们将资金撤出私人部门，而这些资金本可以进一步振兴经济并创造就业。

政府应该减少支出浪费，而不是增加富人税收。

分析问题

1. **分析**　在哪个收入阶层，美国人缴纳的税款占其收入比例最高？

2. **得出结论**　为什么非常富有的人缴纳的工资税占他们收入的比例更低？

3. **观点**　你觉得哪个论点最令人信服？解释你的答案。

> 对于那些相信财产私有权的人来说，向富人征税是一项不道德的政策。这也阻碍了经济发展。联邦政府和州政府只有削减开支才能解决财政问题。在最好的情况下，向富人征收更多的税款只是推迟算总账的时间。

资料来源："Soak-the-Rich Taxes Fail!" by Robert P. Murphy. Mises Daily: Thursday, November 4, 2010. http://mises.org/daily/author/380/Robert-P-Murphy。

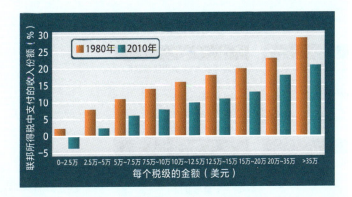

学习指南

第 1 节

税收的3种类别：

比例税	累进税	递减税
• 无论收入多少，税收占收入的比例都保持不变	• 随着收入的增长，税收占收入的比例也在上升	• 随着收入的增长，税收占收入的比例会下降
• 例子：医疗保险	• 例子：个人所得税	• 例子：销售税

第 2 节

赤字+收入=支出

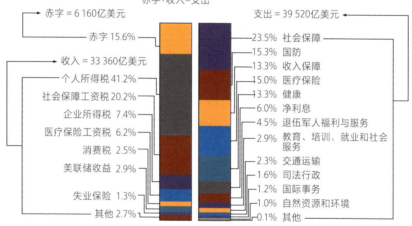

赤字 = 6 160亿美元

赤字 15.6%

收入 = 33 360亿美元

个人所得税 41.2%

社会保障工资税 20.2%

企业所得税 7.4%

医疗保险工资税 6.2%

消费税 2.5%

美联储收益 2.9%

失业保险 1.3%

其他 2.7%

支出 = 39 520亿美元

23.5% 社会保障

15.3% 国防

13.3% 收入保障

15.0% 医疗保险

13.3% 健康

6.0% 净利息

4.5% 退伍军人福利与服务

2.9% 教育、培训、就业和社会服务

2.3% 交通运输

1.6% 司法行政

1.2% 国际事务

1.0% 自然资源和环境

0.1% 其他

第 3 节

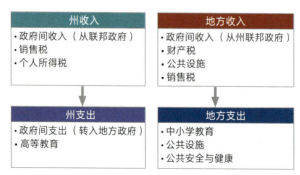

州收入
• 政府间收入（从联邦政府）
• 销售税
• 个人所得税

地方收入
• 政府间收入（从州联邦政府）
• 财产税
• 公共设施
• 销售税

州支出
• 政府间支出（转入地方政府）
• 高等教育

地方支出
• 中小学教育
• 公共设施
• 公共安全与健康

第12章 评估

说明：在一张单独的纸上回答以下问题。请务必仔细阅读并回答所有问题。

章节回顾

第1节

❶ **解释** 政府如何利用税收来重新分配经济资源？

❷ **解释** 销售税为什么被认为是递减税？

❸ **评估** 一个城市正考虑对杂货店购买的食物征收3%的税。使用有效税收的3个标准，评估这个建议，并解释你的理由。

第2节

❹ **解释** 哪些税收构成了FICA？什么是比例税？

❺ **总结** 2013年美国国会某些议员为阻止平价医疗法案的实施做了什么？对经济的最终影响是什么？

第3节

❻ **确定** 美国州和地方政府的两大收入来源是什么？

❼ **解释** 平衡预算修正案如何影响地方财政？

批判性思考

❽ **比较与对比** 如果你是一位被推选出来的官员，并且认识到需要增加税收来支持额外的服务，你会选择下列哪一种税收：个人所得税、销售税、增值税还是统一税？给出解释。

❾ **解决问题** 几乎没有国会议员否认美国的巨额债务和持续的赤字支出是巨大的问题。到目前为止，他们还没有解决这个问题。考虑你了解到的对税收、支出和为控制预算所做的努力，你会提供什么解决方案？

❿ **评估** 美国州政府和地方政府的大部分收入来自政府间收入。这是政府基本项目获得收入的有效途径吗，还是有更好的方法？解释你的答案。

图表分析

使用下图回答以下关于税收转移的问题。

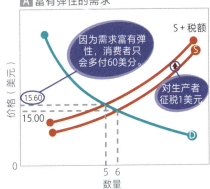

A 富有弹性的需求

因为需求富有弹性，消费者只会多付60美分。

对生产者征税1美元

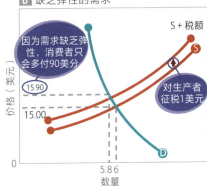

B 缺乏弹性的需求

因为需求缺乏弹性，消费者只会多付90美分。

对生产者征税1美元

⓫ **分析** 根据上面两幅图，当政府对一个产品征收1美元税时，会发生什么？哪幅图显示了消费者比生产者缴纳更多的税？

⓬ **得出结论** 图A更有可能描述医疗税还是食品税？解释你的答案。

第12章　评估

说明：在一张单独的纸上回答以下问题。请务必仔细阅读并回答所有问题。

回顾在每节开始时你对这些问题的回答，然后根据你在本章所学的内容回答这些问题，你的答案会改变吗？

⑬ 解释 政府是如何获得收入？这些收入又花在了哪里？

21世纪技能

⑭ 评价 与朋友合作，互相检查对方在第2节"探索核心问题"部分的答案。你的朋友如何回答关于你兼职工资交税的问题？请记住，你朋友的这段话代表了一个次要来源。在评估你朋友的答案时，要注意其在回答问题时使用的参考框架或任何宣传方式。

⑮ 解决问题 假设你所在城市肥胖率上升，因此市议会提议大幅提高含糖软饮料和一些其他高热量零食的销售税。这样的税收会减少这些食品的消费吗？你支持这种税收吗？给出解释。

⑯ 确定因果 几十年来，美国国会一直在争论支出赤字。最近，一群代表联合起来，对美国宪法提出了一项修正案，要求联邦政府遵守平衡预算。你的代表是该立法委员会的一员。关于这项修正案对国家意味着什么，你会如何告诉你的代表？

⑰ 创建和分析论点并得出结论 一位对政治和经济非常感兴趣的朋友说，销售税和财产税既不公平，也不是一种提高收入的有效手段。他认为，美国州和地方政府应该取消这两种形式的税。你的回答是什么？

培养财经素养

⑱ 分析 一位美国朋友正在税收改革平台上竞选众议院议员。她认为实行统一税制可能是整顿税收体系的最佳方式，但她不确定人们会如何回应她的提议，也不确定人们是否理解。她请你说一说你的看法。写几段话说明：赞成统一税吗？有什么优点和缺点？并且在你的回答中，考虑以下问题。

a. 对房屋抵押贷款利息支付和房屋所有权的影响。
b. 对低收入和高收入纳税人的影响。
c. 教育、培训和托儿费用的扣除。

分析基础资料

阅读基础资料并回答以下问题。

❝ 坦率地说，如果你想把我们迫在眉睫的赤字归咎于政策变化，那么你就不会认为是支出的问题，相反，应该尤其是税收的问题。对于布什总统2001年和2003年大幅度的减税政策，国会最近将其延长到2012年，并且很可能在那之后大部分或完全延长。

简单来说，让布什的减税政策失效，就能在未来10年将年度赤字削减至GDP的3%左右（这在经济上被认为是可持续的），尽管由于医疗保险成本飙升，赤字稍后将再次上升。

这是否意味着'赤字问题是收入问题'？不，这意味着赤字一直如此，收入和支出并不匹配。政策制定者可以通过削减支出、增加收入或两者结合解决这个问题。他们所做的选择是政治问题，仅此而已。❞

资料来源：Lawrence Haas，"Sorry, the Federal Deficit Isn' t aSpending Problem"（All rights reserved. This column first appeared on February 3, 2011, in *The Fiscal Times*, which also owns the copyright.）.

⑲ 分析主要来源 劳伦斯·哈斯（Lawrence Hass）使赤字开支听起来似乎没有任何问题。真是这样，还是他另有所指？你同意吗？给出解释。

⑳ 发现问题 赤字为什么是一个政治问题？

第13章　财政政策

核心问题

- 政府如何促进价格稳定、充分就业和经济增长的经济目标?
- 我们如何知道是否已经实现宏观经济均衡?

第1节　需求侧政策

第2节　供给侧政策

第3节　宏观经济均衡

供需侧经济学的局限性

什么是供给经济学

供给经济学认为，生产（提供商品和服务）是经济增长最重要的驱动力。《华尔街日报》（*Wall Street Journal*）前撰稿人裘德·万尼斯基（Jude Wanniski）推动了供给经济学的发展，他在20世纪80年代的总统竞选中鼓励里根采用供给经济学（涓滴经济学）。

供给经济学认为:

让政府远离经济

对富人减税将刺激投资和储蓄

限制货币政策，控制美联储

富人的财富将"涓滴"到每个人身上

俄罗斯：从供给方面征税

随着俄罗斯进入市场经济，它接受了供给侧导向的税收政策。2000年，收入最高的人群缴纳了30%的所得税，加上俄罗斯政府对所有收入水平征收的40.5%的工资税。2001年，俄罗斯总统普京推行13%的统一所得税，并降低了工资税。在改革后的第一年，由于更多的人交税，政府所得税收入增加了26%。在普京实施新税收政策后的两年里，俄罗斯经济增长了两倍多。

什么是需求侧经济学（凯恩斯经济学）

1936年，英国经济学家约翰·梅纳德·凯恩斯提出了这种经济学。需求侧经济学（也被称为凯恩斯经济学）指出，家庭、企业和政府的总需求是经济最重要的驱动力。

需求侧经济学认为：

政府刺激鼓励投资

对中产和低产阶级
减税将刺激支出

使用政策来促进
就业和价格稳定性

中产阶级的消费使金钱
在整个经济中得以扩散

中国：需求侧起起落落

21世纪以来，中国庞大的经济欢迎市场竞争，因为中国渴求商品的中产阶级人数激增。尽管如此，中国仍对国内不断上升的债务以及放缓的经济增长感到担忧。在21世纪初，中国的债务仍保持在GDP的130%左右；2008年金融危机后，中国的债务飙升至GDP的200%以上。从历史上看，如此迅速增长的债务一直是经济危机的征兆，而中国庞大但监管很少的"影子银行"系统让问题变得更加复杂。

想一想
在过去的10年里，哪一种经济学影响最大？

阅读帮手

术语表

- 财政政策
- 凯恩斯经济学
- 乘数效应
- 加速系数
- 自动稳定器
- 失业保险
- 政府津贴

做笔记

使用下图来确定供给侧政策的局限。

供给侧政策的局限

财政政策 政府通过税收和政府支出来影响或稳定经济。

凯恩斯经济学 凯恩斯为刺激经济而提出的政府支出和税收政策，与财政政策或需求侧经济学同义。

第1节 需求侧政策

核心问题

政府如何促进价格稳定、充分就业和经济增长的经济目标？

高失业率对美国经济有重大影响。自大萧条以来，各州和联邦政府为那些在寻找新工作时失业的人提供援助。这些计划有优点也有缺点。列出并解释与政府失业津贴、职业培训及求职服务有关的一个缺点。

凯恩斯经济学

引导性问题　凯恩斯的观点与当今的实践有哪些区别？

每当经济表现不佳时，美国人往往向华盛顿当选代表寻求解决方案。他们可能会期待**财政政策**（fiscal policy）的改变——联邦政府试图通过税收和政府支出来影响或稳定经济。

激进的财政政策源自**凯恩斯经济学**（Keynesian economics），一种旨在通过刺激总需求来降低失业率和提高产出的方法。凯恩斯是自亚当·斯密以来最重要的经济哲学家，他于 1936 年提出这些理论，直到 20 世纪 70 年代这些理论一直主导着经济学家的思想。

20 世纪 30 年代，凯恩斯提出了他的基本宏观经济框架：GDP = C + I + G + (X – M) 也被称为产出—支出模型。在这个模型中，"C" 代表消费部门，"I" 代表投资部门，"G" 代表政府部门。在最后一组，国外部门中，"M" 代表进口，"X" 代表出口。GDP 代表 GDP，即经济的总产出。

经济大萧条时期

凯恩斯于 20 世纪 30 年代全球经济大萧条期间（包括美国的大萧

条）在英国写作。

当凯恩斯建立他的模型时，他认为等式左边 GDP 的任何变化都可以追溯到右边。问题是：这 4 种中哪一种导致了不稳定？程度如何？

凯恩斯认为，国外部门（X – M）的影响很小，可以忽略不计。政府部门（G）也不是问题，因为它的支出通常是稳定的。消费部门的开支（C）是最稳定的。因此，凯恩斯提出，投资部门（I）不稳定的支出，是那些年 GDP 下降的原因。

乘数效应

凯恩斯正确地推断出，投资部门的支出不仅不稳定，而且对 GDP 的影响也被放大了，波及整个经济，并随着经济的发展而变得更加强劲。例如，如果投资支出减少 500 亿美元，许多工人就会失业。反过来，这些工人将减少支出，减少纳税。很快，经济中所有部门的支出都将下降，降幅将超过最初的投资降幅。

这种效应被称为 <mark>乘数效应</mark>（multiplier），指投资支出的变化将对

乘数效应 投资支出的变化将对总支出的变化产生放大效应。

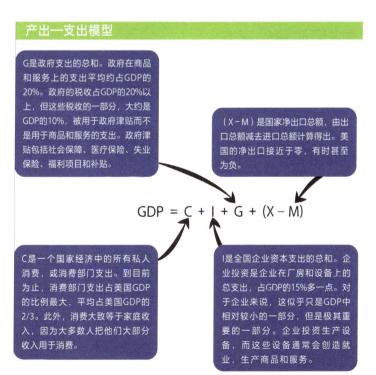

产出—支出模型

G是政府支出的总和。政府在商品和服务上的支出平均约占GDP的20%。政府的税收占GDP的20%以上，但这些税收的一部分，大约是GDP的10%，被用于政府津贴而不是用于商品和服务的支出。政府津贴包括社会保障、医疗保险、失业保险、福利项目和补贴。

（X–M）是国家净出口总额，由出口总额减去进口总额计算得出。美国的净出口接近于零，有时甚至为负。

GDP = C + I + G + (X – M)

C是一个国家经济中的所有私人消费，或消费部门支出。到目前为止，消费部门支出占美国GDP的比例最大，平均占美国GDP的2/3。此外，消费大致等于家庭收入，因为大多数人把他们大部分收入用于消费。

I是全国企业资本支出的总和。企业投资是企业在厂房和设备上的总支出，占GDP的15%多一点。对于企业来说，这似乎只是GDP中相对较小的一部分，但是极其重要的一部分。企业投资生产设备，而这些设备通常会创造就业，生产商品和服务。

一个国家的经济规模是一个国家1年在商品和服务上的总支出。根据这个模型，GDP，即经济的总产出，由4个部门的支出组成：C是消费部门；I是投资部门；G为政府部门；国外部门中，M代表进口，X代表出口。

◀ **批判性思考**

预测 根据该模型，如果一个国家的进口增加，而其他所有变量保持不变，会对GDP产生什么影响？解释为什么要用这个方程来建立模型。

总支出的变化产生放大效应。事实上，研究表明，在当今经济中，乘数大约是 2。因此，如果投资支出减少 500 亿美元，总体支出的降幅可能达到 1 000 亿美元。乘数效应也在另一个方向发挥作用。支出增加 500 亿美元，总体支出也可能增加 1 000 亿美元。

加速系数

凯恩斯还发现了一个**加速系数**（accelerator），指由总支出的变化引起的投资支出的变化。随着整体支出下降，投资者变得更加谨慎，减少投资，整体支出甚至下降更多。

当乘数效应和加速系数结合在一起时，它们将 GDP 推向更深、更快的下行螺旋，正如人们在全球大萧条期间清楚看到的那样。最重要的是，当消费者变得更加谨慎并试图储蓄时，他们也将促使 GDP 下降或使其保持在较低水平。

☑ 阅读进展检查
分析 凯恩斯经济学认为政府的经济作用是什么？

需求侧政策的影响

引导性问题 需求侧政策的目标是什么？

凯恩斯认为，大萧条时期的问题在于消费不足。也许消费的增加会推动 GDP 回升，使乘数效应和加速系数的综合效应更加明显。

政府的作用

他的解决方案相对简单。只是让政府部门的支出大到足以介入并抵消投资部门支出的变化。毕竟，消费部门的支出相对稳定。而国外部门的支出太小，不足以产生多大影响。这样，只剩下政府部门来抵消投资部门支出的下降。

另一种间接的方式是，政府可以通过减税和其他措施鼓励企业和消费者支出。

赤字支出如何运作

假设投资部门支出减少了 500 亿美元。根据凯恩斯主义学说，政府可以投资 100 亿美元修建大坝，向城市拨款 200 亿美元用于改善贫困社区，并在其他方面再投资 200 亿美元。当 G 增加以抵销 I 的减少时，C+I+G+（X–M）的总和将保持不变。

或者，政府不是增加了 500 亿美元的开支，而是降低了税率，并且消费者和企业花费了 500 亿美元没有征税，这可以抵销投资部门支出的初始下降，C+I+G+（X–M）的总和将不会改变。

无论哪种方式，政府都将面临短期预算赤字的风险，需要借款来弥补差额。在凯恩斯看来，赤字是不幸的，但对于阻止经济活动的进一步下滑是必要的。然而，当经济复苏时，税收会增加，债务也会得到偿还。这种暂时联邦赤字的正当理由是凯恩斯经济学的持久贡献之一，且严重违背了当时经济思想。

"启动泵"

到 20 世纪 60 年代，经济学家们满怀信心地谈到了"启动泵"，这个词过去常常表示，只需要相对少量的政府支出来启动更大规模的经济总支出。

美国经济已经度过了 20 世纪 30 年代的大萧条，二战期间政府的大规模支出把美国经济推向了新的高度。涉及乘数效应与加速系数相互作用的计量经济学模型很受欢迎。但需求侧经济学的局限性尚未被充分理解。

自动稳定器

需求侧政策的另一个关键组成部分是**自动稳定器**（automatic stabilizers），这些计划在经济增长放缓时会自动触发政府在某些福利上的支出。这些福利会在问题出现之前得到国会的批准。它们使受惠者的购买力不致跌破最低水平，在为个人提供安全网的同时，通过保持需求来帮助经济。

累进所得税是一个重要的自动稳定器。例如，如果你的父亲因为削减开支而失业或工作时间减少，最终收入减少，那么他可能会处于较低的纳税等级，可以减少纳税。这样一来，他就有更多的钱可以花。

他还可能获得**失业保险**（unemployment insurance）——那些并非自身原因而失业的工人可以在有限的时间内从各州领取的保险。那

加速系数 由总体支出变化引起的投资支出的变化。

自动稳定器 在经济下滑时自动提供政府福利的计划，如失业保险和政府津贴计划。

失业保险 并非出于自身原因而失业的工人可以在有限时间内从各州领取的保险。

些因为不当行为而被解雇或没有正当理由而辞职的人不会获得失业保险。

大多数**政府津贴**（entitlements）——有既定的资格要求来提供补充收入的广泛性社会项目——都作为自动稳定器发挥作用。例如，那些因严重残疾而不能工作的人，或者在法律规定的年龄退休的人，都有权享受社会保障。

自动稳定器，连同今天的政府津贴计划，在某种意义上等同于凯恩斯主义，其目的是在经济困难时期为消费者的购买力设定一个底线。它们还旨在迅速应对困难的经济形势，因为救济金不必等国会采取行动以应对危机。例如，失业的人可以在几周内得到帮助。

☑ **阅读进展检查**

总结 大萧条的经验如何影响了经济学家们的观点？

需求侧政策的局限

引导性问题 为什么在投资部门支出恢复后政府通常无法减少支出？

凯恩斯设想政府部门支出的作用是平衡投资部门支出的变化。在他的理论框架中，政府部门可以增加支出来抵消投资部门支出的下降，并在企业复苏时减少支出。然而，实际情况并非如此简单。政府部门不能像理想情况下那样快速灵活地做出反应。

领先和滞后的问题

支出延迟有以下 3 个原因。

- **认识滞后** 理解经济如何变化需要时间。因为需要花好几个月的时间来收集可靠的数据，因此人们需要 6 个月甚至更长时间才会意识到 GDP 已经停止增长。
- **立法滞后** 就经济衰退的解决方案达成一致也需要时间。通常需要 1 年或更长时间来通过相对简单的要求适度支出的法律。国会议员们很可能会为那些足以抵消投资部门支出大幅下降的支出计划而争吵不休，并因此而拖延，尤其是当他们坚持其中一些支出应该用于自己所在的州和地区时。

- **实施滞后** 批准支出项目或减税实际向经济注入资金并创造就业机会需要时间。例如，一项授权修建新公路或桥梁的法律可能会导致数年的规划、勘测、购买公路上的房产、施工和铺路，而在此过程中资金会慢慢流出。

在所有这些滞后的情况下，如何在足够的领先时间内实施政府部门支出，以抵消即将到来的衰退可能带来的问题呢？大多数衰退在克服立法滞后之前就已经结束了。所有的滞后加起来可能会达到 4~5 年，而即使是 2008—2009 年的大衰退也只持续了 18 个月。

增加对政府的依赖

另一个同样重要的问题是，一些人认为人们将可能越来越依赖联

职业 ┃ 信贷顾问

这个职业适合你吗？

 你有兴趣帮助人们度过金融危机吗？

 你是一个问题解决者吗？

 你能直接、诚实地与客户交谈吗，甚至是面对坏消息时？

 你擅长或者愿意学习数学和金融吗？

薪水
平均工资43 670美元
每小时21.00美元

职业发展前景
一般水平

采访
信贷顾问

基本上，我们所做的就是不去尝试收回债权人的钱。这不是我们的目的。我们的目的是通过为你提供获得控制权所需的工具来帮助你，以便你可以在晚上睡得安稳，这样你可以开始存钱，摆脱债务，拥有紧急备用金，不必经常一次又一次地担心同样的问题。

——蒂娜·博伊斯道（Tina Powis-Dow），
消费者信贷咨询服务组织教育及市场总监

工作内容

信贷顾问致力于帮助陷入债务的人。他们分析客户的收入、消费习惯、工作情况和债务来源，并帮助客户制订合理的计划，使客户重新建立良好的财务基础。在极端情况下，还可能会建议客户申请破产。在其他情况下，信贷顾问可能会代表债务人与债权人谈判，制订可行的还款安排。一些信贷顾问将持续与客户合作，帮助他们学习理财技巧。

邦政府，而不是依靠自己的技能，并且丧失主动性。例如，如果人们依赖失业保险，他们就不太可能去找新工作或创业。

即使政府能够有效地增加联邦开支以对抗疲软的经济，之后再削减支出也会困难得多。

达到"临界点"

最终，当人们认为政府部门支出提供资金所需的税收负担将超过收益时，很可能会出现一个"临界点"。没有人确切地知道这将在什么时候发生，因为公众舆论的巨大转变发生得非常缓慢，并且很难衡量。

大多数观察人士认为，随着 1981 年里根当选美国总统时供给经济学的出现，正在接近这一临界点。另一些人则认为，当史蒂芬·福布斯（Steve Forbes）等保守派政客竞选时提出承诺在 1996 年可以削减政府支出的 17% 的统一税率，其实临界点已经发生了。

甚至还有人指出，这发生在保守派茶党（Tea Party）运动的兴起，2013 年茶党强烈反对政府在《平价医疗法案》（Affordable Care Act，ACA）上的支出，这促使政府关门，并将美国推到了违约的边缘。

探索核心问题

高中毕业后，你打算继续接受教育——接受技术培训或上大学。这两种教育都很昂贵，所以你需要贷款。你准备研究由政府运营的学生贷款项目。写一段话来解释你是否认为政府学生贷款计划是凯恩斯经济学的一个例子，并给出你的理由。

凯恩斯主义的遗产

凯恩斯于 1946 年去世，当时世界刚刚走出大萧条的深渊和二战的余波。战时支出提供的经济刺激将美国经济推到了新的高度，但凯恩斯从来没有时间考虑过多刺激的后果。

即使在经济复苏之后，政客们也无法完全削减在投资部门支出下降期间制定的政府支出。受益的人喜欢其他纳税人提供的刺激，他们通常想要更多而不是更少。为了得到选民的支持，政客们倾向于投票支持越来越多的政府开支。

分析 为什么凯恩斯的观点在学习经济学时很重要？

第1节 回顾

词汇回顾

1. **定义** 解释凯恩斯经济学关于经济周期的原因的主要观点。
2. **总结** 使用你的笔记总结对政府的依赖如何成为经济需求侧政策的局限。

回答引导性问题

3. **分析** 凯恩斯的观点与当今的实践有哪些区别？
4. **评估** 需求侧政策的目标是什么？
5. **解释** 为什么在投资部门支出恢复后政府通常无法减少支出？

经济学写作

6. **信息/解释** 研究在21世纪有效的反映凯恩斯经济学的具体政府计划。该计划是在什么情况下启动的？它是如何实施的？这个计划对经济有什么影响？你认为这个计划有效吗？写一篇文章来解释你的发现。

未来和现在——新的交易：

田纳西河谷管理局(TVA)

1933年，在经济大萧条最严重的时期，美国国会建立并资助了田纳西河谷管理局，以服务大约21万平方千米的贫困地区，包括田纳西州的大部分地区和阿拉巴马州、佐治亚州、肯塔基州、密西西比州、北卡罗来纳州和弗吉尼亚州的部分地区。

在田纳西河谷管理局成立之前，南方的非城市地区没有多少电力供应。

这个地区需要电力和更多的东西。除了提供电力，田纳西河谷管理局还帮助控制洪水和侵蚀，它甚至为人们提供了预防天花和伤寒的疫苗。虽然电力公司批评新管理机构违背宪法，但大多数人称赞新政是解决重大问题的创新方式。

到1959年，电力项目已经是自给自足的，如今它是美国最大的公共电力供应商。田纳西河谷管理局延续了创新的传统，现在致力于提供更清洁、更低成本的能源。田纳西河谷管理局制定了减少污染物排放的新战略，使得二氧化硫排放量减少了90%。

大规模的联邦计划创造了大量的就业机会和经济效益。

联邦政府为其环境和经济发展项目提供的资金于1999年结束，但这些项目仍在继续。在21世纪的前10年，田纳西河谷管理局跻身美国促进经济发展的十大公用事业公司之列。

案例研究回顾

1. **解释**　田纳西河谷管理局最初是如何获得资助的？现在又是如何获得资助的？
2. **分析**　你认为1933年严格的凯恩斯主义经济学家会支持田纳西河谷管理局吗？它是如何演变的？解释你的答案。

做笔记

使用下表来确定供给侧使用的策略或方式，以及这些行动的目的。

供给经济学	
策略	目的

第2节　供给侧政策

核心问题

政府如何促进价格稳定、充分就业和经济增长的经济目标？

联邦政府目前的 3 个目标是促进价格稳定、充分就业和经济增长。几十年来，随着新经济理论的出现和条件的改变，实现这些目标的战略也在不断演变。考虑目前的经济状况，回答以下问题。

- 美国现如今在多大程度上实现了价格稳定、充分就业和经济增长的目标？
- 政府采取了哪些步骤来实现这些目标？
- 政府还能做什么，或者应该做什么？

供给侧政策的目标

引导性问题　供给侧和需求侧政策有哪些不同？

很容易看到，供给经济学的发展是需求侧经济学的一种替代选择。

供给侧政策（supply-side policies）的目标是生产者，同时也是供应商，通过刺激他们的产出，提供就业。在 20 世纪 70 年代，传统的需求侧经济学似乎开始动摇之后，供给侧理论成为一股政治力量，尽管供给学派所倡导的许多个人政策已经很受欢迎。

供给经济学的起源

在 20 世纪 70 年代，需求侧政策似乎并没有解决美国最大的两个经济问题——不断增长的失业率和通货膨胀。许多美国人，包括政客

供给侧政策 旨在通过取消政府管制和降低边际税率来增加生产从而刺激经济的经济政策。

们，都准备尝试其他方法。

这一变化发生在 1981 年里根当选总统时。供给侧政策，适合他的保守政治风格，很快成为里根政府的标志。

政府作用更小

供给学派的一个关键目标是降低联邦政府的经济作用，他们认为这抑制了生产，减缓了增长。一种策略是削减机构数量，另一种是削减联邦开支。

里根总统试图缩减联邦政府的规模，但他的努力很大程度上没有成功。相反，他致力于降低税率，希望不断增长的联邦赤字迫使国会接受更少的支出。

较低的联邦税

供给学派还将矛头指向个人和企业的联邦税收负担。他们认为，较低的税率允许个人把赚到的钱存起来，从而鼓励他们更加努力地工作。从长远看，他们将有更多的钱来消费，企业将生产更多的产品

图13.1

个人所得税税率及收入

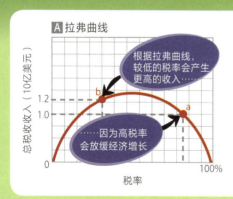

Ⓐ 拉弗曲线

根据拉弗曲线，较低的税率会产生更高的收入……

……因为高税率会放缓经济增长

总税收收入（10亿美元）
税率
100%

Ⓑ 税收收入

年份	个人收入（10亿美元）	个人所得税收入（10亿美元）
2000	8 430	1 004
2001	8 724	994
2002	8 882	858
2003	9 164	794
2004	9 731	809
2005	10 239	927

资料来源：美国总统经济报告。

拉弗曲线是联邦所得税税率和税收收入之间的一种假设关系。图A显示税率降低后（横轴显示）税收收入可能增加2亿美元。从理论上讲，减税将使经济从a点转移到b点，尽管税率较低，但美国国税局将有更多的税收收入。

▲ **批判性思考**

经济学分析 2000年和2005年的个人收入与同年的个人所得税收入相比如何？

来满足他们更大的需求。

他们认为，政府收入也会增加，因为更多的商业活动将被征税。

在 20 世纪 80 年代，乐观的供给学派甚至认为，降低个人所得税税率将极大地刺激经济，以至于政府可以征收比以前更多的税。

这一想法在数学上用**拉弗曲线**（Laffer curve）来表达，也就是联邦所得税税率和税收收入之间可能存在的关系。

拉弗曲线 一种联邦所得税税率和税收收入之间可能存在的关系。

拉弗曲线

图 13.1A 显示，在降低所得税税率后（横轴所示），税收收入可能增加 2 亿美元。从理论上讲，减税将使经济从 a 点转移到 b 点，尽管税率较低，但美国国税局将有更多的税收收入。

该理论为降低边际税率等级提供了一个看似合理的理由。1981年，里根总统和国会在 3 年内削减了 25% 的个人所得税。如图 13.1B所示，根据通货膨胀调整后的个人所得税收入实际上从 2000 年到2004 年有所下降，尽管这几年个人收入每年都在增长。不幸的是，拉弗曲线预测的税收收入增加从未实现。从好的方面来看，个人收入的年增长可能会刺激经济增长。

放松管制

供给学派还寻求**放松管制**（deregulation），即政府放宽或取消对某些行业商业活动的监管。

民主党人也接受了放松管制的想法，比如，在 1980 年，吉米·卡特（Jimmy Carter）总统签署了一项重大的储蓄和贷款放松管制法案（S&L）。里根总统随后又采取了另一项措施，减少了储蓄贷款行业的检查员数量，他认为竞争会起作用。

放松管制 政府放宽或取消对某些商业活动的监管。

探索核心问题

许多人赞同放松管制，认为自由市场的竞争足以使企业遵守规则。他们相信，消费者会避开那些有不公平行为的企业，迫使企业改正自己的做法，否则就会破产。你同意这一观点吗？是否存在需要政府对行业进行监管的情况？给出解释。

然而，当时的储蓄和贷款资金严重不足，在 20 世纪 80 年代末和 90 年代初，美国大约 1/4 的 S&Ls 失败了。联邦储蓄和贷款保险用于偿还储户损失的资金，但美国纳税人不得不救助储蓄和贷款保险基金。

尽管发生了这场重大危机，美国经济还是经历了从航空、银行到电信和州际卡车运输等行业的大量放松管制。

✅ **阅读进展检查**

确定 供给经济学什么时候开始流行？

供给侧政策的影响和局限

引导性问题 供给增加如何帮助经济发展？

供给学派认为他们的政策从未得到充分的检验。例如，影响石油和天然气、有线电视和长途电话服务等行业的放松管制，被增加的联邦支出抵消了。供给学派设想的较小规模的政府并没有实现。因此，我们不知道规模较小的政府部门是否会提高经济效率。

税率降低时，税收并没有增加，这也是事实。这削弱了对供给侧论点的支持。

里根总统的预算优先事项

例如，里根总统在上任的第一年削减了大约 390 亿美元的国内项目。但他也扩大了国防开支和其他几类开支。最终结果是：政府开支每年增加约 2.5%。

税率与经济增长

供给学派预测，降低税率和减少政府监管将为经济强劲增长提供环境。里根前两任任期内的经济表现部分支持了这一点：实际 GDP（通货膨胀调整后的 GDP）在 1982 年年底开始增长，并持续增长 92 个月。这一二战后和平时期的纪录轻易地打破了此前 58 个月的纪录。

然而，大规模的军事开支提供了经济刺激，因此创纪录的增长并不完全是由于供给侧的政策。

税率和税收

正如我们在图 13.1 B 中看到的那样，里根总统的减税政策降低了收入。当布什总统在 2001 年再次降低税率时，收入也下降了。

因此，供给侧政策的主要基础之一——减税——将导致更高的税收收入，被证明是错误的。

放松管制与经济增长

即便如此，提高生产力、减少不必要的文书工作或以其他方式，刺激经济增长至其最大潜力的政策肯定是值得的。几乎所有人，包括需求方，都赞成提高生产效率的政策。

许多经济学家认为，里根和布什总统执政期间的供给侧政策使经济不那么稳定：联邦税收结构变得不那么先进，"安全网"计划被削弱。但应该注意到，供给侧的经济政策旨在促进经济增长，而不是提供稳定。

供给侧与需求侧政策比较

供给侧政策和需求侧政策的差异比大多数人认为的要小。这两项政策，如图 13.2 所示，具有相同的目标：在不增加通货膨胀的情况

图13.2

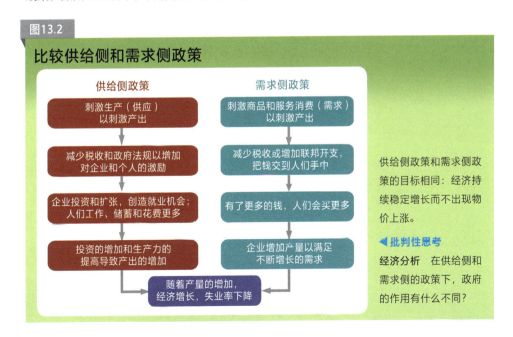

比较供给侧和需求侧政策

供给侧政策	需求侧政策
刺激生产（供应）以刺激产出	刺激商品和服务消费（需求）以刺激产出
减少税收和政府法规以增加对企业和个人的激励	减少税收或增加联邦开支，把钱交到人们手中
企业投资和扩张，创造就业机会；人们工作、储蓄和花费更多	有了更多的钱，人们会买更多
投资的增加和生产力的提高导致产出的增加	企业增加产量以满足不断增长的需求

随着产量的增加，经济增长，失业率下降

供给侧政策和需求侧政策的目标相同：经济持续稳定增长而不出现物价上涨。

◀批判性思考

经济分析 在供给侧和需求侧的政策下，政府的作用有什么不同？

里根在1981年的就职典礼上开始强调供给侧的经济政策。里根迅速采取行动,解除了对几个不同行业的管制。

下,增加产出和减少失业。

　　需求侧希望通过刺激市场需求来实现这一目标。供给侧希望通过刺激市场供给来达到同样的目的。因此,这两种方法都致力于实现共同的经济成果。

☑ 阅读进展检查

解读　供给学派经济学家的主要目标是什么?

第2节　回顾

词汇回顾

1. **解释**　拉弗曲线显示了什么?

2. **描述**　放松管制对一个行业有什么影响?具体来说,航空业放松管制对机票价格有什么影响?

使用你的笔记

3. **解释**　供给侧是怎么解释减税将如何增加收入的?

回答引导性问题

4. **解释**　供给侧和需求侧政策有哪些不同?

5. **解释**　增加供给如何促进经济发展?

经济学写作

6. **争论**　一位朋友说,制约美国经济繁荣的最大问题是继续实行供给侧的经济政策。给出实行供给侧政策的理由。

术语表

- 宏观经济学
- 总供给
- 总供给曲线
- 总需求
- 总需求曲线
- 宏观经济均衡

做笔记

阅读时，请至少列出3个可能导致总供给增加的因素，并完成下图。

第3节　宏观经济均衡

核心问题

我们如何知道是否已经实现宏观经济均衡？

2008—2009 年的大衰退是美国自 20 世纪 30 年代以来经历的最严重的经济衰退，而且可能更糟。许多经济学家认为，美国还错过了一场经济衰退。

在严重的经济衰退中价格下跌。股票、债券、房地产和石油等商品都变得更便宜。尽管有投资的机会，但企业和消费者往往不愿利用这些低价格，因为他们担心接下来会发生什么。消费者可能害怕失业，企业可能担心利润下降。但是，不投资或消费，而仅仅是囤积资金的趋势可能会导致需求和价格进一步下降。

在这种情况下，许多人希望政府可以干预来阻止螺旋式下降。在经济大萧条期间，政治家和商界领袖就政府如何帮助经济走上正轨提出了不同的建议。

利用互联网研究其中一个建议。它的支持者为何相信他们的计划将有助于结束经济衰退？该计划受到了什么批评？它最终被立法者采纳了吗？

总供给

引导性问题　经济的总供给曲线与个别生产者的供给曲线有什么关系？

宏观经济学（macroeconomics）关注的是整体经济和大的部门的决策。它使用前义提到的供给和需求。当我们研究特定的市场时，供求关系决定均衡价格和生产量。

当我们从整体上研究经济时，供求关系的工作原理大致相同。

宏观经济学 经济学理论的一个分支，关注整体经济和政府、工会等大的组成部分的决策。

总供给 所有公司在特定时期内以不同价格水平生产的所有商品和服务的总价值。

总供给曲线 假设曲线显示了不同价格水平下实际GDP的不同水平。

总供给曲线

在前文中，供给被定义为特定产品的公司以所有可能的价格提供销售的数量。在分析整体经济时，经济学家喜欢观察**总供给**（aggregate supply），即所有公司在特定时期内以不同价格水平生产的商品和服务的总价值。请注意，价格水平包括经济中生产的所有产品的价格。相比之下，"价格"一词只指一种商品或服务。

在一年里，假设所有的生产都发生在一个国家的境内，总供给量与 GDP 相同。

总供给的概念是假定货币供应量是固定的，一段时间内价格水平保持不变。如果价格水平发生变化，企业很可能会调整其产出，从而导致不同的 GDP。如果能够通过某种方式不断调整价格水平来观察总产出的变化，那么我们就可以构建一条**总供给曲线**（aggregate supply curve），它显示出在不同价格水平下实际 GDP 的不同水平。

图 13.3 显示了整个经济体的总供给曲线。像单家公司的供给曲线或市场供给曲线一样，它从左到右向上倾斜。为了将总供给曲线与其他供给曲线区分开来，将其标记为 AS。

在图 13.3 中，注意图的纵轴被标记为"价格水平"，而不仅仅是"价格"，正如你在前文中看到的那样。经济学家经常使用价格水平等综合指标，而不是单一价格来解释经济的变化。

最后，请注意横轴标记为"实际 GDP"，即所有商品和服务的价值。

图13.3

总供给曲线

总供给曲线显示了在不同价格水平下实际GDP。当所有个体生产商的生产成本降低时，总供给量就会增加。当经济学家使用两条曲线来显示总供给的变化时，他们将第一条曲线标记为AS⁰，将第二条标记为AS¹。

▶ **批判性思考**

经济分析 什么导致了总供给的减少？

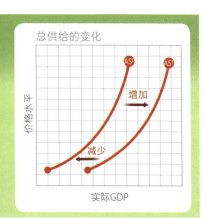

总供给的变化

总供给的变化

总供给，如单家企业的供给或单个产品的供给，可以增加或减少。当生产成本下降时，它往往会上升。例如，当能源价格下跌时，大多数（不是全部）企业将生产更多，而实际 GDP 将上升。产出的增长将发生在所有价格水平上，因此它会将初始总供给曲线 AS^0 向右移动，从而产生 AS^1。

生产成本的增加往往会减少总供给。原因可能是油价或利率上涨，或劳动力生产率下降。任何成本的增加都会导致企业在某一价格水平下提供更少的商品和服务，从而使总供给曲线向左移动。

✅ 阅读进展检查

识别 总供给经济措施的好处是什么？

总需求

引导性问题 总需求与个人需求有什么关系？

在前文中，你了解到需求是购买产品的愿望、能力和意愿。如果能够把每个人对经济中每一种商品和服务的需求加起来，我们就可以衡量总的需求量。经济学家称这个概念为**总需求**（aggregate demand）。你也可以把这个数字看作以不同价格水平购买的所有商品和服务的总价值。

> **总需求** 在不同价格水平下所需的所有商品和服务的总价值。

总需求曲线

和总供给一样，总需求也可以用图表示，并且可以增加也可以减少。它与个人需求有许多相似之处，所以这个概念很容易理解。

总需求曲线（aggregate demand curve）（标记为 AD）如图 13.4 所示。它代表了各种价格水平下的所有消费部门、投资部门、政府部门和国外部门净需求的总和。我们用实际 GDP 来衡量人们在每一个可能的价格水平上会购买多少。曲线向右下方倾斜，个人和市场需求曲线也向右下方倾斜。

> **总需求曲线** 假设曲线显示不同价格水平下购买的实际 GDP 水平。

总需求的变化

总需求可以根据某些因素增加或减少。例如，如果消费者决定花

图13.4

总需求曲线

总需求曲线显示了经济体在所有可能的价格水平下的实际GDP需求量。总需求和总供给一样，可以增加也可以减少。当经济学家使用两条曲线来标注需求时，他们将第一条曲线标记为AD⁰，将第二条标记为AD¹。

▶ **批判性思考**

经济分析 总需求曲线与单个需求曲线有哪些相似之处？

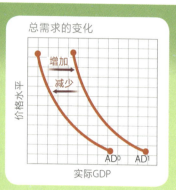

总需求的变化

费更多并且储蓄更少，则消费者支出的增加也会使总需求增加，这将导致初始总需求曲线 AD⁰ 向右移动，形成新的总需求曲线 AD¹。

如果相同的因素以相反的方式起作用，则总需求可能会减少。如果人们花费更少并且储蓄更多，总需求曲线将向左移动。提高税收和降低转移支付也会减少总支出。这些决策将导致总需求曲线向左移动，因为所有经济部门在所有价格水平上集体购买的 GDP 都变少了。

☑ **阅读进展检查**

识别 总供给曲线和总需求曲线的变化与个别供求曲线的变化有什么关系？

宏观经济均衡

引导性问题 什么是宏观经济均衡？

总供给和总需求曲线是有用的概念，因为它们共同提供了一个框架来分析被建议的政策可能会如何影响增长和价格稳定性。它们帮助我们了解通货膨胀和经济衰退，并提出经济可能会如何变化。它们还有助于我们了解特定政策的运作方式。但是，它们无法提供准确的预测。

宏观经济均衡 实际GDP 与给定的价格水平一致，即总供给曲线与总需求曲线的交点。

宏观经济均衡与供求曲线

宏观经济均衡（macroeconomics equilibrium）表示为图 13.5 中总供给和总需求曲线的交点。实际 GDP 水平 Q 与给定的价格水平 P 一致。这种均衡代表特定时间点的特定情况，如果 AS 或 AD 发生变化，这种均衡将会发生变化。

AS 和 AD 帮助我们理解宏观经济学中的两个主要问题——通货膨胀和经济衰退。

例如，通货膨胀是一个稳定增长的价格水平，它是在纵轴上测量的。经济衰退甚至是经济萧条都表现为实际 GDP 的稳步下降，这是在横轴上测量的。

经济政策制定者必须决定是否刺激 AD（需求侧）或 AS（供给侧），以保持经济增长和稳定。

需求侧政策影响需求曲线AD

这些概念有助于我们了解需求侧政策的效果。图 13.6 显示了一条总供给曲线和两条总需求曲线。当总需求疲软时，经济将处于 a 点，其中 AD^0 与 AS 相交。扩大需求侧的财政政策，如政府支出增加或减税，可能会将总需求转移到 AD^1，并将经济推向 b 点，即实际 GDP 和价格水平都更高。

因为总需求基本上是 C + I + G + （X – M）的总和，所以每个部门的经济支出增加的影响都差别不大。理论上，在乘数效应和加速系数的帮助下，支出将在整个经济中传播。

图13.5

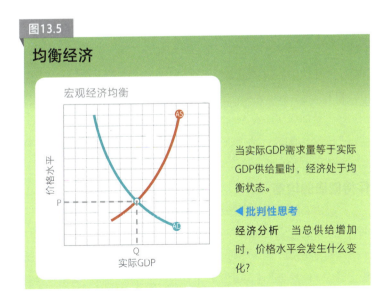

均衡经济

宏观经济均衡

当实际GDP需求量等于实际GDP供给量时，经济处于均衡状态。

◀ **批判性思考**

经济分析 当总供给增加时，价格水平会发生什么变化？

图13.6

财政政策和总需求

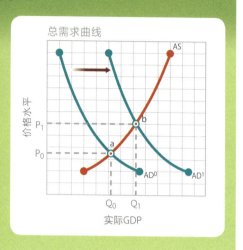

总需求曲线

财政政策旨在影响总需求。政府支出的增加或减税会增加总需求。结果是，经济均衡点从a点变为b点。

▶ **批判性思考**

经济分析 图13.6中的哪一点代表最低总需求？

例如，如果新的财政政策导致总需求曲线 AD 向右移动，那么新的均衡将落在更高水平的实际 GDP 和价格水平的交点。这是经济政策制定者面临的两难问题之一，即如何在不推动通货膨胀率上升，或者说，在不过度地提高价格水平的情况下，实现实际 GDP 的增长。

供给侧政策影响供给曲线AS

总供给和总需求曲线也可以用来说明供给侧政策的影响。如图13.7所示，当总供给较低时，经济处于 a 点。这是初始总供给曲线 AS^0 与总需求曲线 AD 相交的点。

如果供给侧政策成功，那么在每个价格水平上都会产生更多的产出。总供给曲线移动到 AS^1，平衡点移到 b 点。只要总需求不下降，实际产出就会增长，价格水平就会下降。

保持健康的均衡

经济需要供需双方的政策。虽然这两种策略都有各自的优势，但两者的结合通常是最好的。

例如，用来防止经济衰退的一些有效的财政政策是需求侧的自动稳定器。它们行动迅速，因为立法已经获得批准。如果这些稳定器能

全球经济 & 你

国债

如果一个政府花费的资金超过它所收入的资金，那么它必须用一个新的收入来源来弥补这个赤字或预算短缺。通常，美国的预算赤字是由战争、经济衰退和医疗保险等福利计划支出增加造成的。

为了筹集资金来履行政府的义务，政客们可以投票增加税收，但这一决定不受欢迎，而且可能会减缓经济增长。作为另一种选择，美联储可以印更多的钱，并简单地把它交给政府，但这种选择也是不可取的，因为它会导致高通货膨胀和物价上涨。

第三种增加收入的方式是，美国和其他国家政府经常发行债券。就像公司一样，政府通过在信贷市场出售债券来筹集资金。债券和借据一样，是承诺在以后偿还一定数额加利息的贷款。购买债券的投资者要么持有债券等待偿还，要么将债券转售给其他投资者以赚取利润。在自由市场中，债券价值的上升和下降受许多因素影响，包括借款人的偿债能力。

包括外国政府在内的世界各地的普通公民、公司和人民，都以美国国债的形式持有美国政府债券。目前，日本和中国是两个最大的外国持有者，都有超过1万亿美元。这个数额可能会让人们感到不安，但大多数经济学家认为，某些债务对国家来说是件好事。债务通过允许关键的政府项目在困难时期继续下去来确保稳定。它还维持了国家之间的伙伴关系。

另外，如果一个政府承担了太多无法偿还的债务，它可能会违约。政府违约会动摇投资者的信心，并可能导致金融危机。经济学家们对此争论不休，但没有人真正知道什么程度的国家债务是可持续的。迄今为止，美国从未拖欠过国债。

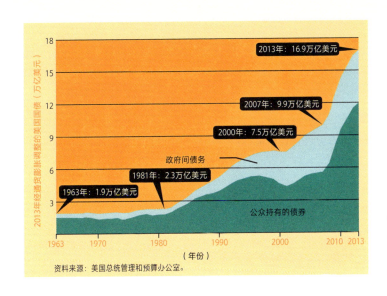

资料来源：美国总统管理和预算小办公室。

◀ **批判性思考**

确定因果关系 美国政府债务如何影响它与其他国家的贸易关系？

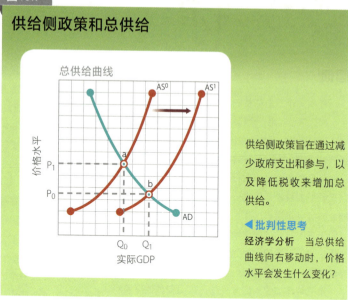

图13.7

供给侧政策和总供给

总供给曲线

供给侧政策旨在通过减少政府支出和参与，以及降低税收来增加总供给。

◀ 批判性思考

经济学分析 当总供给曲线向右移动时，价格水平会发生什么变化？

够缓冲实际 GDP 的早期下降，我们可以在以后避免采取更激进的需求侧政策。

有效的供给侧政策，如减少管制和提高生产效率，可以在帮助经济扩张的同时，不提高价格水平，如图 13.7 所示。政府干预的减少也意味着人们对联邦开支的依赖性降低。稳定的宏观经济均衡是很难实现的，但我们应该尝试。在不增加通货膨胀的情况下提高实际 GDP 的好处是巨大的。

☑ 阅读进展检查

解释 宏观经济均衡是如何运作的？如何使用它？

第3节 回顾

词汇回顾

1. **定义** 宏观经济学关注什么？

2. **解释** 总供给与GDP有何关系？

使用你的笔记

3. **推断** 在你发现的3个可能导致总供给增加的因素中，你认为政府最容易影响哪一个？解释你的答案。

回答引导性问题

4. **总结** 为什么经济学家认为总供给、总需求和宏观经济均衡是有用的概念？

5. **定义** 在高通货膨胀时期，总供给曲线会发生什么变化？

6. **解释** 宏观经济均衡的概念如何与决策者的目标相关联？

7. **对比** 你认为哪种类型的经济政策——供给侧政策或需求侧政策，具有最多的优势？解释你的答案。

经济学写作

8. **应用** 想象一下，你是美国总统的顾问，经济正陷入衰退。你会建议采取哪些政策来阻止经济下行？为什么你的计划是最好的？解释你在总供给和总需求方面的建议。

美国联邦政府是否应该在联邦支出和税收方面做出重大改变，以应对不断增长的国债？

在美国历史的大部分时间里，联邦政府的花费都超过了它所收到的税收。为了弥补这一短缺，也被称为"赤字"，美国通过多种方式筹集资金。政府可以出售被称为"国库券"的债券，这种债券起到借据的作用。它向购买债券的人支付这笔债务的利息，并且必须在一段时间后偿还全部的票据价值。

企业和政府经常背负一些债务，如果管理得当，这些债务可以帮助经济增长。但随着美国国债和其他形式借贷的公共债务总额接近20万亿美元，美国人越来越担心。他们怀疑美国正走向危机，有一天可能无法偿还借款，或者违约。

一些经济学家表示，如果不迅速采取行动，债务问题可能会变得太大而无法解决。其他人则认为，大幅增税和削减开支对经济的影响弊大于利。

政府应该做出改变应对不断增长的国债

需要更多纳税人的钱来支付利息。

削弱美元在世界各地的价值。

最终将增加到超过GDP。

减缓经济增长。

> 我一直认为，偿还国债对经济是有益的：它使利率保持在比原来更低的水平，并释放储蓄来为资本存量的增加提供资金，从而提高生产率和实际收入。
>
> ——艾伦·格林斯潘（Alan Greenspan），
> 美联储前主席

△美国纽约市的国债时钟。

NO

政府不必做出改变应对不断增长的国债

使得经济增长。

可以在不进行重大更改的情况下进行管理。

支付关键政府项目的费用。

并没有使得外国投资者放弃美元。

> 明天的国民收入将比今天更高，因为政府有勇气借入闲置的资本，并把它和闲置的劳动力用于工作……我们的国债毕竟是一种内债，不仅包括国家所欠的债务，也包括欠国家的债务。如果我们的孩子必须为此支付利息，他们将自己支付利息。合理的内部债务不会使我们的孩子贫穷或使国家破产。

资料来源：Franklin D. Roosevelt "Address Before the American Retail Federation, Washington, D.C." May 22, 1939。

△借钱来资助必要的工作是件坏事吗？

分析问题

1. 分析图文 美国公共债务水平与战争和经济衰退等重大事件有何关联？

2. 探索问题 一些人认为，美国政府应该像普通家庭一样平衡预算。你同意吗？为什么？

3. 评价 你觉得最有说服力的论点是什么？解释你的答案。

学习指南

第 1 节

优点　减轻衰退和萧条的严重程度。

　　　权利计划为个人提供了更多的安全保障。

　　　"启动泵"导致更大的总体支出。

缺点　超前与滞后问题。

　　　增加对政府的依赖。

　　　为赤字支出提供资金的税收负担。

第 2 节

供给侧政策

使政府变小
- 联邦机构减少。
- 减少政府开支。

降低所得税
- 拉弗曲线（被证明是错误的）。
- 个人收入增加刺激经济增长。

放松管制
- 政府放宽或取消对某些行业商业活动的监管。
- 提高生产效率。

第 3 节

宏观经济均衡

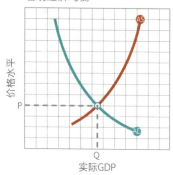

第13章 评估

说明：在一张单独的纸上回答以下问题。请务必仔细阅读并回答所有问题。

内容回顾

第1节

❶ **识别** 凯恩斯主义经济政策的主要目标是什么？

❷ **解释** 需求侧政策如何增加人们对政府的依赖？

第2节

❸ **对比** 供给侧政策与需求侧政策有何不同？

❹ **识别** 供给侧政策有哪些缺点？

第3节

❺ **解释** 总需求与个人需求有什么关系？

❻ **分析** 为什么宏观经济学家使用总需求和总供给的概念？

❼ **解释** 为什么像失业保险这样的自动稳定器是预防经济衰退最有效的财政政策？

批判性思考

❽ **分析** 为什么很难检验关键的供给侧政策，包括缩减政府规模？

❾ **评估** 在严重的经济衰退期间，你所在的城镇正在考虑增加财产税，以支付学校和消防部门等基本服务的费用。你认为这一政策变化会对当地经济的需求产生什么影响？解释你的答案。

❿ **构建论据** 假设经济学家一致认为美国最近陷入了经济衰退。为了促进经济增长和结束经济衰退，总统提议对所有美国人减税。与此同时，国会投票赞成增加联邦政府在公路和桥梁上的支出。写一篇文章解释每项政策的优点和缺点，以及你认为应该做什么。

图表分析

使用下图回答有关总需求的以下问题。

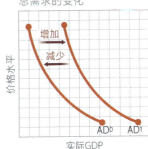

总需求的变化

⓫ **分析图表** 什么样的财政政策变化可以解释总需求从AD⁰到AD¹的变化？解释你的答案。

⓬ **分析图表** 哪条总需求曲线代表了表现更好的经济？你是如何判断的？

回答核心问题

回顾每节开始时你对这些问题的回答。根据你在本章中学到的内容再次回答这些问题。你的答案改变了吗？

⓭ **解释** 政府如何促进价格稳定、充分就业和经济增长的经济目标？

⓮ **解释** 我们如何知道是否已经实现宏观经济均衡？

21世纪技能

⓯ **了解事件之间的关系** 研究美国2008年旨在结束经济衰退的经济刺激法案。分析立法中的战略，以及它们是供给侧政策还是需求侧政策。

⓰ **创建和使用图表** 创建一个图表，展示经济学家认为政府能够刺激经济增长的不同方式。然后解释为什么你这么对每个方法进行分类。

说明：在单独一张纸回答以下问题。确保你仔细阅读并回答所有问题。

培养财经素养

⑰ 规划 经济衰退是经济周期的正常组成部分。因为你知道另一场经济衰退势必到来，所以规划你的财务是有意义的。想想总需求、价格水平和经济衰退之间的关系。聪明的消费者如何提前计划好，以便他们能经受住这场风暴？他们如何从衰退中获益？

分析基本资料

阅读基础资料并回答以下问题。

基础资料

" 在短期内，当经济运行低于其潜在水平时，财政刺激可以提高产出和收入。要以最少的长期成本产生最大的影响，刺激应该是及时的、临时的和有针对性的。在经济活动仍处于潜在水平以下的情况下，刺激应该是及时的，这样才能感受到其影响。然而当经济恢复后，刺激措施将适得其反，所以刺激应该是临时的，以避免加剧通货膨胀，并尽量减少更大预算赤字的长期不利影响。刺激还应该是有针对性的，它为最需要并会将其花掉的人提供资源：要使财政刺激发挥作用，必须把资金花掉，而不是存起来。"

资料来源：Douglas Elmendorf, "Economic Stimulus: What characteristics make fiscal stimulus most effective?" Tax Policy Center, February 7, 2008. From *The Tax Policy Briefing Book: A Citizen's Guide for the 2012 Election and Beyond*, by the Staff and Affiliates of the Tax Policy Center.

⑱ 考虑优点和缺点 解释财政刺激的机会成本。

⑲ 确定因果关系 为什么说财政刺激会增加通货膨胀？

⑳ 探索问题 根据埃尔门多夫（Elmendorf）的说法，财政刺激的资金必须"瞄准"才能成功。他是什么意思？什么样的政策可以确保资金"有针对性"？

第14章　货币政策

核心问题

- 政府如何促进价格稳定、充分就业和经济增长的经济目标？

第1节　美联储的结构和职责

第2节　货币政策

第3节　经济和政治

美联储鲜为人知的一面

　　大多数人只知道美联储主席，及其在为总统和国会提供建议方面所扮演的角色。但美联储组织结构并不简单。美联储由一个执行委员会、一个理事会、联邦公开市场委员会、联邦咨询委员会以及数以千计的联邦和成员银行组成。这个由经济学家、政府雇员和银行家组成的网络致力于维持美国可预测的货币供给。

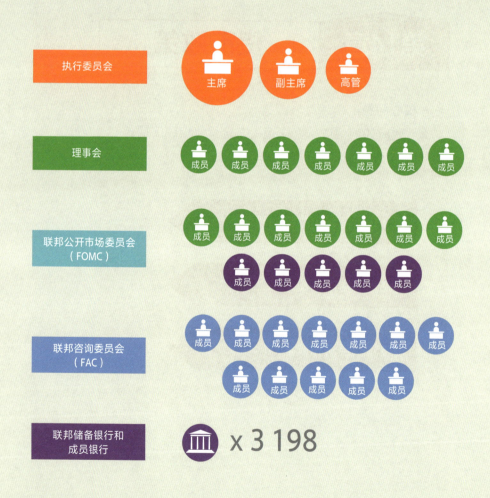

美联储主席

1
成员

美联储主席实质上是美国中央银行系统的首脑。美联储主席必须每年2次向国会报告美联储的货币政策，也要与财政部长会面，并就年内各种财政问题在国会作证。

理事会

7
成员

美联储理事会是美联储的管理机构。该理事会有权监督联邦储备银行，也有权执行国家的货币政策。该委员会有7名成员，由总统任命，再由参议院确认。理事会成员任期为14年。理事会由主席、副主席领导，他们都是从现任理事会成员中挑选出来，并由美国总统直接任命。

联邦公开市场委员会

12
成员

+ 7 名理事会成员
5 名联邦银行行长

美联储控制着3种货币政策工具：公开市场业务、贴现率和准备金率。联邦公开市场委员会负责公开市场业务，即中央银行在公开市场上买卖债券。美联储利用公开市场交易来保持联邦基金利率接近其设定的目标利率。公开市场操作由纽约联邦储备银行的交易台在《联邦储备法》（Federal Reserve Act）的授权下完成。

联邦咨询委员会

12
成员

联邦咨询委员会的成员是来自全国各地银行业的12名代表。该委员会在其职责范围内向美联储理事会提供咨询。该委员会每年至少召开4次会议，会议在华盛顿特区举行。储备银行选择1名代表前往FAC就职，任期1年，代表该储备银行所在地区。这些代表大多连任3届。

想一想
美联储以什么方式受到党派政治的影响？

阅读帮手

术语表

- 成员银行
- 通货
- 硬币
- 银行控股公司

做笔记

使用下图来描述美联储的特征。

政府如何促进价格稳定、充分就业和经济增长的经济目标？

美国政府的首要任务之一是保持强劲的经济和高效、可靠的金融体系。国会和总统在推动这些优先事项方面发挥着重要作用并承担重大责任，但这些政府部门是政治的主体。它们被政党成员所占据，政党成员在计划下一轮选举时，会持续关注公众支持或反对的民意调查。美联储体系是平衡这些政治主体的重要力量。虽然美联储的领导层有一些被任命的职位，但其很大程度上独立于政府部门。美联储可以提前计划，根据最好的经济数据和想法做出合乎逻辑的决策，然后无须进一步批准就可以采取行动。

- 拥有一个像美联储这样的独立机构来监管经济是好事吗？为什么？
- 美联储应该向公众、国会和总统做出更多的回应吗？

美联储的结构

引导性问题　美联储在哪些方面是私有的，但又由公众控制？

如图 14.1 所示，自大萧条以来，美联储的主要组成部分几乎没有变化。即便如此，美联储目前的结构运转良好，以实现价格稳定、充分就业和经济增长为经济目标。

私有制

成员银行　属于美联储的银行。

美联储的一个独特之处是：它由其**成员银行**（member bank）私

有。成员银行是商业银行，它是美联储的成员，并持有美联储的股份。所有全国性银行——由联邦政府特许的银行——都属于美联储。今天，所有的大银行——几乎40%的美国银行——都是美联储的成员。

由于政府没有足够的资金来建立一个新的银行体系，因此让美联储成为股份公司的决定是必要的。另外，美联储要求银行在加入时要购买股票。这一过程使银行成为美联储的部分所有者，就像个人可能拥有私人公司的股份一样。私人不能购买美联储的股票，不过他们可以通过购买美联储成员银行的股份来成为间接所有者。私人银行持有美联储的股票意味着政府并不拥有美联储。

理事会

美联储由7名成员组成的理事会领导，其成员由总统任命，并经参议院批准，任期为14年，不可连任。其中一位理事成员被任命为主席，任期4年，可连任。这些任命是错开的，所以每两年就有一个空缺。为了公众利益，要谨慎任命管理美联储的人。因此，可以说美联储是私有的，但由公众控制。

理事会主要是一个管理和监督机构。它的成员银行需要遵守常规政策，并且监管州特许成员银行某些方面的业务。它帮助制定影响利率水平和获得一般信贷的政策。理事会每年向国会

图14.1

美联储的结构

联邦公开市场委员会的组成：
7名理事会成员
5名联邦储备银行行长
功能：
确定货币政策

理事会的组成：
7名由总统任命的成员
功能：
管理和监督美联储

联邦咨询委员会的组成：
12名委员，各地区联储银行代表各1人
功能：
就经济情况提供意见

12个联邦储备银行

提供资金　　获得股份

成员银行

理事会负责监管联邦储备系统。联邦公开市场委员会对货币政策负有主要责任。联邦咨询委员会就经济状况向理事会提供建议。联邦储备银行分布在美国各地，接近它们服务的机构。会员银行提供少量资金，并获得股份作为回报。

▲ 批判性思考

经济分析　美联储理事会的职能是什么？

报告，并发布月度公报，内容涉及国内和国际货币事务。

联邦储备银行

美联储最初是作为一个由 12 个独立且同样强大的银行组成的体系来运作。每个储备银行负责一个地区，今天一些联邦储备券仍然在肖像的左边印着地区银行的名字。

最近，技术进步已经降低了对地域结构的要求，因此美国货币上的新美联储印章并没有包含任何地区银行。

美联储如何提供……

美联储

监管

信用卡和借记卡交易

美国消费者保护

美联储不仅要操纵国家货币的价值和利率水平，还致力于保护消费者。例如，信用卡和借记卡交易、抵押贷款和借贷等金融交易都受到美联储监管。例如，《诚信借贷法案》（the Truth in Leading Act）要求消费者要准确了解信用卡、贷款和其他金融产品的条款。

▲ 批判性思考

分析 消费者保护法的目的是什么？

如今，12 个联邦储备银行及其分支机构都战略性地分布在它们所服务的机构附近。地区银行为银行和存款机构提供的许多功能与银行为人们提供的功能相同。例如，联邦储备银行接受私人银行和储蓄机构的存款，并向它们发放贷款。

联邦公开市场委员会

联邦公开市场委员会是美联储主要的货币政策制定机构，因为它有权提高或降低利率。它有 12 位拥有投票权的成员：包括理事会的 7 位理事成员，纽约联邦储备银行的主席，以及来自其他 11 个地区的 4 位联邦储备银行行长，他们的任期为 1 年。

联邦公开市场委员会每年召开 8 次会议，以审查经济形势，并评估建筑、工资、物价、就业、生产、股市和消费者支出等的趋势。它的决策直接影响信贷的成本和可获得性。虽然决策在私下做出，但几乎要在联邦公开市场委员会会议后立即向公众宣布。

联邦咨询委员会

美国历史上，有几个咨询委员会曾向美联储理事会提供咨询。最重要的委员会是联邦咨询委员会，它由 12 个联邦储备银行各 1 名代表组成。它每年召开 4 次会议，就有关经济整体健康事宜向美联储提供建议。

其他咨询委员会就储蓄与贷款协会、储蓄银行、信用合作社以及有关银行偿付能力的相关事宜向美联储提供咨询。美联储还负责消费者保护，直到 2011 年这些职责被转交给美国消费者金融保护局（CFPB）。作为财政部的一个独立机构，CFPB 的产生是贷款滥用的直接结果，而贷款滥用导致了 2008—2009 年的大衰退。

✅ 阅读进展检查

解释 联邦公开市场委员会的目标是什么？

美联储的职责

引导性问题 美联储如何监管银行？

美联储还有其他责任，如维持货币供给和支付体系，管理和监督银行，制定消费者法案，以及作为联邦政府银行提供服务。

维持通货

通货 货币供给中的纸币和硬币部分，主要由联邦储备券组成。

今天的**通货**（currency），即货币供给中的纸币和硬币部分，主要由联邦储备券组成。纸币的发行金额分别为 1 美元、2 美元、5 美元、10 美元、20 美元、50 美元和 100 美元，这些纸币将分发给联邦储备银行进行存储，直到公众需要。

硬币 金属形式的货币，如便士、镍币、一角硬币、25 美分硬币和 1 美元硬币。

硬币（coins），即金属形式的货币，如便士、镍币、一角硬币、25 美分硬币和 1 美元硬币。硬币铸造完成后，也会运往联邦储备银行存放。当成员银行需要额外的货币时，它们会联系美联储。

当银行发现硬币或纸币残缺不全或因其他原因不能使用时，它们会将这些硬币或纸币退还给美联储进行更换。然后，美联储销毁旧货币，使其不再重新流通。

维护支付体系

支付体系涉及的不仅仅是货币供给。它还包括企业、州和地方政府、金融机构和外国央行之间的资金电子转移。此外，被称为清算所的专门机构处理每年数十亿美元的支票。美联储与所有这些机构合作，确保支付体系平稳运行。

在美国，支票是仅次于现金的流行支付方式。然而，2003 年一项法律改变了支票的处理方式。支票过去通常会退还给开支票的人，现在只需要将支票的电子图像退给签发人。

网上银行是银行系统的另一项重大创新。现在人们可以在美国任何地方使用互联网开立账户，美联储会监督程序，以确保不会有滥用发生。

监管银行

美联储负责制定管理银行业行为的具体准则。它还负责监测、检查和审查各种银行机构，以核查它们是否遵守现有的银行法。

美联储负责监管其成员银行的外国分行和外资银行的美国分行。美联储对州银行的许多活动都有管辖权，包括<mark>银行控股公司</mark>（bank holding companies）的业务，即拥有和控制一家或多家银行的公司。美联储不直接检查和监管的银行由联邦存款保险公司、货币监理署或各州银行当局进行监管。

银行控股公司 拥有并控制一家或多家银行的公司。

金融素养和消费者保护

虽然美联储的一些消费者保护活动已经转交给财政部的消费者金融保护局，但美联储仍然提供丰富的金融相关信息。例如，美联储的网站提供报告、计算器和许多其他有用的指南，内容涉及信用报告和分数、身份盗窃、抵押和取消抵押品赎回权等。

如果你使用信用卡购买家具或汽车，你会发现卖家在你购买之前必须公开如下信息：首付款金额、每月付款金额，以及贷款期间的利息总额。卖方公开的所有信息都是由美联储决定的。

作为政府的银行

美联储的最后一项职能是为联邦政府及其机构提供一系列金融服务。例如，美联储在全国范围内拍卖国债。它也代表美国财政部发行、支付利息和赎回这些证券。在这一过程中，它为财政部保留了许多活期存款账户。

因为美联储扮演着政府的银行的角色，任何给美国财政部开出的支票都存在美联储。任何联邦机构的支票，比如每月的社会保障支出，都来自美联储账户。美联储还可以将资金从美国的一个地方转移到另一个地方，这样政府就可以随时随地进行支付。

实施货币政策

尽管所有上述职能都是美联储在经济中发挥作用的重要组成部分，但其最重要的职责是实施货币政策。

✅ 阅读进展检查

总结 美联储监管什么类型的银行？

探索核心问题

在2007—2009年的金融危机和更早的危机（比如20世纪80年代末和90年代初的储蓄和贷款危机）之后，美联储监管银行的原因似乎显而易见。这种监管如何促进经济增长和充分就业？

第1节　回顾

词汇回顾

1. **确定**　谁是美联储的成员银行？

2. **定义**　什么是银行控股公司？

使用你的笔记

3. **解释**　美联储理事会的职责是什么？

回答引导性问题

4. **描述**　美联储在哪些方面是私有的，但又由公众控制？

5. **解释**　美联储如何监管银行？

经济学写作

6. **观点**　在维护支付体系方面，为什么美联储的角色是美国金融体系的重要组成部分？如果美联储不提供这些服务会发生什么？

美国经济变化:

政府支出增加

2013年，联邦政府总支出约3.4万亿美元，相当于GDP的21%。在这个国家，这是一个有争议的话题。政府支出增加意味着要么增加税收，要么增加借贷资金或增加国债。那些支持增加政府支出的人指出，大部分资金都流向社会保障和联邦医疗保险等福利项目。随着人口老龄化，这些项目支出必须继续。那些反对的人则希望政府停止为基础设施等项目提供资金。他们希望由私人提供资金来发展基础设施项目，比如清洁当地的水供给。

联邦政府为州的基础设施项目提供资金，其中一个例子是：《联邦净水法案》（Fedral Clean Water Act）计划最近向明尼苏达州的一个项目提供资金。该项目旨在解决非点源（NPS）水污染问题。该项目于2013年春季启动，计划持续3年。这笔资金将支持明尼苏达州研究水污染的特定团体，并为制订行动计划提供资金，以解决这一问题。该项目将覆盖明尼苏达州的16个地点。

那些反对政府资助这一项目的人希望使用私人资金。国会的一项计划是，通过发行新的基础设施债券，并努力吸引企业融资，为基础设施项目创建私人基金。一个提议希望，购买这些债券的公司将从海外利润中获得税收优惠。与此同时，明尼苏达州正在推进该项目。

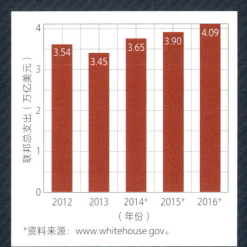

*资料来源：www.whitehouse.gov。

案例研究回顾

1. **分析** 基础设施支出与社会保障和医疗保险等福利项目支出有何不同？

2. **评估** 那些认为政府应该为基础设施项目提供资金的政客遵循的总体经济理念是什么？请列举美国历史上这种经济理念盛行的一个时期。

做笔记

利用下图描述所讨论的每种货币政策的效果。

货币政策的效果

第2节　货币政策

核心问题

政府如何促进价格稳定、充分就业和经济增长的经济目标？

为什么制定促进经济增长的货币政策符合政府的利益？解释你的答案。

部分准备金和存款扩张

引导性问题　部分准备金制度如何使货币供给增加？

要理解货币政策是如何运作的，我们必须首先理解部分准备金制度是如何让货币供给很容易地扩张或收缩。在部分**准备金制度**（fractional reserve system）下，银行必须以**法定准备金**（legal reserve）的形式保留存款总额的一部分。这是全世界银行体系的特点，也是美国银行业的基础。

无论任何时候银行接受存款，它必须保留一些资金作为法定准备金，银行金库中持有的硬币和货币，以及在美联储的存款。储备金的多少由**存款储备金**（reserve requirement）确定，必须保留每个存款的一定比例作为法定准备金。然后银行就可以把剩余的资金贷出去，这就导致了货币供给量是初始存款的几倍。

拥有部分准备金的银行

要了解部分准备金制度如何运作，我们需要对第8章中的一个例子进行扩展。其中，一位名叫金的储户将1 000美元存入一家存款准备金率为20%的银行，开立了活期存款账户。如果我们假设其他人都没有钱，那么整个货币供给量就是1 000美元。图14.2说明了在这些条件下发生的货币扩张过程。

- 周一，由于 20% 的存款准备金率，金的存款中必须留出 200 美元，以备用现金的形式作为储备金，或者作为**成员银行准备金**（Member Bank Reserve，MBR），即成员银行保留在美联储的存款，以满足存款准备金率。剩余 800 美元为**超额准备金**（excess reserves），即超出存款准备金的法定准备金，代表了银行的放贷能力，可以贷出。截至周一，公众手中的货币供给总计为金的 1 000 美元。

- 周二，银行将 800 美元超额准备金贷给比尔。比尔决定以活期存款的形式贷款，以便现金不会离开银行。即便如此，银行还是把比尔的活期存款当作新存款，所以必须留出 20% 或 160 美元作为准备金。然后将 640 美元的超额准备金借给其他人。截至周二，公众手中的货币供给总计为 1 800 美元，这是金和比尔的活期存款总和。

- 周三，玛丽亚进入银行，借了 640 美元的超额准备金。如果她也以活期存款的形式获得贷款，银行将其视为 640 美元的新存款，其中20%必须作为法定准备金，剩余 512 美元超额准备金。到那天结束，公众手中的货币供给（活期存款和现金）已经增长到 2 440 美元，这是金、比尔和玛丽亚拥有的活期存款总和。

如果玛丽亚以现金的形式借入 640 美元的超额准备金，那么结果

部分准备金制度 要求金融机构将一部分存款以准备金或备用现金的形式保留下来的制度。

法定准备金 用于满足存款准备金的货币和存款。

存款准备金 用于计算存款机构要求的准备金数额的公式。

成员银行准备金 成员银行在美联储保留的准备金，以满足存款准备金。

超额准备金 金融机构的现金、货币和超过法定准备金的准备金，是潜在的新贷款来源。

图14.2

部分存款准备金和货币供给

如果存款准备金率为 20%，就会产生 1 000 美元的现金存款，货币供给就增加了 4 倍。

◀ 批判性思考
经济分析 如果初始准备金为 2 000 美元，货币供给能达到多大？

将完全相同，还是 2 440 美元。如果她这样做，公众手中的货币供给将包括金和比尔支票账户上的 1 800 美元，加上玛丽亚的 640 美元。

货币扩张限制

货币扩张进程将暂时停止，直到 640 美元的现金作为存款返还给银行。如果玛丽亚把钱花掉，而得到钱的人开了一个新的存款账户，从而创造了额外的超额准备金，那么扩张过程就会恢复。

只要银行有超额准备金可以放贷，只要贷款者将部分或全部资金存入银行，图 14.2 中的扩张就会继续。事实上，只要每 1 美元的活期存款都有 20 美分的法定准备金，则活期存款的总额为：

$$\frac{成员银行准备金总额}{存款准备金率} = \frac{1\ 000}{0.2} = 5\ 000美元$$

当然，人们总会保留一些现金，所以活期存款总额的最大值可能不会达到 5 000 美元。即使这样，部分准备金银行业允许每个人的存款准备金总额比初始存款增长几倍。

☑ 阅读进展检查

描述 如果人们决定把现金存下来，货币扩张会发生什么？

图14.3

货币政策的短期影响

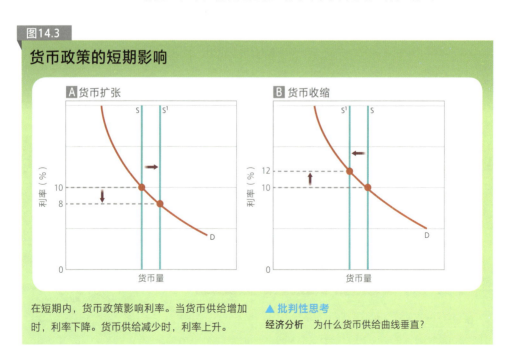

A 货币扩张   B 货币收缩

在短期内，货币政策影响利率。当货币供给增加时，利率下降。货币供给减少时，利率上升。

▲ 批判性思考
经济分析 为什么货币供给曲线垂直？

实施货币政策

引导性问题 美联储使用什么工具扩大和缩减货币供给?

美联储最重要的职能之一是实施**货币政策**（monetary policy）——影响信贷可获得性和成本的货币供给变化。这进而影响利率和经济活动。

货币政策 美联储通过扩大或收缩货币供给来影响信贷成本和可获得性的行为。

货币政策如何运作

货币政策基于供求机制。图 14.3 显示，货币的需求曲线与一般的需求曲线形状相同，这说明当**利率**（interest rate）或信贷价格较低时，将需要更多货币。然而，供给曲线与一般的供给曲线形状不同。相反，它垂直的斜率表明货币供给在任何给定时间都是固定的。

利率 借款人获得贷款的价格。

当美联储实施货币政策时，它通过改变货币供给量来改变利率。在**宽松的货币政策**（easy money policy）下，美联储扩大货币供给，导致利率下降。这一政策刺激了经济，因为个人和企业以更低的利率借入更多的资金。如图 14.3A 所示，较大的货币供给使利率从 10% 降到 8%。

宽松的货币政策 扩大货币供给，导致利率下降，信贷更易获得的政策。

在**紧缩的货币政策**（tight money policy）下，美联储限制货币供给。图 14.3B 显示，货币供给的收缩使借贷成本从 10% 提高到 12%。这往往会减缓借贷和经济增长，因为较高的利率通常会鼓励每个人减少借贷和支出。

紧缩的货币政策 限制货币供给，导致利率上升，信贷不易获得的政策。

美联储可以使用 3 种主要工具来实施货币政策。每种工具都以不同的方式来改变超额准备金的数量，即银行可以借给其他人的资金数量。

存款准备金率

货币政策的第一个工具是存款准备金率。在国会规定的范围内，美联储可以改变所有活期账户、定期账户和储蓄账户的准备金。

如图 14.2 所示，我们假设 20% 的存款准备金率适用于比尔、玛丽和其他储户所持有的活期账户。在这个存款准备金率下，1 000 美元的初始存款可以扩大到 5 000 美元的银行存款总额。不过，美联储也可以将存款准备金率降至 10% 或提高至 40%。若初始存款仍为1 000 美元，存款准备金率变成以上两个利率时情况如图 14.4 所示。

- **较低的存款准备金率** 在图 14.4A 中，10% 的准备金率意味着 900 美元的超额准备金可以在第二天借出，810 美元可以在第三天借出，以此类推。超额准备金是可用的，直至达到最大值：

$$\frac{成员银行准备金总额}{存款准备金率} = \frac{1\,000}{0.1} = 10\,000 美元$$

- **较高的存款准备金率** 在图 14.4B 中，存款准备金率增加到 40%。结果是，第一笔贷款有 600 美元的超额准备金，第二笔贷款有 360 美元的超额准备金，以此类推，直到产生 2 500 美元活期存款。

$$\frac{成员银行准备金总额}{存款准备金率} = \frac{1\,000}{0.4} = 2\,500 美元$$

从历史来看，美联储一直不愿将存款准备金率作为一种政策工具，部分原因是其他货币政策工具的效果更好。即便如此，如果美联储需要更频繁地使用存款准备金率，它的作用会很大。

公开市场业务 美联储在金融市场出售和购买政府债券的货币政策。

公开市场业务

货币政策的第二个工具是**公开市场业务**（open market operations），

图14.4

存款准备金率作为货币政策的一个工具

A 扩大货币供给
10%的存款准备金率

B 减少货币供给
40%的存款准备金率

美联储可以通过改变存款准备金率来控制货币供应的规模。低的存款准备金率，如10%，可以扩大货币供给。较高的存款准备金率，如40%，则产生相反的效果。

▲ **批判性思考**

经济分析 如果美联储将存款准备金率定为25%，货币供给有多少？

即在金融市场上买卖政府证券。这是美联储最常用的工具。实际上，美联储每天通过交易商买卖数十亿美元的政府债券。对货币供给的影响如下：

- **美联储购买证券** 美联储可以自己开一张支票来购买证券，也可以向卖方支付等值的现金。无论哪种方式，卖家（通常是证券交易商）都会把支票或现金存入银行。

  因此增加了成员银行准备金，并创造了可贷出的超额准备金。结果是，每当美联储购买政府债券时，就会产生超额准备金，货币供给就会扩大。如果美联储购买200美元的证券，图14.2中的货币供给将为6 000美元：

$$\frac{\text{成员银行准备金总额}}{\text{存款准备金率}} = \frac{1\ 000+200}{0.2} = 6\ 000\text{美元}$$

- **美联储出售证券** 假设美联储出售部分政府证券，当买家从银行系统取钱购买证券时，成员银行准备金就会下降，迫使货币供给收缩。如果美联储在允许货币供给达到6 000美元后再出售400美元的证券，那么货币供给将是4 000美元：

$$\frac{\text{成员银行准备金总额}}{\text{存款准备金率}} = \frac{1\ 200-400}{0.2} = 4\ 000\text{美元}$$

联邦公开市场委员会是美联储监管政府证券买卖的部门。通常情况下，联邦公开市场委员确定利率是过高、过低，还是刚刚好。当该委员会投票确定目标后，它指示纽约联邦储备银行购买或出售足够的政府债券，以达到预期的利率。如图14.3 A所示，扩大货币供给会降低利率，减少货币供给会提高利率。

贴现率

作为美国中央银行，美联储可以向存款机构提供贷款。==贴现率==（discount rate）——美联储对金融机构贷款收取的利率——是货币政策的第三大工具。只有金融机构可以向美联储借款，私人和公司则不被允许这样做。

- **提高贴现率** 如果贴现率上升，从美联储借款的银行就会减少，银行可供放贷的超额准备金也会减少。更高的贴现率通

贴现率 美联储对金融机构贷款收取的利率。

常会提高所有的利率，使所有的借贷更加昂贵，从而减缓经济增长。

- **降低贴现率** 如果一家银行的准备金意外下降，或者可能有很高的季节性贷款需求，它可能希望从美联储借入准备金。例如，农业地区的银行在种植季节可能面临巨大的需求。如果有足够多的银行利用较低的贴现率，那么成员银行储备金总量将增加，这将扩大货币供给。

最优利率 商业银行向其最佳客户收取的最低的利率。

虽然美联储只是直接设定贴现率，但其货币政策行动会影响其他利率。例如，一些变化可以直接影响**最优利率**（prime rate）——商业银行向其最佳客户收取的最低利率。在许多大型银行，最优利率与其他利率挂钩，因此每当美联储调整贴现率时，银行通常会上调或下调最优利率。

☑ 阅读进展检查

检查 美联储为什么要进行公开市场业务？

货币政策的困境

引导性问题 为什么择时对于实施货币政策很重要？

美联储利用货币政策工具来促进价格稳定、充分就业和经济增长。这看似是一项容易的任务，但货币政策的影响是复杂的，有时会让美联储的政策制定者进入两难境地。

提前与滞后

一个问题是，美联储永远无法确切知道某项政策需要多长时间才能生效。今天的低利率可能会刺激下周、下个月、明年甚至更久之后的投资支出。因此，美联储往往很难确切地知道何时应该实施或何时应该放弃某项政策。

货币主义 强调稳定的货币供给增长对控制通货膨胀和刺激长期经济增长的重要性经济哲学。

一种解决办法是简单地让货币供给以稳定的速度增长，从而避免宽松货币政策和紧缩货币政策交替出现。这是**货币主义**（monetarism）——一种把货币在经济中的作用放在首位的哲学——提出的基于规则的解决方案。货币主义者认为，货币供应的波动可能导致失业和通货膨胀。因此，他们倾向于以规则为基础的政策，这些政策能够使货币增长维持在稳定、长期的状态，其水平低到足以控制通货膨胀。

货币主义是一种重要的经济哲学，它与上一章讨论的需求侧政策和供给侧政策互为竞争关系的。虽然这两种方法都与刺激生产和就业有关，但都不太重视货币供应和货币政策。

货币政策与公众舆论

货币政策可以改变利率，但有时经济对此并不那么敏感。例如，当美联储在 2001 年和 2008 年大幅降息以使经济走出大衰退时，失业率经过数年时间才回落。

当然，如果没有降低利率的货币政策，降低失业率的难度会大得多，但我们必须认识到，利率只能起到有限的作用。与此同时，美联

图14.5

货币政策工具

货币政策工具概述

工具	美联储措施	对超额准备金的影响	货币供给
存款准备金	减少	释放超额准备金，因为需要更少的资金来支持系统中的现有存款	增加
	增多	需要更多的准备金来支持现有的存款，超额准备金会缩减	减少
公开市场业务	购买证券	美联储开出的支票增加了银行系统的准备金	增加
	出售证券	买方开出的支票被从银行准备金中扣除，系统中的超额准备金缩减	减少
贴现率	降低	额外的储备金可以以较低的成本获得，超额准备金增加	增加
	升高	通过借款增加的储备金现在更加昂贵，超额准备金不再增加	减少

美联储使用货币政策工具来促进价格稳定、充分就业和经济增长。存款准备金、公开市场业务和贴现率等工具可以扩大或缩小国家经济中可用的货币数量，可以根据加速或减缓经济增长的需要来使用。

▲ **批判性思考**

经济分析 美联储如何使用存款准备金来影响货币供给？

储将不得不忍受政客们，要求它对目前只能产生微弱影响的局面采取更多行动的叫嚣。

货币供应增长与通货膨胀

另一个问题是，从长远来看，货币供给也会影响总体价格水平。如果货币供给长期扩大，就会出现用较多美元购买较少商品的情况，产生由需求拉动的通货膨胀。货币供给量对一般价格水平的影响是**货币数量理论**（quantity theory of money）的基础，在美国历史上经常能够看到它的身影。

例如，在 16 世纪，当西班牙人从美洲带回黄金和白银时，货币供给的增加引发了持续了 100 年的通货膨胀。在独立战争期间，当大陆会议发行了 2.5 亿美元的货币时，美国经济遭受了严重的通货膨胀。美国在内战期间也经历了类似的过程，当时联邦政府印刷了近 5 亿美元的绿币。

尽管这些历史例子可能看起来有些极端，但它们说明了美联储仍面临通货膨胀的风险。举例来说，当美联储通过将利率推至创纪录的最低点来应对 2008—2009 年的大衰退时，它是通过迅速扩大货币供给来实现这一目标的。低利率为经济提供了重要的推力，但货币供给

货币数量理论 货币供给直接影响长期物价水平的假说。

美联储

这幅漫画反映了人们对美联储决定如何采取行动以及这些行动对经济有何影响的一些看法(和误解)。

▶ **批判性思考**
评价反方论点 这个美联储如何决策的例子显然有些夸张。解释一下为什么人们会有这种夸张的想法。

的快速和长期扩大可能会导致通货膨胀。

控制通货膨胀很重要，因为通货膨胀一旦开始之后就很难控制。例如，在 20 世纪 70 年代初，尼克松总统试图通过实施**工资—价格控制**（wage-price controls）来遏制通货膨胀。工资—价格控制规定，企业在没有得到政府明确许可的情况下给雇员加薪或提升价格是违法的。当时大多数货币主义者表示，这些控制措施不会奏效。事实很快证明他们是正确的——尽管有法规控制，但物价还是上涨了。

工资—价格控制 政策和法规规定，未经政府许可，公司给员工加薪或提高价格是违法的。

✓ 阅读进展检查

总结 与扩张性货币政策相关的问题有哪些？

第2节 回顾

词汇回顾

1. **定义** 解释工资—价格控制的作用。

使用你的笔记

2. 解释帮助政府促进价格稳定的政策。

回答引导性问题

3. **解释** 部分准备金制度如何使货币供给增加？

4. **评估** 美联储使用什么工具来扩大和缩减货币供给？

5. **得出结论** 为什么择时对于实施货币政策很重要？

经济学写作

6. **资料性/解释性** 写一段话，比较和对比"紧缩货币"和"宽松货币"政策，说明每种政策各自如何影响经济。

做笔记

阅读本节时，请使用下表来总结美国经济政策的变化以及当今的经济和政治。

美国经济政策的变化	当今经济和政治

第3节　经济和政治

核心问题

政府如何促进价格稳定、充分就业和经济增长的经济目标？

美国政府在全国范围内促进经济增长。请思考美国政府在过去两年中如何刺激经济增长。你有看到过政府资助修路修桥，或者政府帮助过各州银行的报道吗？写一段话来描述美国政府促进经济增长的一种方式。

经济政策性质的变化

引导性问题　为什么财政政策的使用次数减少了？

2007 年年初，情况似乎比以往任何时候都好。通货膨胀在很大程度上得到了控制，经济虽然增长缓慢，但比过去任何时候幅度都更大、更有效率。2001 年的经济衰退异常温和，但经济扩张持续的时间越来越长。最重要的是，房价正升至创纪录的最高点，消费者感到比以往任何时候都更富有。

2007 年 12 月，一切都变了。2008—2009 年的大衰退到来，并持续了 18 个月，创下了 20 世纪 30 年代后的最长纪录。实际 GDP 下降略超 4.5%，失业率增加了一倍多。如果说有什么时候可以检验美国的宏观经济政策——需求侧、供给侧货币政策——的效率的话，那就是现在。

直到大衰退之前，需求侧政策的受欢迎程度一直受到货币主义和供给侧政策的压制。然而，这 3 项政策组合实施才使美国避免陷入令许多人担心的另一场大萧条。

相机决策财政政策的衰落

相机决策的财政政策需要国会、总统或政府机构采取行动才能生效，这种政策在二战后很受欢迎。政府的巨额战争支出帮助经济走出了大萧条。20世纪60年代，肯尼迪总统利用大幅削减所得税的办法，使低迷的经济再次复苏。20世纪80年代初，里根总统试图再次通过大幅削减边际所得税来刺激经济。

然而，相机决策的财政政策的受欢迎程度在里根总统就职后似乎有所下降。第一个原因是各种滞后——认识滞后、立法滞后和实施滞后，这发生在承认问题和实际采取行动之间。毕竟，从历史上看，通常持续不到一年的经济衰退，可能会在整体消费开始刺激经济时结束。

第二个原因，是国会各政党在预算问题上有分歧。例如，1995

全球 🌐 经济 & 你

美联储的措施对全球的影响

美联储的货币政策不仅影响美国经济，也影响全球经济。这是因为美元经常用于国际交易，比如原油买卖。事实上，美元的价值对世界各国的购买力具有循环效应，进而影响全球经济。

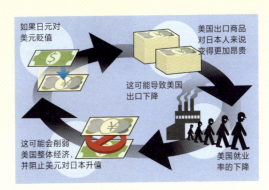

当美联储提高利率时，通常会提高美元的外汇价值。这增加了美元在其他国家可以购买的商品数量。出于同样的原因，当美元贬值时，美国人会购买更少的进口产品。当美元价值与价格上涨相结合时，这个问题就会加剧。例如，当油价上涨时，它会导致美国人在其他所有商品上的总体支出减少。如果美国人从其他国家购买的商品减少，也会影响这些国家的经济。反过来，这些国家的消费者能够购买的美国出口产品将减少。这有时会造成全球经济衰退的恶性循环。

▲ **批判性思考**

解释 解释美国利率提高如何影响全球经济。

年和 1996 年，由于共和党和民主党在联邦预算问题上无法达成一致，国会关闭了联邦政府。即使在大衰退结束后，由于政客们的分歧，政府又一次被关闭。

第三个原因是意识形态。例如，布什总统的减税政策是基于美国经济需要结构性改革的想法。因此，2001 年布什总统提议削减税率，并将削减延长到 2010 年及以后。一些政客似乎非常确信他们的政策是唯一正确的，以至于向不同的观点妥协几乎是不可能的。

货币政策的崛起

相机决策财政政策的受欢迎程度不断下降，导致的财政缺口由美

职业 | 美国铸币厂工程师

这个职业适合你吗？

 你有很强的决策能力吗？

 你对解决问题感兴趣吗？

 你喜欢与人合作并有很强的人际交往能力吗？

采访
在美国铸币厂工作的人

" 美国铸币厂为美国生产和储存货币硬币。该厂下设6个部门：财务部、信息技术部、制造部、保安部、销售和营销部劳动力解决方案部（人力资源部）。造币厂是一个联邦机构，所以所有工人都能得到各种各样的联邦福利，包括医疗保险、退休计划、健康计划、人寿保险以及常规假期和病假福利。铸币厂的6家工厂坐落于华盛顿特区、宾夕法尼亚州、科罗拉多州、加利福尼亚州、纽约州和肯塔基州。"

工资
年薪114 468~148 806美元

职业发展前景
预计未来几年，工厂工程师的数量不会发生变化。

工作内容
工厂工程师，又称工业工程师，负责设计、安装、测试和维护生产设备。工厂总工程师监督贵金属、可收藏硬币和国家硬币的制造。他们还就工程操作和系统及其修改与管理部门进行协商。

联储来填补。美联储有责任实施货币政策。正如你之前了解到的，货币政策包括改变信贷的数量和可获得性来影响利率——你为借来的钱支付的利息。

货币政策被认为政治色彩没有那么浓厚，也可以在迟滞最短的情况下实施。因此，当政客们就财政政策措施争论不休时，美联储几乎可以立即处理问题。

这种情况发生在 2001 年经济衰退期间。那次衰退持续时间很短，只有 8 个月左右，以至于政策制定者完全忽视了相机决策财政政策。但为了刺激经济，美联储几乎每个月都积极降息，最终将联邦基金利率从 6.5% 一路下调至 1%。这项政策奏效了，美联储为避免出现更糟糕的局面做出了很多贡献。

当然，就连美联储也难逃指责。例如，美联储在 2000 年通过加息来防止通货膨胀，可能是导致 2001 年经济放缓的原因之一。后来，2004 年它将利率降至历史最低水平，可能是房地产泡沫破裂的原因之一。即便如此，大多数国会议员认为，发行货币和管理货币供给的权力应该由一个独立机构拥有，而不是由当选官员拥有。

供给侧政策的流行

供给侧政策越来越受欢迎。从某种意义上说，这些政策是结构性的，因为政府监管减少和政府支出减少之类的事情不需要加以管理来适应不断变化的经济状况。相反，供给侧政策的支持者认为，通过缩减政府规模、降低税率和减少政府监管，可以让经济走上更快的增长道路。

供给侧政策的流行，部分原因可能是人们不喜欢税收，所以减税似乎很有吸引力。同样地，一些人可能喜欢"小政府"和"少监管"的理念。然而，无论如何，都有强有力的论据支持供给侧政策的立场。

供给侧政策的目的不是应对商业周期的短期波动。相反，它们旨在促进经济增长和提高经济效率。因此，虽然供给侧政策很受欢迎，但当经济在 2008 年大幅下滑时，它几乎无法提供帮助。

过去两年，你在当地超市做兼职工作，超市在经济衰退期间不得不裁员，而你是其中一个下岗的人。哪种消极的财政政策将帮助你弥补因被解雇而失去的收入？解释这种消极的财政政策的运作方式。

宏观政策和大衰退

大衰退的严重性是一个重大意外。由于经济在 2008 年全年和 2009 年上半年都在下滑，所以也被称为 2008—2009 年大衰退，它持续了 18 个月，创下了自 20 世纪 30 年代以来的最长时间纪录，实际 GDP 下降了约 4.5%。此外，失业人数超过 840 万，使 2009 年 10 月的失业率达到 10%。

在银行业，信用几乎完全崩溃。银行不愿放贷，因为它们担心无法收回贷款，企业也无法用贷款来支付账单。所有这些因素都使此次大衰退成为 20 世纪 30 年代大萧条以来最严重的一次危机。

考虑到问题的严重性，以下多种策略被采用。

- 货币政策被美联储广泛使用以保持尽可能低的利率。2009 年，美联储设法将美国国债利率降至 0.45% 以下，并将此利率维持了 5 年。

量化宽松 美联储用来维持低利率、鼓励银行增加贷款以刺激经济的手段。

- **量化宽松**（Quantitative easing，QE）是美联储用来保持低利率的新工具。美联储没有购买高质量的政府国债来扩大货币供给，而是从私人银行购买了大量风险更高的证券和其他投资产品。这有两个影响，首先，注入经济的资金有助于保持低利率。其次，美联储吸收了银行的一部分风险，使银行更倾向于再次放贷。

- 国会和总统以惊人的速度做出了回应，尽管在实施以下财政政策时，两者的政治理念存在很大差异。
  2008 年 3 月，美国总统布什发起、国会通过了 7 000 亿美元的问题资产救助计划（TARP），旨在从银行购买潜在不良贷款和投资。
  2009 年 2 月，美国总统奥巴马发起、国会通过了 7 870 亿美元的《美国复苏与再投资法案》（ARRA），该法案为通用汽车、克莱斯勒（Chrysler）和全球最大的保险公司之一美国国际集团（AIG）等陷入困境的公司提供了贷款。

- 不需要采取新的或特殊的立法行动就能生效的**消极的财政政策**（passive fiscal policies）也发挥了重要的稳定作用。自动稳定机制属于这一范畴，因为当经济疲软时，它们会自动做出反应。许多新失业的人得到了国家失业计划的财政支持，另一些人则试图通过再培训来学习新技能。找不到工作的老年工人如果符合条件，可以领取社保。

上述政策的结合防止了经济恶化，到 2012 年，美国实际 GDP 已经恢复到衰退前的高点。

☑ 阅读进展检查

总结　为何相机决策财政政策如今的使用频率低于过去？

当今的经济与政治

引导性问题　主流经济学理论在哪些方面是时代的产物？

在大衰退这样的时期，选出最有效的经济政策是困难的，但事实证明，我们需要将所有政策结合起来。然而，经济学家之间的意见分歧比大多数人认为的要小。

政治经济学

在 19 世纪，经济学曾被称为"政治经济学"。过了一段时间，经济学家摆脱了政治理论家的束缚，试图将经济学确立为一门独立的科学。

近年来，这两个领域再次合并。然而，这一次，它们以一种更好的方式进行了合并，即"公共选择经济学"。如今，政客们主要关心的是他们所做的事情的经济后果。美国国会的人多数主要辩论关于支出、税收和其他预算措施。

为什么经济学家意见不一

经济学家通常会选择一种政策而不选择另一种政策，因为他们认为有些问题比其他问题更为严重。例如，一位经济学家可能认为失业是关键问题，而另一位经济学家则认为通货膨胀才是。

此外，大多数经济学理论都是他们那个时代的产物。大萧条期间发生的失业和其他问题影响了一代需求侧经济学家。由于政府部门在20世纪30年代规模太小，当时旨在削弱政府作用的供给侧政策可能不会起到多大作用。

后来，从20世纪60年代到80年代，因为相机决策财政政策的受欢迎程度缓慢下降，以及10年或更长时间的高通货膨胀和变化的通货膨胀，货币主义者影响力提高。到了20世纪80年代，对"大政府"的意识形态排斥造就了一代供给学派人士，他们认为经济增长的关键在于一个"更小的政府"。

婴儿潮一代 1946—1964年美国历史上出生率最高的时期出生的人。

展望未来，出生于1946—1964年的 <mark>婴儿潮一代</mark>（baby boomers）退休后，将面临一系列他们特有的问题。这一群体所面临的问题很可能促使新一代经济学家将注意力集中在一系列全新的问题上。经济学家的观点会受到那个时期问题的很大影响。

经济顾问委员会

一般来说，经济学家和政治家的合作相当密切。为了跟踪经济变化，美国总统设立了一个经济顾问委员会，这是一个由3名成员组成的小组，负责报告经济发展情况并提出战略建议。经济学家是顾问，而政治家则是政策的制定者或执行者。作为"总统在对抗商业周期战争中的情报机构"，该委员会负责收集信息并提出建议。

许多曾在经济顾问委员会任职的经济学家已经转到了其他重要职位。例如，本·伯南克（Ben Bernanke）在担任美联储理事会主席之前，曾担任布什总统的经济顾问委员会主席。同样，珍妮特·耶伦曾任美国总统克林顿的经济顾问委员会主席，后接替本·伯南克出任美联储理事会主席。

总统倾听经济学家的建议，但可能会不愿意遵循或无法遵循。例如，如果总统提倡平衡预算，经济顾问可能会建议提高税收来实现这一目标。然而，如果总统的竞选承诺之一是不增税，总统可能会拒绝顾问们的建议，让赤字进一步扩大。

增加公众理解

　　尽管在一些问题上存在分歧，但经济学家在描述、分析和解释经济活动方面取得了相当大的成功。他们制定了许多衡量经济表现的统计指标。经济学家还构建了有助于经济分析和解释的模型。如果我们要理解在选择一种政策而非其他政策时必须做出的机会成本，那么所有这些模型都是必要的。

　　在这个过程中，经济学家们帮助人们更加了解经济的运行方式。这种意识使每个人受益，从刚刚起步的学生到必须回答选民问题的政治家。

　　正如我们在大衰退期间和之后所看到的，如今的经济学家对经济的了解足以防止 20 世纪 30 年代那样的大萧条。值得怀疑的是，经济学家们是否对经济足够了解，或者能否说服其他人相信他们足够了解，以避免轻微的衰退。即便如此，他们仍可以制定政策刺激经济增长，在失业率上升或通货膨胀爆发时帮助弱势群体，并在总体上使经济更加成功。

✅ **阅读进展检查**

解释　经济顾问委员扮演什么角色？

第3节　回顾

词汇回顾

1. **定义**　解释量化宽松，以及政府部门是如何实施量化宽松的。

使用你的笔记

2. **总结**　使用你的笔记来总结美国如今的经济政策。

回答引导性问题

3. **考虑利弊**　为什么自2001年经济大衰退以来，财政政策的使用次数减少了？

4. **评估**　主流经济学理论在哪些方面是时代的产物？

经济学写作

5. **观点**　在阅读了政府在经济中所扮演的角色的变化后，请写一篇文章，讨论你认为这些变化对美国经济是有益的还是有害的，并给出你的原因。

美联储应该被废除吗?

美国国会于1913年成立美联储,以应对1907年的银行恐慌。自那以后,美联储一直受到批评,许多人希望彻底废除它。

在2007—2009年的金融危机期间,争论加剧,美联储使用了一系列货币政策,试图刺激经济,降低失业率,控制通货膨胀,以及以其他方式稳定和恢复经济。

批评人士称,这些政策没有起到作用,甚至可能使情况变得更糟。美联储的支持者声称,这些措施确实奏效,使美国免于陷入另一场大萧条。

没有美联储人们会过得更好

回归金本位将稳定美元的价值。

如果脱离美联储,市场将对经济进行监管。

美联储的政策导致了美元的长期贬值。

美联储宽松的信贷政策和低利率导致泡沫、破裂和萧条。

> 宽松信贷和人为压低利率的货币政策是金融泡沫的主要来源,而正确的做法是试图纠正美联储已经做的。解决商业周期问题、防止商业周期剧烈波动的唯一方法,就是解决美联储只造成灾难而不产生好处的问题。

资料来源: Congressman Ron Paul. Interview with Jennifer Schonberger, "Should We Abolish the Federal Reserve?" *The Motley Fool*, September 25, 2009。

▲回归金本位会比美联储更好地稳定经济吗?

没有美联储人们不会过得更好

NO

美联储的货币政策可以在经济衰退或萧条时期刺激经济增长。

改变货币体系可能会破坏世界经济。

必须有机构监管银行，维护支付体系等。

美联储的政策甚至抵消了美国和国际经济动荡。

> 美联储是最有能力监管规模最大、最复杂企业的机构……它是唯一一家对金融机构和资本市场有着广泛而深刻了解的机构，这是有效开展这项工作所必需的……此外，美联储作为最后贷款人的角色，在很大程度上取决于它对规模最大、相互关联程度最高的公司的监管。监管使它对银行业、支付体系和资本市场的信息有深入的了解，并能及时获得这些信息。

资料来源：Deputy Secretary Neil S. Wolin, Remarks to the American Bar Association's Banking Law Committee, November 13, 2009。

▲尼尔·沃林（Neil Wolin）支持美联储。

分析问题

1. **分析** 重读第一段采访。国会议员保罗（Paul）声称宽松的信贷和人为压低的利率是金融泡沫的主要原因。美联储如何才能创造宽松的信贷？它如何能人为地压低利率？

2. **归纳概述** 回顾支持美联储的论点和引文。从这个论点中，你能对美联储做出什么概括？

3. **辩论** 你觉得哪个论点最令人信服？解释你的答案。

学习指南

第 1 节

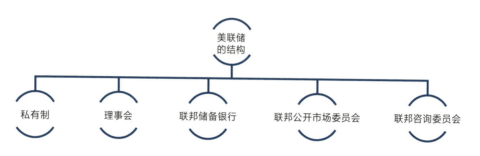

美联储的结构

- 私有制
- 理事会
- 联邦储备银行
- 联邦公开市场委员会
- 联邦咨询委员会

第 2 节

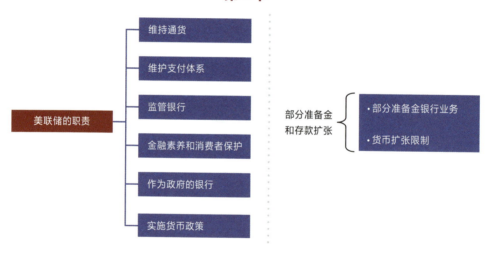

美联储的职责

- 维持通货
- 维护支付体系
- 监管银行
- 金融素养和消费者保护
- 作为政府的银行
- 实施货币政策

部分准备金和存款扩张
- 部分准备金银行业务
- 货币扩张限制

第 3 节

经济政策性质的变化
- 相机决策财政政策的衰落
- 供给侧政策的流行
- 宏观政策和大衰退

当今的经济与政治
- 政治经济学
- 为什么经济学家意见不一
- 经济顾问委员会
- 增加公众理解

实施货币政策
- 货币政策如何发挥作用
- 存款准备金率
- 公开市场业务
- 贴现率

货币政策的困境
- 提前与滞后
- 货币政策与公众舆论
- 货币供给增长与通货膨胀

第14章　评估

说明：在一张单独的纸上回答以下问题。请务必仔细阅读并回答所有问题。

内容回顾

第1节
❶ **描述** 成员银行以何种方式成为美联储的一部分？

❷ **确定** 美联储的主要货币政策制定机构是什么？该机构负责什么？

第2节
❸ **因果** 部分准备金制度有何影响？

❹ **识别** 最重视货币在经济中的作用的经济理念是什么？解释这一理念为促进价格稳定、充分就业和经济增长提供了什么解决方案。

第3节
❺ **解释** 在大萧条时期，美联储采用了哪两种政策？解释美联储在执行这两项政策时的做法。

❻ **评估** 在经济大萧条期间，帮助稳定经济的消极财政政策有什么？举一个例子。

批判性思考
❼ **确定核心问题** 确定美联储的主要监督者及其权力。

❽ **建立论点** 写一篇文章，论证美联储是否应该以改变货币供应量，影响当前经济中信贷的可获得性和成本。

❾ **推测** 假设经济管理仍然只依赖于相机决策财政政策。鉴于你看到的美国国会所面临的问题，这样的政策会产生什么后果？

❿ **解释** 美联储与银行控股公司之间的关系是什么？

图表分析

使用下图来回答以下问题。

A 扩大货币供给　10%的存款准备金率

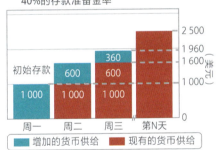

B 减少货币供给　40%的存款准备金率

⓫ **识别图表** 在图A的货币扩张中，在美联储保持低利率的情况下，到周三时货币供给的总增加量是多少？

⓬ **阅读图表** 在图B的货币收缩中，到周三时货币供给的总增加量是多少？为什么比图A中少？

第14章 评估

说明：在一张单独的纸上回答以下问题。请务必仔细阅读并回答所有问题。

回答核心问题

回顾你在每节开始时对这些问题的回答，然后根据你在本章中学到的内容再次回答这些问题。你的答案改变了吗？

13 **总结** 政府如何促进价格稳定、充分就业和经济增长的经济目标？

14 **理解关系** 你认为政治在政府推动经济目标的过程中扮演什么角色？解释你的观点。

21世纪技能

15 **辩护** 如果有的话，你认为在什么情况下，让由指定的经济学家组成的美联储决定货币供给是合适的？写一份职位声明，给出理由来支持你的观点。

16 **展示技巧** 利用可靠的资源，研究美联储为缓解大衰退所采取的行动，并总结美联储行动的结果。制作PPT，其中应包括美联储的行动和你对结果的总结。

17 **创建和使用图表** 找到美联储在过去的10年间的利率，然后将结果绘制成图表。

培养财经素养

18 **决策** 了解政府如何促进价格稳定、充分就业和经济增长将有助于你在生活中做出更好的决策，例如你将寻找什么样的工作，何时是买房的好时机，以及如何投资。

a. 美联储的哪些决策会影响人们在找到工作后是否买房的选择？说明理由。

b. 确定美联储低利率和低失业率政策影响人们的经济决策的一种方式。如果你面对这种情况，你会冒经济风险还是更谨慎？说明理由。

分析基础资料

阅读基础资料并回答以下问题。

基础资料

> 美联储的许多流动性计划在遏制2008—2009年的危机中发挥了核心作用。然而，"灭火"是不够的，建立一个足以应对大规模金融冲击的金融体系也很重要。为此，美联储与金融稳定监督委员会和其他监管机构一起，积极参与金融发展的监督并努力加强金融机构和市场。新政监管改革的成功带来了对更强有力的监管的依赖，但当前的改革努力更进一步，即不仅要识别和化解个别公司的风险，还要识别和化解金融体系作为一个整体的风险，这种方法被称为宏观审慎监管。

资料来源：Ben S. Bernanke, former Federal Reserve Board Chairman, in a speech at a conference sponsored by the National Bureau of Economic Research, Cambridge, Massachusetts, July 10, 2013.

19 **分析** 本·伯南克对美联储在经济大萧条期间的角色有何评论？

20 **得出结论** 你认为本·伯南克的言论会受到国会所有成员的欢迎吗？给出你的理由。

第7篇

全球经济

这很重要
因为……

　　国际贸易协定、全球化、社交网络和营销、跨国公司、外包、在线零售商和购物……这些只是全球经济处于当代经济体系核心的众多原因中的几个。从本质上讲，全球是通过人、资源、产品、互联网等国际贸易的交汇点连接起来的。你今天购买和出售的东西确实具有全球性的舞台，了解这种动态将使你走上正确的道路，去思考经济繁荣和我们面临的挑战。

第15章　全球贸易资源

核心问题

• 贸易如何使所有参与方受益？

第1节　绝对优势和比较优势

第2节　国际贸易壁垒

第3节　外汇和贸易逆差

阅读帮手

术语表

- 出口
- 进口
- 绝对优势
- 比较优势
- 机会成本

做笔记

在阅读时，通过定义每个词并给出例子来完成下图。

第1节　绝对优势和比较优势

核心问题

贸易如何使所有参与方受益？

世界上一些非常大的企业通常被称为"跨国公司"，因为它们同时在许多不同的国家经营。这些公司可以雇用数十万甚至数百万人。一些跨国公司的经济规模比一些小国家还要大。它们在贸易和其他国际事务中发挥着重要的作用。

假设你拥有一家小得多的公司。目前，你生产的产品只在本国销售，但你希望通过将产品出口到其他国家来增加产品的销售量。

在出口你们的产品之前，你们需要了解这个国家的哪些信息？为什么一个国家的政府会鼓励其企业与其他国家进行贸易？

为什么国家之间要进行贸易

引导性问题　贸易如何促进专业化？

国家进行贸易的原因和个人进行贸易的原因是一样的，因为它们相信它们得到的产品比它们放弃的产品更有价值。国际贸易与我们每天使用的各种各样的商品都有关系。

例如，美国购买中国制造的服装、中东的石油、洪都拉斯的香蕉、哥伦比亚和巴西的咖啡豆。美国人在加勒比海或欧洲度假时消费服务。俄罗斯人也在做同样的事情：享受法国、瑞典和日本生产的商品。

一些贸易的发生是因为某个国家本身缺乏某些商品。图 15.1 显示了美国使用的一些来自国外的重要原材料。

专业化

贸易的一个重要原因是，无论是人之间、地区之间，还是国家之间的贸易，都是专业化的。当人们专业化时，他们生产其最擅长的产品，并用这些产品交换其他人最擅长的产品。

美国各州也是专业化的。例如，纽约是股票和债券的金融中心，而汽车是密歇根州的主要产业。得克萨斯州以油和牛而闻名，而佛罗里达州和加利福尼亚州以柑橘类水果而闻名。

各国也专门从事不同商品和服务的生产。如果你想知道一个国家的专长，看看它的 **出口** （exports）——它生产和销售给其他国家的商品和服务。如果你想知道一个国家想要但是生产效率不高的产品，看看它的 **进口** （imports）——该国从其他国家购买的商品和服务。

出口 一个国家生产销售给其他国家的商品和服务。

进口 一个国家从其他国家购买的商品和服务。

贸易的程度

国际贸易对所有国家都很重要。各国交换的大多数产品都是商

图15.1

美国对国际贸易的依赖

原材料	进口占消费的比重（%）	主要来源国	用途
工业钻石	100	南非、澳大利亚、刚果民主共和国、博茨瓦纳	工业切削工具、油井钻
铝土矿	100	牙买加、几内亚、巴西、圭亚那	任何由铝制成的东西
铌	100	巴西、加拿大、泰国	火箭结构和热辐射屏蔽
云母(表)	100	印度、比利时、法国	电绝缘、陶瓷
锶	100	墨西哥、西班牙	耀斑、烟花
锡	88	秘鲁、中国、玻利维亚、印度尼西亚	罐和容器、电气元件
重晶石	80	泰国、德国、巴西	手术器械、导弹零件
钴	79	中国、印度	天然气和石油钻井液、油漆、塑料的填料
铬	76	刚果民主共和国、赞比亚、加拿大	高温喷气式战斗机发动机
钽	72	南非、津巴布韦、土耳其	镀铬、滚珠轴承、电器和汽车装饰

资料来源：美国统计摘要；美国地质调查局。

国际贸易是各国获取许多基本物资的主要手段。

◀ **批判性思考**

经济分析 某些原材料的缺乏如何迫使各国变得更加相互依赖？

品。然而，银行和保险等服务贸易也在增长。

图 15.2 显示了美国与其他国家和地区的贸易情况。单是商品进口就达 22 400 亿美元，即每人约 7 100 美元。如果我们把服务的价值包括在内，这个数字将更大。

最后，国际贸易不仅仅是获得异国产品的一种方式。具有不同地理、政治和宗教特征的国家之间的贸易量之大证明了贸易是有益的。

✅ **阅读进展检查**

解释 为什么专业化在贸易中是一个好主意？

贸易基础

引导性问题 贸易如何带来更大的总体产出？

1776 年，亚当·斯密在《国富论》一书中首次写道，如果一个国家的产品在国外的生产成本比在国内低，那么这个国家就应该进口。这与当时流行的经济思想大相径庭。亚当·斯密首次提出绝对优势的概念，这一概念后来被重新定义为一种称为比较优势的学说。

图15.2

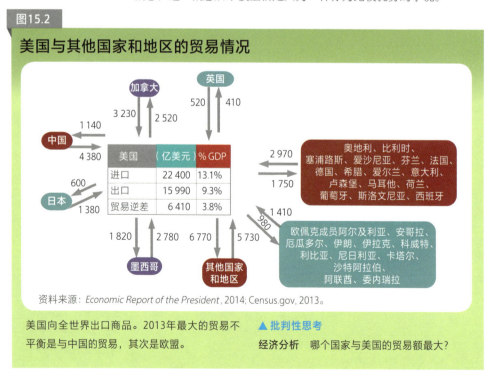

美国与其他国家和地区的贸易情况

美国	（亿美元）	% GDP
进口	22 400	13.1%
出口	15 990	9.3%
贸易逆差	6 410	3.8%

加拿大 3 230 / 2 520
英国 520 / 410
中国 1 140 / 4 380
日本 600 / 1 380
墨西哥 1 820 / 2 780
其他国家和地区 6 770 / 5 730
奥地利、比利时、塞浦路斯、爱沙尼亚、芬兰、法国、德国、希腊、爱尔兰、意大利、卢森堡、马耳他、荷兰、葡萄牙、斯洛文尼亚、西班牙 2 970 / 1 750
欧佩克成员阿尔及利亚、安哥拉、厄瓜多尔、伊朗、伊拉克、科威特、利比亚、尼日利亚、卡塔尔、沙特阿拉伯、阿联酋、委内瑞拉 1 410 / 980

资料来源：*Economic Report of the President*, 2014; Census.gov, 2013。

美国向全世界出口商品。2013年最大的贸易不平衡是与中国的贸易，其次是欧盟。

▲ **批判性思考**

经济分析 哪个国家与美国的贸易额最大？

绝对优势

当一个国家能够比另一个国家更有效地生产一种产品时，它就具有**绝对优势**（absolute advantage）。以两个在面积、人口和资本存量方面都相同，只有气候和土壤肥力不同的国家阿尔法和贝塔为例。在每个国家，只可以种植咖啡和腰果两种作物。

在图 15.3 中，你可以看到阿尔法和贝塔的生产可能性曲线。注意到，如果两个国家都专注于生产咖啡，阿尔法可以生产 40 磅，贝塔可以生产 6 磅，这使阿尔法在咖啡生产上具有绝对优势。如果两国都专注于生产腰果，阿尔法可以生产 8 磅，贝塔可以生产 6 磅。因此，阿

绝对优势 一个国家比其他国家能更有效地生产一种产品的能力。

图15.3

贸易收益

A

	专业化前总产出		专业化后总产量
咖啡	20 + 5 = 25	咖啡	40 + 0 = 40
腰果	4 + 1 = 5	腰果	0 + 6 = 6

阿尔法　贝塔　　　阿尔法　贝塔

B 阿尔法

阿尔法生产的机会成本：8磅腰果＝40磅咖啡（1磅腰果＝5磅咖啡）

a—专业化后
专业化前

咖啡
腰果

C 贝塔

贝塔生产的机会成本：6磅腰果＝6磅咖啡（1磅腰果＝1磅咖啡）

专业化前
专业化后

咖啡
腰果

如果阿尔法和贝塔各自专门生产其相对更有效的某一产品，那么两国的总产出都会上升。在专业化之后，每个国家都将其盈余的产品与邻国进行贸易。

▲ 批判性思考

经济分析 阿尔法或贝塔在咖啡生产中有比较优势吗？

保罗·克鲁格曼

经济学家（1953—）

保罗·克鲁格曼（Paul Krugman）因研究国际贸易模式而获得2008年诺贝尔经济学奖。在获得耶鲁大学和麻省理工学院的学位后，克鲁格曼的大部分职业生涯都在教授经济学和公共政策。他的诺贝尔奖获奖研究集中于二战后的全球化——全球贸易的增长和相互依赖。在克鲁格曼之前，贸易理论使用比较优势来解释为什么一些国家专门生产某些类型的商品。但是，比较优势不能解释为什么一个国家在同一类型产品上进口和出口会变化。

克鲁格曼建立了一种贸易理论，该理论表明了消费者对更多选择和产品种类的渴望是如何导致更大的经济体，以及国家间新的贸易安排的建立。

▲ **批判性思考**

找到主旨 保罗·克鲁格曼关于贸易的观点与以前的理论有何不同？

探索问题 全球化有哪些积极影响和消极影响？解释你的答案。

尔法在腰果生产中也有绝对优势，因为它可以比贝塔生产更多的腰果。

多年来，人们认为绝对优势是贸易的基础，因为它使一个国家能够生产出足够的商品用于国内消费，同时又留下一些用于出口。但是，绝对优势的概念并没有解释两个国家如何能从一个产出大的国家（如阿尔法）与一个产出小的国家（如贝塔）之间的交易中获益。

比较优势

即使一个国家在所有商品的生产上享有绝对优势，如上文的阿尔法，它与另一个国家之间的贸易仍然是有益的。这种情况发生在一个国家具有**比较优势**（comparative advantage）时，即以较低的机会成本或相对更有效地生产产品的能力。

举例来说，因为阿尔法可以生产 40 磅咖啡或者 8 磅腰果，生产 1 磅腰果的**机会成本**（opportunity cost）是 5 磅咖啡。同时，贝塔生产 1 磅腰果的机会成本是 1 磅咖啡。贝塔是腰果的较低成本生产者，因为生产 1 磅腰果的机会成本是 1 磅咖啡，而阿尔法必须放弃 5 磅咖啡才能生产相同数量的腰果。

如果贝塔在腰果生产上有比较优势，那么阿尔法在咖啡生产上也一定有比较优势。实际上，如果我们计算每个国家生产咖啡的机会成本，我们会发现阿尔法生产 1 磅咖啡的机会成本是 1/5 磅腰果。使用相同的算法，贝塔的机会成本是 1 磅腰果，那么阿尔法在咖啡生产中具有比较优势，因为其生产的机会成本低于贝塔。

☑ **阅读进展检查**

总结 比较优势和绝对优势之间有什么区别？

探索核心问题

想象你和一个合伙人正在创办一家草坪服务公司。你们每人将拿出等量的钱为公司购买一台割草机、一台修剪机、汽油和其他材料。现在你必须整理一下。

- 列出与你的业务相关的不同任务。请记住，这些任务并不都与草坪工作有关。
- 解释你如何利用所学到的比较优势在你和你的合伙人之间分配这些工作。

贸易收益

引导性问题 贸易带来了哪些收益？

比较优势的概念基于这样的假设：通过专注于每一方能生产的最好的产品，他们都会变得更好。这适用于个人、公司、国家和地区。

更大的全球产出

如果我们看看国家阿尔法和贝塔之间贸易的最终结果，如图 15.3A 所示，专业化和贸易增加了世界总产出。没有贸易时，两国总共生产了 25 磅咖啡和 5 磅腰果。发生贸易后，世界总产量增加到了 40 磅咖啡和 6 磅腰果。

这就解释了为什么像美国和哥伦比亚这样的国家会进行贸易。美国有高效生产农业设备的资源，而哥伦比亚有高效生产咖啡的资源。由于每个国家都在另一个国家想要的产品上具有比较优势，贸易对双方都有利，并将导致经济增长。

使政治更稳定

贸易的好处不仅限于增加世界产出，贸易还可带来非生产的好处。其中最重要的一点是，可以增强拥有强的贸易关系国家之间的政治稳定程度。

例如，在二战期间，美国、英国与日本、德国是对立方。后来，这些国家就成为强有力的盟友，通常在政治和经济问题上相互支持。这些伙伴关系始于更多的国际贸易，最终得到了更多的政治合作。就英国和德国而言，由于共同市场的存在，两国的经济和政治一体化进程更加紧密。共同市场是欧盟的前身。

经济学家认为，国际经济事务中的合作先于政治合作。例如，处于战争状态的国家通常是国际贸易量最少的国家。因此，经济学家想要看到国家之间的贸易增加，因为这可能会降低国家间的潜在冲突。

加快经济增长

贸易收益也有助于经济增长。增长来自两个方面：该国制造商品和服务的更大市场，以及确保生产所需投入的能力。例如，如果无法

比较优势 一国以较低机会成本或相对更有效地生产一种产品的能力。

机会成本 当做出一个选择时，次优选择需要的金钱、时间或资源成本。

获得图 15.1 所示的重要原材料，许多大规模制造业务将不得不关闭。

国家制造商品和服务的市场越大，国内的专业化程度就越高。这种专业化对经济是有好处的，因为它允许人们和企业生产更多的产出，产出可以用来交换国家想要的其他物品。所有这些都促进了经济增长，创造了更多的就业机会，创造了比以往任何更多的收入。

✅ **阅读进展检查**

总结　为什么当一个国家具有比较优势时，与另一个国家进行贸易是有益的？

第1节　回顾

词汇回顾

1. **解释**　生产可能性曲线表示什么？

2. **对比**　解释进口和出口之前的区别。

使用你的笔记

3. **解释**　举例说明一个国家在生产某种产品时如何拥有绝对优势，而另一个国家在生产同样的产品时如何拥有比较优势。

回答引导性问题

4. **评估**　考虑各国进行贸易的原因，并给出两个例子，说明如果你的国家不与其他国家进行贸易，你的生活会有何不同。

5. **预测**　假设一个国家有大量的人力资本，但自然资源很少。这个国家可能在哪些产品上实现专业化？

6. **列举**　找出国际贸易的4个原因。

7. **解释**　为什么世界总产量会随着各国专门从事贸易而增加？

经济学写作

8. **说明**　复习关于生产可能性曲线的信息。然后写一段话来明确图 15.3中包含的信息，并解释这些图。包括简要描述如何使用这些图来确定机会成本。

"9·11"事件影响经济的3种方式

2001年9月11日的恐怖袭击对美国人的安全、隐私和民族自豪感都产生了深远的影响。它也对美国经济产生了影响。产生影响的原因有很多，包括消费者信心、新的安全规定以及出于外交目的做出的让步。

袭击发生后，新的安全措施影响了货物的运输和检查方式。航运瓶颈减缓了制成品和原材料的流通。原材料运输的延迟导致了包括汽车工业在内的几个行业的制造业放缓。增加检查也增加了费用。这些增长对所有需要国际航运的行业都产生了破坏性影响，对小企业来说可能尤其具有挑战性。另外，一些美国制造商可能会受益于从其他国家进口产品的延迟或成本增加。

作为对"9·11"事件的回应和反恐战争的一部分，美国改变了与中东和中亚几个国家的外交和政治关系。针对巴基斯坦和印度核试验而实施的制裁被解除，改变了与这些国家之间的贸易关系。例如，解除制裁为更多地进口巴基斯坦服装打开了大门。

当然，"9·11"事件还有许多其他的经济影响。要想了解"9·11"事件的影响，需要从多个角度和多个方面来审视经济形势。

洪水灯标志着"9·11"之后的日子里没有双子塔。

案例研究回顾

1. **分析** 美国的安全行动如何影响美国和其他国家及地区的进出口？

2. **猜测** 你认为发生在另一个国家的袭击事件会对美国经济产生什么样的影响？解释你的答案。

做笔记

在阅读时，通过描述贸易保护主义者和自由贸易者的论据来完成下图。

第2节　国际贸易壁垒

核心问题

贸易如何使所有参与方受益？

假设你在可能的情况下选择本国制造的产品来支持本国工业。购买其他国家或地区生产的产品可能会如何支持本国工业？

- 便宜的出口压低了国内产品的价格，这有利于消费者。
- 其他国家或地区生产的产品可以用本国的产品或技术生产。
- 购买进口商品意味着其他国家或地区的人正在购买本国商品。

限制国际贸易

引导性问题　为什么政府要限制国际贸易？

虽然自由市场和国际贸易可以带来许多好处，但有些人仍然反对，因为贸易可以取代某些特定的行业和工人群体。当这些人反对贸易时，他们就会想办法阻止贸易，或者至少减缓贸易的增长速度。从历史上看，贸易主要通过两种方式受到限制。一种是通过关税——对进口商品征税，以提高其在国内市场的价格。另一种是配额（quota）——对可进口产品数量的限制。

关税

政府通常征收两种关税——保护性关税和收入关税。保护性关税（protective tariff）是一种足以保护国内低效产业的关税。例如，假设在美国生产一支自动铅笔的成本是 1 美元，而同样的产品能够以 35 美分的价格从其他国家进口。如果对每只进口铅笔征收 95 美分的关税，那么每支进口铅笔的成本将攀升至 1.30 美元，比美国制造的铅笔还要高。关税的结果是保护国内产业免受外国产业低价出售的影响。

收入关税（revenue tariff）是足够高可以为政府创造收入的关税，而不会实际禁止进口。如果进口自动铅笔的关税是 40 美分，那么进口铅笔的价格就是 75 美分，比美国制造的铅笔便宜 25 美分。只要两种产品是相同的，消费者就会更喜欢进口的产品，因为它更便宜，所以关税会增加政府的收入，而不是保护国内生产商免受外国竞争的影响。

传统上，关税更多地用于税收而不是保护。在美国内战前，关税是联邦政府的主要收入来源。从美国内战到 1913 年，关税约占美国政府总收入的一半。1913 年联邦所得税立法后，美国政府有了一个新的收入来源。从那时起，关税只占政府总收入的一小部分，如图 12.5 所示。

配额 限制允许进入某个国家或地区的产品数量。

保护性关税 对进口产品征税，旨在保护国内低效生产者。

收入关税 对进口商品征税以提高政府收入。

职业 | 农业外事参赞

这个职业适合你吗？

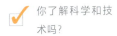 ✓ 你了解科学和技术吗？

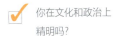 ✓ 你在文化和政治上精明吗？

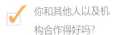 ✓ 你和其他人以及机构合作得好吗？

 ✓ 你愿意居住在其他国家并且几年迁移一次吗？

采访职业
农业外事参赞

"每天，我们办公室都要考虑11亿人要如何吃饭。"

——霍利·希金斯（Holly Higgins），
美国驻新德里大使馆农业事务办公室部长顾问

薪资
因任务和经验而不同

职业发展前景
农产品外销局是一个相对较小的机构，因此除非扩大服务范围，否则职业增长潜力将保持不变。

工作内容
美国农产品外销局重视粮食安全问题。它帮助管理食品援助项目，报道农作物和天气，发布关于食品安全的新闻，促进有关食品安全的科学和最佳做法的信息交流。它与美国许多其他政府机构和私营部门合作，以实现其目标。

关税还以牺牲其他群体的利益为代价，为特定群体提供保护。例如，2002 年，布什政府对进口钢材征收了 30% 的关税。这项关税在大选年保住了一些工作岗位，但也将美国国内钢材价格提高了 20%~30%。2009 年，奥巴马政府对中国轮胎征收 35% 的关税，以保护工会工作，从而提高了美国消费者购买轮胎的价格。

配额

外国产品的价格有时很低，即使对它们征收高关税也未必能保护国内市场。在这种情况下，政府可以使用配额来阻止外国产品进入该国。配额甚至可以低至零，以防止产品进入本国。更典型的是，配额用于减少产品的总供给量，以保持国内生产商的高价格。

例如，1981 年，美国本土汽车生产商面临来自日本的低价进口汽车的激烈竞争。美国制造商希望里根总统为日本汽车设定进口配额，而不是降低自己的价格。里根政府对此表示同意。结果，美国人可选择的汽车越来越少，而且所有汽车的价格都高于原本的价格。

如今，配额威胁被用作说服其他国家改变其贸易政策的一种方式。例如，当中国对其纺织品出口收取的价格低于美国本国纺织业的价格时，美国为此感到担忧。为了让中国提高价格，2005 年美国政府曾威胁中国对这些纺织品实行配额限制。虽然让美国政府采取措施可能会增加美国公民的消费成本，这听起来似乎有些奇怪，但配额的真正目的是保护美国本土产业和这些产业中的就业机会。

其他壁垒

关税和配额并不是唯一的贸易壁垒。许多其他壁垒更加微妙，但同样有效。以下是一些比较受欢迎壁垒。

禁运 政府命令禁止将货物运往一个国家。

- **禁运** 有时一个国家会实施**禁运**（embargo），即政府命令禁止将货物运往一个国家。例如，美国在 1962 年对要运往古巴的货物实施了禁运。

- **检查** 许多进口食品都要接受比本国食品更为严格的健康检查。多年来，这种策略一直被用来阻止阿根廷牛肉进入美国。

- **许可证** 另一个有效的方法是要求进口许可证。如果政府迟迟不发放许可证，或者许可证费用过高，就会限制国际贸易。

- **健康问题**　一些国家利用健康问题来限制贸易。例如，几个欧洲国家拒绝进口美国种植的转基因作物。尽管这可能是，也可能不是一个合法的理由，但它们确实限制了贸易。

- **民族主义和文化**　文化因素也扮演着贸易壁垒的角色。例如，欧洲人经常声称他们更喜欢某个地方和传统食品，而不是其他地方种植的食品。

✅ **阅读进展检查**

比较　关税和配额有何不同？

保护的论据

引导性问题　贸易保护主义者和自由贸易者的主要分歧是什么？

多年来，更自由的国际贸易一直是辩论的主题。**贸易保护主义者**（protectionists）是支持贸易壁垒以保护国内产业的人。而另一些人，即所谓的**自由贸易者**（free traders），则倾向于减少甚至不限制贸易。这两个团体之间的争论通常集中在以下 6 个保护的论据上。

协助国防

第一个争论集中在国防上。贸易保护主义者认为，如果没有贸易壁垒，一个国家可能会变得过于专业化，最终会变得过于依赖其他国家。

贸易保护主义者认为，在战争期间，一个国家可能无法获得石油和武器等关键物资。因此，一些较小的国家，如以色列和南非，已经发展了大型军备工业，为应对此类危机做准备。它们希望确保一旦敌对行动爆发或其他国家实施抵制等经济制裁，它们将获得国内供给。

自由贸易者承认，国家安全是贸易壁垒的有力论据。然而，他们认为，必须权衡拥有可靠的国内供给源的优点和供给量将比自由贸易更小、效率更低的缺点。

还必须考虑决定哪些行业对国防至关重要，哪些行业不是必须考虑的。有一段时间，钢铁、汽车、陶瓷和电子工业都被认为对国防至关重要，因此应该受到一些保护。

贸易保护主义者　希望通过关税、配额和其他贸易壁垒保护国内产业的人。

自由贸易者　倾向于减少或者不限制贸易的人。

这幅漫画描绘了保护主义可能带来的一些优点和缺点。

▶ **批判性思考**

识别偏见 解释这幅漫画是偏向自由贸易还是贸易保护主义。有什么证据可以支持你的解释？

新兴产业的观点 新产业和新兴产业在强大到拥有足够竞争力之前，应被保护避免受到来自外国竞争的影响。

促进新兴产业发展

第二个争论有关新兴产业的发展。**新兴产业的观点**（infant industries argument）是，应保护新的产业或者说让新兴产业免受来自外国竞争的影响，这也被用来证明贸易壁垒的合理性。贸易保护主义者声称，一些行业在与其他国家的成熟行业竞争之前，需要获得实力和经验。他们认为，贸易壁垒会给它们的发展提供所需的时间。

许多人愿意接受新兴产业的观点，但前提是保护最终将被取消，从而迫使该产业独立竞争。问题是，习惯了被保护的行业往往不愿放弃这种保护，这会导致在以后很难做出政治决策。

举例来说，一些拉丁美洲国家已经使用关税来保护自己的新兴汽车产业，关税高达百分之几百。在某些情况下，关税将美国制造的二手车的价格提高到美国新车价格的两倍以上。尽管有这样的保护，拉丁美洲没有一个国家能够自己生产具有全球竞争力的汽车。更糟糕的是，各国政府已经开始依赖关税带来的收入，因此汽车价格对本国公民来说仍然很高。

保护国内就业

第三个争论有关就业。贸易保护主义者的一种观点是，关税和配额保护国内就业不受外国廉价劳动力的影响，这也是经常被使用的观点。制鞋业的工人，反对进口低成本的鞋，例如意大利、西班牙和巴西的鞋。服装业工人反对进口成本较低的韩国和印度的服装。一些钢铁业工人甚至封锁了公司停车场的同事们的进口汽车，以显示他们对车内的外国制造的钢铁部件的不满。

从短期来看，保护主义措施为一些国内工作提供了临时保护。这对那些想在自己成长的地方工作的人尤其有吸引力。然而，从长远来看，对于那些在今天难以参与竞争的行业，除非它们改变经营方式，否则将来更难参与竞争。因此，大多数自由贸易者认为，最好不要干预，让受到威胁的行业继续承受压力，使其得到改善。

当效率低下的行业得到保护时，经济产出减少，生活水平下降。由于人为的高价格，人们购买的东西少了，包括受保护产业生产的产品。如果受保护产品的价格过高，人们就会寻找替代产品，本来应该受到保护的工作岗位仍然会流失。自由贸易者认为，由于损益制度是美国经济的主要特征之一，因此应该允许它发挥作用。利润奖励有效率和勤奋的人，而亏损则淘汰了效率低下和软弱的人。

把钱留在国内

第四个争论有关资金流向。贸易保护主义者一个观点是，限制进口将使美国的资金留在美国，而不是使这些资金流向国外。然而，自由贸易者指出，流向国外的美元通常会再回来。例如，日本人用出售汽车所得的美元购买美国的棉花、大豆和飞机。这些购买使那些行业的美国工人受益。

从中东购买石油的美元也是如此。当石油资源丰富的外国人购买美国制造石油的技术时，这些钱又回到了美国。因此，把钱留在国内会伤害那些依靠出口来维持工作的美国工业。

帮助实现国际收支平衡

第五个争论涉及 <mark>国际收支平均</mark>（balance of payments），即一个国家从事国际贸易时向其他国家支付和从其他国家获得的资金之间的差额。贸易保护主义者认为限制进口可以减少贸易逆差，从而有助于实现国际收支平衡。

然而，贸易保护主义者忽略了这样一个事实：返回美国的美元刺

探索核心问题

假设你在竞选公职，有人问你，消除贸易壁垒如何有助于选民。在一个由受保护产业主导的社区或以其他产业为基础的社区中，回答这个问题会更容易吗？解释一下。你为什么建议取消贸易壁垒？

<mark>国际收支平衡</mark> 支付给其他国家的款项与从其他国家收到的款项之间的差额；商品和服务当前账户上的余额，但商品贸易方面的余额仅计算货品。

1995年，世贸组织成立，负责管理根据关贸总协定签署的贸易协定，解决国家之间的贸易争端。世贸组织还组织贸易谈判，为发展中国家提供技术援助和培训。世贸组织的反对者说，该组织只对大公司和富裕国家有利。

▶ **批判性思考**

世贸组织的活动会对小国家产生怎样的负面影响？

激了其他行业的就业。因此，大多数经济学家认为，以帮助实现国际收支平衡为理由而干涉自由贸易是不合理的。

增强民族自豪感

第六个争论有关民族自豪感。贸易保护主义者认为，这有助于增强民族自豪感。例如，法国以其葡萄酒和奶酪为荣，并出于民族主义的原因保护这些行业。20 世纪 80 年代，美国对本土品牌哈雷·戴维森（Harley-Davidson）进行了临时保护。这是否是一个好主意取决于保护持续多长时间。如果这是永久性的，那么政府只是在保护效率低下的生产者。

✅ **阅读进展检查**

综合　你同意贸易保护主义者或自由贸易者的观点吗？为什么？

自由贸易运动

引导性问题　贸易协定的优点和缺点是什么？

只有在其他国家不对某国的贸易壁垒进行报复的情况下，使用贸易壁垒来保护国内产业和就业机会才有效。如果其他国家进行报复，那么所有国家都会遭受损失，因为它们既没有得到高效生产的好处，也没有从其他国家获得成本更低的产品和原材料。

美国大萧条时期的关税

1930 年，美国通过了历史上最具限制性的关税之一——《斯穆特—霍利关税法案》（Smoot-Hawley Tariff Act）。它把进口关税设定得很高，以致许多进口商品的价格上涨了近 70%。当其他国家也这样做的时候，国际贸易几乎停止了。

不久之后，大多数国家意识到高关税所带来的伤害远远超过它们的帮助。因此，1934 年，美国通过了《互惠贸易协定法》（Reciprocal Trade Agreements Act），如果其他国家同意这样做，美国可以将关税降低 50%。该法案还包含一个 **最惠国条款**（most favored nation clause）——允许一个国家获得美国给予任何第三国同样的关税减免。

例如，假设美国和中国签订了最惠国条款的贸易协定。如果美国与第三国（如加拿大）谈判降低关税，那么这种关税的降低也适用于中国。

世界贸易组织（WTO）

1947 年，23 个国家签署了《**关税及贸易总协定**》（General Agreement on Tariffs and Trade，GATT，中文简称关贸总协定）。根据关贸总协定，各国同意延长关税减让，并努力消除进口配额。后来，1962 年的《贸易扩张法》（Trade Expansion Act）赋予美国总统谈判进一步降低关税的权力。由于这项立法，100 多个国家同意在 20 世纪 90 年代初降低平均关税水平。

近年来，关贸总协定由**世界贸易组织**（World Trade Organization，WTO，中文简称世贸组织）管理，该组织是一个国际机构，负责执行根据关贸总协定签订的贸易协定，并解决国家之间的贸易争端。世贸组织还组织贸易谈判，为发展中国家提供技术援助和培训。今天，有 159 个国家是关贸总协定和世贸组织的成员。

由于许多国家都愿意在关贸总协定和世贸组织的要求下降低关税和配额，国际贸易得以蓬勃发展。有的关税过去几乎使许多商品的价格翻了一番，而现在只提高了一小部分价格。其他一些关税则完全被取消。因此，商店能够提供来自世界各地的各种产品。

北美自由贸易协定

《**北美自由贸易协定**》（North American Free Trade Agreement，NAFTA）是一项通过降低三大主要贸易伙伴（加拿大、墨西哥和美

最惠国条款 允许第三国享受和美国与另一国谈判结果同样的关税减让的贸易法。

关税及贸易总协定 1947 年在 23 个国家之间签署的延长关税减让和减少进口配额的国际协定。

世界贸易组织 管理贸易协定，解决国家间贸易争端，组织贸易谈判，为发展中国家提供技术援助和培训的国际机构。

北美自由贸易协定 1993 年签署的旨在降低美国、加拿大和墨西哥之间的关税和配额的协定。

国）之间的关税和配额来实现自由贸易的协定（2020 年 7 月 1 日，被《美墨加协定》取代）。这是由布什总统提出且两党同意的建议，并于 1993 年由克林顿政府达成。

在北美自由贸易协定之前，进入墨西哥的美国商品平均需要被征收 10% 的关税。与此同时，从墨西哥进口到美国的货物中，大约一半是免税的，而另一半则平均只需缴纳 4% 的税款。根据《北美自由贸易协定》，这 3 个国家同意在 15 年内逐步取消关税和配额。

关税和配额的取消工作于 2008 年完成，北美自由贸易区成为世界上最大的自由贸易区。该贸易区现在连接了超过 4.7 亿人，他们生产了约 19 万亿美元的商品和服务。由于《北美自由贸易协定》的存在，加拿大和墨西哥成为向美国出口产品和从美国进口产品数量最多的两个国家。

自由贸易总体上是有益的，但并非是没有缺点的。《北美自由贸易协定》是有争议的，特别是因为当贸易壁垒降低时，一些工人将失去工作。反对者预测，一些高薪的美国工作岗位将给墨西哥人。支持者预测，这 3 个国家之间的贸易将大幅增加，刺激经济增长，并为每个人带来更多种类的低成本商品。

在《北美自由贸易协定》商议期间所确定的一些成本和收益实际上已经发生了，但并没有达到最初预测的程度。一些工作岗位已经流失，但自从《北美自由贸易协定》建立以来，这 3 个国家之间的贸易稳步增长。最后，更自由的贸易使《北美自由贸易协定》的合作伙伴能够利用它们的比较优势为每个人谋福利，《北美自由贸易协定》取得了无可比拟的成功。

✅ **阅读进展检查**

回顾 世贸组织是如何帮助国际贸易的？

第2节 回顾

词汇回顾

1. **定义** 解释自由贸易者对关税的看法。

使用你的笔记

2. **解释** 为什么贸易保护主义者不太可能相信贸易对所有相关方都有利?

回答引导性问题

3. **解释** 为什么政府要限制国际贸易?
4. **解释** 贸易保护主义者和自由贸易者的主要分歧是什么?
5. **比较** 贸易协定的优点和缺点是什么?

经济学写作

6. **说服/阐释** 假设你负责制定美国的贸易政策。你会建议增加还是减少运动鞋的贸易壁垒? 提出你的建议并解释。

术语表

- 外汇
- 外汇汇率
- 固定汇率
- 弹性汇率
- 贸易逆差
- 贸易顺差
- 贸易美元加权指数

做笔记

使用下图来描述贸易逆差的影响。

第3节　外汇和贸易逆差

核心问题

贸易如何使所有参与方受益？

世界上大多数国家之间在进行贸易。当你走进商场时，你可能会看到来自中国、印度、加拿大、墨西哥、日本、德国等国制造的产品。同样地，如果你去到另一个国家，你也会在它们的货架上发现美国制造的产品。考虑一下所有这些国际贸易的影响。

- 对外贸易对一个国家的公民有什么好处？
- 如果没有外国制造的商品，你的生活会有什么不同？
- 你认为进口美国制造的商品对其他国家人民的生活有什么影响？
- 你认为美国应该与其他国家进行更多的贸易还是更少的贸易？

国际贸易融资

引导性问题　弹性汇率和固定汇率有什么不同？

供需关系随处可见，特别是在用美元交易的金融市场。毕竟，并不是世界上的每个人都使用美元，所以存在可以将美元兑换成比索、欧元、日元、英镑和人民币的市场。如果没有运作良好的市场，国际贸易是不可能的，这样的市场正是我们开始贸易的地方。

像下面这样的场景每天都在全球范围内发生。美国的一家服装公司想从英国的一家公司进口西装。因为这家英国公司用英镑支付账单，所以它也希望其所有的款项用英镑收取。因此，这家美国公司必须出售其美元以购买英镑。

外汇

在国际金融领域，**外汇**（foreign exchange）——各种用于促进国际贸易的货币——在外汇市场上被买卖。这个市场包括帮助进口商获得外汇的银行，以及接受出口商提供的外汇的银行。

假设 1 英镑等于 1.635 9 美元。如果西装在伦敦的价值为 1 000 英镑，美国进口商可以去美国银行购买一张价值为 1 635.90 美元的 1 000 英镑支票，外加小额服务费。然后，这家美国公司用英镑向英国商人付款，这些西装随后被运送到美国。

美国出口商有时会接受外币或外国银行的支票来换取他们的货物。他们将款项存入自己的银行，这有助于美国银行系统建立外币供应。这些货币可以卖给那些想从其他国家进口商品的美国公司。结果，进口商和出口商最终都得到了他们需要的货币。

外汇 各国用于进行国际贸易的外币。

图15.4

外汇汇率

2013年12月18日的汇率		
国家和地区	等值美元	现行美元
澳大利亚（澳元）$	0.892 1	1.120 9
巴西（雷亚尔）R$	0.431 7	2.316 4
英国（英镑）£	1.627 9	0.614 3
加拿大（加元）C$	0.943 2	1.060 2
中国（元）¥	0.165 0	6.061 1
丹麦（克朗）kr	0.184 6	5.417 2
欧盟（欧元）€	1.377 0	0.726 2
中国香港（港元）HK$	0.129 0	7.752 2
印度（卢比）Rs	0.016 2	61.710 0
日本（日元）¥	0.009 7	102.624 0
马来西亚（林吉特）RM	0.307 5	3.252 0
墨西哥（比索）$	0.077 2	12.949 3
南非（兰特）R	0.096 9	10.319 3
韩国（韩元）₩	0.001 0	1 049.700 0
斯里兰卡（卢比）Rs	0.007 6	130.750 0
瑞典（克朗）kr	0.152 6	6.552 6
瑞士（法郎）CHF	1.130 2	0.884 8
泰国（泰铢）฿	0.031 2	32.097 0

资料来源：finance.yahoo.com。

汇率根据不同国家和地区货币的供需情况而不断变化。

◀ **批判性思考**

经济分析 1美元相当于多少日元？

外汇汇率　一国货币按另一国货币计算的价格。

外汇汇率（foreign exchange rate）是一国货币按另一国货币计算的价格。汇率可按等值美元报价，如 1.6359 美元 =1 英镑，或按每美元计算的外币单位报价，如 0.6113 英镑 =1 美元。汇率以这两种方式报价，如图 15.4 所示。

固定汇率

固定汇率　货币之间的价值相对固定的制度，是 1971 年以前执行的汇率制度。

从历史上看，基本存在两种主要的汇率——固定汇率和弹性汇率。在 20 世纪 90 年代的大部分时间里，全世界都使用**固定汇率**（fixed exchange rates），即一种货币对另一种货币的价格是固定的，这样汇率就不会改变。当世界处于金本位制时，固定汇率很受欢迎。

全球经济 & 你

巨无霸指数

无论商品和服务是在世界的哪个地方购买的，汇率应该调整，以平衡一篮子商品和服务的市场成本。例如，如果你用加拿大元在加拿大的蒂姆·霍顿（Tim Horton）餐厅买一个三明治，它的价格应该和你在美国的蒂姆·霍顿餐厅用美元买一个三明治的价格差不多。

一种判断某国货币相对于美元是被低估还是高估的方法是使用 1986 年《经济学人》（*The Economist*）杂志开发的"巨无霸指数"（Big Mac Index）。经济学家将一个巨无霸汉堡在美国的价格与其在其他国家的当地货币的价格进行了比较。将国外巨无霸的价格换算成美元以表明该国货币相对于美元是被低估了还是被高估了。2013 年 7 月，图中最便宜的汉堡在印度，价格为 1.50 美元，而在美国的平均价格为 4.56 美元。这意味着印度的货币——印度卢比，被低估了 67%。另一方面，挪威人为一个巨无霸汉堡支付的价格最高，

全世界汉堡的价格

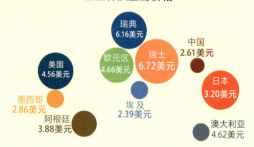

瑞典 6.16 美元
中国 2.61 美元
美国 4.56 美元
欧元区 4.66 美元
瑞士 6.72 美元
日本 3.20 美元
墨西哥 2.86 美元
埃及 2.39 美元
阿根廷 3.88 美元
澳大利亚 4.62 美元

高达 7.51 美元，其货币被高估了 65%。

请记住，"巨无霸指数"是一个不精确的评估工具，反映了对原始资料数据的二级解释。因此，你应该仔细检查这些二级数据，以挖掘一些观点和潜在偏见的线索。当然，通过巨无霸汉堡的价格来衡量一种货币的价值是无法对另一个国家的货币进行精确评估的。

▲ 批判性思考

得出推论　你是否希望看到其他产品在价值上反映出相同的差异？为什么？

这段时期里，黄金充当了允许货币比较的共同基准，并使汇率保持一致。例如，假设一个国家允许其货币供应量过快增长，并且其中一部分资金用于进口。在金本位制下，接受货币的国家有权要求将其兑换成黄金。因为没有哪个国家想失去黄金，所以每个国家都努力防止其货币供应量过快增长。

这种做法一直持续到 20 世纪 60 年代初，当时美国对进口商品产生了巨大的需求。在此期间，美国消费者用美元购买了大量的外国商品。起初，其他国家都自愿持有美元，因为美元被世界各国接受为国际货币。这意味着当其他国家购买美国出口产品时，这些美元中只有一部分回来了。

随着美元在世界其他地方不断堆积，许多国家开始怀疑美国是否能够兑现其承诺，即美元"和黄金一样好"。最终，一些国家开始用美元兑换黄金，这耗尽了美国的黄金储备。结果，1971 年尼克松总统宣布，美国将不再用黄金赎回外国持有的美元。这一行动拯救了美国的黄金储备，但也激怒了许多计划将美元兑换成黄金的国家的政府。

弹性汇率

一旦美国停止用黄金赎回外国持有的美元，世界货币体系就转向了弹性汇率体系。在**弹性汇率**（flexible exchange rates，也被称为浮动汇率）下，供需关系决定了一国货币相对于另一国货币的价值。

图 15.5 显示了弹性汇率的原理。例如，最近一年美元的价格是 7 元人民币，如图 15.5A 所示。或者，我们可以说 1 元的价格是 0.143 美元，如图 15.5B 所示，因为这两个数字互为倒数。

假设现在一个美国进口商想在中国以 35 元的价格购买凉鞋。美国进口商必须在外汇市场卖出 5 美元，以获得购买凉鞋所需的 35 元人民币。如果这种情况持续很长一段时间，图 15.5A 中美元供给量的增加（显示为供给曲线从 S 向 S¹ 移动）将推动美元价格降至 5 元。现在美元更便宜了，因为 1 美元只值 5 元，而不是 7 元。同时，对人民币的需求增加，显示为图 15.5B 中的需求曲线从 D 向 D¹ 移动，将使 1 元人民币的价格从 0.143 美元提高到 0.200 美元。人民币现在更贵了，因为它的美元价格更高。

弹性汇率 依靠供需关系来确定一种货币相对于另一种货币的价值的制度，自 1971 年起生效。

图15.5

弹性汇率

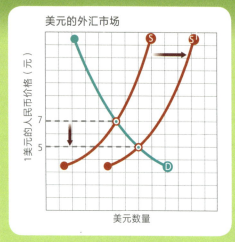

美元的外汇市场

外汇的价值由供需关系决定。

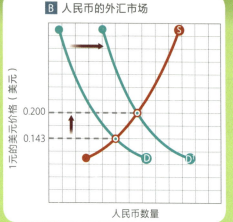

B 人民币的外汇市场

▲ 批判性思考

经济分析 当投资者出售一种货币来购买另一种货币时，所出售货币的价值会发生什么变化？

当 1 元人民币达到 0.200 美元时，一双凉鞋的价格就没有那么有竞争力了。这是因为进口商现在必须支付 7 美元（或 0.200 美元的 35 倍）才能获得足够的人民币来购买一双凉鞋。因此，美国过度进口可能导致美元价值下降，使进口成本增加。

这对从中国进口产品的美国公司来说是个坏消息，因为进口所需支付的人民币更贵。但这对美国出口商来说是个好消息。这是因为在美元贬值之前，一家以每蒲式耳 6 美元的价格购买美国大豆（即每蒲式耳将支付 42 元，或 6/0.143 元）的中国公司，在美元贬值之后，每蒲式耳只需支付 30 元（6/0.200 元）。对于中国买家来说，大豆变得更便宜了，美国农民可以在国外销售更多大豆。

每当美元贬值，出口往往会上升，进口则会下降。如果美元升值，就会出现逆转。

弹性汇率制度运作良好。更重要的是，向弹性汇率的转变并没有像许多人担心的那样阻碍国际贸易的增长。

✔ 阅读进展检查

总结 美国银行如何建立外汇供应？

贸易逆差和顺差

引导性问题　美元的强势如何影响美国的贸易逆差？

　　一个国家的进口产品的价值超过其出口产品的价值时，就会出现<mark>贸易逆差</mark>（trade deficit）。只要一个国家的出口价值超过进口价值，就会有<mark>贸易顺差</mark>（trade surplus）。贸易逆差和顺差都取决于其货币的国际价值。

美元的国际价值

　　自 1971 年开始实施弹性汇率以来，美联储一直保持着一项衡量美元实力的统计数据。图 15.6 显示了<mark>贸易美元加权指数</mark>（trade-weighted value of the dollar），这是一个显示美元对一组主要外汇的强势程度的指数。当指数下跌时，美元相对于其他货币是弱势的。当指数上涨时，美元就会变强势。

　　当美元变强势时，就像 1985 年和 2002 年一样，外国商品的价格会降低，美国对其他国家和地区出口的商品价格也会增加。结果，进口增加，出口减少，贸易逆差。随着越来越多的美元流向海外，美元的价值随之下降，就像 2003 年之后那样。

<mark>贸易逆差</mark>　一个国家的进口额超过出口额时的国际收支结余。

<mark>贸易顺差</mark>　一个国家的出口额超过进口额时的国际收支结余。

<mark>贸易美元加权指数</mark>　显示美元对其他一篮子货币的强势程度的指数。

图15.6

美元的国际价值

资料来源：美联储理事会。

供需关系有助于确定美元的国际价值。因为美国近年来进口多于出口，美元的国际价值已经下降。

◀批判性思考

经济学分析　当美元贬值时，进口成本会怎样？

贸易逆差的影响

持续的贸易不平衡可能导致连锁反应，影响收入和就业。举例来说，2003—2006年美国的巨额贸易逆差使外汇市场充斥着美元。世界市场上美元的增加导致美元失去了部分价值，使美国的进口价格更高，而向国外的出口价格更低。当出口激增时，出口导向型行业产生就业和收入。

自2003年以来，美国持续的贸易逆差通过压低美元价值，帮助美国国内出口行业。这使得其他国家制造产品的价格相对于美国制造产品有所上涨。只要美元继续疲软，出口行业将受益，而进口行业将受挫。

当美元的价值足够低时，这个过程就会逆转。其他国家的人会出售他们的货币，这样他们就可以购买更多的美元，用来购买美国产品。这将推动美元升值，使美国出口行业更加艰难，进口行业更加受益。

强势与弱势美元

国际上对美元的供需变化导致美元的价值每天都在变化。但哪个更好呢——强势美元还是弱势美元？

答案是，两者都不是！

在弹性汇率下，贸易逆差往往通过供给、需求和价格体系自动修正。强势货币通常会导致商品和服务余额出现赤字，随后货币价值下降。这是因为强势美元鼓励进口，从而增加了金融市场的美元供给。弱势的货币往往会导致贸易顺差，最终拉高货币的价值。这是因为弱势美元使美国商品和服务的购买成本降低，从而增加了对美元的需求。

由于经济的一个部分受到伤害，而另一个部分得到帮助，所以货币走强或走弱都不会带来净收益。因此，许多国家不再仅仅为了提高本国货币在国际市场上的实力而制定经济政策。

☑ 阅读进展检查

描述 为什么在2005年和2006年美元贬值？

第3节 回顾

词汇回顾

1. **定义** 外汇汇率衡量的是什么?

2. **解释** 当一个国家出现贸易顺差时会发生什么?

使用你的笔记

3. **解释** 为什么在长期贸易逆差期间,进口成本会变得更高,出口成本会更低?

回答引导性问题

4. **对比** 弹性汇率和固定汇率有什么不同?

5. **确定因果关系** 美元的强势如何影响美国的贸易逆差?

经济学写作

6. **论点** 假设你正在听两位参选美国参议院议员的人进行政治辩论。一位候选人抱怨对方支持导致美元弱势的贸易协定。写一两段文字解释美元弱势是好还是不好。

欧元应该被废除吗?

欧元创建于1999年,旨在加强欧盟成员之间的经济联系。

欧元取代了欧盟各成员自己的货币。通过消除不同货币的汇率需求,它有效地促进了成员国之间的贸易。

2008—2009年的全球经济危机导致希腊、爱尔兰、葡萄牙和西班牙在2011年和2012年出现严重的经济问题。这导致对严厉的紧缩措施提出了一些要求,并指责谁应该对损失负责。

从政治领导人到欧元区普通公民,许多人开始认为欧元受到了威胁,并开始讨论欧元是否应该被彻底废除。

欧元应该被废除

造成富裕国家和贫困国家之间的摩擦。

估值过高,减弱了南方国家的竞争力。

在国家缺乏共同政治目标的情况下无法取得成功。

造成了引发债务危机的廉价贷款。

> 2008年的崩盘揭示了欧元紧缩的缺陷,因为欧盟每个成员都在拯救自己的银行系统,而不是联合起来行动。希腊债务危机将事态推向了高潮。如果成员不能采取下一步行动,欧元可能会分崩离析,进而对欧盟产生不利影响。
>
> ——乔治·索罗斯(George Soros),
> 索罗斯基金管理公司董事长

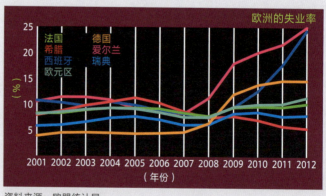

欧洲的失业率

法国　德国
希腊　爱尔兰
西班牙　瑞典
欧元区

(%)

2001 2002 2003 2004 2005 2006 2007 2008 2009 2010 2011 2012
(年份)

资料来源:欧盟统计局。

欧元不应该被废除

可以为较贫困国家带来必要的结构性经济变革。

不是问题所在，缺乏政治和经济的统一才是症结。

稳定欧洲经济，即使在2008年金融危机期间。

开放了贸易边界，同时减少了货币障碍。

分析问题

1. 解读 费尔霍夫施塔特（verhofstadt）所说的对于欧元区国家及其市场的好处是什么？

2. 得出结论 回顾图表"2009—2014年预算赤字占GDP的百分比"，你能从中得出什么关于欧元区经济的结论？

3. 证明 你觉得最有说服力的论点是什么？解释你的答案。

> 欧洲央行在保持低通货膨胀方面的成功是经济稳定的源泉，并使私人部门和公共部门保持低借贷成本成为可能，从而促进更多的经济增长和就业。欧元作为储备货币，对外国政府也具有吸引力。这有利于整个欧元区经济，因为广泛持有欧元和对欧元的高需求鼓励第三国以单一货币对其出口商品进行定价，从而在没有汇率成本的情况下降低欧元区成员的成本。

资料来源：Guy Verhofstadt, former prime minister of Belgium, "The euro and Europe," *The Economist*, July 26, 2011。

2009—2014年预算赤字占GDP的百分比

欧元区　英国　美国

资料来源：欧元经济学。

学习指南

第1节

第2节

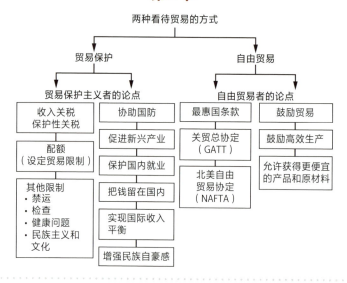

第3节

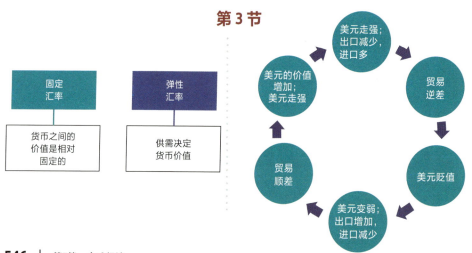

第15章 评估

说明：在一张单独的纸上回答以下问题。请务必仔细阅读并回答所有问题。

内容回顾

第1节

❶ **得出结论** 通过研究一个国家的出口，你能从中了解到它的专业化吗？

❷ **解释** 比较优势如何帮助各国获得它们所缺乏的商品、服务和资源？

❸ **解释** 为什么国际贸易对今天的经济很重要？

❹ **解释** 本国的出口如何给其他国家带来比较优势？

第2节

❺ **分析** 为什么政府会选择对某些商品征收保护性关税，而对大多数其他商品征收收入关税？

❻ **总结** 关税和配额如何保护本国的就业机会？

第3节

❼ **描述** 在弹性汇率下，美元的价值是如何确定的？

❽ **解释** 为什么美国在1971年放弃金本位制，采取弹性汇率制？

❾ **解释** 如果美国与一个国家存在贸易逆差，美元的价值会怎样？这将如何影响美国消费者和就业？

批判性思考

❿ **得出推论** 比较优势如何使不同规模国家之间的贸易和经济繁荣成为可能？

⓫ **形成观点** 当美国国会在讨论《北美自由贸易协定》时，许多美国人也在发表自己的观点。许多工人和工会强烈反对，声称这将使得美国的工作岗位转移到加拿大和墨西哥。制造商们通常支持这项计划，因为他们期望的贸易会得到加强。你认为《北美自由贸易协定》是个好主意还是个坏主意？写 篇短文来阐述你的观点。

⓬ **探索问题** 一些人认为美国应该回归固定汇率制度。你认为呢？举出例子来支持你的观点。

图表分析

使用下图回答以下有关外汇汇率的问题。

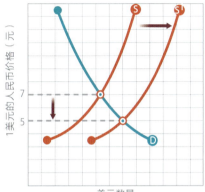

美元的外汇市场

⓭ **分析图表** 假设美国从中国的进口在一段较长的时间内不断增长。美元供给曲线将朝哪个方向移动？与人民币相比，这对美元的价值有何影响？

⓮ **得出结论** 如果从中国进口的商品数量继续增加，这对中国商品的价格和消费者购买类似美国商品的价格有什么影响？这将如何影响贸易？

⓯ **分析图表** 如果这种趋势持续下去，从中国进口的商品数量继续增长，美国对中国的出口将发生什么变化？需求曲线将朝哪个方向移动？

第15章 评估

说明：在一张单独的纸上回答以下问题。请务必仔细阅读并回答所有问题。

回顾每节开始时你对这些问题的回答，根据你在本章中学到的内容再次回答这些问题。你的答案改变了吗？

16 **解释** 贸易如何使所有参与方受益？

21世纪技能

17 **解决问题** 想想你最近和朋友完成的一个项目或作业。将比较优势原则应用于你和你朋友所做的项目。你怎么能更有效地完成这个项目？说明一下。

18 **确定因果关系** 一些国会议员对美国的贸易逆差越来越不满。他们认为，许多国家利用美国来获得利益，因为这些国家的工人工资比美国工人低，最终导致许多美国工人失业。这些议员声称美国无法参与竞争，美国应该采取行动提高保护性关税以保护国内的工人。解释为什么你认为美国的消费者是受益的，以及从长远来看，征收关税对美国人有什么影响。

19 **了解事件之间的关系** 你和一个朋友正在谈论今年的欧洲之旅。你的朋友刚刚了解到美元兑欧元一直在走强。他想知道他是否需要赚更多的钱，甚至彻底取消他的计划。你会给他什么建议？

培养财经素养

20 **分析** 你继承了一小笔钱，想用来进行投资。你的一位叔叔建议你投资Y公司，Y公司主要在A国经营，它的大部分产品出口到美国。另一位叔叔建议你投资Z公司，该公司将其大部分商品出口到A国。两家公司看起来同样成功，经营也很好。在做出决定之前考虑这些因素。

a. 与A国的货币相比，美元历史上一直处于弱势状态。

b. A国和美国将在下个月完成一项自由贸易协定。

c. A国的关税目前略低于美国的关税。

你将如何投资你的钱？为什么？

分析基础资料

阅读基础资料并回答以下问题。

伯克利大学的经济学教授艾伦·J. 奥尔巴赫（Alan J. Auerbach）和莫里斯·奥布斯菲尔德（Maurice Obstfeld）都写过关于中国人民币估值的影响的文章。他们指出，中国的贸易伙伴不喜欢人民币疲软，特别是在失业率居高不下、经济复苏缓慢的情况下。

基础资料

> 美国国会对贸易制裁的威胁导致最近一段时间人民币升值受到限制，从2010年9月初到10月中旬，美元兑人民币汇率仅上涨了2.3%。

资料来源：Alan J. Auerbach and Maurice Obstfeld, "Too muchfocus on the yuan？" Vox, October 23, 2010。

其他新兴市场经济体紧随中国步伐，也保持了其货币疲软。这进一步加剧了国际社会的不安。但是奥尔巴赫和奥布斯菲尔德认为，通过使其他国家的货币贬值来增加我们自身的经济增长，可能会产生阻碍国际贸易的壁垒。

21 **分析基础资料** 为什么中国会受到国会贸易制裁威胁的影响？如果实施这些制裁，美国将付出什么代价？

22 **探索问题** 与美元相比，人民币被低估20%将如何影响美国与中国的贸易？

第16章　全球经济发展

核心问题

- 为什么在全球经济中所有国家的经济健康都很重要？
- 全球化带来的挑战是什么？

第1节　经济发展

第2节　全球化的特征和趋势

第3节　全球问题和经济激励

经济视野

小额贷款：
一次一笔小额贷款建设经济体

　　小额贷款行业向那些因为没有或几乎没有抵押品或信用记录而无法使用传统贷款机构的企业家提供小额低成本贷款。小额贷款向借款人提供财务支持，使其能够发展小企业，进一步支持当地经济。小额贷款属于微型融资的范畴，为那些财务手段很少或根本没有财务手段的人提供一系列金融服务。微型融资正在社会经济增长中，特别是在发展中国家贫困地区的经济增长中发挥着越来越大的作用。

小额贷款机构　　37%~125%的利率　　借款人　　在全球运营170亿美元小额贷款

谁是微型融资的出借人？

　　世界上有许多出借人管理着小额贷款。在美国，联邦政府的小企业管理局负责监管自己的小额贷款计划。该计划在全国范围内与小企业管理局批准的银行和信用合作社联合管理。还有其他区域性、州和地方组织，如机会基金，基瓦（Kiva）和格莱珉银行美国分行（Grameen America），为个体企业家提供小额贷款。

谁使用小额贷款？
67%
33%

　　微型融资客户的性别比例因地区而异，但平均而言，接受微型融资服务的人中有67%是女性，33%是男性。

　　世界贫困人口中，妇女占70%，她们是小额贷款的最常见借款人。女性借款人的贷款违约率/核销率较低，一些微型融资机构认为向男性借款人放贷的风险更大。

小额贷款的用途是什么？

　　企业家使用小额贷款作为营运资金，可以为购买库存、支付工资、购买机械、转移到另一项业务等提供资金。

创立或投资
小企业

提高生产力和
利润

长期稳定性

97%　小额贷款偿还
的小额贷款被偿还

 发展蓝图：
格莱珉银行（Grameen Bank）来到美国

　　格莱珉银行由穆罕默德·尤努斯（Muhammad Yunus）教授于1983年在孟加拉国成立。它被认为是微型金融机构的原型。尤努斯向村里的妇女提供小额贷款，这样她们就可以在不用面对掠夺性贷款的情况下制造竹制家具。

| **90%** 由借款人拥有 | 1983—2014年发放了14.9万亿美元贷款 | 2008—2014年服务了6个城市的18 000名借款人 | 格莱珉银行美国分行贷出了1亿美元 |

想一想
你认为小额贷款的偿还率为什么如此之高？

术语表

- 发展中国家
- 原始均衡
- 粗略出生率
- 预期寿命
- 零人口增长
- 外债
- 违约
- 资本外逃
- 小额贷款
- 国际货币基金组织
- 世界银行
- 软贷款
- 征用

做笔记

使用下表来确定一个发展中国家通常经历的5个经济增长阶段。

5个经济增长阶段

阶段	特点
原始均衡	
过渡	
腾飞	
半发展	
高度发展	

发展中国家 GNP 极低、贫困率高、经济不稳定的非工业化国家。

第1节　经济发展

核心问题

为什么在全球经济中所有国家的经济健康都很重要？

当今世界的大多数人生活在**发展中国家**（developing countries），这些国家的人均 GNP 平均数只能达到工业化程度较高国家平均数的一部分。其中很多国家贫困人口较多，全世界近 10 亿人的生活费每天不到 1.25 美元。

发展中国家的贫困人口往往造成社会动荡和政治不稳定。发展中国家的政治不稳定是否也会影响美国？

经济发展的重要性和过程

引导性问题　为什么经济发展对所有国家来说都很重要？

全球范围内，贫困都不只是一个经济问题，它也是对社会不满和政治动荡的来源，甚至可以威胁到一个国家的稳定。然而，幸运的是，经济的发展可以使贫困人口显著减少。

经济增长的影响

1990 年，19 亿人（约占发展中国家人口的 43%）每天生活费低于 1.25 美元。这个数字在 2010 年降至 12 亿以下，世界银行曾估计，到 2020 年，该数字可能会降至几亿。然而，即使到 2020 年降到占总人口的 9%，仍然有 6.9 亿人生活在极度贫困之中。

这一进展主要归功于 1981 年以来的经济增长。事实上，经济学家发现，发展中国家人均收入 1% 的增长，会使这些国家中每天生活费不足 1 美元的人口比例减少约 2%。因此，经济增长是应对全球贫困的最有效方式。

对发展中国家的关注

国际社会向发展中国家展现人道主义和经济关怀。例如，较发达国家的许多人认为，帮助那些收入和财富比他们少的人是他们的道德责任。

对发展中国家福利的关注也源于自我利益。毕竟，发达国家需要发展中国家稳定供应关键原材料。反过来，发展中国家也为工业国家的产品提供市场。

经济发展阶段

一些经济学家认为，发展中国家通常会经历经济发展的几个阶段。虽然这些阶段之间的界限并不总是很明确，也并非所有国家都以这种方式取得进展，但将经济发展分阶段考虑仍然是有益的。

- **原始均衡**　第一阶段是<mark>原始均衡</mark>（primitive equilibrium），"原始"是指社会没有正式的经济组织，而"均衡"是因为没有可测量的变化。一个例子是 19 世纪的因纽特人，他们与其他村庄家庭分享狩猎的战利品。在这个阶段，规则从一代人传到下一代人，文化和传统通常指导经济决策。
- **过渡**　第二阶段是从原始均衡向正在产生经济和文化变革的社会过渡的时期。局面的打破可能是短暂而突然的，也可能

原始均衡　经济发展的第一阶段，在此期间经济停滞不前。

从较为基本的经济类型向最复杂的经济类型的转变涉及几个发展阶段的过渡。早期阶段不会出现很多正式的组织，而是倾向于以个人为中心。随着一个国家的逐步发展，通常会加入更多的组织，便会复杂。

◀ **批判性思考**

理解　这个秘鲁人和他的毛驴最可能代表经济发展的哪个阶段？解释你的答案。

需要几年时间。一个国家在这种过渡阶段并没有经济增长，但旧习俗开始瓦解。进入这一阶段的社会开始质疑它们的传统，并尝试新的生活方式。

- **腾飞** 当克服了原始均衡的障碍以后，就会进入第三个发展阶段。当人们抛开习俗，寻求新的更好的生活方式时，一个国家会开始加速发展。人们开始模仿从外部学习到的新的或不同的技术。在腾飞阶段，一个国家开始储蓄并投资更多的国民收入。新的生产技术有助于工业快速发展，农业生产力得到提高。

- **半发展** 第四个阶段是半发展。在这个阶段，国家经济的构成发生了变化。国民收入的增长快于人口增长，导致人均收入增加。与此同时，该国建立起了核心产业，更加注重资本投资，并改进技术。

- **高度发展** 这是最后一个阶段，获取食物、住所和衣物的努力取得了巨大的成功。由于大多数人的基本需求和欲望得到了满足，他们将注意力转向服务和消费品，如洗碗机、手机和视频设备。人们对工业生产的重视有所减少，同时，更多的服务和公共产品被提供。成熟的服务业和制造业是这一阶段的标志。

☑ 阅读进展检查

解释 为什么经济增长对发展中国家如此重要？

发展的障碍

引导性问题 发展中国家经济增长的主要障碍是什么？

在许多方面，发展中国家与世界其他经济体相似。然而，主要的区别在于，它们的问题要大得多。

人口增长

经济发展的一个障碍是人口过度增长。绝大多数发展中国家的人口增速远快于工业化国家的人口增速。当人口迅速增长时，国家需要养活更多的人，对教育和医疗保健等服务的需求也在增加。

这种增长的一个原因是高**粗略出生率**（crude birthrate）——每 1 000 人的活产数量。许多发展中国家的人正在经历**预期寿命**（life expectancy）的增加，即达到一定年龄的人的平均剩余寿命（以年计）的增加。较长的预期寿命以及较高的粗略出生率使发展中国家的人均 GNP 难以增长。

由于人口压力，一些国家鼓励降低出生率和较小的家庭规模。有些人甚至认为社会应该致力于**零人口增长**（zero population growth，ZPG），即达到平均出生数和平均死亡数平衡的情况。

然而，人口增长并不总是能被限制。在某些文化中，大型家庭因经济和个人原因而受到重视。在其他文化中，出于宗教原因，人们认为致力于破坏人口增长是不道德的。

自然资源

有限的自然资源，如非生产性土地，恶劣的气候和工业所需的稀缺能源，也可能阻碍经济增长。如果一个国家面临人口增长，即使是有限的土地供应也变得至关重要。

在某些情况下，自然资源有限的国家可以像日本那样通过参与国际贸易来弥补这种不足。但是，如果一个国家是内陆国家，如巴拉圭、尼泊尔或乍得，贸易就相对困难。

粗略出生率 每 1 000 人的活产数量。

预期寿命 达到一定年龄的人的平均剩余寿命（以年计）。

零人口增长 平均出生数和平均死亡数平衡，使得人口规模保持不变的情况。

每个国家都有自己的自然资源，可以为创造经济机会做出贡献。丰富的水源可以为渔业提供机会，向其他缺水的国家出口产品。

◀ **批判性思考**
理解概念 这张图片代表了4个生产要素中的哪一个？

疾病和药物滥用

对许多发展中国家而言，健康已成为一个主要问题。艾滋病在非洲尤其具有破坏性，一些国家的感染率高达 20％。由于艾滋病感染者通常是年轻人，许多家庭失去了年轻的父母，也是主要的经济支柱，只能将孩子留给祖父母和邻居抚养。

在亚洲部分地区，禽流感等传染病一直是人们关注的问题。即使只轻微感染这种疾病，也必须销毁所有家禽库存，防止疾病扩散。一些种植非法毒品的亚洲和南美洲国家，当地人口的高吸毒率严重阻碍了增长前景。

教育与技能

另一个障碍与教育水平和技能有关。许多发展中国家缺乏建立工业社会所需的高水平的受教育程度和技能。

许多发展中国家也承担不起儿童义务教育的费用。即使在那些有能力承担的国家，也不是每个人都能利用教育机会，因为孩子们必须工作帮忙养家糊口。

外债

外债 一个国家欠外国政府和外国银行的借款。

发展中国家还面临的一个主要问题是大规模的**外债**（external debt）——从外国的银行和政府借来的钱。一些国家借了太多的钱，以至于它们可能永远无法偿还这些贷款。

违约 不偿还借款的行为。

当一个国家的债务过多时，仅仅是支付贷款的利息都有困难。一些发展中国家徘徊在**违约**（default）的边缘。然而，这种情况是危险的，因为一个贷款违约的国家可能无法再次借款。

腐败

政府腐败可能会成为经济发展的障碍。腐败可能会大规模发生，也可能是对小官员进行适度贿赂来完成一些小事。

通常，腐败程度最低的国家比腐败程度最高的国家更为发达。腐败是有害的，因为它将资源分配到生产率较低的用途上。它还使一些人富裕，同时抢劫其他所有人。

例如，伊拉克拥有巨大的石油储备，是石油输出国组织（OPEC）

的 12 个成员国之一。尽管拥有巨大的自然财富，但政府官员几十年的腐败和对政府管理不善，更不用说战争和政权的更迭，这个国家相对贫困。

战争及其后果

不幸的是，世界上许多发展中国家，如安哥拉、阿富汗、埃塞俄比亚、柬埔寨、索马里和越南，遭受了血腥的内战。战争带来的直接影响是毁灭性的生命和财产损失，更不用说对该国基础设施造成的破坏。

战争的后果可能会持续几十年。波兰在二战中失去了许多知识分子，他们葬身于毒气室和集中营。这种人才的损失使战后波兰经济复苏缓慢。

化学武器的广泛使用使许多地区的农业等简单活动变得极为困难。而且，许多受到有毒残留物和未爆炸武器伤害的人，例如在田间玩耍的儿童，并不是战争的参与者。其结果是，化学武器往往会在战后很长一段时间内阻碍经济发展。

资本外逃

发展中国家也面临着资本外逃（capital flight）的问题，即一国货币和外汇的合法或非法流出。资本外逃的产生是由于人们对政府或经济的未来失去了信心。当资本外逃时，企业甚至政府都经常面临现金短缺。资本外逃至少会限制国内资本投资的可用资金。

公民个人甚至也会助长资本外逃。假设一个在莫斯科的人想把卢布换成美元，这个人可以首先用卢布购买旅行支票。接着，他撕毁支票并飞往纽约。在那里，这个人宣称支票丢失或被盗，然后获得了美元的补办支票，从而完成卢布兑换美元的转变。

☑ 阅读进展检查

回顾　发展中国家经济增长的主要障碍是什么？

资本外逃　一国货币和外汇的合法或非法流出。

帮助经济发展

引导性问题　发展中国家的经济发展如何融资？

　　经济发展的资金有许多来源。有些来源是内部的，有些来源是外部的，它们都很重要。

储蓄的重要性

　　在许多情况下，内部产生的资金是发展中国家的唯一资本来源。为了产生这些内部资金，一个经济体必须生产出超过其消费的产品。

　　如果一个发展中国家是市场经济，那么储蓄的动机源于利润动机。公司经常尝试为各种项目借款，银行反过来支付由供需力量决定的储蓄利率。如果对货币的需求很高，利率将上升，从而鼓励可以用于公司投资的储蓄增长。

　　如果一个发展中国家是计划经济，其政府仍然可以通过要求人们在农场、道路或其他项目上工作来强制储蓄。但是，大多数计划经济体并不总是调动资源来促进经济增长，资源往往被用于政治方面需要或满足个人利益。此外，强制调动无法给人们长期激励或培养其职业道德感。

小额贷款

　　发展中国家经济发展的一个更成功的方法是使用 小额贷款（micro

非营利组织基瓦通过互联网找到小额贷款机构，以帮助73个国家消除贫困。基瓦在全球拥有450名志愿者，还款率达99％。在卢旺达，这个食品摊位是摊主通过基瓦的一个小额贷款建立的。

▶ **批判性思考**

解释　像基瓦这样的组织如何帮助发展中国家克服经济增长的障碍？

loans）。小额贷款是一种小额无抵押贷款，通常低至 50 美元，主要提供给想要从事创收项目的女性。由于许多发展中国家超过 2/3 的 GDP 来自银行不提供服务的活动，这种贷款提供了一种将资本主义的特征扩展到贫困人群的方式。

例如，在非洲，一个女人可能会获得相当于 50 美元的贷款来购买产奶量较高的杂交山羊。由于借款人过于贫穷而无法提供抵押品，她会让其他几个女人为贷款担保，以防止她违约。贷款持续时间可能为 3 个月，并要求每周偿还少量本金。为了偿还这一款项，这个女人将向其他村民收取一小笔费用，将她的山羊和其他山羊一起饲养，从而提高整个村庄的牲畜数量。此类贷款非常受欢迎，部分地区的还款率高达 98%。

国际机构

发展中国家的问题也受到发达国家的关注。发达国家建立的两个机构直接与发展中国家合作，帮助它们解决问题。

国际货币基金组织（International Monetary Fund，IMF）是一个向所有国家提供货币支持和财政政策建议的国际组织。国际货币基金组织还帮助支持货币，以便各国能够在公开市场中竞争并吸引外国投资者。

例如，在苏联解体后，一些苏联国家希望在全球交易所进行货币交易。国际货币基金组织提供贷款以帮助兑换。这是十分重要的，因为投资者必须购买这些国家的货币，才能与它们进行国际贸易。

第二个重要的国际机构是世界银行集团，通常被称为世界银行。**世界银行**（World Bank）是一家向发展中国家提供贷款，并提供财政援助和咨询的国际公司。世界银行由国际货币基金组织成员国所有，但它作为一个单独的组织运作。例如，世界银行承担了改善毛里塔尼亚宽带连接的项目；资助了开发孟加拉国内陆水运、越南农村运输系统，甚至包括哈萨克斯坦税收现代化的项目。

国际复兴开发银行（IBRD）——世界银行的一部分——为发展中国家提供私人贷款和贷款担保。其中许多贷款都被用于水坝、道路和工厂等项目。贷款也是为了鼓励发展中国家改变或改善其经济政策。

世界银行的另一部分是国际金融公司（IFC），这是一家投资私营企业和其他企业的机构。最后，国际开发协会（IDA）提供**软贷款**（soft loans）——可能永远无法偿还的贷款——给最贫困的国家。国际开发协会的贷款是免息的，持续时间可能是 35 年或 40 年。

软贷款　可能永远无法偿还的贷款，通常涉及对发展中国家的贷款。

政府援助金

发展中国家也可以通过向外国政府借款来获得外部资金。

政治因素通常在这些援助中发挥重要作用，因此最贫困的国家并不总能获得资金。例如，美国援助过的国家有以色列、巴基斯坦等。

苏联也向发展中国家提供过经济援助。然而，其援助国家的一半以上是古巴、埃塞俄比亚和伊拉克等盟国。像大多数其他外国援助一样，这是为了促进政治联系而非出于经济目的。

探索核心问题

美国向许多外国政府提供发展资金。如果你受雇于美国政府并负责确定接受补助金的国家，你会如何选择？你会如何说服你的同事赞成你的观点？

私人外国投资

获得资金的另一种方式，是从可能对国家的自然资源感兴趣的外国投资者那里吸引私人资金。例如，巨大的石油储备引来了投资者对中东的兴趣，而铜矿将他们吸引到智利，红木和柚木则将他们吸引到东南亚。在每种情况下，外国投资者都提供了发展这些行业所需的金融资本。

如果外国投资要起作用，这种安排必须对投资者和东道国都有利。许多投资者不愿承担重大金融风险，除非他们确信该国政治稳定。发展中国家实行的**征用**（expropriation）政策——接管外国财产而不支付任何报酬——使所有发展中国家更难吸引外国资本。

征用　政府不予补偿地没收私人或外国持有的货物。

✓ 阅读进展检查

对比　私人外国投资与通过国际机构提供的援助有何不同？

第1节　回顾

词汇回顾

1. **定义**　解释"软贷款"一词的含义。

使用你的笔记

2. **总结**　使用你的笔记来确定经济发展的两个阶段。

回答引导性问题

3. **解释**　为什么经济发展对所有国家来说都很重要？

4. **评价**　发展中国家经济增长的主要障碍是什么？

5. **描述**　发展中国家的经济发展如何融资？

经济学写作

6. **资料性/解释性**　选择一个发展中国家，研究阻碍该国经济增长的主要问题。描述这个问题以及为克服这个问题所做的努力。预测你认为5年后的结果，务必给出你做预测的理由。

尼泊尔的太阳能

尼泊尔农村地区的一个小村庄正在改变这个发展中国家的面貌。在一个80%的农村人口没有生活用电的国家，哈拉迪格（Khaladig）的村民却拥有甚至大多数发达国家的人都无法使用的可再生能源技术：太阳能。

传统上用于照明、烹饪和取暖的火所产生的烟尘通常对健康有害。各种组织都试图通过向乡村供应电力以及提供现代烹饪和加热技术来解决尼泊尔的这一问题。对哈拉迪格的计划是在每个家庭安装独立的太阳能光伏系统，太阳能光伏系统旨在使用太阳作为能源来提供可用的电力。

一旦确定了社区的需求，村民们就会学习了解光伏系统。每个家庭都收到了系统组件，如电池、充电器和控制器等物品，这意味着必须进行在职培训，这样大家才能知道如何在家里组装和安装光伏系统。一旦得到培训，村民们就会维护系统以及完成基本维修。

如今，哈拉迪格是许多社会转型的例子之一。对于尼泊尔农村地区的这个村庄来说，这种转型是发展太阳能。但对另一个国家而言，则可能是教育项目，再换一个国家则可能是可用的清洁水源。每一种发展都使社会和国家更接近参与全球市场的机会，这个市场已经将许多国家联系在了一起。

尼泊尔的经济有许多传统元素，如畜牧业。

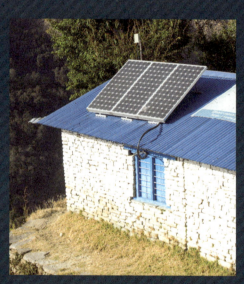

太阳能光伏系统的使用标志着这个尼泊尔村庄正在转型。

案例研究回顾

1. **总结** 为什么这些组织致力于在尼泊尔的村庄安装太阳能光伏系统？

2. **分析** 教村民如何组装、安装、维护和修理光伏系统，而不只是直接帮他们做这些，有什么好处？

阅读帮手

术语表

- 全球化
- 自由贸易区
- 关税同盟
- 欧盟
- 欧洲煤钢共同体
- 东南亚国家联盟
- 东部和南部非洲共同市场
- 卡特尔
- 石油输出国组织

做笔记

使用下图来确定促进贸易的主要全球机构，并确定每个机构的一个职能。

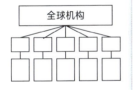

第2节　全球化的特征和趋势

核心问题

全球化带来的挑战是什么？

当今最重要的趋势之一是**全球化**（globalization）——世界经济向更加一体化和相互依存的方向运动。由于我们作为消费者做出的自愿决策，全球化正在发生。如今，人们正在购买更多的外国产品，而公司正在扩大其在国际范围内的业务。在你准备阅读有关全球化挑战的更多信息之前，请了解以下问题。

- 全球化可能带来什么好处？
- 全球化可能有什么坏处？

全球化的特征

引导性问题　你如何定义全球化？

曾经有一段时间，大多数市场都是本地市场。随着交通和通信的改善以及人口的增长，市场扩展到附近的社区。后来，当地市场扩展到地区，然后是国家，而如今已经是全世界。

由于这一进步，许多经济学家认为全球化是一个自然的、几乎不可避免的过程。然而，全球化涉及的不仅仅是市场，我们也看到了生产、机构甚至文化的全球化。

全球产品和市场

如今，你可以在全球范围内找到某种商品，例如麦当劳、肯德基、必胜客、星巴克或百事可乐的产品。在几十年前这可能还是新闻，但现在产品遍布全球是一种常见现象。

全球化　世界经济向更加一体化和相互依存的方向发展。

我们使用的许多产品都是由跨国公司生产的，这些公司在不考虑国界的情况下进行生产和销售。如英国石油公司（英国）、福特汽车公司（美国）和壳牌石油公司（英国和荷兰）为大多数人所熟知。

由于全球化，超市里摆放着许多来自其他国家的产品，如瑞士雀巢公司的巧克力棒、咖啡。无论在哪个国家销售，这些公司提供的产品都具有相同的功能，这种相似性使其在全球市场上的销售变得容易。

全球生产

全球化不仅仅意味着在全世界范围内拥有标准化产品，也延伸到生产层面。在某些情况下，跨国公司将其生产设施转移到更靠近客户

全球经济 & 你

你的T恤成本是多少？

制造商一直在寻求降低成本的方法。因此，从制造商的角度来看，在任何可以降低成本的地方生产产品都是有意义的。此外，消费者通常喜欢为产品支付更少的费用——当制造商降低成本时，他们也可以降低价格。

这就是为什么美国和欧洲的公司经常将生产转移到巴基斯坦、孟加拉国等国，那里的成本，特别是劳动力成本，要低得多。例如，在孟加拉国生产T恤的人工成本约为每件0.22美元；如果在美国生产同样的衬衫，那么劳动力成本将在30倍以上：7.47美元。这意味着，作为消费者，你将为在美国制造的T恤支付更多。

美国和欧洲的工人反对将工作外包到海外，但从经济角度来看，制造商的动机很明显。此外，发展中国家也在竞争为老海军（Old Navy）、科尔（Kohl's）等公司生产产品的机会，因为这些机会给它们带来了工作和金钱。

然而，这有时会产生负面影响。2013年，位于孟加拉国的一家服装厂倒塌，造成超过1 129名

生产衬衫的成本

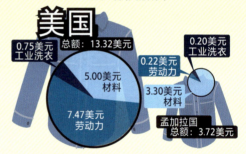

资料来源：全球劳工和人权研究所。

工人死亡，2 500多人受伤。两周后，该国一家毛衣厂发生火灾，造成8人死亡。这些悲剧在孟加拉国和其他发展中国家并不罕见。

▲ 批判性思考

解决问题 提出解决发展中国家工厂极低工资和危险工作条件的一个办法。在你的回答中，请考虑谁应负责做出这些改变。各国有责任更好地管理其生产设施吗？这是美国和欧洲公司的责任吗？工人有责任要求改变吗？

的位置，例如，丰田、日产和本田等公司已在美国开设了制造业务。其他公司，如 IBM、波音和英特尔，将生产设施转移到国外，以便更靠近廉价劳动力资源和更便宜的原材料资源。

大多数全球制造业务都非常复杂。例如，戴尔利用互联网跟踪其全球工厂的生产和运输情况。通过持续密切关注其运营情况，戴尔能够在其装配厂保持 3 天的适度库存。如果一个地方的情况突然发生变化，戴尔可以加快或放慢零部件的发货速度，以保持生产顺畅进行。

全球生产中一个比较有争议的方面是外包——为非核心业务雇用外部公司以降低运营成本。许多美国人认为外包是一个有争议的问题，因为他们担心自己的工作被海外工作者抢走。虽然这是许多工人所关心的问题，但从长远来看，生产成本的降低和消费者支付价格的降低带来的好处足以抵消失业带来的损失。

这对那些失业的人来说并不是什么安慰。然而，通过购买印尼制造的低价服装、韩国制造的电视机或其他海外产品，这些工人很可能已经从全球化中受益，并为全球化做出了贡献。

全球机构

全球化的另一个方面是促进国家间贸易的国际组织的发展。其中几个最重要的机构介绍如下。

- **关贸总协定**　促进贸易的一个早期机构是关贸总协定，这是 1947 年由 23 个国家签署的一项国际协议，旨在扩大关税优惠，取消进口配额。如果各国对关税或其他贸易问题有争议，可以向世贸组织提出，寻找解决办法。
- **世贸组织**　关贸总协定的成功使得它的继任者世贸组织成立。如今，世贸组织有 159 个成员，只要成员之间发生国际贸易争端，它们就会向世贸组织求助。例如，巴拿马在 2013 年声称哥伦比亚对巴拿马制造的纺织品、服装和鞋类征收不公平的关税。
- **国际货币基金组织**　国际货币基金组织向各国提供建议和财政援助，使其货币能够在公开市场上竞争。没有国际货币基金组织，许多国家将无法参与国际贸易，因为它们的货币不会被其他国家接受。国际货币基金组织还提供零利率贷款，

尽管全球生产有将工作转移到效率更高的地方的好处，但失业的工人，尤其是那些缺乏转向其他工作所需的技能或教育的工人，会受到影响。政府在帮助这些工人方面可以发挥什么作用吗？政府可以或应该做些什么？

以支持低收入国家的宏观经济政策和项目。例如，国际货币基金组织向马拉维提供了 1.56 亿美元贷款，帮助该国在最近的全球经济衰退后恢复经济增长，并向科特迪瓦提供了 40 亿美元贷款，帮助该国减少外债。

- **世界银行** 世界银行是另一个全球机构，帮助发展中国家加入全球市场，将该市场作为其经济发展战略的一部分。它为基础设施建设提供技术援助、财政支持和补助，甚至帮助最贫穷的国家加入全球化运动。例如，世界银行帮助加强亚美尼亚的灌溉项目，以提高农民的生产力。

- **联合国** 联合国可以通过能够影响农业、企业家精神和年轻妇女就业前景的国际合作和经济发展项目，在维护和平方面发挥作用。

✅ 阅读进展检查

分析 跨国公司如何促进全球化？

区域经济合作

引导性问题　区域合作协定如何帮助成员方？

走向全球化的一个重要步骤是建立区域贸易集团，以促进国家间的贸易。大多数贸易集团开始时只有少数几个国家，然后它们通过增加成员来扩大规模。最终，它们倾向于与其他集团合并，从而为更高程度的全球化铺平道路。

自由贸易区（free-trade area）是一种重要的经济合作类型，是指两个或两个以上国家之间减少或消除贸易壁垒和关税的协定区域。自由贸易区并没有为非成员设定统一的关税。另一种合作结构是**关税同盟**（customs union），即两个或两个以上的国家取消彼此的关税和贸易限制，并对非成员采取统一的关税。关税同盟比自由贸易区更具统一性，因此它代表着更高层次的经济一体化。

欧盟

当今世界区域合作最成功的例子是**欧盟**（European Union，EU）。

自由贸易区 同意减少或消除内部贸易壁垒，但对非成员没有统一关税壁垒的国家集团。

关税同盟 同意减少或消除贸易壁垒，并对非成员征收统一关税的国家集团。

欧盟 1993 年根据《马斯特里赫特条约》（Masstricht Treaty）成立，拥有 28 个成员国，是世界上人口和产出最大的独立统一市场。

欧盟最初是一个自由贸易区，后来演变成一个由成员组成的关税同盟。

欧盟起源于==欧洲煤钢共同体==（European Coal and Steel Community，ECSC）。欧洲煤钢共同体由比利时、法国、德国、意大利、卢森堡和荷兰组成。该组织成立于 1951 年，目的是协调钢铁生产，使国家之间都很难再彼此开战。欧洲煤钢共同体取得了巨大的成功，后来逐渐演变成欧盟。

1993 年 1 月，欧盟在人口和产出方面成为世界上最大的独立统一市场，尽管欧盟和美国现在的 GDP 大致相同。欧盟是一个单一的市场，因为没有内部壁垒来规范工人、金融资本或商品和服务的流动。欧盟成员的公民持有统一护照，可以在欧盟的任何地方工作、购物、储蓄和投资。

2002 年，欧洲一体化迈出了重要一步，引入了欧元。大约有一半的成员已经采用它来取代本国货币。欧盟尚未实现完全的经济一体化，因为仍有许多分歧，尽管如此，它仍然是世界上最大的统一市场之一。

东盟

欧盟的成功也鼓励了其他国家尝试区域合作。1967 年，印度尼西亚、马来西亚、新加坡、菲律宾和泰国这 5 个国家组成了==东南亚国家联盟==（ASEAN），或称东盟。如今的东盟是一个 10 国集团，致力于促进地区和平与稳定，加速经济增长，并放宽贸易政策，以成为一个自由贸易区。

该地区在很大程度上走上了消除关税和其他非贸易壁垒的道路。然而，美国经济大衰退引发的金融危机削弱了对东盟出口产品的需求。因此，东盟更加努力地建设更强大、更统一的内部市场，这一市场不再强调出口。

北美自由贸易协定

北美自由贸易协定，是全球化的又一成功例子。北美自由贸易协定于 1993 年签署，旨在完全消除加拿大、美国和墨西哥之间的关税壁垒和配额。该协议的目标已于 2008 年完成，并直接促进了 3 国间

欧洲煤钢共同体 1951 年成立的欧洲六国集团，负责协调钢铁生产，确保成员国之间的和平，最终发展成为欧盟。

东南亚国家联盟 致力于促进区域合作、经济增长和贸易的东南亚 10 国集团。

贸易的大幅增长。

东南非共同市场

1994 年，为仿效欧盟，19 个国家共同成立==东部和南部非洲共同市场==（Common Market for Eastern and Southern Africa，COMESA，中文简称东南非共同市场）。然而，由于一系列问题，建立共同市场的进程一直比较缓慢。

问题之一是这些国家在非洲的分布方式较为分散，南至斯威士兰，北至利比亚。此外，若干国家缺乏良好的通信和运输所需的基础设施。最后，地区战争和政治动荡使经济合作进一步复杂化。

尽管如此，这种合作模式依然存在，各国希望未来从中受益。

石油输出国组织（OPEC）

1960 年，许多生产石油的国家成立了==卡特尔==（cartel），即一群生产商或销售商，同意限制某种产品的生产或销售，以控制价格。==石油输出国组织==（OPEC，中文简称欧佩克）试图建立类似于垄断，以提高世界油价。尽管最初取得了成功，但高油价已将数万亿美元从工业化国家转移到欧佩克成员国。

即使拥有这些金融资本，按照大多数标准衡量，大多数欧佩克成员国的增长都比较缓慢。在伊朗，革命中断了国内经济的发展。在尼日利亚，腐败吞噬了本可以用于经济发展的大部分石油利润。2006 年高油价再次出现，但随后又被 2008—2009 年的大衰退再次击倒。因此，欧佩克未能将这个石油卡特尔变成经济发展的引擎。

✅ 阅读进展检查

描述　区域合作协定如何帮助成员方？

全球化趋势

引导性问题　为什么在全球经济中经济一体化如此重要？

随着全球化继续发展，不同的贸易集团，如自由贸易区和关税同盟，可能会合并成更大的全球市场。这将带来额外的好处，因为国家间的经济合作通常会增加政治合作。因此，全球化可能会促进所有国家之间的经济增长和政治稳定。

然而，即使全球化继续发展，仍有两种趋势引人注目。一是国家间日益增长的经济依赖，二是全球区域经济一体化不断深化。

日益增长的相互依赖性

随着市场的发展，生产者的活动变得更加专业化。专业化和<mark>劳动分工</mark>（division of labor）导致更高的生产力水平。如果某类的生产商具有比较优势，他们将能够在市场上更有效地竞争。

在家庭环境中，这通常意味着最强壮的人要处理那些需要最大力量的任务。在全球范围内，最有效利用资本和技术的国家是那些制造汽车和建筑设备等产品的国家，然后用这些产品交换其他国家的原材料。

结果是难以置信的相互依赖性。这意味着我们所做的几乎每件事都依赖于他人，而他人也依赖于我们。在全球范围内，它使日本这样一个几乎没有国内能源资源的国家成为一个先进的工业国。它还允许其他制造能力较低的国家，如沙特阿拉伯，用它们的能源资源换取广

职业 | 世界银行职员

这个职业适合你吗？

 你对处理全球经济问题感兴趣吗？

 你是一个积极主动解决问题的人吗？

 你擅长数学、金融或经济学吗？

 你愿意国内旅行还是国际旅行？

工资
金融分析师的平均年薪：74 350美元
每小时35.75美元

职业发展前景
高于平均水平

工作内容

作为一个组织，世界银行的目标是通过促进世界各国最贫困人口的收入增长来消除全球的极端贫困。但是，世界银行不能改变单个国家的经济政策，这是各国政府的责任。因此，世界银行收集金融和技术数据，然后对这些数据进行分析和评估，并提供给政府以消除贫困。

世界银行的工作人员可能会被要求分析一个国家的经济体系，预测偏远村庄的供水系统或建造现代化垃圾填埋场的成本。世界银行监管的项目类型没有限制。它的工作人员拥有广泛的技能和较高的受教育水平，并具有发现自己和定义自己角色的才能。

泛的消费品和其他制成品。

相互依赖性的弱点在于，全球体系任何地方的崩溃都有可能影响到所有人。随着全球化进程的不断推进，这无疑是每个人都会思考的问题。

全球化会继续吗

尽管全球化得到了支持和发展，但进展并不总是一帆风顺。变革可能会威胁到既定的经营方式。当人们担心他们的工作，以及他们的生活方式受到威胁时，冲突就会爆发。当麦当劳或肯德基等企业在风景优美的欧洲地区开设门店，人们感到一个地区的遗产正在遭受损害时，问题可能会小规模地出现。当沃尔玛决定在英国、中国或其他任何可能影响当地家庭企业的国家开设新店时，这些问题也会发生。

这些问题不仅局限于一个经济体的零售部门，还可能出现在服务业。法国有规定，通过限制美国电影的放映数量来保护国内的电影制片人。加拿大要求其广播电台为加拿大艺术家演奏的音乐预留一定的播出时间。

政治也可以帮助或阻碍全球化。当各国相处融洽时，它们更有可能通过建立自由贸易区或关税联盟进行合作。如果国家之间爆发冲突，那么可能会出现相反的结果。

简而言之，虽然全球化可以带来巨大的经济收益，但这些收益对每个人来说并不是同样重要。对文化、政治或宗教的威胁，也会减缓或停止全球化进程。

✅ 阅读进展检查

描述 哪些特征表明欧盟在区域一体化方面取得了成功？

第2节 回顾

词汇回顾

1. **比较和对比** 自由贸易区和关税同盟有何相似之处和不同之处？

使用你的笔记

2. **解释** 说出3个全球性机构的名称，并简要描述它们各自如何影响全球市场。

回答引导性问题

3. **定义** 你如何定义全球化?

4. **解释** 区域合作协定如何帮助成员方?

5. **确定因果** 为什么在全球经济中经济一体化如此重要?

写关于经济学

6. **观点** 你听到两个人正在争论一项促进全球生产的经济政策。其中一个强烈反对,认为它允许工作外包。另一个支持该政策,因为它对经济的整体有益。阐述你对全球化生产的看法,并给出你的理由。

阅读帮手

术语表

- 生存
- 可再生资源
- 水力发电
- 生物质
- 乙醇汽油
- 太阳能
- 不可再生资源
- 供过于求
- 污染
- 酸雨
- 污染许可证

做笔记

使用下表来确定经济学家认可的两种类型的资源。

可再生 资源	不可再生 资源

第3节　全球问题和经济激励

核心问题

为什么在全球经济中所有国家的经济健康都很重要？全球化带来的挑战是什么？

基本经济问题是稀缺性，即由于没有足够的资源来生产人们想要的所有东西而产生的状况，稀缺性一直存在。我们都经历过稀缺，稀缺表现在粮食、能源和其他资源短缺，所有这些都随世界人口的增长而加剧。

随着人口增长，国家努力发展经济，另一个问题浮出水面：如何在不损害环境的前提下使用日益稀缺的资源。

- 资源稀缺如何造成环境破坏？给出例子。
- 为什么环境破坏是一个全球性问题？

全球人口增长

引导性问题　经济激励如何与人口增长相关？

自从托马斯·马尔萨斯（Thomas Malthus）于1798年发表了一篇关于人口原理的文章，人口增长一直受到全世界的关注。他的观点发表于200多年前，今天仍然适用。

马尔萨斯：人口观

马尔萨斯认为，人口的增长速度要快于其养活自己的能力。他认为，问题在于人口呈几何级数增长，就像数列1、2、4、8、16、32、64……然而，地球养活人类的能力以更慢、更恒定的速度增长，比如1、2、3、4、5……根据马尔萨斯的观点，世界上大多数人最终会沦落到仅能维持**生存**（subsistence）的状态，即一个人的生产仅够维持

生存　仅能生产足够的粮食来养活自己的状态。

自己的生活。

在许多发展中国家，贫困普遍存在。许多人白天在垃圾堆里寻找食物，晚上露宿街头。在这些地方，马尔萨斯对生存水平的预测是一个残酷的现实。

世界人口增长率

尽管有这些可怕的预测，人口增长似乎正在放缓。图 16.1 显示了 1950—2050 年世界人口增长率的估计值。根据该数据，人口增长最快的时期是 20 世纪 60 年代初，而此后人口增长率一直在下降，或预计稳步下降。

根据美国人口普查局，如果世界人口以图 16.1 所示的速度增长，到 2026 年将达到 80 亿，到 2042 年将达到 90 亿。

马尔萨斯错了吗

世界各地的人口正以不同的速度增长。有些工业化国家的人口增长率较低，而越贫穷的国家，人口增长率往往越高。

马尔萨斯没有预见生产力的巨大进步，会使得人们的生活水平逐渐提高，同时伴随着人口数量上涨。他也没有预见家庭可能会选择少生孩子。大多数工业化国家尤其如此，这些国家的人口不断减少。

图16.1

1950—2050年世界人口年增长率

增长率（%）

（年份）

资料来源：美国人口普查局。

自20世纪60年代以来，世界人口增长率一直在缓慢下降，预计到2050年将达到0.5%。

◀ 批判性思考
经济分析　为什么人口增长率预计会放缓？

马尔萨斯的预测对工业化国家来说可能并不完全准确，但对所有国家来说仍然具有长期影响。例如，今天发展中国家的人口压力给许多工业化国家带来了问题。例如，美国有许多来自墨西哥和海地的非法移民。

经济激励

经济激励在人口增长中发挥着作用。例如，在工业化国家，抚养孩子相对昂贵。医疗费用、医疗保险、住房、汽车、教育费用等都增加了抚养孩子的成本。此外，如果父母中的一方放弃工作在家抚养孩子，那么他或她将承担相当大的机会成本。

如果一个家庭想要把这些成本降到最低，就像他们会降低其他成本一样，答案可能是少生孩子。

许多发展中国家的情况正好相反。上述抚养孩子的成本通常较低，甚至小孩子也可以帮忙做家务或农活，因此那里的孩子被视为一种资产。

由于许多发展中国家没有像社保这样的退休计划，父母往往会多生孩子，希望一些孩子能在他们年老时照顾他们。

结果是可以预测的。如果孩子是家庭的资产而不是成本，那么父母就会尽可能多生孩子。这就解释了为什么许多发展中国家人口增长率高，而一些发达国家人口增长率下降（或负增长）。

☑ 阅读进展检查

解释 为什么马尔萨斯的预测可能是错误的？

对生产资源的需求

引导性问题　为什么保护不可再生资源很重要？

人口压力加剧了许多重要资源的耗竭。其中一些资源以原材料、矿产、可耕地和能源的形式存在。能源尤其重要，因为它是生产技术产品所必需的，而这些技术产品可以使我们的生活更舒适。

可再生资源

经济学家发现了两种常见类型的资源：可再生资源和不可再生资源。**可再生资源**（renewable resources）是一种可以补充以供未来使用的自然资源。今天使用 4 种主要的可再生资源。

- **水力发电**　当今最重要的可再生资源是<mark>水力发电</mark>（hydropower），即由流动的水产生的力量或能源。水力发电可以追溯到 19 世纪，当时它推动了美国东北部的磨坊和工厂发展。水力是可靠的、充足的、免费的。今天，许多国家都试图利用海浪和潮汐中发现的流动水的力量。

- **生物质**　<mark>生物质</mark>（biomass）是源自生命的或最近生命中的生物材料，如木材和木材废料、泥炭、城市固体废物、稻草、玉米、轮胎、垃圾填埋气体和鱼油中提取的生物材料。乙醇是一种谷物酒精，由玉米或其他农作物制成，被用来制造<mark>乙醇汽油</mark>（gasohol），即一种由 90% 无铅汽油和 10% 乙醇混合而成的燃料。自 1998 年以来，一些美国汽车也被设计成使用 E85，即 85% 乙醇和 15% 汽油的混合物。

- **太阳能**　可再生能源的一个重要种类是<mark>太阳能</mark>（solar power），或利用太阳产生的能源。太阳能是一种相对较新的能源，在油价较低时，并没有引起太多关注。尽管前景很好，但它只占当今使用的可再生能源的一小部分。

- **风能**　另一种不断增长的可再生能源是风能。自 20 世纪 80 年代初以来，美国的风力发电场已经生产足够的电力以满足其中等城市的用电需求。加州是风力发电的最大生产地，但在其他许多州也可以找到风力发电场。

不可再生资源

我们今天使用的大部分能源都是<mark>不可再生资源</mark>（nonrenewable

<mark>可再生资源</mark>　可以补充以供未来使用的自然资源。

<mark>水力发电</mark>　由流动的水产生的力量或能源。

<mark>生物质</mark>　由木材、泥炭、城市固体废物、稻草、玉米、轮胎、垃圾填埋气体、鱼油等产生的能源。

<mark>乙醇汽油</mark>　含 90% 无铅汽油和 10% 乙醇混合而成的燃料。

<mark>太阳能</mark>　来自太阳的能量。

<mark>不可再生资源</mark>　一旦被使用就不能得到补充的资源。

可再生资源：化石燃料的替代品

可再生资源，正越来越多地作为化石燃料的替代品，因为它们不会耗尽，而且对环境的伤害较小。

◀ **批判性思考**
政府如何鼓励企业使用可再生资源？

resources），这些资源一旦使用就不能得到补充。主要的不可再生资源类别是化石燃料，它正在以惊人的速度消耗，按照目前的消耗水平，可能只会持续几代人。

- **煤炭**　煤炭是第一种大规模使用的不可再生燃料。它很容易获得，而且价格便宜，储量丰富。世界上近 2/3 的已知煤矿位于美国、俄罗斯和中国，据估计，这些煤矿的储量可以维持大约 200 年。
- **石油**　石油是目前使用的最多的不可再生能源，主要是因为在 20 世纪的大部分时间里，石油非常便宜。以石油为基础的产品，如汽油，比天然气或煤炭使用方便得多，尤其用于交通运输时。
- **天然气**　从历史上看，天然气比石油更难运输和使用，所以天然气很久之后才成为重要的能源。最终，廉价的天然气作为一种工业燃料流行起来，许多工厂和工业场所都在使用它。
- **核能**　核能是美国最新的、最强大的不可再生能源。然而，由于一些原因，核能的增长已经放缓。第一，成本过高，因为核反应堆的建造和维护成本高昂。第二，核能产生高度危险的副产物，难以安全处理。第三，核电站总是有可能出现故障，或者发生事故。一些备受瞩目的事件：例如，1979 年美国宾夕法尼亚州三里岛核电站将近熔毁，1986 年乌克兰切尔诺贝利核反应堆熔毁，以及 2011 年日本福岛核电站在地震和海啸中受损，这些事件不断提醒人们可能面临的核能危险。

这些都是令人畏惧的问题，但是在核能变得更加普遍之前，安全问题需要得到解决。

美国的能源流动

图 16.2 显示了美国能源的来源和使用情况。美国生产的 78.1% 能源，都是以煤、天然气、原油、液化气、核能和可再生能源的形式存在。美国国内生产的 10.4% 能源，用于出口。剩下的 29.6% 从国外进口，主要是石油。

该数据还显示，美国最大的能源消费是工业，其次是交通、住宅和商业需求。石油仍然是美国消耗的能源中主要的组成部分，只有相对较小的一部分来自核能和可再生能源。

非市场的节约成就

随着资源日益稀缺，人们正在努力寻找使用和保护资源的最佳方式。一种方法是唤醒每个人的公民责任感。例如，在能源方面，我们可以要求人们少开车，当他们离开房间时关灯，或者当他们不在家时调节恒温器。

在美国，这样的措施已经尝试过了，但通常都没有效果。甚至为了节省汽油而制定的每小时 88 千米的限速也没有奏效。不仅司机经常无视法律，大多数州最终废除了较低的车速限制。

市场和价格激励

人们似乎对价格的变化更为敏感。1973 年以前石油价格较低时，很少有国家愿意投入大量资源开采石油。然而，1973 年，欧佩克的石油禁运大幅提高了石油价格。当价格大幅上涨时，许多国家几乎一夜之间就提高了产量。与此同时，人们对替代能源的兴趣也大幅增加，各国纷纷投入数十亿美元到能源（从页岩油到太阳能）研究项目。

到 1981 年，由于世界范围的<mark>供过于求</mark>（glut），石油价格大幅下跌。与此同时，全球经济衰退和节能工作进一步减少了对石油的需求。在

<mark>供过于求</mark> 一种产品的供给过多。

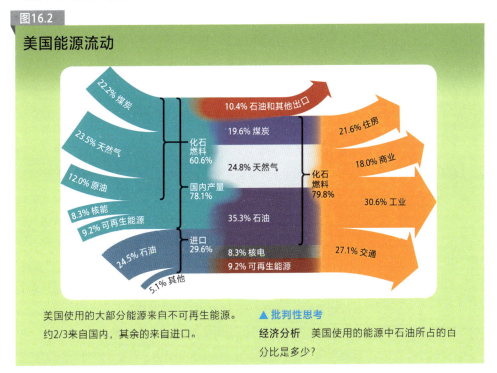

图16.2

美国能源流动

22.2% 煤炭
23.5% 天然气
12.0% 原油
8.3% 核能
9.2% 可再生能源
24.5% 石油
5.1% 其他

化石燃料 60.6%
国内产量 78.1%
进口 29.6%

10.4% 石油和其他出口
19.6% 煤炭
24.8% 天然气
35.3% 石油
8.3% 核电
9.2% 可再生能源

化石燃料 79.8%

21.6% 住房
18.0% 商业
30.6% 工业
27.1% 交通

美国使用的大部分能源来自不可再生能源。约2/3来自国内，其余的来自进口。

▲ **批判性思考**

经济分析 美国使用的能源中石油所占的白分比是多少？

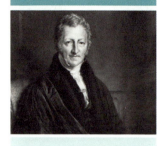

托马斯·马尔萨斯，英国经济学家，收集了出生、死亡和寿命等人口统计数据。这一关注使他开始思考人口增长与粮食供给增长之间的关系。他说："一段时间以来，我意识到人口和食物以不同的比率增长；在我脑海中浮现出一种模糊的观念，那就是只有通过某种痛苦或罪恶才能使他们平等。"马尔萨斯认为粮食生产永远赶不上人口增长。然而，他确信，人们不会挨饿或死亡，因为他们将通过推迟结婚、战争或疾病等措施遏制人口增长。

除了对人口增长的仔细研究外，马尔萨斯还对需求曲线以及长期和短期趋势之间的关系做了重要的早期工作，他认为这些都会受到周期性事件的影响。

▲ **批判性思考**

建立联系 为什么马尔萨斯的研究对今天的经济学研究仍有意义？

20 世纪 90 年代初的第一次海湾战争之后，石油价格一直较低，因为一些欧佩克成员国增加了产量，以补充其在战争期间耗尽的财政储备。

油价下跌有几个后果。第一，寻找替代能源的动力开始减弱。第二，新石油储量的勘探大幅放缓。第三，消费者再次改变了他们的消费习惯，购买大房子和低油耗汽车。不断增长的需求赶上了稳定的供给，能源价格在 2006 年首次达到峰顶，下一次是在 2008 年。这些价格上涨重新激起了人们对节约能源的兴趣，并刺激了替代能源以及混合动力、全电动汽车等新产品的开发。

价格体系鼓励人们在油价上升时节约能源，在油价下跌时恰恰相反。因此，高价格有助于节约资源，而低价格相反。

☑ **阅读进展检查**

分析 为什么美国可再生能源的比例相对较低？

污染与经济激励

引导性问题 可以采取什么措施来控制污染？

经济激励可以帮助解决全球污染问题。==污染==（pollution）指由于排放有毒物质而造成的空气、水或土壤污染。大多数经济学家认为，解决这个问题的最好办法是首先解决造成污染的动机。

污染动机

污染本身不会发生，它的发生是因为个人和企业都有污染的动机。如果能消除这种动机，污染就会减少。

例如，历史上许多工厂坐落在河边，这样它们就可以把垃圾排放到流水中。产生烟雾和其他空气污染物的工厂通常位于离水更远的地方，那里有高高的烟囱，把污染物送到很远的地方。另一些人通过在自己的土地上挖坑掩埋有毒废物来试图避免这个问题。

许多工厂主试图将环境作为巨大的废物处理系统来降低生产成本。从狭隘的角度看，这个理由是合理的。当公司降低了生产成本，它们就增加了利润。那些以最低成本制造最多商品的人创造了最多利润。

然而，污染对整个社会的代价是巨大的。如==酸雨==（acid rain），一种由水和二氧化硫混合而成的温和型硫酸，覆盖了北美大部分地区，破坏了森林和河流。肥料堆积和未经处理的污水污染了流经地区的生态系统。污染造成的损害是广泛的，但它可以控制。一种方法是用法律形式通过的政府标准，另一种方式是通过经济激励。

立法标准

立法标准包括那些规定空气、水和汽车排放最低标准的法律。这些治理标准可能是有效的，但通常不够灵活。一旦制定了标准，企业就必须达到标准，否则就会受到惩罚。正因为如此，许多公司广泛游说，使其行业免受污染控制标准的约束。

美国国会已经宣布，在美国销售的所有汽车都不能超过某些最高排放标准。一旦制定了这些标准，美国环境保护局（EPA）就会在每一款车型中随机测试车辆。它还随机抽取道路上的汽车样本，以确保它们遵守排放控制规定。

美国另一个污染控制计划是国会于 1980 年设立的超级基金，该基金旨在确定和清理美国一些最危险的废物处理场。其目的是追踪最初的污染者，并让它们支付清理费用。当发现许多原始污染企业已经倒闭，而无法支付费用时，又对法律进行了修订，迫使现有企业承担清理费用。这并不受企业欢迎，因为一些公司被迫为其他公司留下的垃圾支付清理费用。

污染费

一个更加市场化的方法是根据企业排放的污染量按一定比例对其

污染 由于排放有毒物质而污染空气、水或土壤。

酸雨 雨水与二氧化硫混合而成的一种温和式硫酸。

能源的来源

以前　跟上时代，使用更多的煤炭来发展你的企业。

现在　跟上时代吧，使用可再生资源取代煤炭。

这幅漫画显示，随着时间的推移，人们对经济进步的看法发生了变化。

◀ 批判性思考

认识反面观点　左图中的人认为，在哪些方面可以说明通过使用煤炭而不是开发可再生能源可以最好地实现经济发展？

征税或收费。行业不同，征税多少取决于污染的严重程度和排放的有毒物质的数量。公司可以支付费用，也可以采取措施减少污染。

例如，假设一个社区想要减少 4 个工厂造成的空气污染，每个工厂都会释放大量的煤尘。对排放到空气中的每吨煤尘可能会征收 50 美元的税，这适用于每个工厂。安装在工厂烟囱顶部的设备将测量某段时间内释放的灰尘量，并相应地对工厂收费。

在这些情况下，一些公司可能会选择支付 50 美元的税款。然而，其他人可能会决定花 10 美元、20 美元或 30 美元来清理一吨污染。只要清理污染比交税更便宜，个体企业就有动力去清理和停止污染。

这一税收方法并不能消除所有的污染，但它可以消除大量的污染。此外，它还具有立法标准所缺乏的灵活性，给予公司选择的自由。

真实的污染收费示例比这个假设的示例要复杂得多，但它们的工作原理都是一样的。此外，缴纳税款的公司也有助于支付该计划的部分成本，这对纳税人来说也是一种宽慰。

可交易的污染许可证

污染费的一个扩大版本是美国环境保护局的 ==污染许可证==（pollution permits），即联邦政府许可，允许公共事业公司向空气中排放一定数量的污染物，以减少燃煤电力公司中会导致酸雨的二氧化硫的排放。

根据这一计划，美国环境保护局向所有公用事业公司颁发数量有限的许可证。如果减少或清理 1 吨排放物成本为 300 美元，而如果能够以 350 美元的价格出售许可证，公司将减少自己的排放量，并将未使用的许可证卖给另一个清理或减少排放物成本更高的公用事业公司。如果清除 1 吨污染物需要花费第二个公用事业公司 400 美元，那么该公司最好花 350 美元从第一个公用事业公司购买许可证。无论哪种情况，其中一家公用事业公司都有清理大量污染物的动机。

如果污染物水平仍然过高，美国环境保护局可以发放更少的许可证。较少数量的许可证将使其价值比以前更高，这将再次使企业加倍努力减少污染。最终，市场供需的力量将为减少污染提供动力。第一批污染许可证于 1993 年 3 月在芝加哥贸易委员会出售。1 吨污染物的许可证价格从 122 美元到 450 美元不等。

美国环境保护局计划连续几年发放额外但更少的许可证，使其

污染许可证 美国联邦政府许可，允许公共事业公司向空气中排放一定数量的污染物，是污染控制的一种形式。

更加稀缺和昂贵。其中一个变化称为"上限和交易"（cap and trade），其中上限是任何一家公用事业公司允许的最大污染，未使用的排放许可证可以交易或出售。最终，更高的许可证价格使更多的公用事业公司有动力在防污染设备上投入更多资金。

该系统对环保人士也有好处，他们希望公用事业公司以更快的速度减少污染。一些环保组织用自己的资金购买了污染许可证，这使得许可证更加稀缺，因此对公用事业公司来说也更加昂贵。

应对未来

每个人都想知道未来经济会发生什么。它将如何调整，以及采取什么方法？答案取决于我们今天的经济体系类型。

幸运的是，世界上大多数主要经济体都拥有相对自由的市场。价格体系是该体系的重要组成部分，因为价格对生产者和消费者都起着信号作用。如果不可预见的事件发生，经济有能力逐步调整以适应变化，而不必从一个危机转向下一个危机。

全球化是你一生中最重要的事件之一，而且它正在逐步发生，其速度如此微妙，以至于大多数人几乎没有意识到变化正在发生。所以，当你下次购买印度尼西亚制造的服装、瑞士公司生产的巧克力、韩国制造商生产的汽车时，请记住，你所做的决定正在帮助推进全球化进程。

☑ 阅读进展检查

总结 政府可以使用什么方式控制污染？

第3节 回顾

词汇回顾

1. **解释** 乙醇汽油在哪些方面是一种生物质资源？

使用你的笔记

2. **评估** 稀缺问题的两种最有效的解决方案是什么？

回答引导性问题

3. **解释** 经济激励如何与人口增长相关？

4. **解释** 为什么保护不可再生资源很重要？

5. **明确** 可以采取什么措施控制污染？

经济学写作

6. **观点** 政府应该采取更多措施控制污染，或者鼓励更多地使用和开发替代能源吗？为什么？给出事实、理由和其他细节。

世界上富裕的国家是否有义务帮助贫困的国家发展经济?

世界上最富裕的国家和最贫困的国家之间存在巨大差距。世界上许多国家仍然贫困。它们需要清洁的饮用水、足够的食物、药品和卫生、保健和教育。一些国家政府缺乏资源去为其人民提供许多基本必需品。

世界上大多数富裕国家都感到有义务努力改善这些种状况，并为改善贫困国家的经济条件提供大量援助。在某些情况下，援助似乎是值得的，但在许多其他情况下，尽管有经济援助，似乎没有什么改变。

因此引发了一场争论。富裕国家是否有义务继续向贫困国家提供援助?

YES 富裕国家应该帮助贫困国家的发展

贫困滋生动荡和恐怖主义，它们跨越国界。

富裕国家有道德责任去帮助贫困国家。

富裕国家需要贫困国家的资源和市场。

与贫困国家贸易可以帮助富裕国家自己的经济增长。

> 我怀疑富裕国家的一些人可能会问，我们的经济举步维艰，那么多人失业，那么多家庭勉强度日，为什么要召开发展峰会? 答案很简单。在全球经济中，即使最贫困国家的进步也能促进远在其边界之外人民的繁荣与安全，包括我的美国同胞。

资料来源：President Barack Obama, speech before the United Nations General Assembly, September 23, 2010.

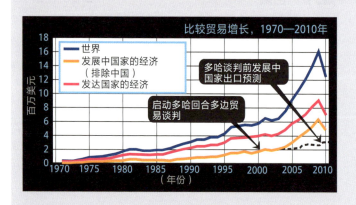

比较贸易增长，1970—2010年

- 世界
- 发展中国家的经济（排除中国）
- 发达国家的经济

多哈谈判前发展中国家出口预测

启动多哈回合多边贸易谈判

百万美元

富裕国家没有责任帮助贫困国家的发展

援助创造了一种依赖文化，从而伤害了各国。

我们要先看到本国公民的需要。

这些问题是内部政治和体制问题。

腐败猖獗，过多援助完全是浪费。

分析问题

1. **解释** 美国前总统奥巴马说，因为生活在全球经济中，即使最贫困国家的进步也会影响美国的经济。这怎么可能呢？

2. **得出结论** 回顾图"部分非洲国家的经济统计数据"。关于对这些国家国际援助的有效性，你能得出什么结论？解释你的答案。

3. **辩论** 在这场辩论中，你认为哪些论点最令人信服？解释你的答案。

" 发展的程度在很大程度上由贫困国家自己决定，其他国家只能发挥有限的作用。发展中国家自己也强调这一点，但富裕国家常常忘记这一点。同样重要的事实是，金融援助和富裕国家市场的进一步开放只是一种工具，其刺激增长的能力有限，尤其在最贫困的国家。"

资料来源：Nancy Birdsall, Dani Rodrik, and Arvind Subramanian, "How to Help Poor Countries," *Foreign Affairs*, July/August 2005。

部分非洲国家的经济统计数据

2002—2012年人均GDP增长率

2010年，每天生活费不足1.25美元的人口占比

2010年国际援助（百万美元）

贝宁 冈比亚 利比里亚 马达加斯加
中非共和国 刚果民主共和国 斯威士兰

学习指南

第 1 节

原始平衡 → 过渡 → 腾飞 → 半发展 → 高度发展

第 2 节

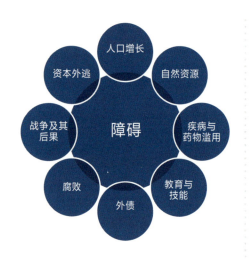

人口增长
自然资源
资本外逃
障碍
疾病与药物滥用
战争及其后果
腐败
外债
教育与技能

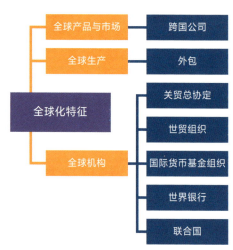

全球产品与市场 — 跨国公司
全球生产 — 外包
全球化特征
全球机构 — 关贸总协定
世贸组织
国际货币基金组织
世界银行
联合国

第 3 节

可再生能源
• 水力发电
• 生物质
• 太阳能

不可再生能源
• 煤炭
• 石油
• 天然气

这个问题：
• 污染的经济动机

解决方法：
• 立法标准
• 污染费
• 可交易的污染许可证

第16章 评估

说明：在一张单独的纸上回答以下问题。请务必仔细阅读并回答所有问题。

内容回顾

第1节

❶ **解释** 为什么富裕国家试图改善贫困国的经济状况？

❷ **解决问题** 发展中国家发展的一个关键障碍是什么？怎样才能克服这个障碍呢？

❸ **解释** 人口众多如何给发展中国家带来问题？

第2节

❹ **明确** 欧盟如何使成员国受益？

❺ **分析** 市场、产品和生产如何促进全球化？

第3节

❻ **解释** 马尔萨斯的悲观预测，富裕国家如

何实现日益繁荣？

❼ **解释** 污染许可证如何帮助减少污染？

❽ **描述** 美国、美国消费者和石油工业对20世纪70年代油价上涨的反应。

批判性思考

❾ **得出推断** 研究表明，总体说来，内陆国家的人均收入水平往往低于毗邻海洋的周边国家。为什么会这样呢？

❿ **发现问题** 你认为全球化是不可避免的吗？你认为这是可取的吗？解释你的答案。

⓫ **考虑利弊** 如果你必须在立法标准和污染费之间选择一个来减少污染，你会选择哪一个？解释每种方法的优缺点。

图表分析

使用下图来回答以下关于能量流动的问题。

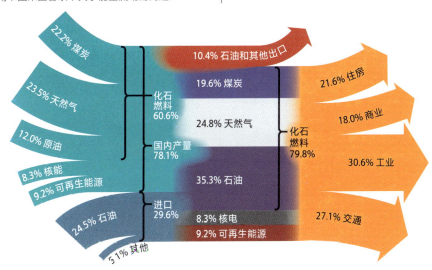

第16章 评估

说明：在单独一张纸上，回答以下问题。确保你仔细阅读并回答所有问题。

⑫ 分析图表 美国如何获得大部分的石油？

⑬ 分析图表 美国有多少能源用于交通？

⑭ 得出推断 美国出口超过10%的能源，而进口将近30%。为什么不停止出口能源，而减少进口呢？

回答核心问题

回顾在每节开始时你对这些问题的回答，然后根据你在本章中学到的内容回答这些问题。你的答案改变了吗？

⑮ 解释 为什么在全球经济中所有国家的经济健康都很重要？

⑯ 描述 全球化带来的挑战是什么？

21世纪技能

⑰ 理解关联 你认为发展中国家的经济增长未来如何影响发达国家的家庭？

⑱ 确定观点和不同解释 为什么美国工会一般会谴责外包？什么群体会从中受益？为什么？

⑲ 解决问题 可再生能源只占美国能源消费总量的很小一部分。在人们更多地使用可再生能源之前，美国需要做出哪些改变？

培养财经素养

⑳ 分析 假设你是一家美国大公司的首席执行官。你的员工向你提出了一个建议，把你的大部分制造业务转移到发展中国家。在那里，你的劳动力成本将大大降低，而且你将获得更大的市场。你正在考虑这个建议。听到可能采取行动的传言后，一位工会代表与你会面，并鼓励你考虑你的决定将如何影响美国工人。在你做最后决定之前，考虑以下因素：

a. 你作为公司首席执行官的主要职责。

b. 全球化的广泛影响。

c. 你的决定将如何影响家庭和社区。

你的决定是什么？你做决定的依据是什么？

分析基础资料

经过20多年的增长，全球出口占全球GDP的比重在2008年开始趋于稳定。一些经济学家认为，自2008—2009年的大衰退以来，全球化进程已经放缓。阅读下面的基础资料并回答以下问题。

基础资料

❝ 虽然它们没有退回到20世纪30年代的极端保护主义，但自2008—2009年的大衰退以来，世界经济确实变得少开放了。在过去20年里，人们、资本和商品的跨境流动越来越自由，尽管有了大门，但围墙在不断筑起。各国政府越来越多地选择与谁进行贸易，欢迎何种资本，以及允许多大程度地在海外开展业务…… **❞**

资料来源："The Gated Globe," *The Economist*, October 12, 2013.

㉑ 分析基础资料 根据这一资料，自大萧条以来，政府建造了什么样的"墙"？这些是传统意义上的"贸易壁垒"吗？你认为它们为什么在大萧条之后出现？这些限制会对发展中国家的经济增长产生什么影响？

第17章　个人财务规划

核心问题

- 金融机构如何帮助你增加并更好地管理你的钱?
- 有哪些不同类型的企业组织?
- 你如何管理你的钱?

第1节　金融机构和你的钱

第2节　企业组织和你的钱

第3节　个人财务规划

FAFSA: 免费申请联邦助学金

申请过程:

可免费申请的联邦助学金在每年的1月到6月之间提供, 但是某些类型的联邦财政援助是先到先得的。

谁有资格获得联邦财政援助?

学生
申请人

· 高中毕业或普通教育文凭
· 接受学位或证书课程
· 选择服务登记
· 有效的社保账号
· 不履行义务的声明
· 美国公民
· 维持学术进步

⑤

收集学生及家长的
税务资料及文件

①

从可免费申请的联邦
助学金网站获取个人
身份识别号码

④

为申请人及家长收集有关收入、
资产及投资的财务资料

联邦财政援助用于什么?

联邦学生助学金可以用来支付与上学有关的各种费用。这些费用包括:

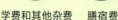

学费和其他杂费

膳宿费

书籍和用品

交通

电脑　　　　照顾孩子

FAFSA是向美国联邦政府以及某些州、机构和私人的财政援助申请奖助金、贷款和勤工俭学基金。申请人提供的信息使财务援助办公室官员能够确定学生可以获得的每种援助的金额。

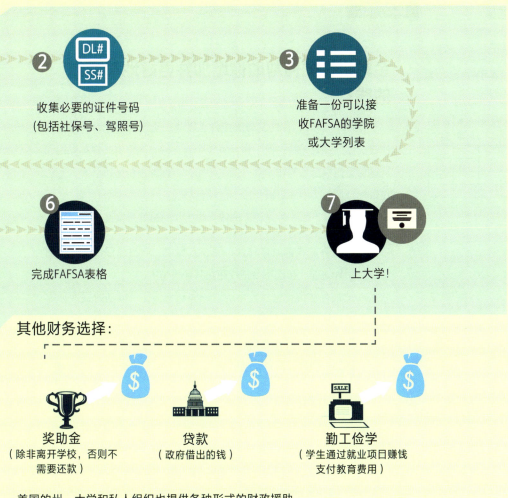

② 收集必要的证件号码
（包括社保号、驾照号）

③ 准备一份可以接收FAFSA的学院或大学列表

⑥ 完成FAFSA表格

⑦ 上大学！

其他财务选择：

奖助金
（除非离开学校，否则不需要还款）

贷款
（政府借出的钱）

勤工俭学
（学生通过就业项目赚钱支付教育费用）

美国的州、大学和私人组织也提供各种形式的财政援助。

想一想

理解 列出完成FAFSA所需的项目。你会如何向其他人解释申请过程？

阅读帮手

术语表

- 金融机构
- 抵押品
- 有担保
- 无担保

做笔记

使用下表来解释各种储蓄账户间的不同。

账户类型	风险	利息数量	存款要求

第1节　金融机构和你的钱

核心问题

金融机构如何帮助你增加并更好地管理你的钱？

在你 16 岁时，你的父母答应你可以找一份课后工作，开始自己挣钱。你已经开始做这份工作，每 3 个月支付一次工资。你打算用你从这份工作中赚到的钱购买一辆二手车，但你的工资还不够高，无法在目标日期（高中 3 年级开始）之前存够钱。

你认为以下哪一种是让你的钱为你工作的最好方法？

- 把所有的钱都放在鞋盒，藏在衣橱里。向自己保证，在达到目标之前，自己不会把钱花在其他事情上。
- 把钱存在银行里。它会赚取一些利息，你可以随时提取你需要的钱。
- 把你的收入存入定期存款账户。这将提高利息，但你在提取钱的灵活性方面将受到限制。

预算

引导性问题　学习如何合理做预算的价值是什么？

几乎你所做的每件事都受到金钱的影响——你住在哪里，你如何到处旅行，你空闲时做什么，你是否有工作，以及你做什么工作。如果管理得当，金钱会让你的生活更容易；如果管理不善，它会给你带来巨大的压力，并让你遇到困难。控制你的支出，或者预算，将防止你背上可能需要数十年才能偿还的债务。

许多人不知道他们的钱怎么了，它似乎"消失了"。以下是找出你的钱都花到了哪里的方法。

- 列出你每个月都支付的账单，比如手机通信费、网络连接费、汽车保险。
- 用 1 个月的时间，把你买的所有东西及其价格都列出来，不管价格有多低。

在月底，把你清单上的所有事项分成几类：食物、交通、娱乐和个人护理。现在你可以看到你的钱都花到了哪里。

图17.1

制订你的预算表

兼职工作收入：____ 月津贴收入：____ 总收入：____		
支出类别	当前费用	新预算
食物： 学校午餐 餐厅及外卖 零食		
交通： 汽车费用 保险 汽油 维护费（估计）		
娱乐： 电影 音乐 游戏 运动和爱好		
个人护理： 衣服 鞋 理发 配件 化妆品		
储蓄（收入的10%~30%）		
公用事业： 手机 网络连接		
医疗/牙医		
向慈善组织捐赠		
杂项		
总计		

制订预算计划包括对你的收入和支出仔细分类，以便跟踪你的钱是怎么花的。然后你就能明白如何准确地规划未来。

◀ 批判性思考

经济学分析 在你的预算中，有没有哪一部分你花的钱比预期的要多？如何减少这些领域的支出？

以下是如何控制你的支出：将你的收入和支出记录到图 17.1 所中。查看第 2 列中的每一项支出，并考虑如何减少支出。在第 3 列中输入较小的金额——你的新预算。把第 3 列的费用加起来，看看你的新预算是否与你的收入相匹配。

你可能已经不止一遍听说过做出明智决定的重要性。当你做财财务决策时尤其如此。你最明智的财务决策是立即开始做预算，并把所有收入的一部分存起来，包括生日卡的现金和兼职工资。第二个明智的决策是把存款存入金融机构。

☑ 阅读进展检查

解释 为什么按预算生活很重要？

金融机构

引导性问题　金融机构如何影响你的预算？

金融机构（financial institution）是一个向投资者提供储蓄渠道的组织。这个过程是怎样的？本质上，金融机构通过"出售"金钱来赚钱。你把钱存入一个账户。作为回报，金融机构付给你一定比例的钱，让你把钱存在账户里。付给你的那笔钱叫利息。然后金融机构把你的一部分原始存款借给其他人。那些借款人向金融机构偿还贷款和利息（以更高的比例），从而使金融机构获得利润。

利息的多少取决于利率，即银行将向存款人支付的比例或向借款人收取的费用。利率由各国中央银行决定。美联储作为美国的中央银行设定贴现率，这是影响金融机构收取的所有其他利率的利率。

> **金融机构**　为投资者提供储蓄渠道的组织，包括银行、保险公司、储蓄贷款协会、信用合作社。

商业银行

商业银行是常见且安全的金融机构。除了接受存贷款或资金转账外，商业银行还帮助满足客户日常的交易需求，如支付账单、提取现金、通过借记卡或支票付款等。许多商业银行提供在线服务，有些银行则对 ATM 等服务收费。什么保证了商业银行是安全的？存入每一家银行的钱，由名为联邦存款保险公司的独立机构投保，最高可达25 万美元。

信用合作社

信用合作社通常是为特定人群组织的非营利银行。例如，州雇员、学区或大公司可能有自己的信用合作社。信用合作社的好处在于，它的目标是通过提供诸如降

低费用和贷款利率等优惠，与会员（客户）分享利润。由于存在有关非营利组织和所得税豁免的政府法律，信用合作社通常可以提供一些大型银行无法提供的福利。

非银行金融机构

一些金融机构不接受存款，但仍将储蓄贷给借款人。例如，金融公司直接向那些想分期付款购买大型商品（如汽车或家电）的消费者发放贷款。人寿保险公司也将其盈余资金用于放贷。投资银行买卖股票和债券，也被称为"证券"。曾经，投资银行和商业银行同时存在于同一家银行中。1929 年股市崩盘后，美国国会通过了《格拉斯—斯蒂格尔法案》（Glass-Steagall Act），将两类银行分开。

☑ 阅读进展检查

总结 金融机构的目标是什么？

你不应该担心把辛苦挣来的钱存入银行。是什么使商业银行安全？你存入一家银行的钱由联邦政府的一个名为联邦存款保险公司的独立机构投保，最高可达25万美元。联邦存款保险公司成立于大萧条时期，当时很多人因为银行挤兑而失去了银行存款。

◀ 批判性思考

经济学分析 为什么存款保险对银行和储户都有利？

当你作为存款人

引导性问题 在年轻时学习存钱的价值是什么？

你的确有权把你的存款放在床下的一个盒子里。然而，如果有人偷了它，或者你的房子着火了，你的钱就永远没有了。把你的存款存入银行更安全。从储蓄赚取利息没有风险，也不需要你付出额外的努力，除了提供存款。拥有一个储蓄账户还可以提高你的信用评级，这对于你将来想借钱是至关重要的。此外，你的储蓄是你在财务紧急情况下唯一的安全网。

为什么从现在开始存钱

存下来的钱会增长，如果你早早开始，随着时间的推移，你可以积累大量的钱。如何做到？通过一个非常重要的概念：复利。这个过程的结果是你的利息赚取利息。

从图 17.2 可以看出，复利与单利是不同的。例如，如果你存了 1 万美元，赚取 5% 的单利，那么你将在 3 年内获得每年 500 美元的利息，总额为 1 500 美元。

相比之下，如果你存入 1 万美元，每年获得 5% 的复利，第一年就能赚 500 美元。但第二年，你将获得的利息不是以 1 万美元计算，而是 10 500 美元——你最初的存款加上第一年的存款利息，总计 525 美元。在第三年，你将获得以 11 025 美元计算的利息，也就是 551.25 美元。那么，在复利下，你最初的 1 万美元将在 3 年内增长到 11 576.26 美元，而不是单利下的 11 500 美元。这似乎看起来像是一个微小的差异，但随着多年余额的增长，这可能会成为一个巨大差异。

某些账户的利息比年复利更复杂。有些账户半年复利、季度复利、月复利、日复利，甚至是连续复利。一个账户的复利越频繁，其

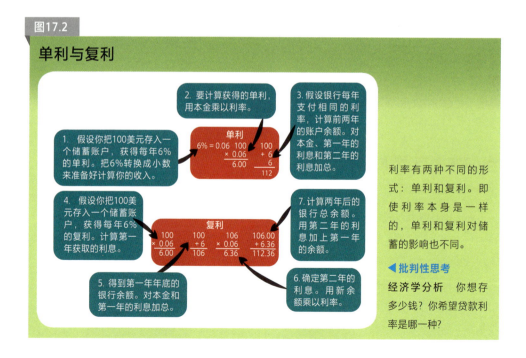

图17.2

单利与复利

1. 假设你把100美元存入一个储蓄账户，获得每年6%的单利。把6%转换成小数来准备好计算你的收入。

2. 要计算获得的单利，用本金乘以利率。

3. 假设银行每年支付相同的利率，计算前两年的账户余额。对本金、第一年的利息和第二年的利息加总。

单利
6% = 0.06　100　　100
　　　　　× 0.06　　+　6
　　　　　6.00　　　112

4. 假设你把100美元存入一个储蓄账户，获得每年6%的复利。计算第一年获取的利息。

复利
100　　100　　106　　106.00
× 0.06　+ 6　× 0.06　+ 6.36
6.00　　106　　6.36　　112.36

5. 得到第一年年底的银行余额。对本金和第一年的利息加总。

6. 确定第二年的利息。用新余额乘以利率。

7. 计算两年后的银行总余额。用第二年的利息加上第一年的余额。

利率有两种不同的形式：单利和复利。即使利率本身是一样的，单利和复利对储蓄的影响也不同。

◀ **批判性思考**

经济学分析 你想存多少钱？你希望贷款利率是哪一种？

赚取的利息就越多。

你把钱存在一个账户里的时间越长，复利的作用越大，尤其是在一个频繁复利的账户里。例如，如果你在一个账户里存了 1 万美元 10 年，按季度复利计算，你将获得近 16 500 美元，而不需要再多存一分钱！

开立一个账户

人们出于各种各样的原因选择银行。一些人决定去其父母使用的银行，他们也可能会因为便利或有良好的声誉而选择一家银行。一些银行提供比其他银行更好的服务或更低的费用。无论选择哪家银行，你都可以通过问一些问题来确保一家银行是否适合你。

- **银行要求最低余额吗?** 如果你的账户上没有存一定数额的钱，有些银行就会向你收费；其他银行则不会。
- **有哪些费用?** 最好提前了解哪些服务需要付费，哪些不需要付费。
- **银行提供什么利率?** 即使中央银行决定了初始利率，银行也可能为各种账户提供一个特定的利率范围。

你可能已经有一个别人为你共同开立的银行账户（如为了你的教育），但你必须年满 18 岁才能开立自己的账户。在银行开户时可能需要的其他事项包括。

- 身份证照片。
- 住址证明（可以写在你的驾照上；也可以在账单上写上你的姓名和地址）。
- 你的社保卡。
- 用来存的钱。

储蓄工具和风险与收益

正如它的名字所表示的那样，储蓄账户的目的是让客户把钱存起来，赚取利息。银行提供不同类型的储蓄账户，这取决于你在账户上存了多少钱（你的余额），你存款或取款（你的交易）的次数，以及你在账户上存钱时间的长短。你选择哪种储蓄方法应该取决于你的目标。以美国常见的储蓄工具为例，介绍如下。

- **储蓄账户** 这是美国最常见的储蓄账户，有时被称为"存折账户"，以最初附带的小册子命名。这种类型的账户通常允许较低的最低余额，它是理想的"应急资金"储蓄工具，因为储户可以快速获得现金。储蓄账户通常有固定的利率，这意味着利率不会改变。但这些固定利率通常较低，因为储蓄账户没有风险。因此，储户还需要利用其他账户，包括投资，来获得足够的利息来抵消其将为所赚取的利息支付的税款，并保持领先于通货膨胀率。

- **货币市场存款账户** 这种类型的账户类似于储蓄账户，因为它是安全的（由联邦存款保险公司投保），储户可以轻松但不频繁地取款。这些账户支付的利息略高，因为它们有各种存款要求，通常要求较高的最低余额。货币市场存款账户的利率可以根据市场情况而变化。

- **货币市场共同基金** 这些账户风险相对较低，因为存款投资短期金融工具资金池。期限从 90 天到 13 个月不等。这些账户的利率与货币市场存款账户的利率相当。

- **存单（CD）** 这种账户的利率比传统的储蓄账户要高。储户"购买"一定数额（100 美元、1 000 美元、5 000 美元、10 000 美元等）、固定利率（3.5%、5% 等）、固定期限（1 年、18 个月

储蓄工具类型

储户可选择许多不同类型的储蓄方法。每种方法都有自己的优缺点。

▶ **批判性思考**

经济学分析 你已经存了1 000美元，现在你想用储蓄工具来赚取利息。考虑你的需求，并讨论你的选择。

存单（CD）
无风险
更高利息
更长时间、更高金额的存款要求

货币市场共同基金
最低风险
更高利息
更长的存款时间要求

货币市场存款账户
无风险
更高利息
存款要求

储蓄账户
无风险
低利息
容易获得

等）的一张存单。在"到期日"前提早支取可能需要缴纳罚款。

支票账户

支票账户是活期存款账户。这种账户允许客户最简单地获取他们的钱，以便每日和每月使用。顾客可以走进银行，填写存取款单、开支票或使用借记卡来取钱。如果账户能获得一些利息，那通常也会很少，因为余额总是在变化中。

把你的每笔交易都记录下来，包括存款、支票和自助提款机取款。每个月，你的银行都会给你寄一份对账单，它记录了你在一个月内的所有交易（存款和取款）。许多银行也允许你通过它们的网站在线查看你的交易活动。

每月的银行对账单中有一个表格，让你进行账户"核对"。也就是将自己的个人记录与银行的记录进行比较，以确保没有错误。

如果你发现不符点，立即与银行的客户服务部门联系，以确定问题所在。如果你没有在 60 天内报告你报表的不符点，你可能要承担责任。

注意你的账户余额是很重要的。如果你开的支票金额超过你账户上的金额，你就会有"资金不足"，也叫"空头支票"。如果你开了很多支票，却忘记了余额，就会发生这种情况。空头支票的代价很高。你开出空头支票的供应商会在你已经欠他们的钱的基础上再向你收费。你的银行也会向你收费。

如果你的借记卡丢失或被盗，请立即向你的金融机构报告，并检查你的账户上是否有任何未经授权的活动。

✅ 阅读进展检查

解释 为什么现在开始存钱很重要？

当你作为借款人

引导性问题 从金融机构借钱时，你应该了解哪些规则？

我们的社会越来越依赖于信贷，或者借贷来支付购买，这就是为什么建立并保持良好的信用很重要。用现金支付一切并不会让你有良好的信用风险。为了证明你有足够的责任获得信贷，你必须建立一个信用记录和信用评分。

你是有信誉的吗

在美国，债权人决定是否借钱给你以及收取多少利息要看以下 3 件事。

- **你能够还钱吗?** 把你的月收入加到你的银行账户余额中，来得出你的总资产。然后计算你每月的开支，包括债务和义务。比较这两者，看看你是否能承担更多的债务。
- **你有良好的信用评级吗?** 贷方想知道你是否按时偿还了之前的债务。
- **你有抵押品吗?** <mark>抵押品</mark>（collateral）主要用于购买房屋或汽车。如果你不还款，贷款人就收回你的房子或汽车。

<mark>抵押品</mark> 有价值的东西，如果贷款没有偿还，贷方有索取权。

信用卡

当你使用信用卡时，你是在向一个债权人借钱，这笔钱必须偿还，还要加上利息。放贷人从他们的客户所欠的利息中获利。与借钱给你且更愿意一次还清的朋友不同，信用卡公司设定了一个较低的"最低月还款额"。你还清欠款的所用的时间越长，他们向你收取的费用就越多。这对贷款人来说是好事，但最终对你是有害的。

回想一下，你可以通过复利从存款中赚钱。大多数储蓄账户的利率都很低（1%~3%）。相比之下，贷方收取的复利要高得多（15%~25%）。这意味着如果你有一张余额为 1 000 美元信用卡，每个月只付最低还款额（约 25.00 美元），你将需要 22 年来偿还信用卡，你最终将支付 3 000 美元，这是你最初借款的 3 倍。

图17.3

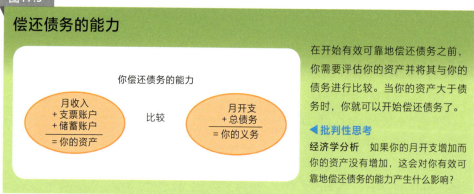

偿还债务的能力

你偿还债务的能力

月收入
+ 支票账户
+ 储蓄账户
─────
= 你的资产

比较

月开支
+ 总债务
─────
= 你的义务

在开始有效可靠地偿还债务之前，你需要评估你的资产并将其与你的债务进行比较。当你的资产大于债务时，你就可以开始偿还债务了。

◀ 批判性思考
经济学分析 如果你的月支增加而你的资产没有增加，这会对你有效可靠地偿还债务的能力产生什么影响?

不是所有的银行和信用卡都是一样的。如果你有良好的信用，你可以协商一个较低的利率或年利率（APR）。注意，这不仅仅是一个"入门利率"，它在一段时间后会上升。信用卡公司经常在校园里设立信息表来吸引大学生。这些都是建立信用的好机会，但一定要询问利率。如果利率太高，应该寻找较低年利率的信用卡。

每个月，你都会收到一份清单，上面列出了你上个月用信用卡购的所有东西、你的付款和余额。一定要按时支付你的信用卡账单。不要陷入只付最低付款额的信用卡陷阱。

建立信用和你的信用评分

每次你使用信用卡购物或付账时，你的行为由信用机构记录，信

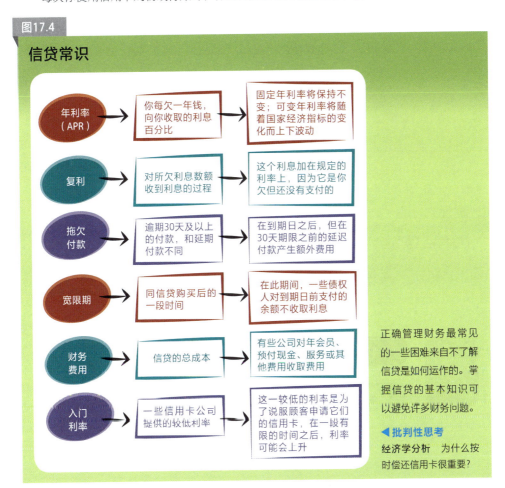

图17.4

信贷常识

年利率（APR）	→	你每欠一年钱，向你收取的利息百分比	→	固定年利率将保持不变；可变年利率将随着国家经济指标的变化而上下波动
复利	→	对所欠利息数额收到利息的过程	→	这个利息加在规定的利率上，因为它是你欠但还没有支付的
拖欠付款	→	逾期30天及以上的付款，和延期付款不同	→	在到期日之后，但在30天期限之前的延迟付款产生额外费用
宽限期	→	同信贷购买后的一段时间	→	在此期间，一些债权人对到期日前支付的余额不收取利息
财务费用	→	信贷的总成本	→	有些公司对年会员、预付现金、服务或其他费用收取费用
入门利率	→	一些信用卡公司提供的较低利率	→	这一较低的利率是为了说服顾客申请它们的信用卡，在一段有限的时间之后，利率可能会上升

正确管理财务最常见的一些困难来自不了解信贷是如何运作的。掌握信贷的基本知识可以避免许多财务问题。

◀ **批判性思考**

经济学分析 为什么按时偿还信用卡很重要？

用机构会给每个人一个信用评级。贷款公司和银行可以获得信用评级，并利用它来确定你偿还贷款的可能性。

那么，如何建立信用并提高信用评级呢？以下是几种方法。

- 在银行或信用合作社开户，与金融机构建立联系。

有担保 由抵押品支持的贷款。

- 在银行或信用合作社申请**有担保**（secured）信用卡。你必须存一笔钱，然后你会得到一张信用卡，你可以使用信用卡来购买价值为你所存的金额的东西。每个月用信用卡买些东西，并确保每月按时付款。大约 1 年后，如果你付清了余额，你就可以取回你的存款，并且可以把你的有担保信用卡换成**无担保**（unsecured）信用卡。无担保卡不受账户余额的限制。

无担保 只由偿还贷款的承诺保证的贷款。

- 申请零售商店信用卡。商店可能会询问你当前的银行信用卡号码和到期日。在商店里使用信贷购买商品并按时付款。零售商店信用卡比主流信用卡更容易获得，因为零售商店信用卡的借款限额要低得多。但是零售商店信用卡的利率通常要高得多，所以每月还清欠款是很重要的。

- 找一份工作并坚持下去。你的信用报告中有一节记录了你的工作经历。潜在的债权人会查看这些信息，如果你从事一份职业较长时间并且你的收入稳步增加，他们可能会认为你是

图17.5

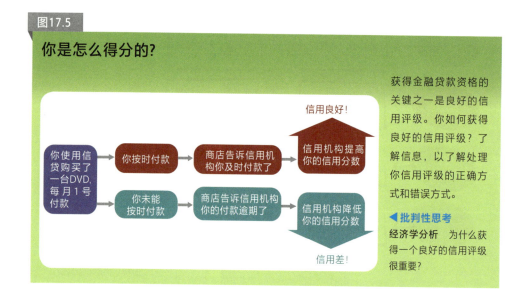

你是怎么得分的?

获得金融贷款资格的关键之一是良好的信用评级。你如何获得良好的信用评级？了解信息，以了解处理你信用评级的正确方式和错误方式。

◀ **批判性思考**

经济学分析 为什么获得一个良好的信用评级很重要？

一个很好的信贷候选人。

- 务必按时向服务供应商（手机、互联网、电力公司等）付费。你向这些供应商付款的历史经常出现在信用报告上，尤其是当你付款晚了。

借钱的责任和义务

当你借钱时，根据合同，你有义务和出借者签订合同。你有责任在签署任何文件之前了解其细节，因为你将受到法律对合同条款的约束。

务必阅读合同上所有的细则。

不履行贷款条款可能会导致法律诉讼，包括将你告上法庭。贷款人可以"索取你的工资"，这意味着你的雇主将从你未来的工资中支付债权人。如果贷款是用于房屋或汽车等财产，债权人可以收回它们，或从你手中拿走它们。

宣告破产

如果你无法偿还贷款，你可以做一些事情来寻求帮助。立即与你的债权人联系。如果你失业了，许多债权人愿意和你一起解决问题。你也可以选择信用顾问和其他服务。也许会有收入低于每月账单积累的时候。一个人可以通过向法院提交申请来"宣告"破产。有些人认为破产是"清除记录"，但它会在信用记录上停留很长一段时间，并且很难再改善。这应该是最后的选择。

在美国，破产规则在不同的州有所不同。破产有两个主要的当事人，债务人（欠钱的人）和债权人（借出钱的人）。大多数破产案件涉及一个债务人（如果已婚则是两个）和多个债权人。

有几种类型的破产。大多数个人破产属于下列情况之一。

- 最常见的破产形式是，法院指派一名受托人评估债务人的资产，并用这些资产支付部分债务。然而，学生贷款、子女抚养和税收方面的欠款不会被免除。那些收入较低、资产较少的人通常会选择这个选项。
- 破产允许债务人保留部分或全部财产。受托人被委任制订一个适当的还款计划，降低还款金额。法院从债务人那里收取将来的款项，以转移给债权人。

债务人完成法院规定的条件后，其以前累积的债务即予免除。

☑ **阅读进展检查**

总结 为什么良好的信用评级很重要？

第1节　回顾

词汇回顾

1. **定义** 解释有担保信用卡和无担保信用卡之间的区别。

使用你的笔记

2. **总结** 使用你的笔记来解释把钱存入个人支票账户的方法。

回答引导性问题

3. **解释** 学习合理做预算的价值是什么？

4. **讨论** 金融机构如何影响你的预算？

5. **描述** 在年轻时学习存钱的价值是什么？

6. **优先考虑** 从金融机构借钱时，你应该了解哪些规则？

经济学写作

7. **信息/解释** 写一篇文章解释破产的概念。破产在什么时候发生？破产对个人或机构有什么好处？宣布破产会带来什么风险？

术语表

• 资本形成

做笔记

使用下表来列出金融资产的优缺点。

金融资产	优点	缺点
优先股		
普通股		
共同基金		
公司债券		
市政债券		
财政部文书		

资本形成 通过投资和贷款将资金从个人和家庭转移到企业和政府。

第2节　企业组织和你的钱

核心问题

有哪些不同类型的企业组织？

开始考虑退休永远不会太早。通过约束自己从每笔薪水来中拿出一部分资金，你就可以开始存钱，并利用利息来积累你以后不再通过工作获取薪水时需要的钱。

根据本节内容，解释传统个人退休账户（IRA）和罗斯个人退休账户（Roth IRA）的区别。

企业组织和所有权

引导性问题　不同类型的企业组织如何改变个人投资者承担的财务风险？

资本形成（capital formation）是经济学家用来描述通过投资和贷款将资金从个人或家庭向企业和政府转移的术语。资本形成依赖储蓄和借贷，而这些资金通过金融体系的平稳流动对每个人都有利。这是如何实现的？金融机构将所有客户的集体储蓄转化为投资，从而创造更多的就业机会，就业的增加也增加了对更多商品和服务的需求。资本形成良好的国家会经历经济增长。

资本形成每年可以帮助美国许多新企业起步。对很多人来说拥有一家企业是毕生梦想。对有些人来说，这是一种在职业目标、同事选择和个人生活平衡方面有更多掌控权的方式。正如创业的动机不同一样，组织企业的方式也不同。

独资企业

独资企业是一个人拥有的企业。它是最常见的企业组织形式。要成立独资企业，所有者需要获得所有必需的许可证、注册和执照。

独资企业很容易建立，并且往往成本较低，在不同类型的企业中，独资企业的税率最低。所有的决定都由一个人做出，这个人也获得了所有的利润。

独资企业也有缺点。因为企业并不与拥有企业的个人分开，所以他/她对企业的债务和其他义务负有无限责任。从投资者那里筹集资金可能很难。独资企业具有有限生命。

合伙企业

合伙企业是由两个或两个以上的人拥有的企业。他们共同分享所有的利润，并对所有的债务负责。在美国，要成立合伙企业，合伙人要签署一份关于如何经营企业的协议。合伙企业必须在州注册，确定一个企业名称，并在美国国税局注册，以获得税务识别号。合作伙伴还必须获得所需的许可证、注册和执照。许多律师事务所或医生的诊所都是合伙制的。

基本上存在 3 种合伙企业。

- **普通合伙企业**　在这种类型的合伙企业中，业务、责任和利润在合伙人之间平均分配。
- **合资企业**　这种类型的合伙企业类似于普通合伙企业，但它通常是为单个项目或有限时间跨度而建立的。
- **有限合伙企业**　这种类型的合伙企业允许某些合伙人投入更少，如更少的资金投入或更少的决策权，以交换更少的利润。利润的比例是预先决定的，并记录在法律协议中。

合伙企业的优点是，它们相对容易建立；它们利用合作伙伴的资源和优势，并可以增加具有专门技能的其他合作伙伴。

合伙企业的缺点与人们在一起工作时经常遇到的困难有关。合伙人可能会对公司的经营方向、日常职责和工作量产生争议。此外，所有合伙人都要对其他合伙人的错误负责。

公司

公司是在法律上独立于其所有者的企业。它是由投资资金的股东组成的，作为回报，股东获得公司赚取的利润。在美国，创办公司有一系列复杂而昂贵的法律先决条件。公司必须在州注册，确定一个企业名称，并在美国国税局注册，以获得税务识别号码。它们必须获得许可证、注册和执照。股东们成立董事会，即负责监督公司管理的一群人。

公司的优点有很多。它规定了有限责任，这意味着公司本身，而不是其所有者，对其义务负全部责任。股东对公司的债务不负责，他们单独申报个人所得税。公司的所有权可以很容易地从一个人到另一个人，不受原来股东寿命的限制。公司可以为企业筹集资金，包括发行股票，这可以成为招募高素质员工的一种方式。

然而，公司也存在缺点。启动成本可能非常高。由于公司需要更多的监管，记录和其他义务可能是繁重且费时的。

✅ **阅读进展检查**

评估 为什么有限责任对企业组织有利？

合伙企业和独资企业有几种筹资方式，包括创业贷款、小企业管理局贷款和信贷额度。

▲ **批判性思考**

经济学分析 创业贷款通常被用于做什么？

筹集资本

引导性问题 小企业主如何筹集创业所需的投资资金？

所有的企业组织都面临着类似的需求：获得资金来发展它们的业务。正如你将看到的，公司有几个独资企业和合伙企业所没有的筹资选项。

小企业贷款

在美国，个人独资和合伙企业等小型企业可以获得创业贷款来开展业务。这些资金通常被用于购买房产和库存或支付启动费用。小企业所有者的另 种贷款是小企业管理局贷款。这些资金由美国小企业管理局提供，并通过参与其中的银行进行管理。信贷额度是在经济增长缓慢或出现负增长时，为帮助现金流而设计的贷款。它们允许企业在规定的额度内提取资金，而不需要反复经历贷款申请过程。

公司资本

公司筹集资金的一般方式有 4 种：出售债券、发行股票、直接从金融机构借款和转换利润。

- **出售债券**　债券就像从个人贷款。公司发行债券，然后向债券持有人分期支付利息。最终，债券本身得到偿还。债券持有人对公司的运作没有任何发言权，但投资者喜欢债券，因为它们风险不大；即使公司没有盈利，公司也必须偿付债券持有人。公司喜欢债券，因为利率比银行贷款的利率低。支付给债券持有人的利息对公司可以税收抵免。

- **发行股票**　股票也像从个人贷款。与债券持有人不同，股票购买者获得的股息占公司利润的一部分。股票通常有两种类型。优先股的购买者在债券持有人得到支付后获得股息，但对公司的运营没有发言权。普通股的购买者最后获得股息，但在公司的运营方式上有一定的发言权。例如，他们可以投票选举管理公司的董事会。

- **直接借款**　企业可以从银行或其他金融机构获得贷款。利率通常高于债券和股票。

- **转换利润**　一些公司将它们所有的利润都支付给股东。其他公司，也被称为"增长型公司"，把它们的利润用于拓展新的业务或投资于与它们行业相关的研究。

✓ **阅读进展检查**

比较　一般来说，债券和股票有何不同？

当你作为投资者

引导性问题　为什么投资者是经济的重要组成部分？

不只是有钱人可以进行投资。其实普通个人投资者只需要额外拿出一点钱就可以开始投资，用自己的钱赚更多的钱。然而，所有的投资都涉及两个未知因素：投资回报及风险。在投资时，你总是平衡这两个因素。

投资风险与回报

投资时涉及以下两种类型的财务风险。

- **不可分散风险** 也被称为"系统性风险"或"市场风险"。这种风险影响所有公司。通货膨胀、利率、政治不稳定、自然灾害、汇率和战争等情况都是不可分散风险的例子。

- **可分散风险** 也被称为"非系统性风险"。这种类型的风险是某些公司或行业特有的。公司管理不善、工厂倒闭或新技术取代其他技术就是可分散风险的例子。

风险最高的投资通常能带来最高的回报。降低风险的最佳方法是实行投资组合多元化，这意味着投资到范围广泛的不同资产上，而这些资产不会以同样的方式受到影响。在处理股票市场投资时，这是特别明智的选择。

投资股票

正如你之前了解到的，股票是公司资产的份额，被认为是一种良好的长期投资。然而，股票也是风险最大的投资。一家公司可能会遭受任何挫折，投资者可能会损失部分或全部投资。为了降低风险，许多人购买了共同基金。

这是一个汇集了许多投资者资金的资金池，并共同投资于各种股票和债券。它由投资经理管理。

要购买股票，你需要与股票经纪人建立一个账户，无论是在线上还是在线下。有些提供全方位服务的经纪人提供投资建议，但也收取更高的费用或按照你盈利的一定比例来收取"佣金"。在线经纪人越来越受欢迎。他们也收取费用，但费用一般低于那些提供全方位服务的经纪人。

在建立账户和进行任何交易之前，你必须要对经纪人进行调查，并了解收取的费用。要开立账户，你必须年满18岁，或者你可以和父母一起开立托管账户。

告诉你的经纪人你的短期和长期目标，这将影响你的投资风险和回报。如果你想选择自己的股票，一定要做好功课：公司生产什么？它的赢利能力如何？它的历史盈利情况怎么样？该公司的股票近期和过去一年的表现如何？加入一个投资社群，可以帮助你回答这些问题，并了解要问什么问题。

耐心是股票投资成功的关键。股票市场（买卖股票的地方）可能会上下波动，但过去 50 年的股票回报率一直高于其他投资类别。

投资公司债券和政府债券

与股票一样，债券交易也可以通过提供全方位服务的经纪人以及在线经纪人完成。回想一下，公司发行债券来筹集资金，以发展或扩大业务。政府也出售债券。它们发行债券为特定的项目筹集资金，例如建造桥梁。

一般来说，债券持有人将在未来的指定时间——债券到期日收到预定的利息支付以及偿还的贷款。然而，到期日差异很大。

州和地方政府出售市政债券。国库券是投资者向联邦政府发放的贷款。

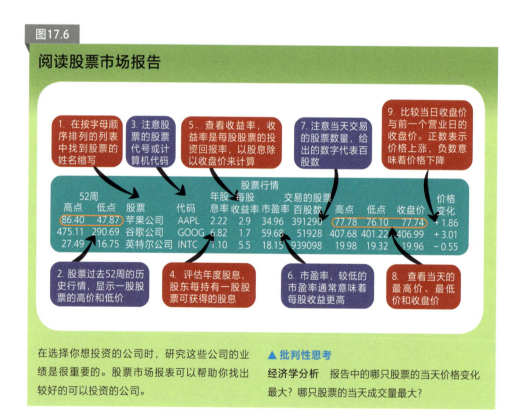

图17.6

阅读股票市场报告

在选择你想投资的公司时，研究这些公司的业绩是很重要的。股票市场报表可以帮助你找出较好的可以投资的公司。

▲ **批判性思考**

经济学分析 报告中的哪只股票的当天价格变化最大？哪只股票的当天成交量最大？

这包括短期国库券、中期国库券、长期国库券、国库券通货膨胀保值证券（TIPS）等若干系列储蓄债券。政府债券有各种利率和到期日。这些类型的联邦债券根据到期日不同提供不同的支付计划。因为它们是由政府发行和支持的，所以国债的风险很低。这些债券可以直接从政府官网上购买，也可以通过银行或经纪人购买。大多数的最低投资额是 100~10 000 美元，但也有一些储蓄债券的最低投资额要低得多。

标准普尔和穆迪等公司都给债券的风险水平评级。大多数公司债券被认为比股票风险小，而政府债券的风险比公司债券还要小。此外，市政债券的利息支付是免税的，而公司债券的利息支付是纳税的。

个人退休账户——为你自己投资

在美国，个人退休账户（IRA）可以被视为一种投资，也可被视为储蓄。被视为储蓄账户，是因为投资者把钱存到个人退休账户，要等到其退休后才能使用。被视为投资，是因为投资者选择将自己的存款投资哪只股票和债券。在投资个人退休账户基金之前，投资者需要做好功课。当年轻的时候，投资者可以选择风险更高的资产来获得更高的回报，因为如果失去了投资，投资者还有很多年的时间来弥补损失。而当接近退休年龄时，投资者需要把存款转移到更安全的资产中。

美国的一些雇主提供个人退休账户。银行还为那些无法使用雇主发起的账户或想独立储蓄以供退休的人提供个人退休账户。有许多不同类型的个人退休账户。最常见的是传统个人退休账户和罗斯个人退休账户。不同之处在于投资者如何为存款纳税。

- **传统个人退休账户（Traditional IRA）** 在传统的个人退休账户中，投资者可以每年向该账户缴纳一定的缴款（存款），直到达到政府确定的一定限额。这些存款在存入时不纳税，但投资者在退休提取资金时，必须全额（相当于收入）纳税。从理论上讲，到那时，投资者可能处于较低的税率等级，所以不会支付那么多的税款。
- **罗斯个人退休账户（Roth IRA）** 罗斯个人退休账户是 1997

年美国《纳税人救济法》（Taxpayer Relief Act）的一部分。有了这类账户，投资者就可以在存款前缴纳税款，而不是在退休时缴税。

✓ 阅读进展检查

总结 如何使购买股票的风险降低？

第2节　回顾

词汇回顾

1. **定义** 什么是独资企业？

使用你的笔记

2. **总结** 使用你的笔记来比较可用于投资政府的不同类型的国库券。

回答引导性问题

3. **解释** 不同类型的企业组织如何改变个人投资者承担的财务风险？

4. **检查** 小企业主如何筹集创业所需投资资金？

5. **描述** 为什么投资者是经济的重要组成部分？

经济学写作

6. **资料/阐释** 写一篇文章，解释公司相对于小企业的优势。公司可以获得哪些小型企业没有的投资工具？同时，公司比小企业要多承担哪些风险？

第3节　个人财务规划

核心问题

你如何管理你的钱？

我们必须要花掉一些赚来的钱，这是不可避免的。但是学习如何谨慎有效地花钱是你应该学习的重要技巧。你最大的支出之一就是住房。

买房有什么财务方面的好处？

住房

引导性问题　准备租房时，你需要了解哪些信息？

步入社会后，有关住房的开销可能是你最大的开销之一。你应该认真考虑一下细节，这是有道理的。首先要做的决定是你要租还是买。

租房成本和收益

搬进公寓会让人兴奋。然而，寻找和租赁一间公寓是需要做功课的。在开始寻找公寓之前，首先考虑以下事项。

- **应该拿出多少钱付房租**　一般来说，你每个月的租金支出应该等于一周内的收入。
- **是否有其他附加费用**　一些公寓的租金包括了公用设施（如燃气、电力、水）的费用，但许多公寓不包括。所以除每月租金外，你可能还需要支付每月的公共设施费用账单，如电视、电话和租赁保险。
- **位置和便利设施**　关于位置有很多因素需要考虑：公寓离你的工作地点、学校、家人和朋友有多近。还应考虑房主或业主是否提供安全和便利设施，如洗衣房、储藏室、游泳池或健身房等。询问有关宠物的相关政策规定，以及可能的交通障碍。

- **押金以及首个月和最后一个月的租金**　许多房东会要求你支付一笔押金，这是一笔固定数额的预付款，用于修理你可能造成的损坏。如果你没有造成损坏，你可以取回押金。许多业主还要求预交第一个月和最后一个月的租金。

- **签署前仔细阅读租房合同**　这是你搬进来之前所有房东都会提供的法律合同。它列出了你的租赁协议的条款。特别要注意租约的期限。如果你签了一年的租约，即使你在 10 个月后失业了，你仍然需要付剩下两个月的房租。

- **选择合适的室友**　如果你打算和别人合租一套公寓，请确保他们能付得起房租。他们应该签署租房合同以确保承担法律责任，并了解每个人都有责任在租房合同到期之前支付他们应付的租金。在家务、聚会、过夜客人等方面进行规定也是个好主意。

- **了解你的权利和责任**　即使租赁的房屋是你居住的地方，它也属于房产所有者。你们两个都有特定的权利和责任。房东负责保持房屋的安全和卫生。准房东可以查看你的推荐人（认识你并能为你担保的人的姓名）、你的工作经历和信用记录。如果你要搬走，他们可以进入你的公寓进行维修，并把公寓展示给潜在的租户。他们不得基于种族、国籍、宗教、

租赁

租房能带来很多好处。你可以将余钱拿来储蓄或进行投资。你不必对租的房子进行维护或保养。搬家也比较容易，因为你只需要解除租约。但是租房者对房屋没有所有权。另外，房东可以提高你下次租约的租金，也可以拒绝修理。

▶ **批判性思考**

经济学分析　租房之前你应该存多少钱？

性别或残疾而歧视他人。你有责任按时支付租金，不造成财产损失，体谅邻居，并遵守租约中规定的任何其他条款。

租房能带来很多好处。你可以用余钱进行储蓄或投资。你不必对租赁的房子进行维护或保养。如果你的情况发生了变化（例如，你在其他城市找到了一份更好的工作），你就更容易搬家了，因为你不必担心出售房子，只需要试着通过谈判来解除租房合同。

租赁也有几个缺点。采用租赁方式，你没有投资一块地产的股权或价值。你对自己的生活状况没有多少控制力。因为该财产不属于你，所以你在重新设计时受到限制。房东可以提高你下一次租赁的租金，也可以拒绝修理。虽然你有权利保护你，但你可能需要聘请律师来主张这些权利。

买房的成本和收益

拥有一所房子是一项很好的投资，但也是一项很大的承诺。当你想要购买时，有不同类型的房产可供选择：独广住宅、公寓等。

为购买房屋而进行的贷款被称为抵押贷款。一般来说，你每月的住房抵押贷款，应该是你每月总收入的 30% 或更少。确保你了解抵押贷款的基本情况是很重要的。

抵押类型包括以下几种。

- **固定利率抵押贷款** 对于这些贷款，利率不会改变，抵押贷款通常 15 年或 30 年。优点是你每月的付款额保持不变。
- **可调利率抵押贷款** 可调利率抵押贷款的利率随时间变化。尽管存在更大的风险，但有些人更喜欢这样的利率，因为前几年的利率通常较低。
- **混合贷款** 这种类型的抵押结合了固定利率和可调利率的特点。

买房有很多好处。一般来说，房屋是一种很好的投资，因为它们的价值会上升。虽然有时会像 2007 年 "房地产泡沫" 崩溃期间那样房价下跌，但总体而言，房屋的价值远远超过 50 年前的水平。

购买房屋也有助于你建立资产净值，当你需要大额购买的时候，资产净值可以用来抵押从而获得借款。此外，你还可以享受税收减房屋是一种很好的投资，因为它们的价值通常会上升。购买房屋也有助于你建立资产净值，当你需要大额购买的时候，资产净值可以用来抵押从而获得借款。房主每年也会获得税收减免。但这也是一项巨大的经济责任。房子还需要大量的保养，这可能会很费时，而且会增加更多的费用。如果房主想搬家，卖房子的过程也是耗时和复杂的。

▶ **批判性思考**

经济学分析　固定利率抵押贷款和可调利率抵押贷款有什么区别？

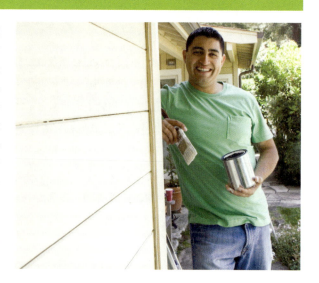

免。你所支付的抵押贷款利息可用于你的所得税申报表。最后，你可以对你的房屋进行任何翻修、改动或维护（只要它是合法的）。

但买房也有几个负面影响。首先，这是一项巨大的经济责任。除了抵押贷款还有很多费用。其中包括申请和评估费、检查费、房地产代理佣金和产权保险费。其次，房子需要大量的维护，这可能很费时。如果你住在一个有房主协会的社区，可能会有一些规则来维护你的财产。最后，你的机动性会降低。如果你想搬家，卖房的过程比通知房东要复杂得多。

从租房过渡到购房

当你准备好买房时，有一些方法可以让你做好从租房到买房的准备。

- **开始存钱**　有了首付的钱可以降低你需要借款的金额。
- **建立良好的信贷**　良好的信贷可以降低你的借款利率。
- **研究市场**　知道你想要什么、有什么可用的，以及你能负担多少，将有助于你在正确的时间做出正确的选择。
- **考虑室友**　如果你买的房子有一个空房间，而你有朋友有兴趣租这个房间，在你经济变得更稳定之前，考虑室友可能会使买房变得更加实惠。

解释 租房的成本和收益是多少？如果你拥有一处房产，这些成本和收益会有什么不同？

保险

引导性问题 我们为什么要买保险？

保险就像一个救生筏，你不希望会用到它，但遇到紧急情况时你会很高兴它的存在。你定期向保险公司支付**保险费**（premiums），以获得详细说明涵盖的保险项目和适用条件的保险单。如果不幸发生交通事故、疾病或公寓火灾等情况，保险公司将支付保险单所涵盖的部分或全部费用。

许多保险单都包括**免赔额**（deductible），即在保险公司赔偿之前支付的金额。免赔额是保险公司和客户协商保险费的方式。例如，如果你有免赔额为 1 000 美元的汽车保险，并且你遭遇了一场汽车碰撞事故，你必须先支付 1 000 美元来修理汽车。保险公司将支付剩余的费用，最高可达你购买的保险金额。如果你选择了 500 美元的免赔额，你只需要支付前 500 美元，但你的保费会更高。

保险费 按月、季度、半年或年为保险单支付的价格。

免赔额 你需要在保险公司赔偿之前支付的金额。

医疗保险

医疗保险支付住院费、就诊费、手术费、检查费和预防性医疗费用（如体检）。许多企业愿意为雇员及其家人支付部分保险费用。这样做，企业作为团队一部分可以获得折扣率。一些政策包括医生就诊等服务的共同支付（小额支付）。保险公司允许孩子在特定年龄之前被纳入父母的健康保险中。

如果你父母的保险单没有涵盖你，且你就业的单位没有为你购买医疗保险，你必须自己购买医疗保险。你可以通过任何一家私人保险公司来完成这项工作，你也可以在互联网上购买保险。你可以选择保费较低的保险单。相对地，你也要接受更高的免赔额，认为没有什么会损害你的健康。

汽车保险

你可以选择购买各种类型的汽车保险。至少，你必须购买基本责任险，这包括你可能对他人造成的损害。而且为你和你的车买一份保险也是一个好主意。如果你在自己造成的事故中受伤，而且你没有足够的保险覆盖范围，法律可能会要求你自己掏腰包赔偿损失。

财产保险

重置你拥有的所有东西需要多少钱：电脑、电视、衣服、家具？这是否超出了你的承受能力，你应该为你的财产投保，以防盗窃、火灾和其他危险。

其他保险

保险公司提供各种不同类型的保险单，以满足客户的特定需求。最受欢迎的覆盖类型还包括以下两种。

- **重疾险** 对于因疾病或受伤而无法工作的投保人，此保险部分代替其收入。
- **寿险** 这种类型的保险为死者的亲人提供经济支持。

购买保险

在不同保险公司之间比较购买。低保费通常是目标，但这可能意味着你得到的比你想要的保险范围更小。在签署一份保险单之前，请务必阅读这些细则。保持良好的信用评级，这样保险公司可能会给你一个更好的价格。询问并利用你可能有资格享受的折扣。考虑从同一家公司购买几种类型的保险，比如汽车保险和租房保险，以获得多重保单折扣。

✅ **阅读进展检查**

得出结论 想要低免赔额需要权衡什么？

慈善捐赠

引导性问题 给慈善组织捐赠有哪些好处？

还记得你在开始了解个人金融知识时制订的预算计划吗？其中有一行是分配给慈善捐赠的。

慈善机构是为了帮助他人而成立的组织，通常是一个具有共同环

研究表明，捐钱给慈善机构或参加志愿者活动的人表现出一贯的高度自尊心，通常对自己感觉良好。

境的特定群体。慈善捐赠也被称为慈善事业。

人们向慈善机构捐赠的原因有很多。对于许多人来说，他们与组织的使命有着个人的联系。例如，他们家庭中的某个成员受到慈善机构的帮助。其他的人则是希望对这个世界有所贡献。

研究表明，那些定期向慈善组织捐款的人有更高的自尊心和更高的社会技能。你可能认为你没有什么是可以给予的，但是你可以从不需要钱的行为开始。你可以做志愿者。捐赠玩具和衣服也是回馈社会的一个好方法。

✅ 阅读进展检查

解释 如果你没有钱捐给慈善机构，你能做什么？

第3节 回顾

词汇回顾

1. **定义** 拖欠贷款意味着什么？

回答引导性问题

2. **检查** 准备租房时，你需要了解哪些信息？

3. **描述** 我们为什么要买保险？

4. **评价** 给慈善组织捐赠有哪些好处？

经济学写作

5. **资料/阐释** 写一篇文章描述慈善组织在经济中的作用。此外，个人通过慈善捐赠可以获得哪些财务和非财务利益？

学习指南

第1节

在银行或信用合作社开户	它与金融机构建立关系	
申请有担保的信用卡	它与银行或信用合作社有联系	小额透支，每月还清欠款
申请零售商店信用卡	这些比普通信用卡更容易获得	每月付清余额以开始重建信用评级
找份工作并保住它	稳定的就业可以提高你的信用评级	
按时支付服务提供商	电话费、电费和其他定期账单的逾期付款历史会降低信用评级	

第2节

普通合伙企业	• 业务管理、负债和利润在合伙人之间平均分配
合资企业	• 类似于普通合伙企业 • 为单个项目或因有限的时间跨度设立
有限合伙企业	• 允许某些合作伙伴减少投入

第17章 评估

说明：在一张单独的纸上回答以下问题。请务必仔细阅读并回答所有问题。

内容回顾

第1节

1 如何开始储蓄计划？

2 为什么每月核对你的支票账户很重要？

3 作为借款人，你的责任是什么？

4 信用卡借款利率与年利率有何不同？

第2节

5 储蓄如何成为资本形成的基础？

6 企业筹集资金的4种方式是什么？

7 你需要做些什么准备才能开始投资股票？

8 为什么市政债券对许多投资者有吸引力？

9 传统个人退休账户和罗斯个人退休账户有什么区别？

第3节

10 作为租户，你的权利和责任是什么？

11 解释固定利率和可调利率抵押贷款的优缺点。

12 描述保险是如何运作的。

13 慈善捐赠的成本和收益分别是什么？

批判性思考

14 **计算利息** 如果你的银行支付5.5%的储蓄存款利息，那么第一笔100美元的存款在第3年支付的单利是多少？3年后账户中的总金额是多少？如果利息每年复利，3年后的金额是多少？

15 **做出决定** 列出你的短期储蓄目标，比如储蓄以购买新手机。解释你可以为这样的购买攒钱的典型方式。然后列出你的长期储蓄目标，比如为房子或退休储蓄。解释如何实现这些目标。这两种储蓄方式的主要区别是什么？

16 16.比较 想象一下，你既需要汽车贷款，也需要住房抵押贷款。使用下表来帮助确定哪种类型贷款机构最适合每笔贷款。

金融机构	服务	汽车还是住房贷款

17 **考虑优势和劣势** 在决定是支付现金还是使用信用卡进行购买时，每个选择所涉及的成本和好处分别是什么？

18 **综合** 假设你正在申请抵押贷款。抵押贷款的按每月还款是900美元，而你每月的实得收入是2 400美元。贷款人应该给你抵押贷款吗？为什么？

培养财经素养

19 **决策** 你如何建立信用并提高你的信用评级？

20 **规划** 从几家零售店和加油站收集各种信用卡的申请。分析并准备一个数据库，用于回答以下问题：

a. 在每个申请上问的哪些问题实际上是相同的？

b. 在加油站申请问的问题与在零售店申请问的问题有哪些不同？

21 **确定替代方案** 假设你有10万美元的储蓄。创建下表，列出你可能进行的投资，以及你每项投资在这10万美元中所占的百分比。在最后一栏中，解释你的选择将如何实现投资多样化。

说明：在一张单独的纸上回答以下问题。请务必仔细阅读并回答所有问题。

投资类型	资金的 百分比	多元化

㉒ **进行比较** 在网上搜索你所在地区的汽车保险信息。写一份关于销售保险的公司的总结，并分析它们在决定你所在地区年龄段司机的收费标准时考虑的因素。